빅픽스

기후 위기에 대처하는 경제학적 생존 전략 7가지

The BIG FIX

빅 픽스

이한음
옮김

저스틴 길리스,
핼 하비
지음

알레

파괴적인 기후 변화로부터 지구를 구하기 위해 관심을 기울이고
시간과 지적 노력을 쏟는 모든 분께 이 책을 바칩니다.

이 책에 쏟아진 찬사

"좋은 책은 독자에게 지식과 영감을 준다. 지식 없는 영감은 공허하고, 영감 없는 지식에는 감동이 없다. 《빅 픽스》는 지식과 영감이 넘치는 책이다. 국내외적으로 기후 변화를 다룬 출판물은 많지만 이처럼 기후 문제 해결책을 손에 잡히도록 제시하는 책은 드물다.

이론과 현장을 섭렵한 저자들은 태양광과 풍력으로 대표되는 재생에너지가 어떤 역사적 과정을 거쳐 경쟁력 있는 발전원으로 성장했는지 설명한다. 기술과 시장, 정책이 구현하는 녹색과 디지털의 혁명적 결합을 알기 쉽게 들려준다. 스마트 그리드smart grid라고 부르는 '지능형 전력망'이 그 대표적인 예다. 저자들은 기후 위기야말로 물리적 비상사태를 넘어 인류의 도덕적 비상사태라고 외친다. 그리하여 개인과 공동체가 책임 있는 시민으로서 이웃을 살리고 지구를 구하기 위해 할 수 있는 일을 조목조목 설득한다.

《빅 픽스》는 기후 위기에 관한 암울한 비관론이나 과도한 낙관론 어디에도 빠지지 않는다. 현실 기반 위에서 대안을 제시한다. 심지어 나 같은 기후 경제학자들이 이구동성으로 주장하는 강력한 탄소세 도입조차 정치적 실현 가능성이 높지 않다는 이유로 깊이 다루지 않는다. 원자력 발전에 관해서도 상식적이고 균형 잡힌 시각을 보여준다. 원자력의 기술적 가능성을 부정하지 않으나, 원자력은 생산이 증가할수록 단가가 떨어지는 '학습 곡선'을 따르지 않는 에너지원이라고 말한다.

대신 우리 삶의 현장인 집과 사무실과 교통과 도시가 탈탄소의 길을 갈 수 있는 대담하면서도 실용적인 전략을 제안한다. 인간 생존에 필수적인 에너지와 식량 수급이 기후 위기 시대에 어떻게 달라져야 할지 알려준다. 소고기를 연료 소비가 많은 SUV에, 닭고기를 연비가 좋은 소형차에 비유하는 대목에서는 고개가 끄덕여진다. 우리 모두가 하루아침에 채식을 실천하기는 어렵더라도 생산 과정에서 에너지 효율이 높고 탄소를 적게 배출하는 고기를 먹을 수는 있지 않겠냐는 것이다. 많은 경우, 점진적 변화가 급진주의를 이긴다.

　　대한민국 경제는 기후 피해로 인한 물리적 리스크와 탈탄소 무역 규범에 따른 전환 리스크에 고스란히 노출되어 있다. 《빅 픽스》의 문제의식과 정책 처방, 실천 방안이 우리에게 큰 울림을 줄 것이라 믿는다."

_홍종호, 서울대학교 환경대학원 교수, 《기후위기 부의 대전환》 저자

"눈앞에 그려지듯 이어져 나가는 이야기들과 설득력 있는 증거들로 가득 찬 이 책은 기후 위기를 해결하기 위한 야심적이면서도 실현 가능한 방법들을 설명한다. 비즈니스 리더, 활동가 그리고 정책 입안자들은 이 책에 소개된 실용적인 접근법을 통해 영감을 얻게 될 것이다."

_앨 고어, 전 미국 부통령, 노벨평화상 수상자, 환경단체 기후프로젝트The Climate Reality Project 회장

"탁월하고 솔직하면서 현실적인 이 책은 우리 시대의 중요 현안, 즉 우리 모두가 기후 변화에 맞서기 위한 실질적인 행동 강령을 제시한다."

_엘리자베스 콜버트, 퓰리처상 수상자, 《여섯 번째 대멸종》 저자

"에너지 사용 방법을 변화시키기 위해 우리가 할 수 있는 일과 반드시 해야 하는 일에 관해 포괄적이고도 완벽한 이해가 가능한 가이드를 모두 담고 있

다. 이 책은 인류 역사상 가장 위대한 기술 혁명에 참여하고자 하는 모든 사람에게 큰 도움이 될 대단히 유용한 지침서다."

_**빌 매키벤**, 환경운동가,《우주의 오아시스 지구》저자

"기후 정책과 그에 따른 실질적인 효과를 햅 하비보다 완벽하게 이해할 사람은 없다. 기후 과학을 저스틴 길리스보다 더 잘 설명할 사람도 없다. 이 두 사람이 함께 제시하는 살기 좋은 지구의 청사진에 관심을 기울여야 할 때다."

_**존 도어**,《존 도어의 OKR 레볼루션》저자

"개개인이 변화를 일으킬 수 있는 현실적인 방법을 보여줌으로써 기후 변화에 맞서 싸우는 것이 결코 어렵고 두려운 일이 아님을 확신시켜준다."

_**퍼블리셔스 위클리**

일러두기
• 본문의 인명, 지명 등 외래어는 국립국어원 외래어표기법에 따라 표기했습니다.

들어가는 말

우리에게는 아직 시간이 남아 있다

세계가 불타고 있다.

이 화염은 잘 보이지 않는다. 우리가 아주 잘 감추고 있기 때문이다. 그러나 항공기가 하늘을 가로지를 때 들리는 제트 엔진의 웅웅거림에서, 송전선으로 전기를 보내는 발전소의 우르릉거림에서, 출근하기 위해 모는 자동차 엔진의 부르릉거림에서 그 소리를 들을 수 있다.

1990년 사담 후세인Saddam Hussein이 잘못된 조언으로 쿠웨이트를 침략했다가 미군에 내쫓길 때, 그의 군대는 유정 수백 곳에 불을 질렀다. 그 결과 지옥을 방불케 하는 대화재가 일어났다. 유럽까지 매연이 퍼졌고 국제우주정거장에서도 불길이 보일 정도였다. 너무나 격렬하게 타오른 나머지 곧 단테의 《신곡》 지옥 편에 비교하는 말들이 쏟아졌다. 소방관을 비롯한 인력 1만 명이 9개월 동안 노력한 끝에야 겨우 불을 껐다.[1]

그러나 가장 격렬하게 타오를 때도 쿠웨이트 유정 화재는 인류가 1년 내내 매일 태우는 하루 화석 연료 소비량의 2퍼센트만을 겨우 태웠을 뿐이다.[2] 쿠웨이트 사고 규모의 화재가 50곳에서 일어나고 밤낮 없이 계속 불타고 있다고 상상하면, 인류가 산업문명을 가동하기 위해 무슨 행위를 하고 있는지 감을 잡을 수 있을 것이다.

풍요 국가에 사는 모든 사람은 이 화재에 기여하고 있다. 독자인 여러분과 동네 주민들이 밤에 전등을 켜면, 어딘가에 있는 석탄이나 천연가스를 태우는 발전소에서는 그 전기를 공급하기 위해서 연료 사용량을 (아주 조금) 늘릴 것이다. 샤워를 할 때면 온수기가 켜지면서 천연가스를 태울 것이다. 차를 몰고 출근할 때면 자동차의 엔진은 오래 전에 죽어 묻힌 조류의 잔해를 증류한 액체를 여러분의 얼굴에서 겨우 1미터쯤 앞쪽에서 1분에 6,000번씩 아주 작게 폭발시키며 태울 것이다. 걱정 마시라. 소음을 아주 잘 줄여놓았으니까. 그래도 태운다는 점에는 변함이 없다.

우리가 사는 옷, 겨울에 누리는 실내의 온기, 여름의 냉방 등 우리를 편안하게 하는 모든 것은 우리가 화학 공장, 발전소, 용광로, 엔진에 숨겨둔 화염에서 나온다. 에너지 소비량을 성냥개비로 측정한다면, 미국인 한 명은 일주일에 대략 500만 개비의 성냥을 켜는 셈이다. 아직은 뒤처져 있지만 열심히 따라잡고 있는 중국 같은 나라에서도 200만 개비에 가까운 양을 태울 것이다.

이 모든 화염에서 나오는 기체들은 대기 조성을 바꾸어서 태양으로부터 오는 에너지를 더 많이 가두도록 하고 있으며, 그 결과 우리는 의도하지 않았지만 세계를 계속 덥혀왔다. 그리고 우리 자신의 활동과 이 느리게 진행되는 위기 상황을 연관 짓는 데 어려움을 느끼는 이가 여전히 많은 가운데, 우리는 일상생활에서 그 결과를 피부로 느끼기 시작했다. 역사상 그 어느 때보다 폭염이 심화되고, 해수면 상승으로 주요 도시가 침수되고, 산불이 걷잡을 수 없이 번지면서 주택까지 태우는 일이 잦아지고, 공기가 오염되고, 수명이 짧아지고 있다. 극지방의 얼음이 녹기 시작하고, 한때 춥고 눈으로 뒤덮였던 툰드라에서도 화재가 빈번하게 일어나고 있다. 세계의 식량 공급 역시 위기에 처할 수 있다.

인류는 심각한 도덕적, 현실적 딜레마에 처해 있다. 수십억 명을 빈곤 상태에서 벗어나게 해준 경제 발전을 어떻게 이어나갈 수 있을까? 아니, 과연 어떻게 해야 아직 빈곤에 시달리는 이들에게까지 이 발전의 혜택을 제공하는 한편, 우리의 유일한 고향을 위협하는 이 불길을 끌 수 있을까?

많은 이가 이미 도우려 애쓰고 있다. 전기차를 구입하고, 열심히 재활용을 하고, 스마트 기능을 갖춘 냉난방 장치를 설치하고, 육류 소비를 줄이고, 환경단체에 기부를 하는 등 나름의 방식으로 노력한다. 이런 활동들은 중요하지만 그 자체로는 부족하다. 어느 가족이 차를 덜 몰거나 지붕에 태양 전지판을 설치하기로 결심하는 등 양심 있는 **녹색소비자**green consumer가 된다고 해도, 세계를 구하지는 못한다. 문제가 방대하기 때문이다.

그 대신에 우리 모두가 **녹색시민**green citizen이 되어야 한다. 우리는 시간이 흐름에 따라 전면적인 변화를 가져올 수 있는 비교적 소수의 공공 정책에 집중할 필요가 있다. 그러려면 걱정하는 모든 시민, 경영자, 기술 혁신가, 정치인이 이해할 수 있는 일관된 계획이 있어야 한다. 이렇게 전략을 명확히 할 때 비로소 힘을 모을 수 있다. 그러고 나면 필요한 변화를 촉진할 의지와 수반될 비용과 위험을 최소화할 기술도 자연스레 따라올 것이라고 기대한다.

좋은 소식은 세계의 구석구석에서 이미 변화가 일어나기 시작했다는 것이다. 영국에서는 19세기 이래 처음으로 발전소에서 석탄을 한 삽도 때지 않고 있다. 이미 석탄 화력 발전 없이 여러 주를 지내고 있다. 세계에 산업 혁명과 화석 연료를 향한 끊임없는 갈망을 심어준 나라는 이제 화석 연료 의존에서 벗어나야 한다고 점점 더 단호하게 앞장서고 있는 듯하다.

우리가 필요로 하는 변화가 어느 구석에 숨어 있을 때도 많다. 미국 오리건주에서는 전력망의 변동에 맞추어서 유연하게 대응할 수 있는 새로운 디지털 제어 장치를 단 온수기가 늘어나고 있다. 전력 수요가 많을 때는 에너지 사용량을 줄이고, 전력 수요가 적을 때는 출력을 높여 필요할 때 쓸 물을 미리 데워놓는다. 이런 유형의 혁신은 전력망이 풍력 터빈과 태양 전지판처럼 발전량이 들쭉날쭉한 시설의 가동률에 맞추어서 전력 수요를 조절하는 데 도움을 줄 것이다. 그리고 아무도 찬물로 샤워할 필요가 없도록 만들어줄 것이다.

때로는 변화가 산비탈 전체에서 가시적으로 펼쳐지기도 한다. 노스캐롤라이나주에서는 주 당국의 지원으로 저비용 재생에너지원의 경쟁력이 높아지면서 태양력 발전 시설이 크게 늘어났다. 곧 해상에서도 변화의 조류가 가시적으로 나타날 것이다. 미국 북동부 해안에서는 수십 킬로미터에 걸쳐 풍력 터빈을 세우는 대규모의 새로운 산업이 활기를 띠고 있다. 변화는 도심에서도 나타나고 있다. 독일에서는 헤어드라이어보다 전기를 덜 쓰면서 거주자가 필요로 하는 모든 냉난방 시설을 제공하는 새로운 아파트가 지어지고 있다. 중국에서는 전기 승용차와 버스로의 대규모 시장 전환이 이루어지고 있다.

다시 말해, 이미 나와 있는 해결책들이 있으며 더 많은 해결책이 계속해서 마련되고 있다. 충분한 규모로 적용할 수 있다면, 생활 수준도 경제도 어느 것 하나 위험에 빠뜨릴 필요 없이 청정에너지로의 전환을 이룰 수 있다. 그러나 우리가 그것들을 채택하는 속도가 너무 느리다. 무지, 타성, 정치적 무능력의 불길한 조합이 에너지 전환의 속도를 저해하고 있다.

지금은 역사적으로 매우 중요한 시점이며, 현재 절실히 필요한 것은 속도다. 세계 195개 국가들은 2015년 파리에서 파리기후변화협약(파리협정)으로 지구 기온이 재앙 수준으로 증가하는 것을 막는 노력에 동참할 것을 동의했다. 그들은 구체적으로 상한을 설정했다. 산업혁명 이전 대비 지구의 평균 기온 상승폭을 섭씨 2도 이내로 유지해 온난화를 억제하자는 것이었다. 또한 가능한 섭씨 1.5도를 넘기지 말자는 바라는 목표를 설정하기도 했다. 우리가 매일 접하는 기온의 변화량에 비하면 아주 미미한 수치처럼 들릴 수도 있지만, 지구 전체 평균으로 따지면 아주 큰 값이다. 불행히도 수백 년 동안 화석 연료를 계속 태움으로써 인류는 이미 지구를 1도 이상 데운 상태다. 즉, 위험 구간까지 이미 절반 넘게 다가갔다는 뜻이다. 그리고 이미 우리는 파리협정의 양쪽 목표를 달성하기가 요원한 상황에까지 와 있다. 목표 수준을 넘어선다면 재앙만이 우리를 기다리고 있다. 우리는 미국 서부의 소도시들을 파괴하고 있는 화재, 수원지를 바짝 마르게 만드는 가뭄, 기온이 섭씨 49도 이상으로 치솟는 폭염 등을 통해서 그 재앙이 어떤 것인지를 이미 엿보는 중이다.

파리협정의 목표를 충족시킨다는 것은 우리가 태울 수 있는 화석 연료의 양을 제한한다는 의미다. 줄여서 2C라고 하는 이 목표를 달성하려면 2050년경에는 화석 연료의 시대를 종식시켜야 한다. 30년도 채 남지 않은 상황에서 목표에 다가가려면 앞으로 10년 안에 온실가스 배출량을 상당히 줄여야 한다. 그러나 세계 전체의 배출량은 줄어들기는커녕 여전히 증가하고 있다.

많은 나라, 특히 유럽 국가들은 애쓰고 있지만 어떤 나라도 이 목표에 가까이 다가가지 못하고 있다. 조 바이든Joe Biden 미국 대통령도 미국의 야심적인 새 목표를 세웠지만, 그가 목표를 얼마만큼 달성하든 간에 기후 위기는 대통령 임기 한두 번보다 훨씬 더 긴 기간에 걸쳐 지속될 것이다. 다른 나라들처럼 미국도 수십 년에 걸쳐서 탄소 배출량을 꾸준히 줄이는 과정을 시작해야 한다. 그리고 워싱턴에서 얼마나 많이 도움을 주든지 간에 주 정부와 지역 공동체가 주체적으로 수행해야 한다.

여러분은 재앙이 닥치는 것을 막기에는 이미 늦었다는 주장을 들어보았을 것이다. 이 말은 어떤 의미에서는 사실이다. 섭씨 2도 이내라고 목표를 세운 것은 그 정도라면 안전해서가 아니라 가까스로이긴해도 달성 가능해서였다. 우리가 이미 경험하고 있는 화재, 폭우, 해안침수를 생각할 때 지금보다 기온이 2도 더 올라간 세계는 살아가기힘든 곳이 될 것이다. 그러나 다른 의미에서 보자면 결코 늦지 않았다. 석탄 한 무더기든 석유 한 통이든 땅속에 남아 있는 한, 우리에게는행동할 여지가 있다. 우리는 그것들을 태우지 않는 쪽을 택할 수도 있고, 이 노력으로 세계는 좀 더 나은 상태가 될 것이다. 따라서 우리가보는 관점에서는 기후 위기에 대처하는 일에 아직 늦지 않았다. 우리에게는 기후 재난이라는 최악의 피해에 맞서고, 인류와 미래 세대를엄청난 고통으로부터 구할 시간이 아직 남아 있다.

우리는 아주 많은 사람이 이미 도울 수 있는 일들을 하고 있다는사실에 감동받는다. 그러나 **무엇**을 해야 하는지 아는 일 자체가 어려울 수도 있다. 문제가 워낙 크기에 우리 모두는 자신이 너무나 미미하다고 느낀다. 그래서 우리는 이 책에서 가장 큰 영향을 미칠 수 있는풀뿌리 정치 활동을 제시하는 것을 목표로 삼았다. 우리는 모두 차이를 빚어낼 능력을 지니고 있기 때문이다. 문제가 엄청나다는 것은 분명하지만, 그렇다고 해서 우리 각자가 한 귀퉁이씩 맡을 수 없다는 의미는 아니다.

우리는 낙관주의자일지도 모르지만 어리숙하지는 않다. 지금까지 쌓은 경력에 힘입어서 세계의 기술적, 경제적, 정치적 복잡성을 깊이 이해할 식견을 나름 갖추고 있다. 핼 하비는 기계 공학을 전공했고,

전기차가 정식으로 출시되기 30년 전에 직접 스스로 전기차를 제작해서 태양 전지판으로 충전해 타고 다니기도 했다. 또 그는 지난 수십 년 동안 전 세계 정치 지도자들에게 청정에너지로의 전환을 촉진하는 방법을 자문하는 일을 해왔다. 이런 많은 경험 덕분에 어떤 정책이 효과가 있고 없는지를 잘 알며, 효과 있는 정책을 추진할 최선의 방법이 무엇인지도 누구보다 잘 안다. 한편, 저스틴 길리스는 〈뉴욕 타임스〉에서 기후 과학 분야 선임 기자로 10년 가까운 시간을 보낸 것을 비롯해 언론 분야에서 40년 동안 일해왔다. 그래서 그는 잘 짜인 이야기가 변화를 불러일으킬 힘을 지니고 있음을 이해한다.

이 책에서 우리는 정치적으로 불가능하다고 본 변화는 깊이 파고들지 않을 것이다. 예를 들어, 많은 경제학자는 온실가스 배출에 무거운 세금을 매기는 방안이 이 문제를 해결하는 데 중요한 기여를 할 것이라고 주장한다. 물론 그런 조치가 실행 가능하다면 그럴 수도 있다. 그러나 지난 30년 동안 워싱턴 정가에서는 수수한 (사실 너무나 낮아서 배출 억제에 전혀 기여하지 못할) 수준의 배출세를 도입하려는 시도가 이루어졌지만 아무런 성과도 내지 못했다. 그러니 우리는 2C에 다다르기까지 남은 시간을 따져볼 때, 지난 역사를 통해 앞으로 해낼 수 없다고 짐작 가능한 것을 시도하는 일에 시간과 돈을 투자하라고 여러분에게 제안할 생각이 없다. 대신에 우리는 시간과 에너지를 투자할 때 가장 큰 성과가 나타날 것으로 예상되는 활동에 초점을 맞출 것이다.

우리는 경제를 일곱 개 분야로 나눔으로써 이 책의 얼개를 짰다. 여섯 가지는 현재의 온실가스 배출 문제에 가장 크게 기여하는 경제 분야다. 나머지 하나는 앞으로 온실가스 배출을 줄이는 데 도움이 될 발명 분야로 기술과 금융 양쪽을 아우른다. 기후를 구하려면 우리는 탄소 배출량을 0에 가깝게 줄일 때까지 이 일곱 개 분야 각각에서 실질적인 발전을 이루어야 할 것이다. 이 책의 각 장은 그런 발전이 올바른 방향으로 나아가는 데 여러분이 어떻게 영향을 미칠 수 있는지를 보여줄 것이다. 전력망을 청정화하는 것은 중요한 첫 단계다. 청정 전기clean electricity는 경제의 다른 부문에서 쓰이는 더러운dirty 화석 연료를 대체할 수 있기 때문이다. 우리는 어떻게 하면 우리 사회가 건물에서 낭비되는 그 많은 에너지를 줄일 수 있고, 교통 부문에서의 배출량을 감소시킬 수 있을지도 깊이 살펴볼 것이다. 식량을 생산하고 토지를 관리하는 방식에도 변화가 필요하며, 시골에서 도시로 사람들이 점점 더 몰려들기에 더욱 지속 가능한 도시를 구축해야 할 것이다. 또한 우리 모두가 구입하는 상품들을 생산하는 공장에서 뿜어내는 온실가스를 줄여나갈 수 있는 방법들도 다룰 것이다. 우리가 변화를 꾀해야 하는 목표들 중에는 이미 명확히 드러난 것들도 많은 반면, 이제야 겨우 눈에 뜨일락 말락 하는 것들도 있다. 따라서 사회가 변화들을 촉진하려면 무엇을 해야 하는지도 차례로 살펴볼 것이다. 이런 조치들이 어떤 순서에 따라 순차적으로 일어나야 할 필요는 없다. 사회는 이 모든 조치를 동시에 추구해야 한다.

기술은 우리 기후를 위기로부터 구하는 싸움에서 큰 역할을 할 것이다. 그러나 우리에게 정말로 필요한 것은 신기술보다도 차이를 빚어낼 만큼 기술들을 폭넓게 시행하는 더 나은 정책이다. 그런 결정

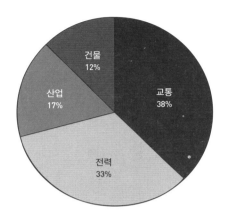

화석 연료 연소에 따른 부문별 이산화탄소 배출량 비율(2019년 미국 기준)

건물
12%

교통
38%

산업
17%

전력
33%

은 기업과 정부가 하는 것이니 시민이 참여할 기회는 거의 없다고 생각할지도 모르겠다. 하지만 그렇지 않다. 어느 시 당국이 건축 규제를 더 강화하기로 한다면, 이를 통해 앞으로 수십 년 동안 신축 건물의 에너지 낭비를 줄이고자 한다면, 지역의 건축업자들이 온갖 영향력을 발휘해서 규제를 완화하기 위해 애쓰리라고 우리는 충분히 짐작할 수 있다. 그럴 때 시민으로서 독자인 여러분도 영향력을 미칠 수 있다. 자신이 거주하는 지역에 어떤 종류의 발전소를 건설할지 최종 결정을 내리는 위원회가 있다면, 먼저 주민의 의견을 듣는 공청회를 열고 주민의 이익을 고려해야 한다고 관련 법에 규정되어 있을 가능성이 높다. 그리고 지역의 선출직 공무원들은 지역 시장에서 어떤 자동차가 판매될 것인지부터 가전제품의 효율을 어느 정도로 할 것인지에 이르기까지 모든 일에 사람들이 짐작하는 것보다 더 큰 영향을 미칠 수 있다. 이런 행동 수십 가지를 세심하게 선택해서 집중적으로 추구한다면, 기후 위기를 해결하는 핵심 열쇠가 되어줄 것이다. 정부의 다양한 층위에서 이루어지는 이런 결정들은 사실상 경제가 어느 방향으로 발전할지 저마다 기여하는 비밀 레버들이라고 생각할 수 있다. 대다수 시민이 모르고 있다는 의미에서 비밀일 뿐이지, 이 책의 핵심 메시지 중 하나는 그런 사실을 알아야 할 때가 왔다는 것이다.

　이런 결정이 이루어질 때 과연 여러분의 목소리가 반영될 수 있을까? 이 책이 말하고자 하는 것이 바로 그 부분이다. 스스로 나서서 자신의 정부에 책임을 묻고, 자신의 가족뿐만 아니라 동네, 지역, 국가를 위해 더욱 지속 가능한 선택이 이루어지도록 녹색소비자에서 녹색시민으로 옮겨가는 방법을 이야기하고자 한다. 우리는 민주주의의 도구를 활용해 레버들을 움켜쥐고서 더 나은 미래를 향해 당길 필요가 있다.

contents
차례

제 1 장

기후 위기에 대처하기 위한 기본 경제 법칙
: 학습 곡선

THE BIG FIX

The

얼라이언스호라는 튼튼한 작업용 선박이 영국 해안에서 몇 킬로미터 떨어진 잔잔한 바다 위를 힘들이지 않고 빠르게 나아가고 있었다. 배의 고물에는 줄리언 간시Julian Garnsey라는 활기 넘치는 인물이 서 있었다. 영국인인 그는 승객들에게 이번 여정을 설명하고 있었다. 그가 말하는 동안 일본의 대규모 전력 회사를 대변하는 몇몇 사람들이 그에게 이런저런 질문을 했다. 투자 기회를 엿보고서 최근 열풍이 불고 있는 첨단 기술의 적용 현장을 견학하러 온 이들이었다.

몇 년 전만 해도 간시는 해상 석유 시추 플랫폼을 건설하는 기술자로 일하고 있었다. 그러나 그는 석유를 태운다는 것이 어떤 의미인지를 깊이 고심했다. 지금 그는 해상 풍력 단지를 건설한다. RWE 리뉴어블스RWE Renewables라는 그의 회사는 역동적인 신산업의 최전선에 서 있다.

해상 풍력 단지는 1990년대에 유럽 바다에 처음으로 건설되기 시작했는데, 당시에는 에너지 융합energy mix의 일부가 될 가능성이 거의 없는 무모한 계획이라고 조롱받았다. 해저에 말뚝을 박으려면 특수한 새 선박이 필요했다. 해저에 거대한 기계를 설치하는 데 필요한 복잡한 기술을 터득한 인력도 없었다. 투자자들은 투자를 꺼렸고, 결국 건설을 하려면 높은 이자를 주고서라도 대출을 받아야 했다. 해상에 터빈을 설치하는 비용이 워낙 컸기에 회사는 몇 기라도 설치할 수 있도록 유럽 각국에 엄청난 보조금을 요청했다.

각국 정부는 미덥지 못하다고 여기면서도 물리적으로 규모가 엄청나다는 사실에 솔깃했다. 육상 풍력 터빈은 전기를 생산하는 데 유용하다는 것이 이미 오래전에 입증되었지만, 육지에서 부는 바람은 변덕스러울 때가 많았다. 바다에서는 바람이 더 세게 더 꾸준히 분다. 그 말은 해상 터빈이 전력을 더 많이 생산할 수 있음을 의미했다. 혹독한 해상 환경을 견딜 수 있다면 가능했다. 비용이 많이 든 초기의 사업 계획은 이 이론이 옳았음을 입증했고, 산업의 규모가 커지면서 비용도 줄어들기 시작했다.

당시에 해상 풍력 산업은 세계의 혁신과 야심의 온상 중 하나가 되었다. 미국인들은 그 기술이 어떻게 작동하는지 알아보고자 유럽으로 견학을 가곤 했다. 귀국한 미국 북동부 지역의 의원들과 주지사들은 대규모 해상 풍력 단지 조성을 추진했다. 중국도 풍력 터빈 시장의 상당 부분을 차지하겠다고 나섰다. 사실상 이 산업을 창안한 덴마크도 시장 지분을 유지하기 위해 애쓰고 있다. 독일과 프랑스도 현재 이 분야가 중요 산업이 되리라고 보고 있다. 사실 해상 풍력이 조만간 세계 전력 공급의 가장 많은 비율을 차지할 수 있다는 분석 결과들이 최근에 나오고 있다.[1] 제2차 세계대전 이래로 유럽에서 출현한 가장 중요한 산업으로 자리를 잡을 수도 있다.

어떻게 이런 일이 가능해졌을까? 짧게 답한다면 비용 감소 덕분이다. 유럽 각국은 해상 풍력 단지를 건설하기 시작했을 때, 전력 회사에 이 신산업에서 생산되는 전기를 4~5배 더 비싼 가격에 구입하도록 했다.[2] 그렇게 들어간 추가 비용은 소비자에게 전가되었다. 그러나 2020년대 초에는 시장 가격에 상응하는 비용으로 전기를 공급하는 쪽으로 계약이 이루어졌다.[3] 이는 해상 풍력 산업이 보조금을 거의 또는 전혀 받지 않으면서 단지를 건설하는 법을 터득했음을 의미한다.

해상 풍력은 전 세계에서 일어나고 있는 청정에너지 기술의 비용이 대폭 줄어드는 양상을 보여주는 한 사례일 뿐이다. 2010년 대규모 풍력 단지의 발전 단가는 90퍼센트 가까이 줄어들었다. 같은 기간에 해상 풍력 단지의 발전 단가는 60퍼센트나 떨어졌다. 전기차를 움직이고 전력망의 부하 변동을 조절하는 데 점점 중요한 역할을 하고 있는 첨단 배터리는 80퍼센트 이상 비용이 낮아졌다.[4] 발광 다이오드, 즉 LED로 만든 고효율 전구는 10여 년 전 처음 나왔을 때만 해도 개당 50달러에 달하곤 했다.[5] 지금은 대형 마트에서 개당 1.24달러에 팔린다. 가격이 97퍼센트나 떨어졌다.

이런 기술들은 학습 곡선 learning curve이라는 비탈길을 따라 죽 내려가는 양상을 보인다. 시장이 커질수록 점점 저렴해진다. 우유나 미용 서비스처럼 우리가 구매하는 것들은 대부분 이런 식으로 가격이 대폭 하락하지 않는다. 사실 일상생활에 쓰는 것들은 대체로 가격이 떨어지기보다는 올라가는 쪽이다. 방금 언급한 기술들과 이제 막 창안되고 있는 새로운 기술 양쪽 모두에 적용되는, 특정 에너지 기술들의 이 특수한 경제를 이해하는 것이야말로 기후 변화의 피해로부터 세계를 구하는 열쇠다.

모든 청정에너지 기술은 초기 단계에서는 기존 대안들보다 비싸다. 그래서 부유한 국가에서조차 신기술에 발을 들이기가 어렵다. 중국, 인도, 인도네시아처럼 앞으로 세계 온실가스 배출량의 대부분을 차지할 개발도상국에서는 더욱더 그렇다. 우리는 정치인들이 실험실에서 효과를 보았다는 어떤 연구 결과를 온실가스 배출의 난제를 해결할 방법이라고 주장하는 모습을 종종 접한다. 그런 기술이 더 많이 필요하다는 점은 분명하다. 그러나 신기술을 창안하는 것만으로는 부족하다. 어떤 신기술이든지 간에 널리 쓰이려면 비용이 감당할 수 있는 수준으로 떨어져야 한다. 따라서 우리는 이런 대체 기술들의 규모를 키울, 그 과정에서 비용을 더 낮출 영리한 전술이 필요하다. 여기에는 더 강력한 공공 정책도 포함된다.

열정적인 녹색시민이라면 우리가 이 책에서 옹호하는 공공 정책과 개인 활동의 목적을 납득할 필요가 있다. 우리는 저배출 기술을 아주 저렴하게 만들어 거의 모든 상황에서 기본적으로 선택하는 것이 가능하도록 애쓰고 있다. 세계의 중산층이 되려고 애쓰는 가난한 나라들이 화석 연료를 건너뛰고서 곧바로 청정에너지로 나아갈 수 있는 수준까지 비용을 낮추어야 한다. 바로 우리의 전술 목표다. 화석 연료 기업들이 아무리 정치적 술수를 쓴다고 해도, 시장에서 청정에너지에 상대가 안 되도록 만드는 것이다. 그 방법을 정확히 이해하려면 시간을 좀 거슬러 올라가 지난 세기에 풍력과 태양력 같은 기술들이 어떻게 저렴해졌는지를 이해할 필요가 있다. 이런 역사적 여행은 지금 변화가 필요함을 역설해야 하는 긴박한 임무로부터 벗어나서 이야기의 화두를 돌리는 양 느껴질 수도 있겠지만, 이는 우리가 이루어야 할 일의 주형 역할을 한다. 우리는 이 과거로부터 교훈을 얻어서 미래에 적용해야 한다.

RWE 리뉴어블스의 기술자 줄리언 간시는 지난 10년 사이에 해상 풍력 발전에 얼마나 많은 변화가 일어나는지를 보여주는 나름의 비법을 갖고 있다. 2019년 여름날 얼라이언스호는 에식스주 앞바다의 잿빛 물을 가르며 더 깊은 바다로 나아가서 그레이터가바드Greater Gabbard라는 풍력 단지에 다다랐다. 그레이터가바드는 REW 리뉴어블스의 전신인 회사가 건설했고, 영국의 많은 풍력 단지가 그렇듯이 인근에 있는 모래톱에서 사명을 땄다. 영국 정부로부터 발전 단가를 시장 가격보다 더 높이 쳐서 구매하겠다는 보증을 받은 초기 해상 풍력 단지 중 하나였다. 배는 터빈들 사이로 지나갔다. 여름의 부드러운 산들바람을 받아서 느릿느릿 도는 것도 몇 개 보였지만, 터빈은 대부분 멈춰 있었다. 해상 풍력 터빈의 사진을 볼 때면 사람들은 그 크기를 으레 잘못 판단하곤 한다. 배경에 대조할 만한 나무도 건물도 전혀 없이 수평선뿐이라서 그렇다. 사실 이 기계는 높이가 고층 건물에 맞먹는다. 그레이터가바드의 터빈들은 바다를 가르며 행군하는 거인족 병사들처럼 남북으로 줄지어 죽 늘어서 있다. 아주 멀리까지 뻗어 있어서 배에 탄 사람들은 140대 전체를 한눈에 다 볼 수 없다. 게다가 이 단지에 있는 터빈은 영국이 지금까지 건설한 해상 풍력 터빈 중 일부에 불과하다.[6] 현재까지 2,000대 넘게 건설되었지만 이제 겨우 시작일 뿐이다.

곧 배는 보이지 않는 선을 건넜다. 그레이터가바드를 벗어나서 갤로퍼Galloper라는 새 풍력 단지로 들어섰다. 간시와 직원들이 2018년에 완공한 곳이다. 맨눈에는 앞 단지와 다른 점이 없어 보였지만, 사실 그 몇 년 사이에 기술에 뚜렷한 변화가 일어났다. 이곳의 터빈은 서쪽에 자리한 이웃 단지의 것보다 컸다. 높이도 더 높고, 날개도 더 긴 만큼 바람으로부터 더 많은 전기를 얻을 수 있다. 각 터빈은 기존 모델보다 전기를 75퍼센트나 더 생산할 수 있다. 새 풍력 단지에는 터빈이 56대 있는데, 이전 단지의 140대보다 더 빠르고 수월하게 건설했다. 이런 비용 절감은 새 단지의 발전 단가에 반영되었다.

배는 천천히 나아가서 간시와 직원들이 해저에 설치한 터빈 중 하나에 다가갔다. 수면 위로 높이 솟아오른 기둥 위에 거대한 기계가 달려 있었고, 수면 위로 1미터쯤 되는 곳에는 선박에 조심하라고 알리는 노란 페인트가 칠해져 있었다. 기둥은 저 위쪽으로 까마득히 높이 솟아 있었다. 60층 건물 높이였고, 그 꼭대기에 작은 집만 한 구조물이 달려 있었다. 나셀nacelle이라는 이 구조물 안에 발전기가 있고, 발전기는 수평으로 놓인 회전축과 연결되어 있었다. 회전축에는 바람을 받아서 발전기의 축을 돌릴 수 있는 긴 회전 날개 세 개가 달려 있었다. 회전 날개는 속이 비어 있지만 유리섬유와 탄소섬유 같은 첨단 물질로 구성된 만큼 북극해의 강풍도 충분히 견딜 수 있었다. 간시는 터빈에서 발생한 전기가 구불구불 뱀처럼 뻗어 있는 해저 케이블을 통해 해안으로 보내진다고 설명했다. 터빈 본체 역시 혹독한 바람을 견딜 수 있는데, 기둥이 해저 깊숙한 곳까지 박혀 있기 때문이기도 하다. 배가 터빈 아래를 맴돌고 있을 때, 간시는 후속 단지 건설 사업에 투자할 가능성이 있는 일본인 방문객들과 수다를 떨었다.

그는 잠시 뒤에 말했다. "사람들과 해상 풍력 단지에 관해 대화를 나눠보면 정말 믿어지지 않을 만큼 관심을 보여요. 공학적 측면에 혹하죠. 이런 식으로 말을 꺼내와요. '와, 우리가 바다 한가운데에 와 있네요! 이런 건 어떻게 세워요? 어떻게 바다 밑에 박은 거죠? 망치는 얼마나 큰 거를 써요?'"⁷ 마지막 질문의 답을 들으면 대개 헉 소리가 나오곤 했다. 이 건설에 쓰인 망치는 3층 건물만 한데, 이 망치를 다루려면 커다란 배가 필요하다. 이 산업이 비용을 줄이는 방법 중 하나는 특수한 전용 선박을 건조하는 것이다. 풍력 단지 건설에는 여러 척의 배와 1,000명의 인력이 한꺼번에 투입될 수도 있다. 그는 말을 이었다. "날씨가 하루 안 좋아서 아무 일도 못 한다면, 100만 파운드가 사라지는 거지요."

터빈 H6F는 산들바람을 받아 느릿느릿 돌면서 발전 용량의 10퍼센트 미만으로 가동되고 있었다. 그러나 낮은 출력은 문제가 아니었다. 영국은 여름에는 기후가 상쾌한 편에 속해 에어컨이 거의 필요 없으며, 전력 수요도 많지 않았다. 이런 터빈의 출력은 주민들이 주택 난방을 하면서 전력망에 부하를 일으키는 겨울에 가장 필요해지곤 했다. 다행히도 북극해는 겨울에 가장 바람이 강하다. 간시는 터빈 아래에 서서 회전 날개가 한 번 회전할 때 전기차가 50킬로미터를 달릴 만큼 전기를 생산한다고 말했다. 1년 동안 터빈 한 대는 6,000채가 넘는 영국 주택에서 전등을 켜고 세탁기를 돌리고 주전자 찻물을 끓이는 데 필요한 전기를 모두 공급할 수 있었다. 보리스 존슨Boris Johnson은 영국 총리 시절 해상에서 얻은 청정 전기로 영국의 모든 가정에 전력을 공급할 수 있을 때까지 풍력 단지를 계속 건설할 것이라고 천명하기도 했다.

배가 해안으로 돌아갈 때 간시는 다음에 건설 예정인 트리턴 놀Triton Knoll 풍력 단지 이야기를 꺼냈다. 터빈은 다시 50퍼센트 더 커질 것이고, 발전 단가는 더 내려갈 것이다.[8] 덴마크의 베스타스Vestas와 미국의 제너럴일렉트릭General Electric 같은 터빈 제작사들은 이런 기계를 얼마나 더 크게 만들 수 있는지를 놓고 경쟁 중이다. 베스타스는 최근에 막 설치되기 시작한 거대한 터빈보다 용량이 두 배 더 많은 15메가와트를 생산할 수 있는 터빈을 만들겠다고 발표했다.[9] 이 기계의 회전 날개는 가장 큰 여객기인 에어버스Airbus의 A-380기 두 대가 나란히 붙어서 빙빙 원을 그리며 난다고 할 때만큼 거대한 원을 그릴 것이다. 미국 전투기 여섯 대가 나란히 들어갈 만한 공간이다.

세계 해상 풍력 터빈의 3분의 1 가까이가 영국에 설치되어 있지만, 다른 유럽 국가들도 주된 역할을 해왔다. 그러나 미국은 아니었다.

미국은 해외에서 이 새로운 산업이 발전하는 양상을 지켜보았다. 그러다가 비용이 급감하자 마침내 관심을 갖게 되었다. 미국에서 현재 가동 중인 해상 풍력 터빈은 겨우 일곱 대에 불과하다. 로드아일랜드주에 다섯 대, 버지니아주의 시범 사업지에 두 대가 가동되고 있다. 그러나 최근 들어서 미국에서도 많은 사업 계획이 세워지고 있다.

매사추세츠주에서는 20여 년 전에 미국 최초로 해상 풍력 단지를 건설하려는 시도가 있었다. 그런데 해안과 너무 가까운 곳에 건설한다는 이유로 주변 부동산 소유주들의 반대에 직면해서 무산되었다.[10] 그 뒤로 기술이 발전하면서 해변가 주택에서 보이지 않을 수평선 너머 먼 곳에 터빈을 건설할 수 있게 되었다. 이 기술 발전은 정치적으로도 중요했다. 현재 미국 북동부 연안 주들은 연방 정부의 지원을 받아서 얕은 대륙붕에 풍력 터빈 수천 대를 세우려고 한다. 이들이 이미 세워둔 해상 풍력 단지 건설 계획만 해도 원자력 발전소 5~6곳에 맞먹는 전력을 생산할 수준이며, 바이든 정부는 2030년까지 규모를 세 배 더 늘리겠다고 했다. 이 기술에는 국가의 지원이 아주 중요하다. 해안에서 4.8킬로미터 너머의 해저까지는 연방 정부의 관할이기에 그들만이 풍력 단지 사업자에게 사용 허가를 내줄 수 있다.

해상 풍력 산업에서 나타나는 비용 감소 양상은 (육상 풍력, 태양력, LED 전구, 전기차 산업 등과 마찬가지로) 일종의 마술처럼 보일 수도 있다. 그러나 사실은 어떤 경제 법칙들이 작용하고 있으며, 전문가들이 꽤 잘 이해하고 있는 것들이다. 이런 산업에서의 비용 감소는 전적으로 예상되던 일이었다. 사실 수십 년 전에 이미 예측된 사례들도 있었다.

현재 이런 기술들에 무슨 일이 일어나고 있는지, 더 나아가 앞으로 기술을 발전시키고 채택하려면 사회가 어떻게 행동해야 하는지를 이해하려면, 한 세기쯤 거슬러 올라가서 현대 세계를 정의한 기계 중 하나의 초창기를 살펴볼 필요가 있다. 바로 항공기다.

라이트의 법칙

시어도어 라이트Theodore Wright는 숫자에 밝았다. 그는 건축 공학을 전공했지만, 미국이 제1차 세계대전에 참전하자 해군에 징집되었다. 곧바로 그는 당시 해군 관할이었던 원시적인 전투기의 온갖 문제들을 해결하는 일에 투입되었다. 몇 달 사이에 그는 항공기 설계와 제작에 관한 심오한 문제들의 해결책을 담은, 수학 방정식으로 빽빽한 기술 논문들과 해군 보고서들을 잇달아 내놓았다. 이제 겨우 20대 초반일 때였다. 그는 천직을 발견했고, 이 신생 미국 산업은 토종 천재 중 한 명을 영입하게 되었다.

열차가 장거리 여행 부문을 꽉 잡고 있던 시기에 라이트는 여객 항공 산업이 대규모로 성장할 것이라고 내다본 최초의 인물에 속했다. 그는 미국이 항공기를 충분히 생산해 제2차 세계대전에서 승리하도록 도운 중요한 인물이 되었고, 전후에는 훗날 연방항공청Federal Aviation Administration이 될 기관의 책임자로 일하면서 일찍이 품었던 전망을 실현시키는 데도 기여했다.

이 모든 업적을 이루었어도 라이트는 다음의 한 가지 탁월한 통찰이 없었다면 역사에 각주로 취급될 가능성도 있었다. 경력을 쌓기 시작한 초창기에 그는 항공기 제작 비용의 변화 양상을 이해하고자 애썼다. 생산의 규모가 커지고 부품이 대량 생산될수록 생산비가 감소한다는 것은 명백했지만 비용 하락을 이해하고 더 나아가 예측하게 해줄 어떤 패턴이 있을까? 훗날 그는 자신이 1920년대 초에 한 가지 패턴을 발견했지만 당시 재직 중이던 항공기 제작사 커티스Curtiss Aeroplane and Motor Company가 자신의 발견을 영업 비밀로 유지했다고 회고했다. 1920년대 내내 회사는 정부를 비롯한 구매자들에게 항공기를 팔고자 할 때 라이트의 방법을 써서 입찰 전략을 세웠다.[11]

훗날 그는 이렇게 말하기도 했다. "그러다가 1936년 독일에 갔다가 깜짝 놀랐다. 미국과 영국의 생산 대수를 합친 것보다 훨씬 더 많은 군용기가 생산되고 있었다. 게다가 국토방위가 아닌 공격전을 펼치려는 의도가 명백했다. 유감스럽게도 나는 세계대전으로 얻은 평화가 이미 사라졌고 민주 국가들이 살아남으려면 두 번째 세계대전 준비에 몰두해야 한다는 사실을 받아들일 수밖에 없었다. 우리의 잠재적인 적은 그 무기를 선택했다. 그들의 전력은 엄청났고 우리에게는 시간이 촉박했다."[12]

아마도 전쟁이 일어난다면 미국이 무엇을 해야 할지를 이미 고심하고 있어서였겠지만, 그 여행을 하기 직전 그는 회사가 움켜쥐고 있던 비밀을 누설하기로 결심했다. 그는 1936년 2월 해당 분야의 기관인 항공과학연구소Institute of the Aeronautical Sciences가 내는 학술지에

〈항공기 비용에 영향을 주는 요인들Factors Affecting the Cost of Airplanes〉이라는 제목의 논문을 발표했다.[13] 당시 이 논문을 읽은 사람은 아마수백 명도 되지 않았을 것이 확실하다. 그러나 그 뒤로 수십 년이 흐르는 동안, 그의 논문은 제조업 역사상 가장 중요한 논문 중 하나로여겨지기에 이르렀다.

20세기 초반에 기업가들은 이미 신제품의 생산 규모를 키울수록제조 비용이 줄어들 가능성이 높다는 사실을 이해하고 있었다. 헨리포드Henry Ford와 그가 만든 미국 최초의 대량 생산 자동차인 모델 T가대표적인 사례였다. 포드Ford Motor Company가 1909년 해당 모델을 출시했을 때 생산 대수는 11,000대에 조금 못 미쳤고, 가장 인기 있는등급은 가격이 850달러였다. 1920년대 중반, 모델 T의 인기가 정점에달했을 때 포드는 연간 약 200만 대씩 생산하고 있었고, 소비자는300달러 이하로 구입할 수 있었다.[14] 산업 시대에 점점 더 많은 소비재가 출시됨에 따라서, 생산 규모를 확대할 때 단위 생산비가 급감하는 양상이 되풀이되어 나타났다.

한 가지 근본적인 이유는 규모의 경제economies of scale라는 원리때문이었다. 18세기 경제학에서 나온 개념으로, 헨리 포드는 자동차를 연간 몇 대를 생산하든 간에 공장과 설비 및 최소한의 인력이 필요했다. 그리고 설계와 검사, 회사의 전반적인 운영에 계속 비용이 들어갔을 것이다. 생산 규모가 커질수록 그는 고정비를 더욱더 많은 차에분산시킬 수 있었고, 그럴수록 차 한 대를 생산하는 데 드는 비용은줄어들었다. 게다가 생산량이 증가할수록 직원들은 맡은 일에 관한 숙련도가 높아지면서 일을 더 빨리하게 되었다. 회사는 시간과 비용을 줄이기 위해 새로운 도구와 장비를 계속 개발했다. 그중에서도 가장 유명한 혁신은 이동식 조립 라인이었다.[15] 포드와 직원들이 시카고의 한 도축장을 방문했을 때 떠올린 개념이었다. 그들은 가축의 사체들이 갈고리에 걸려서 이동할 때, 일꾼들이 죽 늘어서서 각자가 저마다 맡은 부위만 반복해 잘라내면서 해체하는 광경을 지켜보았다. 본질적으로 포드와 직원들은 이 **해체 라인**을 **조립 라인**으로 전환한 것이다. 컨베이어 벨트로 차를 이동시키면 일꾼들은 각자 자신이 맡은 동일한 부품만 장착하는 일을 되풀이하는 방식이었다. 물론 단조로울 수는 있었지만 빠르고 효율적이어서 자동차를 제작하는 데 인건비를 줄일 수 있었다. 포드가 직원들에게 당시 수준으로 꽤 높은 급여를 지불하고 있었음에도 그랬다. 포드의 이런 개선 조치들은 자동차의 가격 하락으로 반영되었고, 모델 T는 대중이 구입하고 싶어 하는 물품 목록 상위에 오르면서 자동차의 시대를 열었다.

규모의 경제를 살펴보는 더 단순한 방법도 있다. 여러분은 지하실에서 맥주를 빚어보려고 시도한 적이 있는가. 재미있는 취미 생활이긴 하지만, 아마 맥주 사는 데 쓰는 돈을 아끼는 쪽으로는 전혀 도움이 안 된다는 것을 금방 알아차렸을 것이다. 맥주 통, 발효기, 관 등을 사는 데 수백 달러는 들여야 하기 때문이다. 그 엄청난 투자비를, 이를테면 한 달에 한 번 맥주를 빚는 데 분산시킬 수는 있을 것이다. 대신 그 사이 대부분의 기간에 비싸게 주고 산 새 물품들은 아마 한 번도 사용되지 않은 채 처박혀 있을 것이다. 경제 용어를 쓰자면 감가 상각 자산이 된다. 양조장에 2억 달러를 투자해 밤낮으로 가동해서 연간 1억 병씩 맥주를 생산하는 사람은 생산비 측면에서 여러분보다 훨씬 유리한 위치에 있을 것이다. 여러분이 직접 빚은 맥주가 아무리 맛있다고 한들, 규모의 경제 덕분에 양조장 주인이 비용 측면에서는 유리할 수밖에 없다.

20세기 초 규모의 경제라는 개념은 기초 경제학 이론의 일부가 되어 있었다. 아버지가 경제학자였던 라이트도 항공기 비용의 문제를 다룰 때 그 점을 이해하고 있었던 것이 분명하다. 그러나 그가 알고자 한 것은 정해진 양을 생산할 때 비용이 **얼마나** 줄어드는가였다. 미묘한 문제였다. 규모의 경제뿐만 아니라 생산량이 늘어날 때마다 증가하는 노동자의 숙련도, 생산을 더 수월하게 해줄 기술 개선, 규모가 늘어날 때 공급되는 물품의 가격 하락 등 100가지에 달할 수도 있는 요인들에 따라서 답이 달라질 것이기 때문이다. 그렇긴 해도 어떻게든 그 답을 구한 덕분에 라이트가 속한 커티스는 정부 주문을 따내는 데 매우 유리한 위치에 있었다. 생산 대수를 늘릴 때 줄어드는 비용을 예측할 수 있다면, 경쟁 업체들보다 입찰가를 더 낮게 써낼 수 있었을 테니 말이다.

라이트는 마침내 그래프용지 위에서 답을 찾아냈다.[16] 항공기 생산에 들어간 노동량 증가에 따른 생산량 증가를 그래프에 표시하자 생산량이 두 배로 늘 때마다 필요 노동량이 약 20퍼센트씩 줄어들었다. 노동자는 더욱 빠르고 효율적으로 일하는 법을 터득했고, 관리자는 공장 내 설비의 배치를 개선하여 부품들의 이동 거리를 줄이고 공

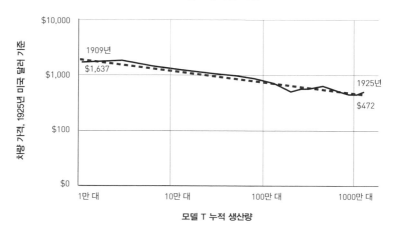

모델 T의 학습 곡선

$10,000

1909년
$1,637

$1,000

1925년

$472

$100

$0

1만 대　　10만 대　　100만 대　　1000만 대

차량 가격, 1925년 미국 달러 기준

모델 T 누적 생산량

36쪽에 인용된 값들과 달리 이 수치들은 인플레이션을 감안해 모형 T의 가격을 나타낸 것이다.

정 전체의 효율을 높였다. 생산량이 세 배로 증가한 뒤에는 인건비가 거의 절반으로 떨어졌다. 놀라운 점은 그 규칙성이었다. 총생산량이 두 배로 늘 때마다 공장의 생산비가 다소 일정한 비율로 떨어진다는 이 개념은 라이트의 법칙Wright's law으로 알려져 있다. 이 법칙은 노동 뿐만 아니라 공장 생산의 많은 측면에 적용된다는 것이 드러났는데, 헨리 포드의 모델 T의 소비자 가격이 정해지는 과정 역시 고전적인 사례 중 하나다.

　　그래프의 가로축 단위는 이 자동차의 인기가 치솟으면서 생산량이 급증했음을 나타낸다. 그래프는 모델 T의 '학습률learning rate'이 약 15퍼센트임을 보여준다. 점선으로 표시된 기울기를 통해 확인할 수

기후 위기에 대처하기 위한 기본 경제 법칙

있으며, 이는 곧 누적 생산량이 두 배 증가할 때마다 가격이 그만큼 떨어졌다는 뜻이다.

아마 라이트의 법칙을 들어보지 못한 이들이 대부분이겠지만, 곧 이 개념은 20세기 중반에 경영 세계로 침투했다. 라이트의 그래프를 그릴 때 나오는 기울기를 학습 곡선 또는 경험 곡선experience curve이라고 한다. 사실 오랜 세월에 걸쳐 다양한 이름과 정의가 쓰여왔지만 기본 개념은 같다.

사람들은 '학습 곡선'을 어려운 무언가를 가리키는 의미로 느슨하게 사용한다. 이런 식이다. "나는 대학에서 러시아어를 공부했지만, 학습 곡선이 너무 가팔라서 결코 숙달하지 못했어." 라이트의 법칙과 관련된 학습 곡선은 전혀 다르다. 그의 그래프에 그려진 선은 놀이터에 있는 미끄럼틀에 더 가까운 역할을 한다. 즉, 꼭대기에서 아래로 죽 타고 내려간다. 생산 규모가 커질수록 생산비가 줄어드는 것을 '학습 곡선을 타고 내려간다'라고 표현할 수도 있다.

학습 곡선의 개념은 라이트가 논문을 발표한 직후부터 항공 업계 전체로 퍼지기 시작했고, 그 기본 원리는 제2차 세계대전이 터지면서 극적인 방식으로 확인되는 양상을 보였다. 시애틀에서 간신히 버티고 있던 한 회사는 B-17기를 제작하는 정부 계약을 따냈다. 플라잉 포트리스라는 이름으로 더 잘 알려진 무거운 폭격기였다. 전쟁에 투입될 첫 항공기는 1941년에 생산되었는데, 한 대당 수십만의 노동 시간과 24만 2,200달러의 정부 예산이 투입되었다. 하지만 1944년 말에는 필요 인력이 90퍼센트 이상 줄어들었고, 항공기에도 여러 개선이 이루어진 상태였으며, 투입되는 정부 예산도 13만 9,254달러로 줄었다.[17] 이 엄청난 개선은 노동력에 힘입어 이루어졌다. 전쟁이 끝날 무렵에 노동력은 거의 절반이 여성이었고, 대부분 공장 일을 처음 해보는 이들이었다. 전시에 대규모 비용 절감이 이루어진 사례가 이것만은 아니지만, 이는 유명한 축에 속한다. 플라잉 포트리스는 다른 어떤 폭격기보다 많은 폭탄을 나치 독일에 떨어뜨렸다. 전시에 항공기 제작 기술을 갈고닦은 덕분에 이 항공기를 만들던 시애틀 기업은 미국을 상징하는 항공기 제작사가 되었다. 바로 보잉Boeing이다.

지금도 학자들은 제2차 세계대전 당시의 제조 경험을 연구한다.[18] 기술 학습률technological learning rate에 관한 한 가지 중요한 의문에 답을 찾아낼 유일한 방법이기 때문이다. 정말로 생산 규모가 커지기 **때문에** 상품의 가격이 하락하는 것일까, 아니면 가격 하락으로 사람들이 그 상품을 점점 더 많이 구입해서 생산 규모가 커지는 것일까? 평상시라면 원인과 결과를 분리하기가 거의 불가능할 테지만, 제2차 세계대전은 인과관계의 방향을 명확히 드러냈다. 기술 학습률을 연구하는 옥스퍼드대학교의 J. 도인 파머J. Doyne Farmer는 이렇게 말했다. "우리는 프랭클린 루스벨트Franklin Roosevelt가 점점 더 싸진다는 이유로 항공기와 탱크를 더 많이 구입한 것이 아님을 안다."[19] 다시 말해, 유럽에서 나치 독재 정권의 등장으로 서구 문명이 극도로 위험에 처하자 전쟁 물자의 수요가 갑작스럽게 급증한 것이다. 미국의 공장들이 그 수요를 충족시키기 위해서 설비를 개선하자 라이트의 학습 곡선이 예측한 것과 거의 같은 방식으로 비용이 하락했다.

이는 현대에 신기술의 규모를 키우려는 모든 신중한 노력이 비용 감소로 이어질 것이라고 합리적 예측을 할 수 있다는 의미다. 학습률에서 중요한 것은 시간이 아닌 **누적** 생산임을 명심하자. 생산량이 두 배로 늘어나는 속도가 빨라질수록 비용도 빠르게 하락할 것이다.

전쟁 이후에 새로 창설된 미 공군은 학습 곡선 개념을 시간이 흐르면서 생산비가 어떻게 변하는지를 이해할 기본 방식으로 채택했다. 이 개념은 냉전 때 군수품 조달 도구로 많이 쓰였다. 컴퓨터 산업에도 이와 연관된 개념이 자리를 잡았다. 인텔의 공동 창업자인 고든 무어Gordon Moore는 컴퓨터에 들어가는 칩 하나에 삽입 가능한 트랜지스터transistor의 수가 2년마다 두 배로 늘어나는 것을 관찰했다. 이는 동일한 컴퓨터 성능을 내는 데 들어가는 비용이 2년마다 절반으로 줄어든다는 의미였다. 연구자들은 무어의 법칙과 라이트의 법칙 사이에 긴밀한 관계가 있음을 밝혀냈다.[20] 컴퓨터 칩은 다른 많은 기술과 비슷한 학습률을 지닌 기술이다. 그렇지만 성능이 계속 두 배로 늘고 또 느는 동안 학습률을 통해 급격한 가격 하락이 지속되어 왔기에, 아주 유용한 사례임이 입증되었다.

20세기 중반의 수십 년 동안 경영대를 다니는 학생이라면 학습 곡선을 접하지 않고 졸업하기란 불가능했다. 산업 전반에 무슨 일이 일어나는지를 충분히 타당성 있게 기술했기 때문이다. 그러나 이 개념의 옹호자들은 개별 기업의 전략을 짜는 지침으로 삼고자 할 때면 무리를 하곤 했다.[21] 사람들이 학습 곡선으로 가장 하고 싶었던 것은 미래의 비용을 예측하는 것이었지만, 그 직선의 기울기는 때때로 **변동**

할 수 있음이 드러났다. 다시 말해, 규칙성을 보이는 우리의 멋진 학습 곡선은 20퍼센트에서 10퍼센트로 떨어지거나, 20퍼센트에서 40퍼센트로 상승할 수 있었다. 게다가 자신이 탄탄한 학습률을 보이는 제조업체를 운영한다고 해서 경쟁업체가 개량된 제품이나 전혀 새로운 발명품을 들고나와도 자신의 사업 모형이 무너지지 않는다고 결코 장담할 수 없다는 것이 드러났다.[22] 한마디로 기술 학습률의 분석은 제조업에서 성공에 이르는 확실한 길이 결코 아니었다. 게다가 20세기 후반기에 점점 경제의 주도권을 장악해가던 서비스 산업에서는 그 개념이 별 쓸모가 없었다. 법무법인은 계약을 아무리 많이 하든지 간에 부동산 계약을 중개할 때 중개료를 내릴 의향이 전혀 없어 보였다. 이렇게 불완전한 측면들이 드러나면서 1980년대 말 라이트의 법칙은 일상적인 사업 도구라는 자리에서 밀려났다.

그러나 한 가지 긴박한 새로운 문제가 세계의 현안으로 떠오르면서, 이 낡은 개념은 다시 새로운 쓰임새를 얻으려 하고 있었다. 20세기 말의 청정에너지 이야기를 이해하고자 할 때, 라이트의 법칙에서 따라나오는 법칙 하나를 이해하면 도움이 된다. 기술 규모의 확대가 비용 감소를 가져올 수 있다면, 그 반대도 참이었다. 즉, 기술이 낡아가도록 방치하면 결코 학습 곡선을 타고 내려가지 못할 것이며, 그 말은 널리 쓰일 만큼 저렴해지는 일도 결코 일어나지 않으리라는 의미다. 여기에 주된 사례 역할을 하는 기술 두 가지가 있다. 바로 발전에 쓰이는 풍력 터빈과 태양 전지판이다. 지금은 많은 흥분을 불러일으키고 있지만, 이 두 기술은 20세기의 수십 년 동안 침체의 늪에 빠져 있었다. 치명적인 실수였지만 기후 위기에 대처하려면 이 점을 이해하는 것이 대단히 중요하다. 우리 사회는 같은 실수를 반복할 여력이 더는 없기 때문이다.

달빛 주지사

1926년에 듀 올리버Dew Oliver를 만났다면 그에게 수표를 써서 건네주었을지도 모른다. 많은 이가 그렇게 했고, 그 뒤에 후회했다. 그는 크림색 스테트슨 카우보이모자를 쓰고 팔자 콧수염을 씰룩거리면서 큰돈을 벌 계획을 떠들어대며 캘리포니아 남부를 순회하던 매력적인 텍사스인이었다. 그의 가장 대담한 착상은 바람을 포획한다는 구상이었다.

샌고고니오 고개를 넘은 모든 이가 그렇듯이, 올리버도 그곳에서 부는 바람에 깊은 인상을 받았다. 유명한 샌앤드레이어스 단층으로 생긴 이 고개는 미국에서 가장 가파른 곳에 속하며, 산맥의 양쪽 산자락에서 거의 2,750미터 높이를 올라야 한다. 많은 고개처럼 이 고개도 풍동wind tunnel 역할을 한다. 캘리포니아 내륙에서 사막의 뜨거운 공기가 솟아오르면, 서쪽의 태평양에서 차가운 공기가 이 고개를 통해 밀려든다. 이야기는 올리버가 자신의 모자가 날아갈 때 바람이 얼마나 세게 부는지를 깨달은 데서 시작된다.

그의 구상은 사실 꽤 단순했다. 10톤짜리 강철 깔때기를 세워서 바람을 포획한 다음 25,000와트 발전기에 연결된 프로펠러를 돌리겠다는 것이었다. 그는 그렇게 생산한 전기를 인근에 막 세워지고 있는 휴양 도시 팜스프링스에 팔 생각이었다. 그는 이미 지역 발전사utility 하나가 그 도시에 전력을 공급하기로 했으며 침입자를 환영하지 않으리라는 사실을 몰랐던 듯하다. 어쨌거나 그는 그 시설을 설치했다. 1927년 지금의 주간 고속도로 제10호선이 지나가는 곳에서 몇 미터 떨어진 지점에 올리버의 풍력 장치가 세워졌다. 앞쪽을 향한 거대한 깔때기는 길이 23미터, 폭 3.7미터의 원통에 붙어 있었고, 원통 안에서 프로펠러가 돌면서 올리버가 어디에선가 구해온 중고 발전기를 가동했다. 그러나 올리버조차 바람의 힘을 과소평가했다. 초기 시험 가동 때 프로펠러가 너무 빨리 도는 바람에 발전기는 불타 버렸다. 그는 더 큰 발전기를 구했다. 그러나 그가 간신히 계약을 맺은 몇 안 되는 전기 구매자들이 출력이 너무 오락가락한다며 불평했다. 장치를 개량하려면 돈이 더 필요했기에 올리버는 지역 주민들에게 주식을 팔았는데, 자신의 사업이 지닌 위험성을 완전히 솔직하게 이야기하지는 않았던 듯하다. 아마 감당할 수 없을 정도로 많은 비용이 들어갔을 것이라고 추측하는 이도 있었다. 원인이 무엇이든 간에 그 사업은 실패로 끝났다. 올리버는 법정에 섰고, 위법하게 주식을 판매한 혐의로 유죄 판결을 받았다. 짧게 복역한 뒤 그는 캘리포니아주를 떠났고, 그의 장치는 여러 해 동안 사막에 외롭게 서 있다가 제2차 세계대전 때 잘려서 고철로 팔려나갔다.[23]

투자자들은 왜 그런 제정신이 아닌 듯한 계획에 넘어가 투자했을까? 사실 바람을 이용해서 발전한다는 개념은 1920년대에 한창 인기를 끌었고, 많은 미국인이 설령 작동하는 모습을 보지는 못했어도 관련 소식은 읽었을 정도였다.[24] 아직 전력망에 연결되지 않은 수많은 농장에 사는 이들은 당시 새로 등장한 매체를 이용하고 싶어서 안달했다. 바로 라디오였다. 이 신기술은 1920년대 중반에 인기가 급등했고, 1923년 한 해에만 신생 방송국이 500개나 늘었다.[25] 라디오가 등장하기 이전 시대의 농민들은 전기가 없어 밤에 등유 램프를 켜고 지냈는데, 이제 많은 이는 현대 세계에 연결되어야 한다고 느꼈다. 매일 달라지는 가격 등 농가에 중요한 소식들이 라디오로 방송되고 있다는 점도 그런 조바심에 한몫했다. 신생 기업들은 시골을 돌아다니면서 발전기에 연결된 작은 풍력 터빈, 배터리, 라디오, 전등 한두 개를 조합한 키트를 팔았다.[26] 이 장치는 풍력 충전기wind charger라고 불렸고, 널리 쓰이다가 1940년대에 프랭클린 루스벨트의 뉴딜 정책으로 미국 전역 대부분에 전력망이 깔리면서 인기를 잃었다.[27] 그러나 풍력 충전기의 문화적 기억은 수십 년 뒤에 아주 중요한 역할을 하게 된다. 미국 중부에 사는 몹시 보수적인 사람들이 대규모 상용 풍력 터빈 같은 새로운 발명품에 반대할 것이라고 예상되었지만, 그들은 조부모로부터 들었던 풍력 충전기 이야기를 떠올렸다. 작물을 수확하듯이 바람을 수확한다는 개념은 많은 이에게 지극히 타당하다고 받아들여졌다.

20세기 중반에 풍력 충전기 산업이 붕괴할 즈음, 바람으로부터 상당량의 전기를 생산할 수 있다는 사실은 명확히 드러나 있었다. 풍력의 규모가 얼마나 커질 수 있는지를 내다본 이들도 소수 있었다. 이 시기에 매사추세츠공과대학교의 전폭적인 지원을 받아 전력망에 전기를 공급할 대형 풍력 터빈이 설치되기도 했다. 버몬트주의 어느 산 꼭대기에 설치된 그랜드파스놉Grandpa's knob이라는 이름의 이 터빈은 드문드문 가동되긴 했지만 5년 동안 돌아가면서 아래쪽 섐플레인밸리로 전기를 보냈다. 터빈은 제2차 세계대전 말에 부서졌는데, 풍력에서 얻는 전기보다 다른 기존 발전기로부터 생산하는 전기가 좀 더 저렴했기에 지역 발전사는 새 터빈을 설치하지 않기로 했다. 그러나 풍력 발전이라는 꿈은 쉽게 죽지 않고 실현되었다. 제2차 세계대전 당시 프랭클린 루스벨트 대통령의 과학 자문가이자, 당시 미국 정부에서 중책을 맡고 있었던 과학자 버니바 부시Vannevar Bush가 그 사업을 주의 깊게 지켜보았다.

부시는 1946년 출간한 도서 《끝없는 지평선Endless horizons》에서 다음과 같이 썼다. "버몬트산의 대형 풍력 터빈은 인류가 풍력을 통해 대량의 전기를 동시에 생산할 실용적인 기계를 만들 수 있음을 입증했다. 또 그렇게 전기를 생산하는 데 드는 비용이 경제적으로도 기존의 전통적인 수단들의 비용과 비슷하다는 것도 증명했다. 따라서 언젠가는 이 새로운 수단을 통해 가정의 조명을 밝히고 공장을 가동할 수 있을 것이라는 점도 증명했다."²⁸

사막에서 풍력 발전을 하겠다던 듀 올리버의 계획은 실패로 끝났지만, 그는 한 가지 측면에서는 옳았다. 그가 정말로 미국에서 바람을 포획할 최적의 장소 중 하나를 찾아냈다는 사실이다. 그가 자신의 구상을 실행한 지 반세기 뒤에 풍력 터빈으로 상업적 규모의 발전을 한다는 개념은 부활하게 된다. 그리고 샌고고니오 고개도 그 대상지가

기후 위기에 대처하기 위한 기권 경계 밟치

된다. 캘리포니아주는 비슷하게 바람이 많이 부는 남중부의 테하채피 고개와 북부의 앨터몬트 고개에도 풍력 터빈을 설치했고, 이곳들도 중요하다는 점이 드러나게 된다.

뒤에서 더 상세히 논의하겠지만, 1970년대의 에너지 위기는 미국인들에게 엄청난 충격으로 다가왔다. 에너지가 무한해 보이기만 하던 나라는 갑자기 에너지가 고갈되지 않을까 하는 두려움에 휩싸였다. 1970년대 말 캘리포니아주의 젊은 주지사 제리 브라운Jerry Brown과 미국 대통령 지미 카터Jimmy Carter는 화석 연료를 넘어서 새로운 에너지원을 찾는 일에 의욕을 보였다. 지구 온난화는 아직 주요 현안으로 부각되지 않은 상태였지만, 화석 연료 연소에 따른 오염은 큰 문제로 인식되었고, 석유가 고갈될 것이라는 우려도 한몫했다.

서른여섯 살에 주지사로 선출된 브라운은 유달리 창의적인 사상가였다. 그는 더 젊은 시절, 예수회 신학교를 다니면서 사상의 세계에 푹 빠졌다. 1975년 선출된 직후, 그는 바로 전해에 출간된 두꺼운 책에 푹 빠졌다. 바로《생존을 위한 에너지: 멸종의 대안Energy for Survival: The Alternative to Extinction》이었다. 이 책의 저자인 윌슨 클라크Wilson Clark는 인류 사회가 화석 에너지 수요 증가로 인해 지속 불가능한 길로 나아가고 있다고 경고했다. 오염이나 다른 단기적인 문제들 외에 그는 "지구의 온난화가 빙원을 녹이고 지구 전체에 자연재해를 일으킬 것"이라고 경고했다.[29]

제리 브라운은 클라크의 책에 감탄하는 차원에서 그치지 않고, 그를 자신의 에너지 고문으로 임명했다. 주지사의 집무실은 미래 전망과 캘리포니아가 어떻게 새로운 미래를 창안하는 데 기여할 수 있을지를 논의하는 토론장이 되었다. 주도인 새크라멘토에서 스며 나오는 착상들 중 몇 가지를 언뜻 엿본 시카고의 한 신문 칼럼니스트 마이크 로이코Mike Royko는 브라운에게 '달빛 주지사Governor Moonbeam'라는 별명을 붙였다.[30] 그 별명은 굳어졌다. 1976년 브라운은 대담하게 서른여덟의 나이에 대통령 선거에 출마했는데, 민주당 후보 경쟁에서 지미 카터에게 밀려났다. 그들은 카터가 대통령으로 재직한 4년 동안 정치적 경쟁자였지만, 에너지 정책 쪽으로는 여러 면에서 견해가 같았다. 대안 에너지를 찾기 위해서 캘리포니아주와 연방 정부는 정부 예산 지원의 물꼬를 텄다. 카터는 풍력 단지를 포함한 소형 발전기가 대기업보다 발전 단가를 낮출 수 있다면 발전사가 그 전력을 의무적으로 구입하도록 하는 연방 법안에 서명했다. 이로써 재생에너지의 새 시장이 열렸다.

석탄을 액화 연료로 전환하는 방법을 비롯해서 당시에 제시되었던 신생 에너지에 관한 착상 중 상당수는 안 좋게 끝났지만, 일부는 결실을 맺게 된다. 그중에서도 대규모 풍력 발전이 가장 중요한 역할을 했다. 정부 보조금과 시장 조성에 힘입어 즉시 캘리포니아주의 세 고개에 풍력 터빈이 설치되어 시험 가동에 들어갔다.[31] 거대한 깔때기를 이용하는 듀 올리버의 착상을 재현한 사람은 없었다. 그때쯤 공학자들은 바람을 포획하는 최선의 방법이 단순히 회전 날개를 직접 발전기에 붙여서 돌리는 것임을 알아냈다. 공학자들은 온갖 구조를 설계했고, 돌이켜 보면 올리버의 방식에 못지않게 기괴한 것도 있었다.

거대한 달걀 거품기를 세워놓은 것 같은 터빈도 있었는데 저절로 뜯겨 나가곤 했다. 공학자들은 회전 날개가 두 개, 다섯 개인 것도 시험했고, 탑의 높이나 날개의 크기를 달리하면서 온갖 실험을 했다. 적지 않은 몽상가와 사기꾼이 이 업계에 뛰어들었고, 정부의 보조금을 후하게 받았음에도 결국 실패했다.

대서양 반대편에서도 마찬가지로 대체 에너지원을 찾으려는 노력이 진행되고 있었고 이유 역시 비슷했다. 화석 연료 수입에 전적으로 의존하는 국가들을 비롯한 유럽 각국은 아랍의 석유 수출 제한 조치에 자신들이 매우 취약하다는 사실에 충격을 받았다. 프랑스는 원자력을 해결책으로 삼아서 원자로 수십 기를 건설하는 일에 많은 예산을 쏟아부었다.[32] 바다로 둘러싸이고 해풍이 꾸준히 부는 평탄한 지형이 주를 이루는 덴마크에서는 많은 이가 풍력에 몰두했다. 덴마크는 마침내 최초의 현대 풍력 터빈이라고 여기는 것을 개발하게 된다.

그러나 이 수수께끼를 푼 것은 덴마크의 어느 대학교나 정부 연구 기관이 아니었다. 훨씬 더 특이한 일이 벌어진 결과였다. 때때로 사이비 종파라고 여겨지곤 하던 대안 학교와 사업체의 집합체인 티빈드Tvind라는 이 논란 많은 단체는 원자력 및 화석 연료와 이념적으로 정반대에 놓인 대안을 찾으려는 노력 끝에 최초로 거대한 터빈을 설계하고 건설했다. 이들은 자원봉사 인력을 써서 15층 높이의 터빈을 세웠다. 회전 날개가 그리는 원의 지름이 장치의 높이와 거의 맞먹었다. 긴 회전 날개 세 개가 달린 이 터빈은 1978년에 가동을 시작했고, 이윽고 이 형태는 세계 표준이 되었다. 같은 모양의 바람개비가 이미 미국 대평원 지대에서 쓰이기도 했지만, 거대하게 규모를 키운 장치를 만든 것은 덴마크였다.[33] 이 장치는 언론의 주목을 받았고, 수만 명이 흥미를 갖고 구경하겠다며 몰려들었다.[34] 그러자 덴마크 정치인들도 풍력 개발에 힘을 쏟기 시작했다.

캘리포니아주와 덴마크 사이에 이런저런 착상이 오고 갔고, 이윽고 캘리포니아주의 풍력 개발업자들은 회전 날개가 세 개인 덴마크 설계를 채택했다. 미학과 공학이 가장 균형을 잘 이룬 형태 같았기 때문이다. 얼마 동안 덴마크는 자국에 설치되는 것보다 더 많은 터빈을 캘리포니아주로 수출했다.[35] 캘리포니아주의 여러 고개에 터빈 수천 대가 설치되었을 즈음 브라운의 임기가 끝났고, 그 뒤로 정부의 예산 지원도 끊겼다. 수십 년이 지난 뒤인 지금 보면 이런 터빈은 원시적이었지만, 터빈 집합, 즉 풍력 단지가 전력을 대량으로 공급할 수 있음을 입증했다.

돌이켜 보면 1980년대 초 미국은 새로운 주요 전력 공급원을 개발하려는 노력을 기울이고 있었다. 그러나 1981년에 로널드 레이건 Ronald Reagan 정부가 들어서면서 화석 연료의 채굴을 확대하는 정책을 실행하자 국가 차원에서 청정에너지를 개발하려는 노력은 사실상 종말을 고했다. 이 정책 재편의 와중에도 소수의 풍력 기업은 꿋꿋하게 살아남아서 장치의 설계를 완벽하게 다듬기 위해 노력했지만, 석유 위기도 끝난 레이건 시대에 대다수 미국인들은 에너지 안보에 크게 관심을 기울이지 않았다.

이 무렵에 또 다른 기술이 출현하기 시작했다. 그리고 역사는 풍력이 대규모로 전기를 생산하거나 엄청난 비용 하락을 야기하는 능력 면에서 이례적인 것이 아님을 보여주었다.

풍력 터빈과 마찬가지로 태양 전지판도 역사가 깊다. 특정한 물질에 햇빛을 비추면 전기가 생산될 수 있다는 사실은 19세기부터 알려져 있었다. 1905년 알베르트 아인슈타인Albert Einstein은 이를 '광전 효과 photoelectric effect'로 설명했고, 그 연구로 노벨상을 받았다.[36] 1910년 저명한 발명가인 토머스 에디슨Thomas Edison은 태양을 유용한 발전의 원천으로 삼는다는 구상을 열정적으로 이야기했다. "전력을 얻기 위해 연소하는 방식은 생각만 해도 짜증이 난다. 너무 낭비가 심하다."[37] 20세기 전반기 내내 과학자들은 쓸 만한 태양 전지판을 만들려고 애썼다. 1931년 〈파퓰러 사이언스 먼슬리Popular Science Monthly〉에는 태양 전지를 연구하는 독일 연구자 브루노 랑게Bruno Lange의 기사가 실렸다. "머지않은 미래에 이런 마법의 전지판 수천 개로 햇빛을 전기로 바꾸는 거대한 발전소가 가동될 겁니다. (…) 공장을 가동하고 가정의 조명을 밝히는 일에 수력 발전기나 증기 발전기와도 충분히 경쟁할 수 있어요."[38] 이 주장에는 선견지명이 있었을지도 모르지만, 수십 년이 흐르도록 아무도 높은 효율로 햇빛을 전기로 전환하는 장치를 만들지 못했다. 그 말은 태양 전지판을 대규모로 건설하려고 하면 비용이 감당할 수 없이 커진다는 의미였다.

돌파구는 1954년 뉴저지주에 위치한 벨전화연구소Bell Telephone Laboratories라는 미국의 저명한 연구 기관에서 이루어졌다. 미국전신전화회사American Telephone and Telegraph Company는 별칭이 마벨Ma Bell이었는데 당시 전국의 전화망을 독점했기에 미국에서 가장 돈이 많은 기업 중 하나였다. 이 회사는 한 연구소에 아낌없이 지원했고, 덕분에 연구소는 20세기에 여러 가지 선구적인 기술적 돌파구를 이뤄냈다. 대릴 채핀Daryl Chapin이라는 벨전화연구소의 발명가는 동료 두 명과 함께 전화 스위치를 원격 조작하는 데 필요한 예비 전력을 공급할 방법을 연구하고 있었다.[39] 라틴아메리카처럼 전력망이 아직 제대로 갖추어지지 않은 지역에서 필요할 터였다. 그들은 태양 전지에 눈을 돌렸고, 모래에서 추출한 규소(실리콘)를 소량의 다른 물질들과 섞어서 만든 판이 기존 태양 전지보다 여섯 배나 더 효율적으로 햇빛을 전기로 전환할 수 있다는 것을 발견했다. 연구소에서 열린 기자회견에서 발명가들은 작은 회전 관람차를 새로운 태양 전지판으로 작동시켰다. 다음 날 아침 〈뉴욕 타임스〉는 1면 기사에서 그 발명을 이렇게 선언했다. "인류가 가장 소중히 간직한 꿈 중 하나를 실현시킬 새로운 시대의 시작을 알리는 것일 수 있다. 무한에 가까운 태양 에너지를 문명에 이용한다는 꿈 말이다."[40]

풍력 터빈처럼 태양 전지판도 발전이 빠르게 이루어지지는 않았으며 양쪽의 문제는 동일했다. 어느 누구도 많은 비용을 들여가면서까지 이런 기술을 대규모로 적용할 동기를 찾지 못했다. 검은 암석을 캐내어 태우는 일에 비해서, 태양 전지판은 아직 극도로 비싸서 발전에 쓰기가 어려웠다. 본질적으로 그 기술은 학습 곡선의 꼭대기에 고정되어 있었고, 아직 타고 내려갈 준비가 안 된 상태였다.

옴짝달싹하지 못하는 상태에 있는 기술은 때로 틈새시장을 발견함으로써 살아남기도 한다. 태양 전지에도 바로 그런 일이 일어났다. 나사NASA는 태양 전지가 지구 궤도를 도는 인공위성에 이상적인 동력원이 될 수 있음을 일찍부터 알아차렸고, 우주 탐사 열기가 한창이던 1960년대에 비용은 전혀 문제가 되지 않았다. 태양 전지는 서서히 다른 용도로도 쓰이기 시작하면서 시장이 점점 확대되었다. 태양 전지를 일찍 채택한 기업들 중에는 석유 회사들도 있었다. 그들은 해상 유정에서 태양 전지판을 배터리와 조합하면 항해등을 밝히는 데 유용하다는 것을 알았다. 사실 석유 회사는 태양 전지 산업의 가장 초기에 투자를 한 큰손이었다. 1980년대에 일본의 전자계산기 제조 회사들은 태양 전지 산업에 진출했고, 여러 해 동안 그들은 태양 전지의 주된 생산자였다. 이 성장 중인 산업의 잠재력을 알아차린 발전사와 일본 정부는 주택 지붕에 태양 전지판을 설치하는 사업을 시작했다.[41] 1980년대 말 미국에서도 소수의 대담한 이들이 많은 돈을 들여서 직접 자기 집 지붕에 태양 전지판을 설치하기 시작했다. 전력망에서 아주 멀리 떨어져 있는 주택들이 대상일 때가 많았다. 태양 전지는 서서히 이 틈새시장에서 저 틈새시장으로 확대되면서 규모도 커지기 시작했다. 이 시기에 풍력 터빈 시장도 덴마크와 캘리포니아를 넘어 독일 같은 몇몇 국가들에서 관심을 보이며 서서히 확대되었다.

　　1988년 나사의 과학자 제임스 핸슨James Hansen은 의회에서 지구 온난화의 위험을 경고했고, 그 내용은 언론의 주목을 받았다.[42] 그 뒤로 10년 동안 환경단체들은 전력망에서 탄소 배출량을 줄일 방법을 찾기 시작했다. 이론상 원자력도 그중 하나였지만 비용이 급증하고 있었고, 당시에 원자로의 안전성을 우려하는 분위기가 짙었다. 쓸 만한 다른 기술들로 무엇이 있을까 고민은 거듭되었다. 풍력과 태양력도 후보임에는 명백했지만 아직 비용이 많이 들었다.

그러나 일찍이 1970년대에 소수 연구자들은 시장의 규모가 커질수록 태양 전지판이 점점 싸지고 있다는 것을 눈치챘다. 이는 환경단체들이 시장을 확대할 방법을 알아낼 수만 있다면 비용을 더욱 낮출 수 있음을 의미했다. 그러나 비용이 크게 떨어지지 않는 한 이런 신기술에 투자를 하려는 사람은 아무도 없었다. 라이트는 이런 유형의 역설을 이해했으며, 1936년 유명한 논문에 이렇게 썼다. "우리는 생산량을 늘리는 것이 가격을 떨어뜨리는 가장 효과적인 방법이지만, 생산량 증가는 오로지 시장을 통해 가격이 더 낮아질 때 가능하다는 통상적인 순환 관계에 빠져 있다."

마침내 누군가가 다음 단계의 논리적 도약을 이룬 것은 1993년이 되어서였다.[43] 프린스턴대학교의 로버트 윌리엄스Robert Williams는 태양 전지판의 학습률이 확고하게 20퍼센트임을 지적하면서 정부 예산으로 기술의 규모를 더욱 빨리 확대한다면 비용이 빠르게 떨어질 것이라는 한 가지 전략을 제시했다. 그는 연방 정부의 대규모 사업을 통해서 그 일을 하자고 제안했다. 하지만 제2장에서 언급하겠지만 실제 상황은 더 혼란스럽고 복잡한 양상을 띠게 되었다. 결과가 그렇긴 해도 뛰어난 통찰이 발휘된 사례였다. 기술의 작동 방식을 관찰함으로써 도출된 학습 곡선이 세계의 가장 큰 문제 중 하나를 해결하려는 노력의 중심에 놓인다는 깨달음이었다.

큰 물음

그 표는 그해 봄 런던에서 가장 화제가 되었다. 캠든타운의 유명한 거리에서 겨우 관객 1,000명을 대상으로 열리는 코코KOKO라는 콘서트의 표였다. 프린스Prince, 레이디 가가Lady GaGa, 오아시스Oasis 같은 음악가들이 출연할 예정이었다. 2006년 5월 1일 열린 콘서트의 주요 인사는 톰 요크Thom Yorke였다. 록 밴드 라디오헤드Radiohead의 슈퍼스타이자 리드 싱어인 그는 동료인 조니 그린우드Jonny Greenwood와 함께 출현했다.

그러나 이 콘서트는 보통의 평범한 공연이 아니었다. 정치적인 목적을 띤 것이었고, 주최 측은 일부 표를 매우 신경 써서 가장 도움이 될 만한 곳에도 뿌렸다. 그날 밤 코코에서 분위기에 흠뻑 젖은 관객 중에는 영국 정계에서 한창 떠오르는 인물인 데이비드 캐머런David Cameron도 있었다. 캐머런은 요크와 그린우드가 라디오헤드의 노래 13곡을 연이어 부를 때 군중과 함께 환호성을 질렀다.[44] 그의 애창곡 중 하나인 '〈인조목Fake Plastic Trees〉'도 포함되었다.

이를 시작으로 영국 전역에서 잇달아 콘서트가 열렸다. 콘서트는 참석한 관객 수보다 훨씬 더 많은 평범한 영국인 수백만 명의 관심을 끌어모았고, 곧 폭넓은 하나의 대중 운동으로 정점에 이르렀다. 사람들은 시위행진을 하고, 국회의원들에게 편지를 보냈다. 이웃들에게도 함께하자며 호소했다. 빅 애스크Big Ask라는 공식 명칭이 붙은 이 운동은 환경단체인 지구의 친구들Friends of the Earth이 구상한 것으로, 기후 변화에 맞서 싸울 법안을 의회가 통과시키도록 압력을 가하려는 시도였다. 요크는 이 운동이 펼쳐지는 동안 대변인 역할을 자처했다. 왜 그 일을 하는지 묻자 그는 이렇게 답했다. "기후 변화에 맞서 아무것도 할 수 없다고 생각하는 함정에 빠지기보다는 긍정적이고 건설적인 일을 하는 것이 타당하니까요."[45]

콘서트가 열리기 바로 전해에 캐머런은 당시 야당인 영국 보수당의 젊은 지도자로 선출되었다. 그는 "새로운 세대에 보수당의 정신을 심어주겠다"라고 약속하면서 그 자리에 올랐다.[46] 콘서트가 열린 지 겨우 4개월 뒤, 그는 자신의 공약을 실천할 방법 중 하나를 명확히 밝혔다. 그는 지구의 친구들 대표와 함께 기회가 주어진다면 보수당이 기후 변화법을 통과시킬 것이라고 선언했다. 캐머런의 선언이 있자, 다른 정치인들도 행동을 촉구하는 대중의 목소리에 앞다투어 화답하고 나섰다. 당시 여당이었던 노동당의 토니 블레어Tony Blair 정부는 처음에는 미적거렸지만 결국 생각을 바꾸었다. 기후 변화 해결을 국가 정책으로 규정한 세계 최초의 법인 기후 변화법이 2008년 말 의회를 통과했다. 2년 뒤 캐머런은 기후 변화 문제에 앞장서고 동성 혼인을 지지한다는 대중의 인식에 힘입어서 마흔셋의 나이에 총리가 되었다. 1812년 이래로 가장 젊은 총리였다.

북극해의 풍력 터빈은 어느 것 하나 우연히 세워진 것이 아니었다. 영국은 기후 변화법이 의회를 통과하기 전인 10년 가까운 시간 동안 해상 풍력 발전을 실험해왔다. 하지만 탄소 배출량 감축, 특히 전력 생산 과정에서의 탄소 배출량 감축을 확고한 국가 목표로 설정하게 된 것은 모두 법 덕분이었다. 다른 부문에서 화석 연료를 대체하려면 청정 전기가 필요한 만큼 신설된 기후변화위원회는 다음과 같이 천명했다. "전반적인 온실가스 목표를 달성하려면 전력 생산 과정에서의 탄소 배출량을 대폭 줄이는 것이 필수적이다."[47] 영국 정치인들은 해상 풍력 발전을 이 목표를 달성할 최선의 방안 중 하나라고 판단했다.[48] 뒤를 이은 총리 후보자들도 국가의 이 목표를 계속 높여 잡았고, 보리스 존슨 전 영국 총리는 앞에서 언급했다시피 모든 가정에 전력을 충분히 공급할 수 있을 만큼 해상 풍력 터빈을 늘리겠다고 약속했다. 해상 풍력 산업은 정부의 지원을 여러 해 동안 받은 뒤에야 비로소 학습 곡선을 타고 내려가기 시작했다. 하지만 이제 이 산업은 발전 단가 하락을 통해 이 점증하는 정치적 노력에도 보상할 수 있게 되었다.

안타깝게도 미국에는 기후 변화법에 상응하는 법이 없다. 그러나 미국은 한 가지 중요한 유형의 청정에너지 규모를 확대하는 데 도움을 준 역사가 있다. 바로 1970년대 캘리포니아주의 산 고개에 설치되어 중요한 시험 가동을 마친 바로 그 기술인 **육상** 풍력 발전이다. 그 일이 어떻게 진행될 수 있었는지는 다음 제2장에서 살펴보기로 하고, 여기에서는 단서 하나만 말해두고자 한다. 영국의 해상 풍력 발전과 마찬가지로, 육상 풍력 발전의 지지자들은 규모를 확대하기 위해 민주주의의 도구를 써야 했다.

이번 장에서 우리는 풍력 터빈과 태양 전지판에 관해 길게 논의했지만, 이 두 가지가 지구 온난화 문제의 유일한 해결책이라고 말하는 것은 아니다. 부분적인 해결책에 불과하다는 점도 잘 안다. 전력망에서 탄소 배출량을 줄이는 데 도움을 줄 수는 있지만, 그것들만으로는 청정 전력망까지 도달할 수 없다. 게다가 차차 논의하겠지만, 그것들은 전력원으로서도 나름의 문제를 안고 있다. 게다가 항공기나 화물선, 시멘트와 철강 생산 과정에서 배출되는 대규모 온실가스량을 줄이는 일과는 전혀 관계가 없다. 이런 문제들을 해결하려면 다른 기술들이 필요하다.

지난 20년 동안 이루어진 풍력 및 태양력 발전의 규모 확대를 나머지 문제들을 해결할 방안을 논의하기 위한 하나의 패러다임으로 보고자 하는 마음에서 길게 다룬 것이다. 학습 곡선 이론은 기본 지침 몇 가지를 제공한다. 무엇보다 현재 어떤 청정에너지 기술에 어느 정도의 비용이 드는지를 묻는다면 질문 자체가 잘못되었다. 그 기술이 새로운 것이라면, 훨씬 오래전부터 존재해왔던 기술들보다 당연히 비용은 많이 들 수밖에 없다. 진정한 질문이란 다음과 같아야 한다. 의도적으로 규모를 키우겠다고 결정한다면, 앞으로 5년 또는 10년, 20년 안에 그 기술의 비용이 어떻게 달라질것이라고 예상하는가?

새로운 에너지 기술의 규모를 키우려면 초창기에 누군가가 높은 가격을 주고 구입해야 한다. 엄연한 현실이다. 이 말이 잘못된 양 들린다면, 소비재도 마찬가지라는 사실을 떠올려 보면 된다. 1990년대 평면 텔레비전 시장은 저절로 규모가 커지기 시작했다. 본 사람이라면 누구라도 갖고 싶어 했고, 초기 모델의 가격인 수천 달러를 기꺼이 지불할 사람들도 충분했기 때문이다. 휴대전화와 개인용 컴퓨터 같은 소비재도 같은 이유로 시장 규모가 커졌다. 얼리어답터들이 이 기술이 학습 곡선을 타고 내려가도록 떠밀었고, 그 결과 대다수 미국인들이 구입할 수 있을 정도로 가격이 하락했다.

에너지 기술을 특히 복잡하게 만드는 것은 소비재와 동일한 방식으로 소비자의 수요에 좌우되는 것이 아니라는 점이다. 사람들은 전등 스위치를 켤 때마다 킬로와트시가 어떻게 생성되는지 과연 잠깐이라도 생각할까? 대중은 전기를 생산하는 방식에 관해 그다지 직접적으로 말하지 않지만 정부는 그렇지 않다. 제2장에서 다루겠지만, 역사적으로 볼 때 발전은 대체로 정부의 감독을 받았다. 소비자들은 어떤 차를 사겠다는 이야기를 더 많이 하지만, 여기에서도 정부는 엄청나게 관여한다. 어떤 차를 시장에 진입시킬지 여부를 결정하는 효율 기준을 설정하고, 대기를 보호할 배기가스 기준을 설정하는 일 등이 그렇다.

풍력 터빈과 태양 전지판의 시장 규모를 키워서 비용을 감당할 수 있는 수준까지 떨어뜨린다는 결정에는 정부가 관여해야 한다. 보조금이라는 형태의 당근과 전력 융합의 법적 의무화라는 형태의 채찍을 조합해야 한다. 이런 정책이 성공을 거두었다는 사실이 바로 우리가 발전 산업의 변화 가능성을 낙관하는 한 가지 이유다. 그러나 세계적인 규모에서 보자면, 발전은 이산화탄소 배출량의 38퍼센트를 차지할 뿐이다.[49] 우리는 다른 엄청난 문제들도 해결해야 하며, 그 말은 곧 다른 신기술도 큰 기여를 할 수 있을 때까지 보살펴야 한다는 의미다.

이제부터 가능한 방법을 살펴보기로 하자. 시 의회부터 국회에 이르기까지 정부는 기술의 시장 확대에 엄청난 영향력을 미친다. 일반 시민은 이런 가장 중요한 결정에 자발적으로 참여함으로써 학습 곡선의 마법을 포착하는 데 도움을 줄 수 있다.

제 2 장

기후 위기에 대처하는 경제학적 생존 전략 1
: 청정에너지를 통한 청정 전력으로의 전환

THE BIG FIX

The
Big
Fix

롤라 스프래들리Lola Spradley가 자란 콜로라도 동부 평원의 농장은 날씨가 혹독하고 변덕이 심한 곳이었다. 때때로 주요 소득원인 농장의 밀밭을 쑥대밭으로 만들 만큼 커다란 우박들이 쏟아지기도 했다. 그가 아직 어린 시절이던 1950년대에 그의 어머니는 딸이 평생 좌우명으로 삼게 될 말을 하게 된다.

그들 가족의 땅에는 한계 유정이라고 하는 생산량이 미미한 작은 유정 몇 곳이 있었다. 어머니는 작물 가격이 낮거나 수확량이 적은 해에 소량의 석유를 팔아서 얻은 돈으로 세금을 내고 한 해를 버틸 수 있었기에 유정을 신이 준 선물이라고 말하곤 했다. 어린 스프래들리는 어머니의 말을 들으면서 경제적 다양성이 좋은 것이고, 힘든 시기를 견디는 데 도움을 준다는 교훈을 얻었다.

그는 2003년 한 환경단체가 자신에게 도움을 요청해왔을 때 그렇게 대응한 이유를 이 믿음으로 설명했다. 그때쯤 스프래들리는 콜로라도주 정계에서 가장 유력한 여성이 되어 있었다. 그는 그해에 콜로라도주 하원 대변인이었고, 그 일을 맡은 최초의 여성이었다. 그는 완고한 공화당원이었지만, 주도인 덴버에서 누구의 말에도 기꺼이 귀를 기울이는 사람이라는 평판을 얻었다. 환경단체는 원하는 바를 설명했다. 콜로라도주의 대형 발전사들이 재생에너지를 구입하여 주의 전력망에 공급하도록 법을 제정해달라는 합리적인 요청이었다.

성장 환경 덕분에 스프래들리는 대평원의 농민들이 오래전부터 풍차를 써서 물을 길어 올렸다는 사실을 알고 있었다. 그는 우리와의 인터뷰에서 이렇게 회상했다. "이런 생각이 들더라고요. 풍차로 물을 퍼 올리는 대신 에너지를 생산한다고? 안 될 이유가 없잖아! 무엇보다 한 해 한 해를 힘겹게 살아가는 농민들이 많다는 것도 알고 있었죠. 그러자 이런 생각까지 하게 되더라고요. 이게 추가 소득을 안겨줄 수 있지 않을까?"

그는 석탄에 의존하는 전력 회사들의 반대를 무릅쓰고 콜로라도주 의회가 그 법을 통과시키도록 2년 동안 애썼다. 그 기간에 해마다 회기가 끝날 때쯤이면 표결에 들어갔는데, 미미한 표차로 부결되고 말았다. 결국 환경단체들은 포기했고, 대신 그의 지지를 받아서 직접 주민 투표에 부치기로 했다.

이 무렵 이미 미국의 몇몇 주는 재생에너지원을 전력망에 일정량 포함시키도록 의무화하는 법을 제정하기 시작했다. 이 착상은 아이오와주에서 탄생했고, 원래는 풍력이나 태양력과 무관했다. 1980년대에 시카고의 두 기업가는 주 전역을 돌아다니면서 발전사에 의무적으로 전력을 구입하도록 한다면 소형 댐 수십 곳에 발전기를 추가할 수 있을 것이라고 설파했다. 이윽고 그들의 말에 귀를 기울이는 정치인 몇 명이 생겨났고, 공화당원인 주지사도 그러했다.

데이비드 오스터버그David Osterberg도 그 정치인 중 한 명이었다. 대학 교수이면서 사회 및 환경 분야 활동가인 그는 한때 닭장이었던 곳에 살면서 출마해 아이오와주 의원이 되었다. 그가 닭장으로 이사한 것은 다음 한 가지를 입증하기 위해서였다. "미국에서는 사람들이 버리는 것만으로도 살아갈 수 있다." 보건 당국은 그를 쫓아내려고 애썼지만, 오랜 법정 투쟁 끝에 그는 승리했다. 5년이나 그 닭장에서 산 그는 유명세에 힘입어 1982년 주 의원이 되었다.

그는 이렇게 회상했다. "겨우 400표 차이로 이겼어요. 그중 적어도 200명은 이렇게 말하는 나이 든 착한 남자들이었지요. '나는 교수가 싫어. 하지만 이 인간은 정부와 싸워왔잖아. 그래서 찍었지.'"[2]

의원이 되자 그는 댐 건설이라는 대의를 실현하는 데 앞장서서 주의 전력 회사들에 재생에너지 구입을 의무화하는 법을 통과시켰고, 그 결과 기나긴 법적 분쟁이 일어났다. 1990년대에 발전사들이 마침내 재판에서 질 무렵 댐 개념은 시들해졌지만, 전력 회사들은 두 풍력 단지에서 전력을 구입함으로써 의무를 이행했다. 그 일을 계기로 아이오와주의 전력 체계는 주로 풍력에 의존하는 쪽으로 대규모 전환을 시작했다.

오스터버그는 이렇게 회상했다. "그 정책을 밀어붙여야 했어요.

발전사를 운영하는 뒤떨어진 이들에게 이렇게 말해야 했고요. 해봐요, 마음에 들 거예요."

1990년대 중반에 캘리포니아주의 젊은 여성 낸시 레이더Nancy Rader는 아이오와주의 의무화 조치에 주목했다. 그는 이미 재생에너지를 전력 시장에 통합할 방법을 깊이 생각하고 있던 참이었다. 재생에너지의 시장 경쟁력을 높이기 위해 전국에서 일련의 개혁 조치들이 진행되고 있었지만, 재생에너지의 환경 편익environmental benefit에 어떤 가치를 부여할 메커니즘이 전혀 없었다. 레이더와 동료들은 소규모 재생에너지 산업이 붕괴될 조짐이 보인다고 우려했다.

그는 창의적인 해결책을 제시했다. 각 주에 법으로 재생에너지 사용을 의무화할 것을 촉구했는데 한 가지 점에서 달랐다. 재생에너지 생산자에게 생산하는 메가와트시당 인증서 한 장을 발행할 수 있도록 하자는 것이었다. 이는 곧 자신의 전기 생산 방법이 얼마나 '환경 친화적'인지를 표시할 수 있도록 한다는 뜻이었다. 주의 재생에너지 구입 의무화 대상인 전력 공급 회사들은 이런 인증서를 구입하는 것으로 의무를 이행할 수 있었다. 사실상 재생에너지를 구입해서 소비자에게 보내는 것과 같았다. 인증서의 가격은 시장에서 결정될 것이고, 재생에너지 생산자들은 경쟁을 통해서 가격을 낮출 방법들을 찾아내게 된다는 것이었다. 의무와 시장을 영리하게 결합시킨 방식이었다.

레이더가 처음 그 방안을 제시했을 때 주 당국은 받아들였지만, 그 뒤에 캘리포니아주 의회는 거부했다. 하지만 몇 년 뒤에 다시 받아들였다. 우려하는 과학자연맹Union of Concerned Scientists이라는 단체는 이 개념을 전국으로 확산시키는 일을 도왔다. 1990년대 말에 매사추세츠주, 네바다주, 위스콘신주를 비롯한 몇몇 주들은 이미 이를 변형시킨 형태의 정책을 채택한 상태였다. 서부 지역의 강풍을 활용하는 데 초점을 맞춘 텍사스주도 그러했다. 그 정책 법안에 서명한 주지사는 공화당의 샛별인 조지 W. 부시George W. Bush였다.

전력 회사들은 전국 대부분의 주에서 이런 법에 맞서 싸웠지만, 그다지 완강하게 맞서지 않을 때도 종종 있었다. 의무 구입 비율이 대개 무리가 가지 않는 수준이었고, 발전량의 1.1퍼센트까지라는 낮은 사례도 있었다. 이 법들은 대개 전력 시장의 개혁을 둘러싼 더 큰 규모의 협상의 일환으로 진행되었다.[3] 환경단체와 재생에너지 산업은 정치인을 지지하는 대가로 이런 수수한 목표를 쟁취해왔던 것이다.

콜로라도주에서는 이 투쟁이 더욱 힘겨웠다. 석유와 석탄을 생산하는 주였기에 많은 일자리가 화석 연료와 관련이 있었다. 법으로 제정하는 데 실패한 뒤 환경단체는 대규모 전력 공급자의 재생에너지 구입량을 2007년까지 3퍼센트, 2015년까지 10퍼센트로 올릴 것을 요구하는 주민 투표를 제안했다. 전력 회사는 발전 단가가 더 높은 에너지원을 구입하게 되므로 요금이 올라갈 것이라고 주장했지만, 환경단체는 한 집의 월 전기료 증가율이 50퍼센트를 넘지 않을 것이라고 했다.[4] 반대자들은 간헐적인 재생에너지의 비율이 적당한 수준까지 올라가더라도 전력망이 붕괴할 수 있다고 주장했다.

주민 투표를 하면 콜로라도주의 시골에서는 지고 활기를 띠는 도

기후 위기에 대처하는 경제학적 생존 전략 1

시 지역에서는 이길 것이란 결과를 누구나 알았다. 스프래들리는 이 정책을 지지하기 위해 시골 지역을 순회하면서 연설했고, 그의 지지는 시골 지역에서의 패배 격차를 줄이는 데 중요한 기여를 했을 가능성이 높다. 대통령 선거 재선에 나선 부시는 콜로라도주에서 승리한 덕분에 유리한 입장이 되었고, 그 지역 유권자들은 청정에너지를 지지하고 있다는 의사도 강하게 피력했다. 그들은 54퍼센트에 가까운 찬성으로 수정 법안 37호를 통과시켰다.[5]

이 결과는 미국 전역에 파급 효과를 일으켰다. 콜로라도주처럼 석탄과 석유를 많이 생산하는 주에서도 그렇다면, 미국인들이 정말로 깨끗한 에너지를 원한다는 의미일 수 있었다. 환경단체와 재생에너지 옹호자들은 각 주에 이런 법을 채택하도록 압박할 전략을 갖고 있었다. 그들은 재생에너지가 여전히 화석 연료보다 비싸다는 사실을 잘 알고 있었지만 학습 곡선에서 얻은 교훈을 깊이 새기고 있었다. 청정에너지를 더 널리 보급할 수 있다면, 비용이 하락할 가능성이 높아지고 싸질수록 저항도 줄어들 터였다. 콜로라도주에서 이 운동이 벌어질 때 "기술이 발달할수록 재생에너지는 싸질 거예요"라고 명확히 선언하는 홍보 문구도 등장했다.

풍력의 사례에서는 시골의 경제 발전에 도움이 된다는 주장이 큰 힘이 된다는 사실이 입증되고 있었다. 로널드 레이건 정부 때 의회는 풍력 산업의 초창기에 적용했던 세금 감면 혜택이 종료되도록 놔두는 대신에 1993년부터 풍력 발전 사업자에게 1킬로와트시를 생산할 때마다 1.5센트를 지원하는 방식으로 더 나은 세제 혜택을 제공하기 시작했다. 이 방식을 적극 추진한 사람은 아이오와주 공화당 상원의원인 척 글래슬리Chuck Grassley였다. 해당 주의 농민들은 풍력 단지를 개발함으로써 수백만 달러를 벌었다.

이윽고 미국의 50개 주 중에서 30개 주와 수도 워싱턴에서는 주로 1990년대 말에서 2000년대 초에 걸쳐서 청정에너지 구입을 의무화하는 법이 제정되었다.[6] 각 주의 의무화 조치와 연방 정부의 세제 혜택이 결합됨으로써 미국의 풍력 산업은 상당한 규모로 확대되었다. 몇 년 지나지 않아 미국은 세계 최대의 풍력 터빈 시장이 되었다. 그 뒤에 중국이 그 지위를 넘겨받았지만 말이다. 그리고 학습 곡선은 자신의 마법을 부렸다.[7] 설치 용량이 두 배로 늘 때마다 비용은 10퍼센트 남짓 감소했다. 어떻게 이 일이 가능했을까? 이제 세부 내용은 친숙하게 들릴 것이다. 공장은 더 커지고 더욱 효율적으로 변화했다. 노동자의 숙련도는 점점 높아졌다. 풍력 터빈 자체는 더 높아지고 커지면서 더 많은 에너지를 포획할 수 있었다. 믿을 만한 부품들이 개발되고, 관리가 쉬워지도록 더 많은 부품을 탑 '아래쪽'으로 옮김으로써 유지관리비도 줄어들었다. 수십 가지 혁신이 꾸준한 가격 하락에 기여했다. 학습 곡선 이론을 이해한 사람이라면 일어날 것이라고 예측했을 바로 그 기술 혁신과 그 결과로 가능해진 비용 감소가 일어났다.

이 글을 쓰고 있는 현재, 미국의 일부 작은 주들은 전력의 30퍼센트 이상을 풍력 터빈에서 얻고 있다. 2020년에 아이오와주에서 생산된 전력의 약 60퍼센트는 풍력 터빈에서 나왔다. 인구가 두 번째로 많은 텍사스주도 거의 20퍼센트에 달한다. 미국 전체로 보면 풍력 단지

화석 연료 연소에 따른 이산화탄소 배출량

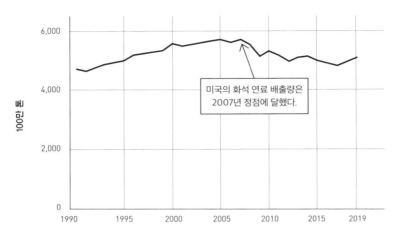

미국의 화석 연료 배출량은 2007년 정점에 달했다.

에서 나오는 전력은 비율이 8퍼센트를 넘으며, 앞으로 더 높아질 여지가 많다. 그에 따라 비용도 줄어들 가능성이 크다. 이미 많이 하락했으며, 풍력 터빈은 전국 각지에서 가장 저렴한 발전 방식으로 자리 잡았다. 2019년 초 미국의 석탄 화력 발전소 중 4분의 3은 **운용하는** 것이 풍력 단지와 태양력 단지를 새로 건설하는 것보다도 비경제적이었다. 그리고 이런 경제성 변화는 급속히 이루어지고 있다.[8] 2025년이면 석탄 화력 발전소의 85퍼센트 이상이 비경제적일 가능성이 높다. 재생 에너지와 저렴한 천연가스의 이용 확대에 따라서, 미국의 석탄 화력 발전소 중 절반 이상은 이미 문을 닫았다.

워싱턴에서 벌어진 기후 변화를 둘러싼 양극화한 논쟁은 오해를 불러일으킬 수 있다. 사실 풍력 발전의 규모가 대폭 확대된 미국 중부 지역에서는 공화당 정치인들이 중요한 기여를 했다. 그들이 내심 기후 변화를 걱정해서가 아니었다. 그들 중 상당수는 유별나게도 여전히 기후 변화가 문제임을 부정한다. 그러나 그들은 재생에너지가 다른 이점을 지닌다는 것을 알아차렸다. 특히 시골의 경제 발전에 기여한다는 점을 눈여겨보았다. 풍력 회사는 지역 학교를 지원하고, 지역 주민을 고용하고, 지역 경제로 흘러들 임대료를 낸다.[9] 콜로라도주에서 스프래들리가 처음 떠올렸던 직감은 옳았다. 풍력 단지는 농민들에게 정말로 도움이 되었다. 캔자스주의 강경 보수파 주지사였던 샘 브라운백Sam Brownback은 이 경제 논리를 명확히 드러냈다. 미국의 미래 농부들Future Farmers of America이라는 농업 교육 단체의 전국 부회장을 맡은 바 있는 브라운백은 터빈을 설치할 땅을 빌려주고서 받는 많은 돈이 일부 농가에 큰 보탬이 될 수 있음을 알았다. 2011년 그는 이렇게 선언했다. "우리는 많은 것을 수출하지만 미래에는 풍력도 많이 수출하고 싶습니다. 우리는 풍력이 더 필요합니다. 지금 당장이요."[10]

미국을 비롯한 몇몇 나라들이 풍력 발전의 규모를 확대하는 동안, 독일은 태양력 발전의 규모를 확대하고 있었다. 2000년부터 독일은 태양 전지판에서 얻는 전력을 시장 가격보다 높게 매입하는 국가 정책을 실행했다. 독일 정부는 자국의 태양 전지판 생산자들이 그 혜택의 상당 부분을 가져갈 것이라고 예상했지만, 상황은 그런 식으로 전개되지 않았다. 독일에서 중요하고도 새로운 산업이 발전할 가능성을 엿본 중국이 재빨리 그 산업에 뛰어들었다. 10년도 채 지나기 전에 정부로부터 엄청난 보조금을 지원받은 중국 기업들은 태양 전지판의 세계 시장을 정복했다. 시장이 폭발적으로 커지는 상황에서도 그랬다. 마치 두 나라가 태양력의 발전 단가 하락을 위해 암묵적으로 협조하는 듯했다. 독일은 과잉 지원을 하고 중국은 과잉 생산을 했다. 여기에서도 학습 곡선은 마법을 발휘했다. 1976년까지 거슬러 올라가 보면 태양 전지판의 원가는 누적 설치량이 두 배 늘수록 약 20퍼센트씩 하락했다. 세계의 태양 전지판 대부분이 설치된 시기인 지난 10년을 살펴보면 거의 40퍼센트가 하락했는데, 이 비율은 일시적인 것일 수도 있다." 좀 더 신중을 기하자면, 우리는 태양력 발전 산업의 규모가 계속 커지면 설치량이 두 배로 늘 때마다 전지판 원가가 20~30퍼센트씩 낮아질 것이라고 예측할 수 있다. 세계에서 특히 맑은 날이 많은 지역에서는 현재 태양 전지판이 인류가 지금까지 발견한 대량 발전 방식 중 가장 저렴하다. 여러 해 동안 전기의 도매가는 1메가와트시에 40~50달러가 적당하다고 여겨졌다(이 말은 가정 전기 요금 청구서에 나오는 전력 단위인 킬로와트시당 도매가가 4~5센트라는 뜻이다. 전기 요금이 가장 높은 주들을 제외한 미국 48개 주는 가정에서 지불하는 전기의 소매가가 대개 10~20센트인데, 여기에는 송전과 분배에 드는 비용과 투자자에게 돌아가는 수익이 포함된다). 바람이 많이 부는 지역에서는 현재 풍력 터빈이 메가와트시당 약 30달러에 전력을 생산하고 있으며, 인도와 멕시코의 태양력 발전 단지는 20달러 이하의 가격으로 전기를 공급하고 있다. 태양 전지판이 메가와트시당 10달러 미만의 비용으로 전기를 생산할 날도 멀지 않아 보인다. 즉, 킬로와트시당 1페니에도 못 미치는 아주 낮은 가격이기에 사람들은 전기를 많이 잡아먹는 알루미늄 제련소를 사막으로 옮기자는 이야기까지 하고 있다. 뒤에서 이야기하겠지만, 이미 콜로라도주에서는 전기를 사용해 고철 조각을 녹이는 거대한 전기로가 대규모 태양력 발전 단지 바로 옆에 세워지고 있다.

최근 몇 년 사이에 일어난 풍력과 태양력 발전 원가의 대폭 하락은 찬사를 받았고, 그래야 마땅하지만 이런 발전 비용이 감당할 수 있는 수준으로 떨어지기까지 얼마나 오랜 시간이 걸렸는지도 기억하는 것이 중요하다. 정부도 전력 회사도 규모를 확대하려는 노력을 충분히 하지 않았던 수십 년 동안 지지부진한 상태였기 때문이다. 현재 개발 중인 더욱 새로운 청정에너지 기술들은 과거를 되풀이하듯 반세기 동안 헛되이 시간을 낭비하도록 두어서는 안 된다. 지구가 뜨거워지는 것을 막으려면 2050년경까지 이산화탄소 배출량을 거의 0으로 끌어내려야 한다. 30년도 채 남지 않았다. 이 목표를 달성하려면 연구실에 있는 중요한 역할을 할 가능성이 큰 신기술들이 가능한 한 빨리 널리 보급되도록 노력해야 한다. 이제 기술의 비용을 합리적인 수준으로 낮추는 데 정말로 필요한 것이 무엇인지를 이해했으므로, 우리는 앞에 놓인 소중한 수십 년 동안 사회가 무엇을 해나가야 하는지를 더 현실적인 관점에서 바라볼 수 있게 되었다.

전력망을 깨끗이 하는 것이야말로 경제 전반에 걸쳐 탄소 배출량을 줄이는 열쇠다. 전기는 에너지가 쓰이는 많은 분야에서 화석 연료의 연소를 대체할 수 있기 때문이다. 이렇게 요리와 난방에서 교통과 공장에 이르기까지 다양한 부문에서 화석 연료를 전기로 대체하자는 기본 전략을 '만물의 전기화electrify everything'라고 한다. 그러나 이는

태양 전지판의 학습 곡선

설치된 태양 전지판의 누적 용량

전력망에서 탄소 배출량을 제거할 때만 먹힐 것이 분명하다.

그리고 희소식이 있다. 재생에너지의 확대와 값싼 천연가스의 등장으로 미국의 발전 부문에서의 탄소 배출량은 2007년에 정점을 찍은 뒤로 급감했다. 그러나 아직 갈 길이 멀다. 미국 대부분의 지역에서 전력 회사들은 청정에너지를 정해진 양만큼만 의무로 받아들일 뿐이다. 이것이 어느 정도 타성 때문임은 분명하지만, 그들이 쓰고 있는 기술 자체와 마찬가지로 그들이 기대고 있는 규정 자체가 낡았기 때문이기도 하다. 1880년대에 전력망을 창안한 토머스 에디슨이 지금 되살아난다면 우리가 쓰고 있는 온갖 전자기기를 보고 깜짝 놀라겠지만, 차고와 지하실의 배선을 살펴보자마자 대부분 알아볼 것이다. 1882년 에디슨이 맨해튼 펄pearl가에 발전소를 세운 이래로 전력 계통의 토대는 거의 변하지 않기 때문이다.

더 빠른 변화가 필요하지만 물리적, 법적, 정치적 이유로 변화는 쉽게 진행되지 않고 있다. 전력망은 인류가 구축한 가장 복잡한 장치에 속하며, 현대 생활에 매우 필수적이기에 마찬가지로 복잡한 법과 규제의 덤불로 둘러싸여 있다. 대중은 현재 벌어지고 있는 상황을 파악하기가 쉽지 않다. 기후 전문 저술가 데이비드 로버츠David Roberts는 몇 년 전에 이렇게 선언했다. "주로 이 주제가 모호한 제도와 과정들, 불투명한 전문 용어, 온갖 약어로 둘러싸여서 견딜 수 없을 만큼 따분하기 때문이다. 발전사는 따분함이라는 역장力場으로 차폐되어 있다."[12] 우리는 그 역장을 뚫어야 한다! 그러나 그 방법을 떠올리려면 먼저 우리가 원하는 바로 그 순간마다 벽에서 전기가 어떻게 출현할 수 있는지를 이해할 필요가 있다.

현대의 기적

전기는 우리 생활에 너무나 깊이 배어 있기에 우리는 그것이 얼마나 기이한 상품인지를 잊은 채 당연시하곤 한다. 전기는 같은 순간에 생산되고 전송되고 판매되고 소비되어야 하며, 저장하는 것은 너무나 어렵다. 그러나 전기는 월등한 차이로 가장 유용한 형태의 에너지다. 가정에서 장치를 작동시킬 필요도 없고, 연기도 화염도 없이 우리가 원하는 곳에서 원하는 시간에 동력을 공급해준다. 전기는 아이폰이나

스테레오 스피커를 작동시키는 데 딱 필요한 만큼만 보내질 수 있고, 전력 회사는 도시 전체가 쓸 물을 공급할 수 있도록 대량의 전기를 상수도 시설로 보낼 수도 있다. 실내 배관은 가장 필수 불가결한 현대의 발명품처럼 비칠지도 모르지만, 상하수도 시설을 가동하는 전기가 있기 때문에 사용할 수 있는 것이다. 저렴하면서 보이지 않는 전기는 1년 내내, 하루 24시간, 우리가 이용할 때를 기다리며 대기하고 있다. 마법처럼 우리의 자그마한 몸이 땀 한 방울도 흘리지 않은 채 40층 건물 꼭대기까지 쑥 올라갈 수 있도록 해준다. 산맥 너머로 물을 보내어 사람들이 피닉스에서 골프를 치거나 로스앤젤레스에서 무성한 잔디밭을 유지할 수 있도록 해준다. 우리가 계절에 맞서서 1월에는 따뜻하고 7월에는 시원하게 지낼 수 있도록 해준다.

사람들은 대개 전기가 어디에서 오는지에는 전혀 관심이 없다. 굳이 관심을 가질 필요가 있을까? 전기는 벽 속에 묻혀 있고 약 1.8미터 간격으로 설치된 플러그를 통해 이용할 수 있다. 선진국에서는 공급도 믿을 만하게 이루어진다. 개발도상국에서 전기 부족은 곧 빈곤 상태가 심각하다는 것을 드러내는 한 징후다. 그들이 전기를 이용할 수 있게 될 때, 그들의 삶은 달라진다. 학교에서 수업을 따라가기 힘들었던 학생은 이제 밤에 전등을 켜고 공부할 수 있게 된다. 아직도 전기를 접하지 못하는 7억 7000만 명에게 전기를 공급하는 일은 우리의 도덕적 의무이기도 하다.[13]

현대 경제의 모든 측면을 작동시키는 힘을 가진 이 마법 같은 것을 사용하는 데 드는 비용은 적어도 세계 중산층의 기준에서 봤을 때 감당 가능한 수준이다. 미국 같은 나라에서 한 달 전기 요금은 휴대전화 요금보다도 적을 수 있다. 이 점을 잠시 생각해보자. 우리는 조명, 난방, 오락, 차가운 맥주, 뜨거운 커피, 안전한 식품, 전 세계를 잇는 통신, 인류의 축적된 지식을 하루에 겨우 몇 달러로 모두 누린다. 너무나도 좋은 일이다. 그러나 물론 미국에서조차 전기 요금을 감당하기 어려운 사람들이 있다. 이들도 밤이면 다른 이들과 마찬가지로 조명이 필요하다. 따라서 전기 요금을 합리적인 수준으로 유지하는 것 역시 우리의 도덕적 의무다.

이렇게 온갖 좋은 일을 하지만, 현대의 근본적인 기술인 전기는 큰 해를 끼치기 시작했다. 세계적으로 기후를 과열시키는 이산화탄소의 38퍼센트는 발전소에서 나온다. 현재 중국은 이산화탄소의 최대 배출국이며, 전력 수요 증가를 화력 발전소의 대규모 건설로 충족시키고 있는 것이 가장 큰 원인이다. 역사적으로 보면 기후 오염에 가장 큰 기여를 한 나라는 미국이며, 지금도 두 번째로 대기에 많은 온실가스를 뿜어내고 있는 국가다. 그리고 이산화탄소 중 33퍼센트는 발전소에서 나온다. 무엇보다 1인당 탄소 배출량을 따지면 여전히 미국이 중국보다 훨씬 많다는 점을 잊지 말아야 한다.

사실 전기가 없다면 현대 생활은 불가능하다. 그러나 우리가 기존 방식으로 계속 전기를 생산한다면 지금처럼 익숙한 대로 살아가기란 점점 더 힘들어질 것이다. 전기가 값싸다고 한 말을 기억하는가? 그 말은 전기 생산과 관련된 건강, 기후, 환경 피해의 비용을 무시할 때만 참이다. 기후 문제를 제외한다고 해도, 우리는 화석 연료의 연소를 대신할 깨끗한 전기가 필요하다.[16] 세계의 사망자 여섯 명 중 한 명은 화석 연료 연소로 생기는 공기 오염으로 사망한다고 추정되기 때문이다.

지구를 파괴하면서 사람들의 건강도 해치다니, 차가운 맥주와 야간 조명을 위해서 우리는 아주 커다란 대가를 치르고 있는 것이다. 따라서 우리에게는 전기가 절실히 필요한 만큼 전기를 생산할 더 나은 방법을 찾아내는 일도 절실히 필요하다.

전기는 어디에서 얻을까

우리 집 벽 속에 흐르는 전류는 전자로 이루어져 있다. 이 전하를 띤 아원자 입자가 전선을 따라 흐르는 것이 바로 전류다. 이 전자들은 대부분 발전기라는 장치를 통해서 이동을 시작했다. 어떤 기계적인 힘의 원천이 발전기의 축을 회전시키자, 축에 붙어 있는 자석이 함께 회전하면서 바깥을 둘러싸고 있는 구리 코일에 유도 전류를 일으켰다. 이 전류가 생성되는 곳과 여러분의 집은 수백 킬로미터 떨어져 있을 수도 있지만, 전류는 빛의 속도로 송전선을 나아간다. 저녁 요리를 하려고 주방의 조명 스위치를 켰을 때, 그 전등을 밝히는 전기는 바로 앞서 1초도 안 되는 시간에 발전기 안에서 생성되어 보내진 것이다. 요즘은 자신이 사는 지역에 따라서는 전기가 이동하는 부분이 전혀 없이 햇빛을 전기로 전환하는 태양 전지판이나 바람을 포획해서 발전기를 돌리는 터빈에서 올 수도 있다.

현대 발전기는 거대하며, 돌리려면 엄청난 기계적 힘이 필요하다. 커다란 댐에 있는 수로를 통해 흐르는 물이 발전기에 붙은 수차를 돌림으로써 가능하다. 수력은 전기를 대량으로 생산하는 최초의 방법 중 하나이자, 지금도 세계 전기의 가장 중요한 원천 중 하나다. 미국의 대형 댐 건설 시대가 끝난 1950년에 댐은 미국 전기의 약 3분의 1을 공급했다. 비록 전기 수요가 훨씬 큰 지금은 10퍼센트 아래로 떨어졌지만 말이다. 노르웨이와 코스타리카처럼 수력이 풍부해서 사실상 전기의 전부를 수력에서 얻는 나라들도 있다.

그러나 대다수 국가는 노르웨이와 다르며, 현대의 발전은 대부분 열을 수반한다. 물을 끓여서 과열 증기로 만들고, 그 증기를 관을 통해 고압으로 분사하여 발전기에 연결된 터빈을 돌린다. 원자력 발전소는 사진으로는 아주 복잡해 보일지 모르지만, 실제로는 물을 끓이는 멋진 방법일 뿐이다. 바로 우라늄 원자가 쪼개질 때 생기는 열인 특수한 열원으로 끓이는 거대한 찻주전자라고 볼 수 있다.

그러나 현재 우리는 전기의 대부분을 화석 연료를 태워 물을 증기로 만듦으로써 얻는다. 수십 년 동안 미국에서 주로 쓰인 연료는 석탄이었고, 중국과 인도를 비롯한 많은 큰 나라에서는 지금도 마찬가지다. 먼저 고대 식물이 화석화한 잔해인 석탄을 땅에서 캐내어 열차를 통해 발전소로 운반하고 거대한 후추 분쇄기처럼 작동하는 기계에 쏟아붓는다. 분쇄한 석탄을 화로에 불어넣어서 이글거리는 화염으로 태우면 섭씨 600도까지 쉽게 올라간다. 이 불로 물을 끓여서 증기를 만들고, 그 증기로 발전기에 연결된 터빈을 돌린다.

석탄 발전소는 대개 거대하다. 예를 들어, 40년 전에 지어진 전형적인 화력 발전소는 50만 가구, 심지어 100만 가구가 한꺼번에 쓸 만큼의 전기를 생산할 것이다. 베이비 파우더 수준으로 곱게 간 석탄 가루를 엄청난 불길로 대량으로 태우는 동안, 석탄에 들어 있던 탄소는 공기 중의 산소와 결합하며, 그렇게 생긴 이산화탄소가 해마다 수백만 톤씩 굴뚝을 통해 뿜어진다. 본질적으로 화력 발전소는 우리가 호흡하는 대기를 폐기물을 내버리는 공짜 쓰레기장으로 쓰고 있다.

전 세계 많은 국가에서는 이런 거대한 석탄 화력 발전소가 전력 계통의 핵심을 이루고 있다. 미국에서 천연가스가 전력 생산에서 차지하는 비율은 점점 높아지고 있지만, 석탄 발전소는 여전히 20퍼센트를 차지하고 있다. 세계가 석탄에 이토록 심하게 의존하는 이유가 있다. 석탄은 수백 년 동안 세계에 전력을 공급할 만큼 매장량이 충분하며, 인도네시아에서 호주, 폴란드에서 남아프리카, 버지니아주에서 와이오밍주에 이르기까지 전 세계에 퍼져 있다.

연료는 값쌀지 모르지만 석탄 화력 발전소를 짓는 비용은 그렇지 않다. 신형 발전소를 세우는 데는 수십억 달러가 든다. 그리고 저렴한 운영비와 높은 건설비라는 이 두 가지 특징은 우리 전력 계통의 형태에 엄청난 영향을 미쳤다. 석탄 발전소는 일단 건설되면, 가능한 한 수십 년 동안 온종일 가동하는 것이 가장 경제적이다. 초기 비용을 회수하려면 수십 년이 걸리며, 가동되지 않으면 자산을 낭비하는 꼴이 된다.

석탄 화력 발전소는 그다지 효율적이지 않다. 석탄을 때서 얻는 에너지의 절반 이상은 폐열로 굴뚝을 통해 날아간다. 겨우 3분의 1 정도만 전기로 전환된다. 이 엄청난 낭비는 돈과 오염으로 측정된다. 그러나 석탄 화력 발전소는 아주 오랫동안 운영할 수 있는데, 적절한 유지 관리와 중요 부품의 정기적인 교체를 통해서 길면 60~70년까지도 가동 가능하다. 혜택처럼 느껴질지도 모르지만, 이는 곧 발전소의 수명이 길다는 것은 우리가 퇴역시키겠다고 의식적으로 선택하지 않는한 그 비효율과 오염이 앞으로도 오래 우리 곁에 있을 것이라는 의미다. 이는 환경 활동가들이 석탄 발전소가 새로 지어지는 것을 막기 위해 그토록 열심히 노력하는 중요한 이유 중 하나이기도 하다. 지금 건설되는 발전소들은 21세기 내내 우리가 껴안고 있게 될 것들이기 때문이다.

우리의 전력망 설계에 관여하는 다른 물리적 문제들도 있다. 밀이나 콩 같은 산물과 달리 전기는 저장이 어렵고 비싸다. 이는 석탄, 가스, 태양 전지판 등 무엇으로 생산되든 간에, 사용자가 전력 공급을 원하는 매 순간 전력 공급자가 그만큼의 전기를 정확히 전력망에 공급해야 한다는 의미다. 이 균형을 잡는 것이 대단히 중요하다는 점은 2021년 2월에 잘 드러났다. 텍사스주에 혹독한 추위가 찾아왔을 때 많은 발전소의 가동이 중단되었다. 공급이 수요를 따라가지 못하자, 전력망 운영자들은 사람들이 난방기를 가동하기 위해 전기를 절실히 필요로 하는 바로 그 순간에 많은 지역의 전기를 끊어야 했다.

공급과 수요는 왜 정확히 일치해야 할까? 전력망에는 무수한 장치들이 연결되어 있다. 냉장고, 식기세척기, 복잡한 산업용 기계, 우리의 생명을 유지하는 데 기여하는 인공호흡기와 심박수 측정기 등 이 모든 현대 장치는 전력 공급에 일어나는 약간의 변동은 견딜 수 있지만, 변동이 너무 크면 일부 장치는 손상되거나 파괴될 수 있다.

전력 수요가 급증할 때, 전력망은 대개 점점 더 많은 발전기를 가동함으로써 이 수요를 충족시킨다.[15] 복잡한 운영 본부들은 며칠 뒤의 날씨를 비롯한 여러 요인들을 고려해서 전력 수요를 예측하려고 시도하지만, 갑작스러운 응급 상황에도 반응해야 한다. 모든 발전소는 예고 없이 멈출 수 있으며, 끊긴 전력은 그 즉시 보충되어야 한다. 일부 소규모 발전소들은 예비 전력용으로 계속 가동되고, 필요시 즉시 전력망에 전기를 공급한다. 그리고 경고가 울린 지 10~15분 후면 다른 대규모 발전소들도 가동될 수 있다.

전력 계통은 용인되는 오차 범위가 아주 좁은 상태에서 가동된다. '브라운아웃brown-out'은 수요가 공급을 초월한 상태를 가리키는 전문 용어로, 이때는 해당 전력 공급 지역의 전압이 떨어진다. 낮은 전압은 전력망, 가정, 병원의 전자기기를 망가뜨릴 수 있다. 이 손상을 막기 위해, 전력망의 일부가 멈춰서면 인접 구역의 전력 설비들은 그 변동을 검출하고 연결을 끊을 수 있다. 그런데 이때 연쇄적으로 차단이 일어나면서 주 전체가 어둠에 잠기는 최악의 사태가 벌어질 수도 있다. 2003년 소프트웨어 오류와 사람의 실수가 결합되면서 일련의 사건들이 연쇄적으로 진행되었고, 그 바람에 미국 북서부 지역 전체에 블랙아웃이 일어났다. 전기 공급이 끊겨 약 5000만 명이 피해를 입었다. 그러나 시스템은 설계된 대로 정확히 작동했다. 즉, 장비 대부분이 돌이킬 수 없는 손상을 입기 전에 전원은 차단되었다. 하지만 재가 동되는 데 꼬박 일주일이 걸린 곳도 있었다.

한마디로 전력 계통은 거대하고 굼뜨고 비용이 많이 들지만 아주 정밀하게 관리되어야 한다. 전력 기술자들은 서로 다른 특징을 지닌 발전소들을 개발하여 가능한 한 적은 비용으로 수요에 맞춰 가동함으로써 이런 수요에 대처한다. 원자력 발전소와 석탄 화력 발전소는 대개 상시 가동된다. 발전량을 빠르게 늘리거나 줄일 수 있도록 설계되지 않았으며, 최고 출력보다 효율이 낮은 상태에서 가동된다. 가동을 시작하면 몇 년 동안 꾸준히 발전을 계속하며, 정해진 일정에 따라 점검과 보수를 할 때만 가동을 멈춘다.

무더운 날 오후에 에어컨을 많이 트는 것처럼 매우 가변적인 수요를 충족시고자 할 때는 정교한 천연가스 터빈을 돌린다. 이런 발전기는 석탄 발전 설비보다 훨씬 작고 효율도 더 높다. 연료의 약 절반을 전기로 전환한다. 이런 발전소는 하루에 두 차례씩 발전량을 늘렸다가 줄였다가 할 수 있다. 아주 짧은 시간 동안에만 수요가 급증한다면, 덜 정교한 유형의 '피커peaker'라는 가스 터빈이 쓰이기도 한다. 작고 꽤 저렴하지만, 비효율적인 데다가 오염물질도 많이 배출하므로 기술자들은 꼭 필요할 때만 쓰려고 한다.

이런 요소들은 현대 전력망에서 흔히 볼 수 있지만, 대부분 20세기 후반기에야 도입되었다. 발전 산업이 발전소로부터 바람이 불어가는 쪽에 스모그, 수은 중독, 산성비 등 오염물질을 발생시킨다는 비판이 점점 거세지고 있던 시기였다. 이런 국지적 오염물질을 줄이기 위해서 정부의 주도로 수천억 달러를 들인 대규모 환경 정화 활동이 이루어졌다.

21세기에 발전 산업은 새로운 경제적 힘과 지구를 황폐화시키겠다고 위협하는 온실가스 배출을 줄이자는 새로운 변화 요구에 시달리고 있다. 좋은 소식은 석유와 가스 산업에서 출현한 기술이 일종의 단기적인 해결책을 제공해왔다는 것이다. 나쁜 소식은 이 해결책이 미흡하다는 것이다.

가스 열풍

미국에는 지하에 셰일shale이라는 검은 암석이 두껍게 층을 이루고 있는 지역이 많다. 19세기 지질학자들은 이 암석에 석유와 천연가스가 배어 있다는 것을 알아냈지만, 채굴을 위해 수십 년 동안 시도해온 것이 헛수고임이 드러났다. 그런 유정에서는 가스나 석유가 찔끔 나오고 말아서 시추할 가치조차 없었다.

1970년대에 에너지 위기가 닥치면서 수입 석유에 의존해야 하는 상황을 우려하는 목소리가 커지자, 석유와 가스 채굴로 큰돈을 번 텍사스주의 전설적인 사업가 조지 미첼George Mitchell은 셰일에서 화석연료를 채굴할 방법을 찾기 시작했다. 그는 수십 년 동안 그 일에 매달렸다. 정부는 그의 노력에 수백만 달러와 온갖 기술을 지원하면서 장려했지만, 사실 모두가 그의 계획이 비현실적이라고 보고 있었다.

그러나 미첼은 여든 살이 되고 전립샘암을 앓고 있을 때 마침내 해결책을 찾아냈다.

지하 깊숙이 뚫고 들어간 관으로 모래와 화학물질을 섞은 물을 고압으로 분사하여 셰일을 부수는 방법이었다. 모래가 셰일을 계속 쪼개면 그 틈새로 연료가 새어 나왔다. 이 기술은 수압 파쇄법hydraulic fracturing 또는 '프래킹fracking'이라고 불리게 되었다. 프래킹은 곧 3차원 지하 지도 작성, 채산성이 있는 층까지 수직으로 뚫은 뒤 드릴의 방향을 수평으로 돌려서 뚫을 수 있게 해주는 지향성 압입 공법 같은 기술들과 결합되었다. 이런 기술과 혁신의 조합 결과로 미국의 석유와 천연가스 생산량은 대폭 늘어났다. 공급 부족과 가격 상승을 걱정하던 때로부터 고작 10년이 지난 뒤부터는 생산량이 엄청나게 늘어났고, 특히 천연가스 가격은 대폭 하락했다.

전력 회사들에는 10년 사이에 벌어진 값싼 천연가스의 대량 공급이 축복이자 어느 면에서는 저주였다. 석탄 연소는 여전히 세계 대부분 지역에서 전기를 생산하는 가장 저렴한 방식이지만, 미국에서는 더 이상 그렇지 않았다. 현재는 전력 회사가 아주 값싸게 가스를 구입할 수 있게 된 만큼 석탄 발전의 비중은 점점 줄어들고 가스 발전의 비중은 점점 높아지고 있는 추세다.

얼마 전까지만 해도 미국의 전력 시장은 석탄이 거의 절반, 가스가 약 20퍼센트를 차지하고 있었다. 그 뒤로 상황은 뒤집혔다. 지금은 가스가 석탄보다 두 배 더 많은 전력을 공급하며, 풍력과 태양력이 화석 연료로부터 시장을 10퍼센트 빼앗았다. 그리고 이 경제적 변화가 일어나고 있던 바로 그 시기에, 더러운 석탄 발전소의 배출을 저감하도록 의무화하는 새로운 환경 법령들이 제정되었다. 일부 오래된 석탄 발전소는 운영을 계속하려면 굴뚝에서 수은 같은 오염물질을 제거하는 값비싼 새로운 장치들을 설치해야 했다. 기회를 엿본 환경단체들은 공격에 나섰고, 전국에서 석탄 화력 발전소의 폐쇄를 촉구하는 운동을 펼쳤다.

이렇게 경제적 요인과 정치적 요인이 결합된 결과로 미국에서는 많은 석탄 발전소가 문을 닫았다. 지난 10년 사이에 폐쇄했거나 폐쇄할 예정인 석탄 발전소가 3분의 2에 이르렀다. 남아 있는 185곳은 대체로 최근에 지어져서 효율이 높은 시설이다. 석탄 발전소의 대부분 또는 전부가 폐쇄된 주들도 있으며, 이 재편 과정에서 가장 규모가 컸던 석탄 발전사 네 곳이 파산하기도 했다.[16]

석탄 대신에 천연가스를 태워서 발전하면 이산화탄소 배출량은 거의 절반으로 줄어든다(석탄은 주로 탄소로 이루어져 있어 태우면 그 탄소가 모두 이산화탄소가 되는 반면, 천연가스는 주로 탄소 원자 한 개에 수소 원자 세 개가 결합된 분자로 이루어져 있고 수소는 태우면 물이 된다). 전력망에서 이루어진 이 대규모 전환은 미국의 이산화탄소 배출량을 줄이는 데 큰 역할을 했다. 발전 산업의 이산화탄소 배출량은 2007년 정점에 달한 이래로 40퍼센트가 줄어들었다.

이 하락 속도가 아주 빠르다고는 할 수 없지만, 그래도 진전을 이룬 것은 틀림없다. 그러나 여기에는 큰 문제 하나가 수반된다. 천연가스는 채굴하고 운송하는 과정에서 누출되곤 하는데, 그렇게 새어 나와서 대기로 들어가는 메탄의 양은 상당한 수준이다. 메탄은 대기에서 수명이 짧긴 하지만 강력한 온실가스다. 그 결과 석탄에서 가스로 전환함으로써 얻는 혜택 중 일부가 상쇄된다.[17]

저렴한 가스는 석탄 발전소만이 아니라 원자력 발전소와도 경쟁한다. 전기 도매가가 대폭 하락함에 따라서 많은 원자력 발전소는 경제적 위기에 처해 있다. 2021년 말 현재 12곳 이상이 가동을 중단했고, 앞으로도 늘어날 가능성이 높다.[18] 전국에 아직 93곳이 가동 중에 있지만, 그중 4분의 1은 경제성 때문에 문을 닫을 가능성이 높다. 원자력 발전소는 가동될 때 이산화탄소를 전혀 배출하지 않으며, 문을 닫는 곳이 가파르게 늘어난다면 가스 화력 발전소로 대체될 가능성이 높다. 이 시나리오에 따르면 온실가스 배출량은 증가할 것이다.

온실가스를 적게 배출하는 원자력 발전소를 존속시키기 위해서 일부 주는 문을 닫도록 놔두면 기후 위기가 더 심각해진다는 이유로 일부 원자로에 이미 지원을 하고 있다. 2021년 말 연방 의회는 마침내 원자력 발전소를 계속 가동시킬 수 있도록 60억 달러의 보조금을 지원하기로 했다. 모든 원자로를 구할 수 있는 수준인지는 불확실하지만 말이다. 이런 발전소가 얼마나 빨리 문을 닫는지 여부는 기후에 대단히 중요하다. 뒤에서 논의하겠지만 몇 가지 이유들 때문에 원자력 발전소를 신설하려는 노력은 재앙이 되어온 만큼 안전하게 운전할 수 있도록 기존 원자로를 서서히 퇴출시키는 방안이 필요하다.

경제적인 관점에서 보자면, 천연가스의 대량 공급은 단기적으로 혜택을 제공해왔다. 그러나 전력 계통을 청정화하려면 가스 발전소도 수십 년 안에 퇴출되어야 한다. 안타깝게도 발전 산업의 많은 경영자는 아직 이 사실을 전혀 염두에 두고 있지 않다. 그들은 미국 전역 수십 곳에 새 가스 발전소를 건설하자고 주장해왔다. 완공된다면 그 발전소들은 금세기 후반까지 가동되면서 온실가스 배출량을 줄이겠다는 그 어떤 합당한 국가 목표조차 달성하지 못하게 만들 가능성이 높다. 반면에 국가가 앞으로 기후 보호에 더욱 진지하게 대처해 신설 발전소들이 조기에 문을 닫게 된다면, 전기 소비자들에게 막대한 비용을 전가시키는 결과로 이어지는 셈이다.

현재 상황이 요구하는 듯한 수준으로 화석 연료 연소를 줄이면서도 전력망을 신뢰할 만한 수준으로 유지하는 것이 과연 가능할까?

변화의 바람

예측은 암울했다. 2021년 여름이 시작되자마자 미국 서부 지역에는 거대한 열돔이 형성되었다. 오리건주 포틀랜드와 주변 도시들의 기온은 38도 이상까지 올라갈 것으로 예상되었다. 그 지역의 전력 회사인 포틀랜드제너럴일렉트릭Portland General Electric은 전등뿐만 아니라 에어컨도 윙윙거리며 돌아갈 수 있도록 전력을 공급해야 하는 엄청난 도전 과제에 직면할 터였다.

그러나 그 회사는 나름의 묘책을 갖고 있었다. 회사는 여러 해 전부터 전력망의 수요를 관리할 영리한 방법들을 고안하는 일에 몰두했다. 이 전력 회사의 컴퓨터는 소비자의 온도 조절기 수천 대와 연결되어 있었고, 전력망에 부하가 커지면 온도 조절기들의 설정 온도를 몇 도씩 떨어뜨릴 수 있었다. 그런 상황이 닥칠 때마다 경보를 받겠다고 동의한 고객도 10만 명이 넘었다. 경보를 받고서 스스로 전기 소비량을 줄이면 전기 요금을 감면받을 수도 있었다. 또 포틀랜드제너럴일렉트릭은 한 기업과 위탁 계약을 맺어서 고객들의 온수기 수천 대에 스위치를 설치했고, 대기업에는 에너지 수요가 높아질 때 전력 사용량을 줄이겠다는 동의도 받았다.

6월 말, 기온이 46도까지 치솟자 회사는 이 모든 수단을 동원했다. 컴퓨터는 포틀랜드 전역으로 무선 신호를 보냈다. 아파트 단지 수십 곳에서 온수기에 설치된 스위치가 신호를 받아 온수기의 에너지 사용량을 줄였다. 온수기의 수온은 약간 낮아졌다. 오후 5시가 막 지난 참이었고 날이 뜨거워 온수 샤워를 하는 사람이 거의 없었으므로, 수온이 조금 낮아졌음을 많은 이가 눈치챌 가능성은 낮았지만 알아차린 사람은 누구나 온도를 재설정할 수 있었다. 또 전력 회사는 가정과 사업장의 온도 조절 장치를 살짝 조정해서 실내 공기가 조금 더 올라가도록 허용함으로써 전력 소비량을 줄였다. 오후 5시부터 8시까지 전력 수요를 61메가와트로 억제함으로써 전력망 전체로 전력이 공급되도록 유지할 수 있었다. 포틀랜드 역사상 가장 뜨거운 날에도 전력 중단 사태는 몇 군데에서 소규모로 일어난 정도였다.

많은 미국인은 '지능형 전력망smart grid'이라는 말을 알아듣지 못하겠지만, 이는 에너지 전문가들에게는 말하고자 하는 바를 딱 맞게 표현하는 용어다. 지난 수십 년 동안 전력 수요는 다소 주어지는 것으로 여겨졌다. 전력 공급자는 주로 공급에 초점을 맞추었다. 가장 발전 단가가 낮은 발전소를 상시 운전하면서 단가가 센 발전소는 수요가 증가할 때만 가동하는 식이었다. 고객들은 대부분 시간당 발전 단가와 거의 무관하게 고정 요율로 요금을 냈다. 멍청한 전력망이라고 말할 수도 있다.

19세기 발전 산업이 출현할 때부터 사람들은 이론상으로는 이 방정식의 양쪽을, 즉 전력의 공급뿐만 아니라 수요도 조절할 수 있다는 것을 깨달았다. 20세기 중반에 발전사들은 전력망에 위기가 닥치면 전기를 차단해도 좋다는 동의서를 대규모 사업장으로부터 으레 받곤 했다. 그러나 그 뒤로 수십 년 동안 이 방법은 매우 제한적으로만 쓰였다. 기술도 엉성했을 뿐 아니라 발전사들이 새로운 발전소를 건설함으로써 더 많은 이익을 얻는 쪽을 선호했기 때문이다.

그런데 이제 우리는 원리상 전력 수요를 더는 주어진 것으로 간주하지 않는 시대로 들어서고 있다. 새로운 전자 제어 방식이 보급되고 통신 기술이 발전함에 따라서 새로운 접근법이 출현해왔다. 가까운 미래에 어떤 기술이 출현할 수 있을지 생각해보자. 밤에 식기세척기에 그릇을 넣은 여러분은 아마 작동 버튼을 누르고 다음 날 아침에서야 그릇을 꺼낼 것이다. 하지만 식기세척기가 전력망과 대화를 나누고, 가용 전력이 가장 저렴하고 깨끗할 때까지 기다릴 수 있을 만큼 영리하다면 어떨까? 그 시점이 모든 전등이 꺼지고 모두가 잠들어 있는 새벽 3시 30분이라면? 아침이면 그릇은 마찬가지로 깨끗이 닦여 있겠지만, 다음 달 말에 낼 전기요금은 아마 조금 줄어 있을 것이다. 마찬가지로 전기차를 산다고 생각해보자. 물론 식기세척기를 작동시키는 것보다 전기차를 충전하는 데 전기가 훨씬 더 많이 든다. 그러나 다음 날 아침에 운전할 준비가 되어 있기만 하다면, 대다수의 사람들은 충전이 몇 시에 이루어지든 신경 쓰지 않을 것이다. 차가 전력망과 대화를 해서 발전 단가가 가장 낮은 시간에 충전을 할 수 있다면 어떨까? 전력 회사는 가장 효율적인 발전소들에 그 수요를 분산시킴으로써 비용을 절감할 수 있고, 이로써 얻은 혜택은 당연히 여러분에게도 일부 돌아갈 것이다.

이제 전력망에 재생에너지원이 훨씬 더 많이 연결된 세계를 상상해보자. 현재 미국의 전체 전력 생산량 중에서 10퍼센트를 차지하는 풍력과 태양력 발전소가 50~60퍼센트에 달한다고 해보자. 풍력 터빈과 태양 전지판이 어떤 큰 문제를 안고 있는지는 이미 대다수가 알고 있다. 날씨 조건이 들어맞을 때만 가동된다는 단점에도 불구하고 화석 연료를 태우는 발전소와 달리 연료가 필요 없고 오염을 일으키지 않는다는 점에서 매우 바람직한 전력원이다. 이 미래의 전력망은 지금보다 전력 공급이 더 가변적이고 간헐적일 가능성이 높다. 여러분의 온수기와 나의 온도 조절기와 학교 선생님의 전기차의 전력 수요가 모두 전력 공급의 변동에 맞춰 유연하게 실시간으로 변동한다면 어떨까?

포틀랜드에서 이루어지고 있는 실험은 아직 연결된 장치가 수만 대에 불과한 소규모다. 포틀랜드제너럴일렉트릭은 규모를 더 키울 생각이다. 2025년까지 이런 방법으로 전력 수요를 가스 화력 발전소 한 곳의 출력에 해당하는 양만큼 줄이고자 한다. 태평양 연안 북서부 지역 전체에서 전력 회사들이 스마트 기기를 최대한 많이 연결한다면 가스 발전소 두세 기를 건설할 필요가 없을 정도로 최고 전력 수요를 억제할 수 있을 것이라는 계산이 나왔다. 이는 기존의 더러운 발전소들을 가동 중단시킬 수 있을 정도였다. 게다가 어느 누구도 불편함을 감수하지 않으면서 말이다.

전국의 전력망을 청정화하는 과정은 이런 식으로 장치 수억 대를 연결하는 일을 동반할 가능성이 높다. 여기에는 전기차와 대형 배터리에 언제 충전할지를 알리는 신호를 보내는 일도 포함될 것이다. 브래틀 그룹Brattle Group이라는 컨설팅 자문사는 야심적인 전략을 세워 추진한다면 2030년까지 미국의 전력 수요를 최고 20퍼센트까지 줄일 수 있다고 내다본다.[19] 그러나 우리가 더욱 강력하게 추진하지 않는다면 이 생각이 과연 얼마나 실현될지는 아무도 모른다.

안타깝게도 이 미래의 잠재력을 실현시키려면 아직 갈 길이 멀다. 포틀랜드의 발전사는 선봉에 서 있다. 미국 대다수 지역에서는 발전사들이 이런 일을 현실성 있는 규모로 적용하는 것을 꺼리고 있다. 전기 판매량이 줄어들까 봐 걱정만 할 뿐이며, 대체로 주 당국도 보다 융통성 있는 접근법을 채택하도록 장려하는 조치를 취한 전례가 없다.

우리가 힘껏 밀어붙여 강력하게 추진한다면 보다 유연한 전력망과 청정 전력의 조합을 얼마나 오래 밀고 나갈 수 있을까? 전력망에 재생에너지원이 얼마나 많이 연결될 수 있을지를 추정한 값은 지난

20년 동안 꾸준히 상승했다. 2012년 국립재생에너지연구소National Renewable Energy Laboratory는 이정표가 된 연구 결과를 내놓았다.[20] 그들은 미국 전체에서 생산되는 전기 중에서 청정에너지원의 비율이 80퍼센트까지 높아질 수 있고, 그중 풍력과 태양력의 비중이 많으면 절반까지도 달할 것이라고 결론지었다.

　기술적으로 아무리 실현 가능하다고 해도 이런 유형의 전력 계통은 비용이 많이 들 것처럼 보였다. 그러나 그 뒤로 재생에너지 발전단가가 계속 하락하면서 비용에 관한 우려는 점점 줄어들어 왔다. 최신 연구들은 현재 기술을 이용할 때 청정에너지원의 비율을 90퍼센트까지도 높일 수 있고, 더러운 전력망보다 사실상 더 **저렴하게** 전력을 공급할 수도 있다고 주장한다.[21] 그리고 90퍼센트에 다다를 무렵에는 아마도 나머지 10퍼센트를 대체할 대안들도 많이 나와 있을 것이라고 본다.

　그러나 청정 전력망이 90퍼센트에 다다르려면 어떤 중요한 조치들이 필요할 것이다. 이미 재생에너지원으로부터 전력의 50~60퍼센트를 얻고 있는 주들도 있긴 하지만, 미국 전체는 아직 그 수준에 이르지 못했다는 점을 명심하자. 댐, 원자력 발전소, 풍력과 태양력 단지에서 생산되는 전기를 포함시키면 미국의 전력망은 현재 약 40퍼센트가 깨끗하다. 재생에너지의 비율이 높은 주는 아직 주로 화석 연료에 의존하는 이웃 주와 전기를 거래함으로써 전력망의 균형을 맞출 수 있다. 미국 전체 전력망의 청정에너지 비율을 90퍼센트까지 높이려면 포틀랜드의 발전사가 했듯이, 전력 수요를 관리할 더 나은 방법이 필요할 것이다. 전기를 멀리까지 효율적으로 보낼 수 있는 새로운 유형의 송전선도 필요할 가능성이 높다. 와이오밍주나 캔자스주의 풍력 단지에서 서던캘리포니아나 시카고의 수백만 가구에 전력을 공급하려면 말이다.

그리고 새로운 대규모 풍력 단지가 해상에 건설되어야 할 것이다. 매일매일 시간마다 변동하는 공급량을 조절할 훨씬 더 저렴한 전기 저장 방법도 개발될 필요가 있다. 배터리도 학습 곡선에 올라탄 또 다른 기술이며, 해가 갈수록 점점 저렴해지고 있다. 전력망에 대규모로 쓸 수 있을 정도로 가격이 떨어진 만큼 우리는 이 추세를 더욱 밀어붙여야 한다. 뒤에서 더 자세히 다루겠지만 연구 개발도 더 확대해야 하며 전력망에서 재생에너지의 비율을 높일 때 생기는 문제들을 해결하는 것이 최우선 목표가 되어야 한다.

이런 목표들을 충족시키려면 앞으로 몇 년 사이에 급속한 진전이 이루어져야 한다. 재생에너지원을 최대한 빨리 늘려야 하며, 청정에너지원을 써서 석탄 연소를 없애고 천연가스 연소를 줄여야 한다. 사실 바이든 행정부가 제시한 기후 목표를 달성하려면 최근 이루어지고 있는 것보다 적어도 4~5배 더 빨리 재생에너지원의 사용을 늘려야 한다. 이것이 앞으로 10년 동안 해결해야 할 가장 중요한 기후 위기 시대의 과제다.

여기에서 여러분은 이렇게 자문할 수도 있겠다. 그런 일을 해낼 힘을 과연 누가 갖고 있을까? 답은 일부 나와 있다. 바로 여러분이다.

레버 당기기

덴버 도심의 정부 청문회장에 모인 어머니들이 한 명씩 마이크 앞에 섰다. 자녀들을 위한 발언을 하기 위해서 콜로라도 전역에서 모인 이들이었다. 회의장 분위기는 법정과도 흡사했다. 어머니들은 앞쪽 단상에 앉은 공무원들에게 끈덕지게 자신들의 깊은 두려움을 전달했다.

제니퍼 클래너핸Jennifer Clanahan은 마이크에 대고 말했다. "아이들은 어른보다 더 많은 시간을 야외에서 보내고, 훨씬 활동적입니다. 내 딸이 바로 그래요. 끊임없이 뛰고 뛰어넘고 통통 튀고 달리지요." 그런 뒤 자신이 말하려는 요점으로 곧장 넘어갔다. "딸은 매일 밖에서 뛰어놀아요. 나는 아이가 깨끗한 공기 속에서 놀도록 하고 싶어요. 입자 오염은 심장병과 폐암 발병률을 높일 수 있고, 폐의 발달과 기능에 지장을 줄 수 있으니까요." 잠시 후, 뒤를 이어 크리스틴 브레스콜Christine Brescoll은 논지를 더 명확히 했다. "안전한 대안이 존재하는 데도 불구하고 석탄 화력 발전소가 배출하는, 장기적으로 건강에 안 좋은 영향을 미치는 오염물질을 우리 아이들이 계속 접해야 하는 건 부당합니다."

그날 밤 어머니들이 우려한 것은 깨끗한 공기만이 아니었다. "우리 아이들은 지구 온난화의 온갖 영향에 대처하며 살아갈 세대입니다. 점점 더 강력하면서 더욱 큰 피해를 입히는 폭풍우와 가뭄, 점점 잦아지는 산불이나 침수 같은 위험에요." 에이미 데이글Amee Daigle은 이렇게 선언했다. "나는 우리 아이들의 미래가 어떤 모습일지 걱정됩니다. 이런 상황이 훨씬 악화하기 전에 진지한 행동에 나설 수 있기를 바랍니다."[22]

　　아마 여러분은 자신이 기후 변화에 맞서 싸우거나 청정에너지를 지지하기 위해 직접 정치적 행동에 나설 수도 있다는 생각을 해본 적이 없을 수도 있다. 그날 덴버의 청문회장에 참석한 어머니들 중 상당수도 직접 행동에 나선 것은 처음이었다. 그들의 증언은 2018년 2월의 어느 추운 밤에 이루어졌으며, 콜로라도주는 환경단체들이 청정에너지원의 비율을 3퍼센트로 높이자고 청원했던 시절은 옛일이 되었을 정도로 달라져 있었다. 어머니들은 지역 발전사와 싸우기 위해서 온 것이 아니라, 발전사를 지원하기 위해서 이 자리를 찾았다. 2004년 주민 투표 당시 상대측이었던 회사인 엑셀에너지Xcel Energy는 재생에너지에 관한 경험이 쌓이자 입장을 바꾸었다. 벤 퓨커Ben Fowke라는 인물을 중심으로 여덟 개 주 발전사들은 이윽고 포괄적인 환경 정화에 나섰다. 2월의 어느 날 밤에 이루어진 청문회도 그 노력의 일환이었다. 콜로라도주의 푸에블로 인근에 있는 석탄 화력 발전소 두 곳을 폐쇄하고 청정에너지로 대체할 계획을 세우고 있었기 때문이다. 어머니들의 목소리는 화답을 받았다. 보수적인 주 의원들의 반대에도 해당 계획은 승인되었고, 새로운 풍력 및 태양력 단지가 건설 중이다. 콜로라도주 전역에서 엑셀에너지는 이미 전력의 절반 가까이를 청정에너지원에서 얻고 있으며, 2050년까지 100퍼센트를 달성한다는 계획이다.[23] 로키산맥연구소Rocky Mountain Institute found는 미국의 모든 대형 발전사 중에서 엑셀에너지가 세운 계획이 파리협정의 목표에 가장 잘 들어맞는다고 분석했다.[24]

그런데 그날 연단을 향해 청원하고 있던 어머니들은 정확히 어떤 사람들이었을까?

이를 설명하려면 좀 더 이전으로 거슬러 올라가야 한다. 19세기 말에 발전 산업이 처음 등장했을 때는 혼란이 벌어졌다. 서로 경쟁하던 전력 회사들이 전선들을 마구 설치한 바람에 안전을 위협할 지경에까지 이르렀다. 시와 주 당국은 질서를 찾기 위해 조치를 취해야 했다. 경제적으로 보자면 전선을 하나로 통일하는 것이 바람직했다. 그러나 이 방법은 사실상 하나의 전력 회사에 독점권을 주는 것이나 마찬가지였다. 전선을 정리하면서도 전력 회사가 요금을 올려서 부당한 수익을 얻지 못하게 막을 방법이 있었을까?

그리하여 이런 상황을 다룰 법 분야가 새로 출현했다. 곧 50개 주 전체에서 발전 산업을 규제할 강력한 위원회가 설립되었다. 위원회에는 요금을 정하고, 지출을 승인하고, 어떤 발전소를 건설할지를 정하고, 발전사가 수익을 정확히 얼마나 걷을지를 정할 법적 권한이 주어졌다.

이런 위원회는 공공시설위원회Public Utility Commission, PUC라고 부르며, 일부 주에서는 공공서비스위원회Public Service Commission, PSC라고도 한다. 이 명칭들은 좀 농담 같아 보이기도 한다. 전기 요금이 대폭 상승하는 것 같은 어떤 논란이 벌어지기 전까지, 대중은 이런 위원회가 존재한다는 것 자체도 모르기 때문이다. 그러나 이런 위원회는 미국의 모든 주에서 경제에 지대한 역할을 하고 있다.

앞서 말한 경제의 비밀 레버를 기억할지 모르겠다. 자동차와 신

축 건물의 효율 기준을 정함으로써 배후에서 우리의 경제가 돌아가는 양상을 결정하는 레버 말이다. 공공시설위원회는 그중 가장 큰 레버 하나를 쥐고 있다. 발전사의 미래 발전 계획을 감독하기 때문이다.

위원회는 정식 법적 절차에 따라서 일을 진행하기에 법원과 비슷하게 운영된다. 그러나 법원과 달리, 주민의 말에 귀를 기울이고 주민에게 이익이 되는 쪽으로 결정을 내려야 한다. 그러나 안타깝게도 위원회는 자신이 감독하는 발전사의 영향을 심하게 받는다. 위원은 대개 주지사가 임명하는데, 발전사들은 선거 자금을 지원함으로써 주지사의 결정에 영향을 미칠 수 있다. 또 위원회는 주 의회로부터도 지시를 받으므로, 발전사는 의회에도 영향을 미치려고 노력한다. 많은 주에서 이익을 추구하는 발전사들은 의회 선거 때 가장 많은 자금을 지원하는 축에 속한다. 또 의원들에게 고급 식당에서 식사를 대접하고 공짜 사냥 여행을 주선하는 등의 활동도 한다. 이런 활동들이 설령 위법 행위가 아닐지라도 이런 유형의 부패는 주민의 이익을 훼손한다. 탄소 배출 측면에서는 더욱 그렇다. 이런 발전사 중에 폐쇄시켜야 할 석탄 및 가스 화력 발전소를 가동함으로써 상당한 수익을 올리는 곳이 아주 많기 때문이다.

가끔은 훨씬 심각한 부패가 일어나기도 한다. 최근에 서로 이웃한 오하이오주와 일리노이주에서 두 대형 발전사의 뇌물 사건이 터졌다. 어느 이른 아침, 오하이오주 의회의 대변인이 사는 농장에 FBI 수사관들이 와서 그를 뇌물 혐의로 체포했다. 그는 대형 발전사인 퍼스트에너지First Energy와 관련 기업들로부터 적자 상태인 몇몇 원자력 발전소와 석탄 발전소가 구제 금융을 받도록 해주는 대가로 6000만 달러의 뇌물을 받은 혐의로 기소되었다. 일리노이주에서는 다른 대형 발전사인 커먼웰스에디슨Commonwealth Edison이 유리한 대우를 받기 위해서 의원들의 지인들에게 일자리를 만들어서 제공했다는 혐의로 기소되었다.

진부한 규제 모형에 따라서 공공시설위원회는 으레 새 발전소를 비롯한 시설을 지을 수 있도록 허가권을 발전사에 내주고, 그 시설로부터 정해진 운전 이익률을 얻을 수 있도록 새로운 전기 요금을 승인한다. 이런 방식은 경제적 효율을 도모할 동기를 부여하지 않는다. 가능한 한 새로운 시설을 많이 건설한 뒤, 고객에게 요금을 부과할 동기를 부여한다. 석탄 발전소의 건설비가 운영비보다 훨씬 더 많이 든다고 했던 말을 기억하는가? 천연가스 및 재생에너지와 치열한 경쟁을 벌이는 상황에서도 일부 주의 발전사는 투자비를 계속 회수할 수 있도록 기존의 오래된 더러운 발전소도 계속 가동하려고 애쓰고 있다. 석탄 발전소를 폐쇄하는 것이 소비자의 부담을 가장 줄이는 길인 지역에서도 마찬가지다. 발전사의 동기는 소비자에게 가장 이익이 되는 방향과 들어맞지 않는다.

이처럼 위원회는 전력망에 대단히 큰 영향을 미치기 때문에 주민들의 의견을 지금보다 훨씬 더 자주 들을 필요가 있다. 그저 시에라클럽Sierra Club, 청정에너지남부동맹Southern Alliance for Clean Energy, 서부자원지킴이Western Resource Advocates, 천연자원수호위원회Natural Resources Defense Council, 태양력에 투표를Vote Solar, 남부환경법센터Southern Environmental Law Center, 프레시에너지Fresh Energy, 마운틴마마스Mountain Mamas, 미국 흑인인권 단체 NAACP의 환경기후정의사업단Environmental & Climate Justice Program 등 자기 지역의 청정에너지 옹호 단체에 가입하기만 하면 된다. 그리고 그들이 대중의 지원을 요청할 때 응답하기만 하면 된다. 주도의 공공시설위원회에서 직접 증언할 수 없다면, 편지를 쓰거나 댓글을 달 수도 있다. 현재 대다수 주에서는 영상 통화로도 증언이 가능하다. 청정에너지를 요구하는 대중의 목소리가 더 커질수록, 위원회는 여러분이 속한 지역이 그 방향으로 나아가도록 움직여야 한다는 압박을 더 느낄 것이다.

또 하나의 정치적 표적은 자기 지역의 의원에게 위원회가 청정에너지 목표를 달성하도록 도와달라고 설득하는 것이다. 많은 주가 20년 전에 세웠던 기존의 청정에너지 목표를 대부분 달성한 만큼 그 표적은 소멸했다. 발전을 가속화하려면 청정 전력 목표를 상향하는 등의 더 야심적인 목표로 교체할 필요가 있다. 바로 여기에서 여러분이 참여할 또 다른 기회가 생긴다. 옹호 단체들은 이미 여러 주에서 새로운 목표를 밀어붙이고 있지만, 더 많은 사람의 지지를 받을 필요가 있다. 자신의 지역에서 무슨 일이 일어나는지를 알아보고 지지를 표하자! 설령 의원에게 전화 한 통을 하거나 전자우편 한 통을 보낼 뿐이라고 해도 도움이 될 것이다. 친구와 이웃에게도 알리고 도움을 청하자.

이미 여러 주는 새롭고 야심적인 청정에너지 관련 법을 채택했다. 캘리포니아주, 콜로라도주, 하와이주, 뉴저지주, 뉴멕시코주, 뉴욕주, 오리건주, 버몬트주, 워싱턴주, 수도 워싱턴, 푸에르토리코는 모두 대담한 청정 전력망 목표를 세웠다. 자신이 거주하는 지역이 여기에 없다면 포함시켜야 한다. 선거 때 후보자들이 청정에너지에 관해 어떤 입장인지를 자세히 지켜본 뒤, 대담한 조치를 요구하는 후보자에게 투표하자. 보존유권자연맹League of Conservation Voters이라는 전국 단체는 30여 개 주에서 다양한 이름으로 활동하는 지부들이 있으며, 후보자들이 기후와 청정에너지에 어떤 견해를 보이는지를 추적한다.

주가 새로운 정책을 채택할 때, 전력망을 청소하는 것만이 목표가 되어서는 안 된다. 우리는 이런 변화에 영향받을 노동자들과 지역 사회도 외면해서는 안 된다. 탄광이나 석탄 화력 발전소에서 수십 년을 일한 노동자들도 있을 텐데, 에너지 전환으로 일자리를 잃는다면 그들은 달리 갈 곳이 없을 것이다. 더러운 발전소가 폐쇄될 때도 관련 노동자들은 도움이 필요할 것이다. 직업 훈련을 통해 새로운 직무로 전환시켜 줄 방법도 있다. 더 더러우면서 비싸기만 한 석탄과 가스 발전소를 폐쇄함으로써 절약하는 비용을 노동자들에게 직접 지불하는 방법도 있다. 해결책은 지역마다 다르며, 노동자는 자신에게 무엇이 최선인지를 결정하는 자리에 직접 참여할 자격도 있다.

이는 화석 연료 경제로부터 가장 오래 고통을 겪어온 소외된 공동체에도 들어맞는다. 예를 들어, 석탄 화력 발전소로부터 바람이 불어오는 쪽에는 부유한 동네보다 그렇지 않은 동네가 있을 가능성이 더 높다. 우리는 이런 오염원을 폐쇄하는 데서 그치지 않고, 해당 공동체가 청정에너지 경제의 주된 수혜자가 될 방법도 찾아야 한다. 이는 지역 공동체가 수익을 얻고 배분하는 재생에너지 계획을 개발한다는 의미도 될 수 있다. 전국에서 진보의 징후들이 나오고 있긴 하지만, 이런 공동체들까지 의사 결정에 동등하게 참여시키려면 훨씬 더 많은 노력이 이루어져야 한다.

주로 저소득 히스패닉계가 거주하는 시카고의 리틀빌리지와 필슨이라는 두 동네는 수십 년 동안 유달리 더러운 석탄 화력 발전소에서 나오는 배출물의 세례를 받아왔다. 주민들은 발전소를 폐쇄시키기 위해 10년 동안 노력했는데, 2011년과 2012년 마침내 그 운동은 중요한 지지 세력을 얻었다. 전 세계적인 민간 환경보호단체 그린피스Greenpeace가 동참했고, 그들은 발전소 굴뚝을 기어올라서 현수막을 내걸었다. 다른 전국적인 환경단체들도 돕겠다고 나섰다. 지역 대학생들도 마찬가지였다. 그러나 결정적인 역할을 한 것은 그 지역 공동체였다.

아들이 천식에 걸린 뒤로 석탄 발전소 폐쇄 운동에 앞장서 온 지역 활동가 킴벌리 와서먼Kimberly Wasserman은 이렇게 회상했다. "우리는 처음에 시청으로 공문을 보내서 회담을 요청했지만, 아무도 응하지 않으려 했어요."[25] 주민들은 당국의 태도를 마냥 받아들일 의사가 없었고, 젊은이들은 시카고 시청까지 행진하면서 시위를 벌였다.

"젊은이 41명이 흡입기를 입에 물고 시신낭 안에 들어가서 바닥에 드러누웠어요. 시청 홍보실에서 전화가 오더군요. 사실상 내게 이렇게 소리치는 거였어요. '시장님이 난처해하시잖아요. 당신들이 하는 짓은 부당해요.' 그래서 우리는 대꾸했죠. 우리 동네에서 석탄 발전소를 가동하는 일은 부당하지 않고요?"[26]

2012년 피스크 석탄 발전소와 크로퍼드 석탄 발전소는 문을 닫았다. 그 결과로 시카고의 최대 대기 오염원이자 기후 변화에 최대로 기여한 시설 두 곳이 제거되었다. 시민 행동이 무엇을 이루어낼 수 있는지를 보여주는 대표적인 사례다. 그리고 이는 경제의 비밀 레버를 움켜쥐고서 함께 더 나은 미래를 향해 나아갈 때 우리가 무엇을 성취할 수 있는지를 보여주는 예고편에 불과하다.

제 3 장

기후 위기에 대처하는 경제학적 생존 전략 2
: 건축 규정을 통한 청정 공간으로의 전환

THE BIG FIX

The
Big
Fix

8월의 일요일 오후라면 주요 대도시 신문사의 뉴스 편집실은 대개 나른한 분위기에 잠겨 있을 것이다. 그러나 1992년 어느 일요일, 플로리다의 최대 신문사 〈마이애미 헤럴드〉의 뉴스 편집실은 정신없이 돌아가고 있었다. 기자들과 편집자들이 허겁지겁 들이닥쳐서 바쁘게 일했다. 그날 저녁 그 신문사는 마이애미 거리에 호외號外를 뿌려댔다.

호외 전면의 위쪽에는 커다란 글자로 머리기사가 찍혀 있었다. "큰 것이 온다. 악몽에나 나올 법한 허리케인이 우리 문을 두드리고 있다."[1]

그 두려움은 결국 현실이 되었다. 폭풍은 상륙하기 직전 요동치다가 마이애미 남부로 밀려들었고, 홈스테드, 플로리다시티를 비롯한 마이애미데이드카운티의 남쪽 끝에 있는 도시들을 덮쳤다. 5등급 허리케인으로 미국에 상륙한 가장 강력한 허리케인에 속했다. 플로리다

기후 위기에 대처하는 경제학적 생존 전략 2

109

시티의 한 호텔에 머물고 있던 〈헤럴드〉 기자 두 명은 호텔이 폭풍에 무너질 때, 화장실에 갇힌 채 무너지는 천장을 받치고 버텨야 했다.[2] 강력한 바람은 지붕을 뜯어냈고, 불꽃을 마구 튀기면서 변전기를 파괴했고, 실내로 밀려들면서 건물들을 산산조각 냈다. 주변에서 집이 무너지는 가운데 수만 명이 공포에 질린 채 긴긴밤을 지샜다. 사망자가 약 40명에 달했다. 8월 24일 월요일 마침내 하늘이 개었을 때, 마미애미데이드카운티 남부는 폐허가 되어 있었다. 주택 약 8만 채가 무너지거나 심하게 파손되었고, 이재민이 25만 명에 달했다.[3]

그런데 놀랍게도 일부 주택은 약간의 손상만 입었을 뿐 온전히 남아 있었다. 허리케인이 휩쓸고 지나갔음에도 쑥대밭이 된 거리 맞은편 동네와 달리 전체가 별 피해를 입지 않은 동네도 있었다. 곧 취재 기자들은 이런 일이 그저 바람의 변덕 때문에 일어난 것이 아님을 알아차렸다. 실제 범인은 지역 건축 법규였다. 거의 지켜지지 않았다는 것이 드러났다. 일부 건축업자들은 비용을 줄이고자 허리케인스트랩hurricane strap이라는 보강 철물로 지붕 서까래를 단단히 묶지 않았고, 준공 검사자는 이를 눈감아 주었다.[4] 조사 결과 건축재와 건축 방식 모두 기준 미달인 경우가 많았고, 주 전체에서 그런 사례들이 흔하다는 사실 또한 드러났다. 즉, 플로리다주의 다른 지역들도 같은 피해를 입을 가능성이 얼마든지 있다는 의미였다. 이 허리케인의 여파로 몇몇 보험사는 파산했다. 다른 보험사들은 발을 빼기 시작했고, 보험료도 대폭 상승했다. 결국 주 당국은 구제 조치를 취하지 않을 수 없었다.[5] 플로리다주는 건축 규정을 훨씬 더 강화하고 집행도 더 엄격하

게 할 새로운 법을 제정했다.[6]

허리케인 앤드루는 건축법과 그 법을 지키도록 감독하는 준공 검사자 역할이 대단히 중요하다는 점을 현대에 가장 극적으로 보여주었다. 사소해 보일지 몰라도 이보다 더 중요한 일을 찾기란 어렵다. 폭풍이 지나간 뒤에도 무사히 서 있던 소수의 주택들은 건축업자가 시간과 돈을 들여서 제대로 지은 집들이었다. 예전이나 지금이나 주택 구입자들은 건축업자가 당연히 규정을 제대로 지켰을 것이라고 여긴다. 그러나 8월의 그 끔찍한 밤에 사람들의 생사를 가른 것은 건축업자가 얼마나 자기 일을 충실히 이행했느냐 여부였다.

사회 전체는 그런 법규에 의지한다. 건축 규정뿐만 아니라 소방 규정, 오염 규정, 안전한 수돗물 기준 등 많은 법규가 있다. 대체로 우리 건물은 안전하게 생활하고 일할 수 있는 곳이다. 수십 년에 걸쳐 개발된 이런 공인 기준들이 적용되면서 안전해졌기 때문이다. 20세기 초만 해도 도시 전체가 불길에 휩싸여 잿더미가 되는 일이 잦았다. 지금은 그런 일이 거의 불가능하며, 이는 화재에 취약한 건축 재료와 건축 기법을 쓰는 것을 금지하는 소방 안전 법규가 있기 때문이다. 또 그런 법규는 비상구를 잠그는 것 같은 생명을 위협하는 행위도 금지한다. 주택이나 아파트로 이사할 때, 우리는 대개 수돗물을 틀면 수도 꼭지에서 깨끗한 마실 물이 나오고 변기에서 안전하게 물이 배출될 것이라고 기대할 수 있다. 전기 법규는 감전이 일어날 가능성을 대폭 낮춘다. 실수로 헤어드라이어를 물이 채워진 세면대에 빠뜨리고는 별 생각 없이 꺼내려고 손을 담근다고 해도, 콘센트의 안전장치가 작동해서 재빨리 전류를 차단해 목숨을 구하도록 규정한다.

물론 이런 법규를 제정하고 시행하는 일은 사람이 하므로 제대로 이루어지지 않을 수도 있다. 지진, 홍수, 산불 그리고 당연히 허리케인도 종종 규정이 미흡하다는 점을 보여줄 것이다. 마이애미데이드카운티에서 그랬듯이, 규정 위반이 드러나고 추문이 터지는 최악의 사례도 나타난다. 그러나 전반적으로 공인 기준은 무력할 때보다 효과가 있을 때가 더 많다. 이따금 나타나는 실패 사례도 중요한 기여를 한다. 항공기 추락 사고가 더 안전한 항공기의 개발로 이어지는 것과 마찬가지로, 공인 기준이 실패한 사례는 결국 그 기준의 개선으로 이어지기 때문이다.

꾸준하게 점진적으로 이루어지는 진보는 건축 법규의 가장 중요한 특징이며, 우리가 이를 기후 변화에 맞설 전투에 포함시켜야 하는 이유이기도 하다. 건물은 국가의 가장 큰 이산화탄소 배출원 중 하나다.[7] 전기 대부분이 건물에 쓰일뿐더러 건물이 화석 연료를 직접 태우기 때문이기도 하다. 전국 여러 지역에서는 으레 천연가스를 난방과 온수에 쓰고 있다. 석유나 용기에 저장한 프로판가스로 난방을 하는 주택도 여전히 있다. 이런 화석 연료에 전기까지 고려하면, 건물은 미국 탄소 배출량의 약 3분의 1을 차지한다. 2050년 기후 목표의 달성은 미국의 건물을 청정화하지 않고서는 불가능할 것이며, 정리하는 방법은 새로운 규정을 적용하는 것이다.

제1장에서 우리가 추구해야 하는 기후 위기 대응 전략이 전력망을 청정화하는 동시에 모든 것을 전기화하는 '만물의 전기화'라고 말

했다. 건물의 난방과 온수를 전기화하는 것도 여기에 포함시켜야 한다. 신축 건물에 가스관망을 연결하는 것을 중단해야 한다. 캘리포니아주의 50여 개 도시와 다른 주들의 몇몇 도시는 새로운 가스관 연결을 금지하거나 제한하는 법규를 채택하거나 상정했다. 그러나 가스 업계는 반발하고 있으며, 거대한 기후 문제 대신 향수를 자극하고 매혹적으로 보이도록 파란 불꽃이 피어오르는 아련한 사진이 담긴 광고를 내보내면서 맞서 싸운다. 이른바 금지 조치를 철회시키려고 노력하는 '풀뿌리' 운동 단체들도 생겨났지만, 탐사 보도 기자들은 이런 단체들이 가스 업계의 지원을 받아서 홍보 대행사들이 운영하는 가짜 단체임을 밝혀냈다.[8] 일부 보수적인 주 정부는 시 당국이 가스 금지 조례를 제정하지 못하게 막는 법안을 통과시켰다. 이런 법 제정에 앞장선 정치인들은 가스 금지가 '소비자의 선택권'을 제한한다고 주장한다. 가스 업계로부터 두둑한 후원금을 받고 있다는 사실은 쏙 빼놓고 말이다.

우리 앞에 놓인 과제는 원칙적으로 간단하다. 기존 건물이든 신축 건물이든 간에 건물의 단열 효과를 더 높이고, 건물에서 에너지를 사용하는 모든 것을 전기화할 필요가 있다. 전력망을 청정화하는 것에 발맞춰 탄소 배출량을 줄이기 위해서다. 쉬운 양 들릴지도 모르지만, 가스 업계가 시장을 지키기 위해 엄청난 돈을 쏟아붓고 있기에 현실에서는 크나큰 정치적 싸움이 벌어지고 있다. 우리는 이 싸움에서 이기고 건물을 청정화하는 것이 충분히 가능하다고 본다. 미국 일부 지역에서는 이미 그런 일이 시작되고 있다.

장기적 관점에서의 건축

한겨울의 어느 화창한 오후였다. 왜 많은 이가 서던캘리포니아에서 살고 싶어 하는지 충분히 이해할 수 있을 만큼 상쾌하고 아름다운 날이었다. 그러나 채스마 거리에는 아직 아무도 살고 있지 않았다.

이 도로를 따라 한 블록에 걸쳐서 기계톱 소리가 울려 퍼지고 있었다. 망치 소리도 쾅쾅 울렸다. 인부들이 12채의 새 주택들에 마감재를 대면서 찍어대는 네일 건 소리도 계속 들려왔다. 오렌지카운티에 지어지고 있는 다른 집들과 별 다를 바 없어 보였다. 이곳에 자리했던 군 기지가 폐쇄되면서 생긴 땅에 주택 수천 채가 지어지고 있었는데, 이미 로스앤젤레스 남쪽을 향해 계속 뻗어나가던 교외 지역의 면적이 대폭 늘어났다. 하지만 이 12채는 미국에서 지어지고 있는 양산형 주택 중에서 최첨단 기능을 갖춘 쪽에 속했다.

그중에는 채스마 거리에 있는 누구라도 알아챌 법한 현대적 특징 하나가 두드러져 보였다. 미국 최대 주택 건설사 중 한 곳인 레나Lennar Corporation는 이 모든 집에 태양 전지판을 설치하고 있었다. 이 회사는 2010년대 중반부터 자발적으로 해오고 있었는데, 2020년 캘리포니아주는 모든 신축 주택에 태양 전지판을 설치하도록 하는 법을 의무화했다. 한편 레나는 다른 주에서 짓는 주택들에도 자발적으로 태양 전지판을 설치하고 있다.

게다가 어바인 가까운 곳에 지어지고 있는 이 주택들은 지붕에 올린 태양 전지판에 비해 잘 드러나진 않지만, 여러 가지 첨단 특징들도 갖추고 있었다. 가장 중요한 것들은 주택을 구입하려는 사람들에게는 잘 보이지 않게끔 벽과 창문에 숨겨져 있는데, 결코 자발적으로 설치된 것이 아니었다. 이 집들은 캘리포니아의 엄격한 건축 법규에 따라 지어지고 있었다. 여름에 시원하고 겨울에 따뜻하도록 단열재를 많이 넣고, 유리창에도 첨단 코팅을 하는 등 더 아늑하면서도 에너지와 물을 절약하는 특징들을 갖추고 있다는 의미다.

레나가 태양 전지판 같은 녹색 특징green feature들을 채택하도록 하는 데 결정적 역할을 한 주요 인사 중 한 명은 데이비드 카이저먼David Kaiserman이었다. 당시 회사의 부회장이었던 그는 몰래 채스마 거리 건축 현장을 방문해서 휴대전화를 귀에 대고 통화하는 척하며 그 블록을 돌아다녔다. 인부들이 꼼꼼하게 유리창을 들어 올려서 창틀에 끼우고, 틈새를 밀봉하고, 태양 전지판을 차고의 배전함에 연결하는 모습을 지켜보았다. 인근의 모델 하우스에서 그는 주택이 창의 블라인드를 조절하거나 조명등을 켜서 거실 분위기를 영화를 감상하기에 적절하도록 설정하는 컴퓨터 장치를 비롯한 놀라운 무선 기능들을 갖추고 있음을 선보였다. 또 멋진 난로, 커다란 수납장, 커다라면서도 고효율인 냉장고도 자랑했다.

카이저먼은 빙그레 웃으면서 말했다. "이런 집에서 살고 싶지 않나요? 박탈감을 느끼지 않으면서도, 미국에서 가장 효율이 높은 주택에 살게 되는 겁니다."

레나가 어바인에 짓고 있는 집들과 캘리포니아주의 모든 건축업자가 지켜야 하는 법규는 세계의 모든 곳에 적용되어야 할 한 가지 근본 원리를 구현한다. 바로 낭비를 **줄이자**는 것이다. 에너지 효율이라는 말을 수십 년 동안 주문처럼 읊어온 경제 선진국에서도 여전히 엉성하게 지어진 건물에서 낭비가 일어나고 있다. 건물의 냉난방과 운영에 들어가는 에너지가 너무나 많기에, 우리가 엉성하게 지은 모든 건물은 먼 미래까지 기후에 부담을 안겨줄 수밖에 없다. 그러니 나쁜 건물을 짓는 일을 당장 멈추어야 한다. 또 우리의 지갑과 기후에 부담을 덜 주도록 기존 건물을 보수할 방법도 알아내야 한다.

겨울에 따뜻하고 여름에 시원하게 지내는 일은 건강이나 쾌적한 생활과 밀접한 관계가 있지만, 그런 차원을 넘어서 훨씬 더 중요한 의미를 지닌다. 견딜 수 없는 극단적인 기후에서도 문명이 번영할 수 있도록 해준다. 겨울의 캐나다 몬트리올과 여름의 두바이가 사람이 살아갈 수 있는 도시가 된 것은 오로지 난방기와 에어컨 덕분이다. 그러나 화석 연료를 써서 이런 장치들을 가동할 때 미치는 영향은 건물 안에만 끼치는 것이 아니다. 우리가 건물을 데우면 지구도 덩달아 더워지고, 건물을 식힐 때도 지구는 여전히 더워진다.

건물의 에너지 사용량과 낭비량은 건물을 어떻게 짓느냐에 따라 달라진다. 어떤 건축 재료와 기법을 택하느냐에 따라서 엄청난 차이가 빚어진다. 집수리에 조금이라도 관심이 있는 사람이라면 다음과 같은 사실들을 잘 알 것이다. 두 유리판 사이에 공기층을 넣은 이중창은 한 겹의 유리창보다 새어나가는 열이 적다. 또 벽과 천장의 단열이 잘 되어 있으면 공과금이 줄어든다. 여기에는 더 복잡한 기술들도 관여한다. 예를 들어, 첨단 유리막 코팅은 보이지 않는 단열재 역할을 할 수 있다. 미국의 주택과 사무실에 새로 설치하는 유리창에는 이런 이른바 '저방사low-emissivity', 즉 '로이low-e' 유리가 많이 쓰이고 있다. 유리의 모든 혜택은 그대로 누리지만 기존 유리창에 비해 에너지 손실은 줄여준다. 그러나 이런 유리창에도 아직 개선의 여지가 남아 있다.

건물은 날씨의 끊임없는 습격에도 견뎌야 한다. 건물은 추위와 더위, 태양, 비나 눈, 밤과 낮의 다른 조건, 건조와 습도에 노출된다. 또 거주자는 문을 쾅쾅 닫거나, 샤워를 자주 하거나, 냉장고를 자주 열거나, 환한 조명을 좋아할 수도 있다. 주택은 거주자의 이런 온갖 성향도 견뎌내야 한다. 이상적인 건물은 에너지를 최소한으로 쓰면서 이 모든 것에 대처할 수 있다. 어떻게 가능한 것일까?

첫 번째 조건은 단순하다. 바닥, 벽, 창, 천장의 단열을 잘하는 것이다. 건물의 단열이 완벽하게 이루어진다면, 실내 온도를 섭씨 22도로 올린 뒤 남극대륙에 갖다 놓아도 그 온도는 그대로 유지될 것이다. 물론 이런 완벽한 단열은 어렵지만, 현재는 예전보다 발전한 단열 방법을 훨씬 잘 안다. 새 건물에 단열을 잘하고 그래도 남아 있을 공기가 새는 틈새들을 제대로 잘 막는다면, 입주자가 들어오기 전에 에너지 문제는 이미 상당 부분 해결된 것이다.

좋은 건축의 두 번째 요소는 축열체thermal mass다. 즉, 단순히 말해서 무겁고 밀도가 높은 건축재를 실내에 쓰자는 것이다. 타일 바닥이나 석조 벽은 건물이 데워질 때면 열을 흡수했다가, 건물이 식으면 열을 천천히 방출한다. 축열체는 특히 따뜻한 기후에서 실내를 아늑하게 만들어준다. 뜨거운 날에 오래된 성당이나 석조 건물로 들어갈 때면 선선함으로 기분이 좋아지던 경험을 떠올려 보자. 축열체는 움직이는 부품도 없고, 유지 관리도 필요 없고, 연료도 전혀 쓰지 않는 무료 안마기나 다름없다.

세 번째 요소는 질 좋은 유리창을 선택해서 적절한 위치에 설치하는 것이다. 어떤 코팅을 하느냐에 따라서 유리창은 태양 에너지를 흡수할 수도 있고 반사할 수도 있다. 추운 미니애폴리스에서는 전자를, 후끈한 마이애미에서는 후자를 원할 것이다. 이 말이 좀 마법같이 들리겠지만, 유리에 입히는 거의 보이지 않는 박막薄膜 코팅 덕분에 실제로 가능하다. 그러나 유리창 자체만 중요한 것이 아니다. 유리창 위로 드리워지는 지붕 처마의 길이도 매우 중요하다. 북반구 건물에서는 여름에 해가 높이 떠 있을 때 창에 계속 그늘이 드리워져서 건물이 덜 더워지도록 남향 창 위쪽의 처마를 길게 늘일 필요가 있다. 대조적으로 겨울에는 태양이 여름에 비해 낮게 뜨므로, 처마가 길어도 빛줄기가 창을 통해 들어와 실내를 데울 수 있다. 이상하게도 현대 건축 설계에서는 이 기본 원리가 으레 반영되지 않고 있지만, 이 점을 고려한다면 건물이 존속하는 내내 난방 및 냉방 비용을 줄일 수 있다. 건물 설계자가 충분히 융통성을 발휘한다면, 창의 대부분이 남쪽을 향하게 함으로써 겨울에 태양으로부터 받는 열을 최대로 늘릴 수 있다.

이런 설계 원칙 중에는 수천 년 전부터 여러 문명이 잘 알고 있었던 것들도 있다. 고대 그리스인, 로마인, 바빌로니아인, 아메리카 남서부의 푸에블로 원주민은 모두 터를 어떻게 잡아야 집이 가장 쾌적해지는지를 알고 있었다. 로마 제국은 지붕 처마 활용법을 아주 잘 알았다. 그러나 무한히 많아 보이는 화석 연료를 마음껏 소비하는 법을 배우자 이런 설계 원칙은 성가시고 불필요하다고 버려졌다. 20세기 중반에 전 세계의 건축업자들은 단일창에 밀봉도 거의 안 된 고층 건물을 남향으로 짓는 경쟁을 벌였다. 이런 건물은 거대한 태양열 오븐이나 다름없었으며, 그 열기를 식히기 위해서 마찬가지로 거대한 냉방 장치가 설치되었다. 1947년 맨해튼 동편에 지어진 유엔 본부는 이러한 낭비적 사고의 대표적인 사례다. 건물의 거대한 유리판 하나하나는 히터 역할을 했다. 1.6킬로미터 떨어진 곳에 1930년대 초 세워진 엠파이어스테이트빌딩도 마찬가지였다. 두 고층 건물은 에너지 사용량을 줄이기 위해 현대적인 기계 장치를 도입해서 보수를 하곤 하지만, 지금이라면 애초에 그런 설계를 채택할 이유가 전혀 없다.

건축을 시작하기 전에 건물을 적절히 설계한다면, 에너지 효율을 높이는 데 추가로 들어가는 비용은 미미하다. 대개 총비용이 몇 퍼센트 늘어나는 수준이다. 그리고 이 선행 투자는 건물의 생애에 걸쳐 에너지가 절약됨으로써 훨씬 더 많은 보상으로 돌아올 것이다. 그러나 이 모든 원리가 잘 이해되어 있는 2020년대에도 에너지 효율을 염두에 두고 설계되는 건물은 너무나 적다. 혜택이 비용을 훨씬 넘어서는데도 왜 그럴까?

이 단절을 설명하는 데 도움이 될 전문 용어 하나를 소개해보고자 한다. 바로 '분할된 동기split incentive'다. 건물을 설계하고 짓는 관련업자가 그 건물에 사는 일은 거의 없으며, 그 말은 곧 그들이 공과금을 내는 것도 아니라는 뜻이다. 건축사는 태양열 부하나 처마 각도 같은 것을 생각하지 않음으로써 시간을 절약할 수 있다면 기꺼이 그렇게 할 것이다. 개발업자는 건물을 구입하려는 이들의 눈에는 보이지 않을 단열 조치를 건너뜀으로써 돈을 절약할 수 있다면 그냥 넘길 수도 있다. 벽 깊숙이 묻혀 있는 온수관의 단열을 소홀히 한들 누가 알겠는가? 안타깝게도 그런 판단을 내릴 때, 훗날 그 건물의 거주자가 될 가능성이 높은 이들에게 의견을 구하는 일은 없다.

많은 이가 건물의 에너지 문제를 그저 지붕에 태양 전지판을 달아 에너지 사용량을 줄이는 정도로 해결할 수 있다고 상상하는 듯하다. 아무튼 앞서 말했듯이, 태양 전지판의 가격은 급격히 떨어져 왔다. 그러나 뉴욕의 작은 고층 건물만 한 아파트라면, 건물의 에너지 부하 중 적은 비율을 상쇄하는 수준 정도로만 태양 전지판을 설치할 수 있다. 교외의 단독 주택이라면 분명히 더 많은 부하를 상쇄시킬 수 있다. 연간 평균을 내면 전부를 상쇄할 수 있을 때도 있다. 타깃Target이나 월마트 같은 대형 마트나 대형 상업 매장의 전기 사용량도 대폭 줄일 수 있으므로, 가능하다면 설치해야 한다. 그러나 지붕에 태양 전지판을 많이 설치한 건물이라도 때때로 화석 연료를 쓰는 전력망에서 에너지를 끌어올 수밖에 없으므로, 건물의 에너지 낭비를 줄일수록 우리 모두가 더 나은 삶을 살게 된다.

신축 건물은 사용이 시작될 때부터 에너지 효율이 높아야 한다. 그러나 건물을 짓는 이들이 여기에 충분한 동기를 얻지 못하고, 거주할 사람들도 요구할 만큼 충분히 알지 못한다면, 그 목표를 달성할 방법은 오로지 공인 기준을 정하는 것밖에 없다.

새로운 법규

지난 2세기 동안 개발된 법규들에 힘입어 우리 도시의 건물들은 더 이상 불쏘시개가 될 일은 없겠지만 기후에는 여전히 취약하다. 기후 변화를 현재 직면한 위급한 문제라고 보고 대처하려면, 크고 작은 도시의 건축 담당 부서에 지금 당장 새로운 임무를 맡기고 이들을 기후 변화를 막는 최전선에 세울 필요가 있다. 현재 이 노력은 이미 시작된 상태이지만, 기후 문제와 관련된 많은 일이 그렇듯 충분히 빠르게 진행되지 않고 있다. 기후 위기에 대처할 건축 규정을 마련하는 일에 안타까울 만치 미적거리는 미국의 주, 카운티, 시가 너무나 많다.

우리 사회가 실제로 어떻게 돌아가는지를 결정하는 또다른 비밀 레버 하나를 살펴보자. 세계적으로 보면 건축 법규가 3년 주기로 개정되는 지역들이 많다. 먼저 건축, 기계 공학, 공조 설비 등 관련 분야의 전문가들이 모인 기관에서 초안이나 보고서안을 제시한다. 여러 해 전부터 이런 초안들에는 치밀한 외부 단열, 높은 창호 등급 등 건물의 효율을 개선하기 위한 평가 척도들이 포함되어 왔다.

그러나 설령 3년마다 새로운 초안이 나온다고 해도 미국의 많은 주와 시는 채택하는 일을 미적거린다. 여섯 개 주는 아예 건축 법규가 없으며, 다른 주와 시는 개정 법규를 채택하는 속도가 느리다. 2009년 오바마 대통령이 의회에서 통과시킨 연방 경기 부양 법안에는 각 시가 건축 법규를 개정하도록 장려하는 유인책이 포함되어 있었지만, 10여 년이 지난 지금도 여전히 2009년이나 2010년에 제정한 법규가 쓰이는 곳이 많다. 이런 질질 끄는 관행을 끝내는 것이야말로 기후 활동가의 주요 공략 대상이 되어야 한다.

현재 기후 위기에 대처하겠다는 포부를 표방하는 지역이 점점 늘어나고 있는데, 그런 지역은 단계적 규정step code이나 연장 규정stretch code이라고 하는 최신 에너지 규정을 채택함으로써 건축 효율 개선 운동에 앞장설 수 있는 좋은 기회를 얻는다. 이런 건축 법규는 현재의 기본 법규를 넘어 최신 에너지 척도를 채택한 것들이다. 신축 건물에 오로지 전기만 쓰도록 새 가스관 설치를 규제하는 것이 한 예다.

또 지방 정부는 건축 법규와 그 밖에 수단들을 활용함으로써 신축 건물에 특정 유형의 설비를 택하도록 장려할 필요가 있다. 바로 열펌프heat pump라는 기술에 토대를 둔 난방 장치와 온수 설비다. 열펌프는 열을 한 곳에서 다른 곳으로 옮길 수 있는, 더 정확하게는 한 온도대에서 다른 온도대로 옮길 수 있는 장치다. 여러분의 집에도 이미 이런 장치 하나가 있다. 바로 냉장고다. 냉장고는 내부에서 열을 빨아들여서 외부인 방으로 퍼낸다. 냉장고 뒤쪽의 더운 공간은 내부의 차가운 공간과 대조를 이룬다. 그러나 냉장고는 열을 한 방향으로만 이동시킬 수 있다는 한계가 있다. 집이나 사무실에 있는 에어컨도 한 방향으로 열을 이동시키는 열펌프다.

건물에 진정으로 필요한 열펌프는 좀 더 융통성을 갖춘 것이다. 오하이오주의 주택 에너지 자문가인 네이트 애덤스Nate Adams는 그 점을 함축적으로 표현했다. "열펌프는 양성애적 에어컨이에요. 쌍방향으로 움직이죠."[9]

이 최신 열펌프는 집의 냉방과 난방 부하에 모두 대처할 수 있다. 겨울에 열펌프는 집 바깥의 열을 빨아들여서 실내로 방출한다. 외부 날씨가 아주 추울 때도 가능하다. 냉장고가 차가운 내부의 열을 따뜻한 방으로 계속 빼내는 것과 같은 방식이다. 여름에 집의 열펌프는 실내의 열을 빼내어 밖으로 방출할 수 있다. 즉, 에어컨으로 기능한다. 냉장고와 마찬가지로 팽창할 때 열을 빨아들이고 응축할 때 열을 방출하는 기체를 이용한다.

열펌프는 예전에 고장이 잦았기에 여전히 잘 작동하지 않을 거라고 짐작하는 사람들이 많다. 그러나 지난 10년 사이에 기술에 현저한 발전이 이루어졌다. 최신 열펌프는 기존 장치보다 효율이 훨씬 높고, 추운 날씨에도 마찬가지다. 기존 전열기가 전기 에너지 한 단위를 열 한 단위로 전환한다면, 좋은 열펌프는 전기 한 단위로 열을 서너 단위까지 전달할 수 있다. 이 말을 제대로 이해해야 한다. 즉, 열펌프는 열을 생성하는 것이 아니라 이동시키는 것인 만큼 효율이 300~400퍼센트 더 높을 수 있다. 이미 시장에 나와 있는 온수기와 의류 건조기도 같은 원리로 작동한다. 앞으로 단독 주택에서 초고층 빌딩에 이르기까지 모든 건물에 열펌프를 표준 설비로 적용할 필요가 있다.

열펌프를 토대로 한 가정의 난방 및 온수 설비는 이미 미국 남서부 지역에는 꽤 보급되어 있다. 종종 고가의 고급 설비로 팔리기도 하는데, 장기적으로 에너지를 절약할 수 있다는 점에서 신축 건물에는 설치하는 편이 오히려 비용 면에서 효과적일 때가 많다.[10] 각 시 당국이 신축 건물에 열펌프를 의무적으로 설치하도록 건축 규정을 바꾼다면, 시장은 확대되고 설치비도 줄어들 것이라고 예상할 수 있다. 여기에서도 학습 곡선이 적용될 테니 말이다. 그리고 가격이 하락할수록 열펌프는 기존 건물에 쓰인 낡은 설비를 교체하는 쪽에서도 점점 시장을 잠식하게 될 것이다.

가전제품

지금까지는 건물의 난방과 냉방에 쓰이는 에너지만 다루었다. 물론 건물에서 에너지가 여기에만 쓰이는 것은 아니다. 실내에서 사람들은 온갖 가전제품을 사용한다. 건물 안에서 냉장고, 에어컨, 텔레비전, 전등 등 전기를 쓰는 모든 장치는 효율이 높을 수도 있고 전기를 낭비할 수도 있다. 여러분의 집에 있는 평면 텔레비전은 온종일 전기를 열로 전환하고 있지 않은가? 심지어 꺼져 있을 때도 그렇다. 집에 있는 냉장고는 얼마나 오래된 것인가? 얼마나 에너지를 낭비하는지는 알고 있는가?

저자인 우리 두 사람은 1970년대에 어린 시절을 보냈다. 나풀거리는 카펫, 나팔바지, 아보카도색과 오렌지색 같은 별난 색깔로 칠해진 멋진 주방 제품들이 두드러졌던 세상이었다. 우리는 당시에 알아차리지 못했지만, 이런 아보카도색 냉장고의 문 안쪽에서는 나쁜 일이 벌어지고 있었다. 훨씬 앞서 수십 년 동안 쓰이던 작은 냉장고가 더 큰 냉장고로 대체되었을 뿐만 아니라, 단열에도 별로 주의를 기울이지 않았기에 냉장고의 에너지 사용량이 대폭 치솟았다.

1970년대에 에너지 위기가 닥치면서 에너지 과다 사용 문제가 새롭게 관심사로 떠오르자, 제조사들은 에너지 사용량을 줄일 방안을 연구하기 시작했다. 캘리포니아주가 가장 먼저 제품의 에너지 사용량을 줄이기 위한 조치를 취했고, 이윽고 연방 정부도 법적 구속력이 있는 에너지 소비 기준을 채택했다. 이 기준은 그 뒤로 서서히 더욱 강화되어 왔다. 그 결과 냉장고의 에너지 사용량에 혁신이 일어났으며, 현재의 모델은 1970년대의 것보다 전력을 75퍼센트나 덜 쓰게 되었다. 이 추세가 이어지면서 해마다 미국에서는 전기 요금이 수백억 달러씩 절감되었으며, 당연히 온실가스 배출량을 줄이는 데도 기여했다. 냉장고는 하루 24시간 내내 식품을 계속 차갑게 유지하므로, 또 수십 년 동안 가동될 수 있으므로, 소비 전력을 줄이면 해마다 그만큼 보상으로 돌아온다. 냉장고 소비 전력 기준을 강화한 덕분에 현재 일반 가정은 평균적으로 연간 약 200달러를 절감하고 있다.[11]

현재 다른 나라들도 같은 접근법을 채택하고 있으며, 그 대상을 냉장고 이상으로 넓히고 있다. 여기에서 대부분의 소비자가 생각해본 적이 없을 사례 하나를 들어보자. 무거운 전원 어댑터를 쓰는 낡은 전자제품이 집에 있는가? 그렇다면 어댑터를 콘센트에 꽂고서 잠시 뒤에 손을 대보자. 따끈한가? 그렇다면 그 어댑터는 에너지를 낭비하고 있는 것이다. 집으로 들어오는 전기를 전자 기기를 작동시키는 데 필요한 5볼트나 12볼트로 변환하는 한편, 열로도 바꾸고 있는 것이다. 수십 년 동안 이런 검은색 육면체 장치는 전 세계에서 수십억 대가 팔렸다. 이 장치는 작동시킬 기기에 연결되어 있는지 여부를 떠나서 콘센트에 꽂혀 있는 것만으로도 전기를 빨아먹고 낭비하는 작은 에너지 흡혈귀였다.

1990년대 말 캘리포니아주에 있는 로런스버클리국립연구소Lawrence Berkeley National Laboratory의 앨런 마이어Alan Meier는 이 문제를 파고들었다. 그는 전원 어댑터를 재설계하는 방법을 알아낸 실리콘밸리의 한 기업가와 만나서 논의했다. 2000년대 초 그는 기존 장치들이 전력을 얼마나 낭비하고 있는지를 보여주는 디스플레이를 만들었다. 버튼만 누르면 다양한 장치가 얼마나 에너지를 낭비하는지 확인할 수 있었다. 그는 조지 W. 부시 대통령이 캘리포니아주를 방문했을 때 그 디스플레이를 보여주었다.

마이어는 이렇게 회상했다. "부시 대통령은 기술 애호가였어요. 디스플레이를 보자마자 이것저것 눌러보기 시작했죠. 20분쯤 그러다가 그는 에너지 자문가에게 말했어요. '이거 대책을 세워야겠어.'"[12]

전반적으로 부시 행정부의 환경 대책은 끔찍한 수준이었다. 그러나 부시는 이 문제에서는 올바른 일을 했다. 그가 통치하는 동안 미국은 전원 공급 문제의 세계적인 청정화에 앞장서게 되었다. 많은 나라가 국가 표준을 세우는 데 동참하도록 하면서, 제조업체들에 무겁고 전력을 낭비하는 벽돌 같은 어댑터를 없애도록 압박을 가했다. 지금 구입하는 전자제품에는 에너지 낭비를 최소화하는 최신 전자 회로가 든 가볍고 효율적인 전원 어댑터가 들어 있을 가능성이 높다.

더 최근에는 조명 분야에서도 동일한 유형의 효율 개선이 이루어져 왔다. 1879년 토머스 에디슨이 개발한 백열등은 언제나 낭비가 심했다. 전기의 10퍼센트만 빛으로 전환하고 나머지는 열로 낭비되었다. 현재 나이가 스무 살 이상인 사람이라면 뜨거운 백열등을 만졌다가 손가락을 데인 일을 쉽게 떠올릴 수 있을 것이다. 1990년대에 꽈배기처럼 꼬인 형태로 작게 만들어서 기존 전등 기구에 끼워 사용할 수 있도록 개발된 종류까지 포함하여 형광등은 훨씬 효율이 높지만 많은 이는 그 빛이 가정에서 사용하기에는 적합하지 않다고 생각했다. 기술은 해결책을 내놓았다. 바로 발광 다이오드, 즉 LED였다. LED는 에디슨의 전구보다 전기를 86퍼센트나 덜 쓰면서 전기를 빛으로 전환했다.

LED 전구는 학습 곡선이 어떻게 작동하는지를 보여주는 세계에서 가장 극적인 사례 중 하나다. 빨간색과 초록색을 내는 발광 다이오드는 수십 년 전부터 쓰이고 있었지만, 빛 스펙트럼 전체를 구성해서 백색광을 내는 전구를 만들려면 파란색 빛을 가진 발광 다이오드도 필요했다. 그러나 파란색 LED를 만드는 데 적합한 화학물질 조합을 찾기가 극도로 어려웠다. 그러다가 1980년대 말에서 1990년대 초 일본의 두 과학자와 한 일본계 미국인 동료가 마침내 문제를 해결했고, 그들은 이 업적으로 노벨 물리학상을 수상했다.[13]

2000년대 초 처음 시판된 LED 전구는 아주 비쌌지만 그래도 사려는 사람들이 있었다. 새 전구가 기존 전구보다 수명이 25년이나 더 길다는 점을 높이 산 이들이 많았다. 그 시장은 급속히 커지기 시작했고, 학습 곡선의 마법이 발휘되었다.[14] 총생산량이 두 배로 늘어날 때

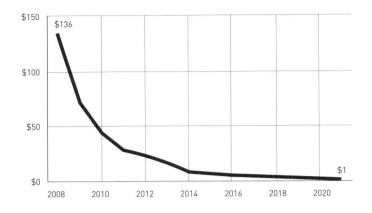

LED 전구의 가격 변화

소비 전력이 60와트인 백열등과 동일한 밝기를 내는 LED 전구의 가격 변동을 보여주고 있다.

마다 전구 가격은 18퍼센트씩 하락했다. 미국 의회는 마침내 대다수 전구를 LED 전구로 교체하도록 의무화하는 법안을 통과시켰고, 2007년 부시 대통령은 서명했다. 그 뒤로 해가 지날수록 미국 건물의 조명에 쓰이는 에너지 사용량은 줄어들어 왔으며, 이 추세는 계속 이어질 것이 확실하다. 이 변화로 피해를 입은 사람은 아무도 없다. 우리는 여전히 필요한 빛을 얻으며, 전구의 수명을 고려하면 비용은 더 줄어든다.

　냉장고, 전원 어댑터, 전구는 우리의 삶과 가정에서 에너지 낭비를 줄이는 데 필요한 방법을 보여주는 몇 가지 사례일 뿐이다. 우리가 사용하는 모든 장치와 기기는 가능한 한 최소한의 에너지를 쓰면서 맡은 일을 하도록 고효율화 되어야 한다. 미국 의회는 1975년부터 일련의 법들을 제정함으로써 미국 에너지부에 식기 세척기부터 전기레인지와 수영장 온수기에 이르기까지 모든 부류의 가전제품에 새로운 효율 규정을 적용하도록 의무화했다. 그러나 에너지부가 그 임무에 얼마나 매진하는지는 백악관을 공화당이 차지하는지 민주당이 차지하는지에 따라 달라지는 듯하다. 공화당은 대개 강력하게 추진하려는 의지를 보이지 않았고, 민주당 대통령들조차 때로는 미적거리곤 했다. 에너지부는 기준을 개정해서 내놓아야 하는 법적 마감 시한을 숱하게 어기곤 했다. 의회는 마감 시한을 어기면 처벌을 가하고 기준 갱신에 필요한 업무를 할 수 있도록 예산을 지원하는 등 훨씬 더 강력한 조치를 취해야 한다.

의회가 아직 규제하지 않은 범주의 가전제품이나 장치에 관한 규제는 각 주가 맡고 있다. 제조사들은 그 점을 매우 못마땅해한다. 땜질하듯이 잡다하게 제정된 주의 기준들을 맞춰야 하기 때문이다. 그래서 몇몇 주가 어떤 제품을 규제할 가능성이 높아지면, 제조사들은 의회에 국가 차원의 기준을 마련해달라고 청원하곤 한다. 그러면 단일 규정만 준수하면 되기 때문이다. 추진력 측면에서 보자면 아주 바람직한 일이다! 현재 캘리포니아주를 비롯한 소수의 주만이 자체적인 가전제품 기준을 마련하려는 야심적인 계획을 갖고 있지만, 더 많은 주도 동참해야 한다. 또한 주들은 서로 협력할 필요도 있다. 효과 있을 적절한 기준을 마련하려면 기술적으로도 경제적으로도 달성 가능한 효율 수준이 어느 정도인지를 폭넓게 연구해야 한다. 여러 주가 힘을 모으면 이 복잡한 조사를 할 수 있는 예산과 인력을 확보할 수 있다. 여러 주가 연대해서 새로운 기준을 마련하면, 연방 정부도 더 적극적으로 행동에 나설 수밖에 없다.

우리는 개정된 야심적인 건축 법규가 신축 건물의 에너지 낭비를 줄일 수 있고, 적극적인 가전제품 기준이 콘센트에 꽂는 기기들의 전력 낭비를 줄일 수 있다는 주장을 펼쳐왔다. 그러나 미국이 기후 변화 문제를 해결하려면, 더욱 큰 현안에도 대처해야 한다. 바로 에너지와 돈을 낭비하는 1억 채가 넘는 오래된 건물들을 청정화하는 일이다. 아담한 단독 주택에서 초고층 건물에 이르기까지, 거의 모든 건물은 해결해야 할 문제를 안고 있다.

집수리

문제의 첫 번째 징후는 얼음둑ice dam이었다. 존 포처John Poucher와 샤론 포처Sharon Poucher 부부는 클리블랜드에서 차로 한 시간쯤 거리에 있는 케이프코드 양식의 주택을 구입할 당시에 단열이 잘된 집이라고 생각했다. 전에 살던 웃바람이 심한 낡은 집보다는 에너지 요금이 분명히 더 적게 나왔다. 그런데 어느 눈이 많이 내린 겨울이 되자 지붕 처마 주변에 얼음이 쌓여서 둑을 이루더니 그 때문에 지붕에 물이 고이기 시작했다. 물은 천장으로 새어 들어왔다. 게다가 처마 가장자리로 똑똑 떨어지면서 얼어붙는 바람에 여기저기 고드름이 매달렸다.

기계 기술자로 일하고 있었던 포처는 주택에서 일어나서는 안 될 일이라는 것을 알아차렸다.

그는 동료에게 자문을 구했다. 바로 이 장의 앞부분에서 언급한 주택 에너지 자문가 네이트 애덤스였다. 애덤스는 미국에서 가장 지식이 풍부한 집수리 전문가 중 한 명이라는 평판을 얻고 있었다. 게다가 마침 포처 부부의 집에서 몇 킬로미터 떨어지지 않은 곳에 살고 있었다. 이야기를 듣자마자 애덤스는 무엇이 문제인지 즉시 알아차렸다. 단열이 제대로 안 된 지붕을 통해 실내의 열이 빠져나가면서 눈을 녹였다. 그 물은 흘러 내려가다가 온도가 더 낮은 처마 가까이에서 다시 얼어붙어 얼음둑을 형성했고, 둑 뒤쪽으로 물이 점점 고이면서 누수가 일어났다. 집에 큰 피해를 입힐 수 있는 문제였다. 또한 지붕을 통해 많은 열이 빠져나간다는 말은 에너지가 낭비된다는 뜻이었다. 그리고 돈도 함께.

포처 부부가 안고 있는 문제가 실제로 얼마나 큰 것일까? 이를 알아보기 위해 애덤스는 4월의 어느 추운 날 아침 그 집을 방문했다. 부부는 그가 앞문에 커다란 환풍기를 끼워 넣다시피 들여놓은 뒤 그 주변 틈새를 빨간 비닐로 막는 광경을 신기하게 쳐다보았다. 애덤스의 장비를 통해 들어온 햇빛이 거실에 놓인 피아노에 으스스한 할로윈 등불처럼 비췄다. 그는 집 안팎에 압력 감지기를 설치한 다음 환풍기를 켰다. 굉음이 집 안을 가득 채웠고, 포처 부부는 애덤스가 방마다 살피면서 손에 든 장치로 무언가를 측정하는 모습을 지켜보았다.

애덤스는 실내의 공기를 고속으로 빨아들여 실외로 내보냄으써 실내와 실외 사이에 압력차를 조성했다. 실내 압력이 낮아지자, 공기가 새어들 수 있는 모든 곳을 통해 공기는 빠르게 실내로 밀려들었다. 애덤스가 방을 돌아다니면서 측정한 압력을 비교했더니, 의심하던 점들이 모두 들어맞았다는 사실이 드러났다. 집은 공기가 심하게 새고 있었다. 가장 큰 문제가 있는 곳은 위층의 작은 다락방인 듯했다. 바닥에 깔아둔 카펫이 떠오를 정도로 공기가 심하게 빨려드는 광경에 포처 부부는 깜짝 놀랐다. 애덤스도 거의 처음 보는 수준이었다. 그는 기록으로 남기고자 카펫이 떠 있는 모습을 동영상으로 찍었다.

환풍기가 계속 돌아가는 가운데 애덤스는 이 방 저 방을 돌아다니면서 특수한 적외선 카메라로 영상을 찍었다. 따뜻한 벽은 영상에 주황색 얼룩으로 나타나는 반면, 바깥 공기가 새어들면서 차가워진 벽은 자주색 물감이 튄 듯한 모습을 보였다. 실제로 어떤 문제가 있는지를 포처 부부에게 생생하게 보여주는 증거였다.

그 뒤로 몇 달에 걸쳐서 부부는 그런 문제를 안고 있는 집에 계속 살지를 심각하게 고민했다. 그들은 부동산에 나와 있는 집들을 둘러보기도 했지만, 마음에 드는 집을 찾을 수가 없었다. 망설이긴 했지만 결국 부부는 6만 달러를 들여서 집을 고치기로 했다. 하지만 실제로는 그중 절반에 가까운 돈으로 집의 문제를 해결했다. 애덤스가 공기가 드나드는 곳들을 막는 가운데, 부부는 지붕을 교체하고 커다란 지붕창을 달아서 다락방을 우아한 공간으로 바꾸었다.

애덤스는 부부에게 어떤 식으로 개선하면 좋을지도 조언해주었다. 개중에 석유난로를 없애고 열펌프를 들여놓자는 것도 있었다. 포처는 처음에 망설였다. 열펌프가 좋지 않다는 말이 수십 년 전부터 떠돌고 있음을 잘 알았기 때문이다. 하지만 애덤스는 기술이 많이 발전했고, 열펌프를 쓰면 오하이오주 북동부에서도 겨울 내내 따뜻하게 지낼 수 있다고 그를 안심시켰다. 집을 수리하기로 결심했을 때, 포처 부부는 주로 쾌적함을 염두에 두고 있었지만, 환경에도 도움이 된다는 애덤스의 설명도 기꺼이 받아들였다. 집의 냉난방 부하를 완전히 전기화함으로써 그들은 '만물의 전기화' 운동에 동참할 터였다. 즉, 전력망이 깨끗해질수록 집에서 배출되는 탄소 배출량이 줄어들 것임을 의미했다.

포처 부부는 오하이오주에 살고 있지만, 애덤스가 그들의 주택에서 발견한 유형의 문제들은 미국 전역에 만연해 있다. 법규와 기준은 시간이 흐를수록 더 엄격해져 왔기에, 최근에 지어진 집일수록 확실하게 밀폐되어 있을 가능성이 높다. 하지만 애덤스는 신축 주택에서도 계속 문제점들을 찾아내곤 했다. 이는 건축 법규가 제대로 지켜지지 않을 때가 많음을 의미한다. 그리고 20세기 중반 수십 년 동안, 제2차 세계대전 전후로 교외 주택 단지 개발 열풍이 불 때 지어진 집들은 거의 예외 없이 심각한 웃바람 문제를 안고 있다.

단독 주택만 그런 것이 아니다. 아파트 건물도 웃바람 문제를 안고 있다. 게다가 미국 대부분 지역에서는 거주자가 냉난방 요금을 지불하고 있음에도 이 문제를 해결할 권한이 거의 없다. 가난한 주민들에게는 이 문제가 더욱 크게 다가온다. 그들에게는 전기 요금이 엄청난 지출일 수 있기 때문이다. 게다가 대형 상업 건물도 에너지를 낭비한다. 이론상으로는 사무실, 대형 매장 등은 냉난방 비용을 줄일 실력을 갖춘 관리자를 두어야 하지만, 그런 건물들에도 다양한 문제들이 있다는 사실이 연구를 통해 드러났다. 공조 시스템의 설계 및 설치가 엉망일 때도 많았고, 제대로 설치되었다고 해도 제대로 가동하는 법을 아는 사람이 시간이 흐르면서 사라지기도 했다.

기존 건물의 에너지 사용 문제는 미국에 엄청난 골칫거리다. 궁극적으로 차량이나 공장의 탄소 배출보다 해결이 더 어렵다고 드러날 수도 있다. 2050년 탄소 배출량 감축 목표를 달성하려면, 건물에서 가스를 태우는 일을 30년 이내에 멈추어야 한다. 수천만 가구의 설비를 전기 열펌프로 교체해야 한다. 그런 한편, 낡고 쇠퇴하는 가스 시스템의 급증하는 요금에 시달리지 않도록 가난한 주민들에게도 교체의 기회를 주도록 주의를 기울여야 한다. 청정 공급원을 사용해 화석 연료를 완전히 대체할 전기를 공급하는 일은 크나큰 도전 과제가 될 것이다. 전력을 공급할 때 공기가 새는 곳을 막고 단열을 더 철저히 할수록, 필요로 하는 청정 전기의 생산량도 줄어들 것이다.

물론 미국에 건물 개보수를 중개하는 민간 시장이 있긴 하지만 너무나 규모가 작다. 우리가 필요 이상으로 에너지 요금을 많이 내고 있을지라도, 자신의 집에 무슨 문제가 있는지 파악하려는 노력을 하지 않은 채 그냥 돈을 내고 있는 사람들이 대부분이다. 이런 태도는 어느 정도 어리석다고 할 수 있다. 수리에 드는 비용은 절약되는 에너지요금을 통해 충분히 상쇄할 수 있을 때가 많기 때문이다. 게다가 집을 쾌적한 공간으로 만들면서 (게다가 온실가스 배출을 최대한 줄이면서) 동시에 에너지 절감을 통해 들인 비용 이상으로 에너지 요금을 절약할 수 있는 사례는 더 많다. 애덤스는 고객들에게 대대적인 에너지 향상, 즉 '심층 개보수deep retrofit'를 제시할 때 에너지 요금 이야기보다는 집의 쾌적함에 중점을 두고 말하는 쪽이 낫다는 것을 알아차렸다.

미국은 이 문제를 둘러싼 관행을 깨뜨릴 수 있는 공공 정책을 개발해야 한다. 주택 소유자에게 그들의 의지에 반하는 많은 돈을 투자하라고 압박한다면 모든 효과를 무위로 돌릴 수 있을 정도로 강력한 반발이 일어날 수도 있는 만큼, 이는 정치적으로 민감한 사안이 될 것이다. 그러나 평범한 시민인 우리가 활약할 수 있는 지점이기도 하다. 정치인들이 이런 어려운 문제를 다루는 데 용기 내기를 바란다면, 우리는 그들을 몰아붙일 필요가 있다. 그리고 피해갈 수 없는 반발이 시작될 때 그들 곁에 함께 서주어야 한다.

레버 당기기

일을 진행할 때 중요한 첫 단계는 시, 카운티, 주 정부가 이 문제의 주도권을 갖는 것이다. 미국 도시 수백 곳은 명목상 파리협정의 기후 목표를 달성하겠다고 표방해왔지만, 아직 최신 건축 법규를 채택하지 않은 지역이 많다. 게다가 다가올 30년에 걸쳐서 기존 건축물을 개보수할 계획을 내놓은 곳도 거의 없다.

시민의 입장에서는 가장 시급한 정치적 표적이 무엇인지 명확하다. 자신이 거주하는 지역의 지방 정부가 건축물에 관한 새로운 에너지 사용 규정을 채택했는지 알아보는 것이다. 대개는 시 의회가 조례를 통해 제정할 것이다. 채택된 것이 있다면 국제건축규정위원회Inter-national Code Council, ICC가 발표한 2021년 기준안을 토대로 했을 가능성이 높다. 시 당국이 미적거리고 있다면, 시민들은 지금 당장 채택하라고 요구할 필요가 있다. 그리고 지역 건축업자들이 새 규정의 채택을 반대하고 나선다면, 무엇이 심각한 문제인지를 이해하는 시민들이 우려의 목소리를 높여 맞서야 한다. 더 큰 도시라면 아마 이미 이 문제를 고심하는 지역 단체나 기꺼이 이 문제를 떠맡을 환경단체를 찾을 수 있을 것이다. 없다면 직접 그런 단체를 만들 생각도 해보자! 페이스북이나 넥스트도어Nextdoor에 글을 올리는 것만으로도 기꺼이 함께 시청으로 가서 청원하겠다고 나설 시민들을 찾을 수 있을 것이다.

기후 변화에 대처하려는 의지가 더 강한 도시라면, 시 의회는 국제건축규정위원회가 제시한 기본 에너지 사용 규정을 넘어설 생각도 해야 한다. 국제건축규정위원회는 2021년 규정에서 지역 사회가 자발적으로 또는 새건축물연구소New Buildings Institute 같은 도움을 줄 단체를 찾아서 '연장 규정'이나 '도달 규정reach code'을 개발하는 쪽을 채택할 수 있도록 부록을 실었다. 주 정부는 각 시가 최신 규정을 채택하도록 장려할 수도 있다. 캘리포니아주와 매사추세츠주가 그렇게 해왔으며, 미국의 모든 주는 그들의 사례를 본받을 필요가 있다.

일단 신축 건물에 최신 규정을 적용하면, 다음 단계는 시 당국이 기존 건물을 개보수할 목표를 세우도록 해야 한다. 지금까지 이렇게 행동해온 도시는 극소수에 불과하므로, 우리는 시급히 모든 시에서 실천에 옮기도록 촉구해야 한다. 시는 해가 갈수록 점점 엄격해지는 건물 개보수 조례를 채택해야 한다. 주요 도시에서는 먼저 대형 상업 건물부터 시작한다. 시 당국은 공공의 안전을 위협하는 화재 위험 등을 다루는 것과 같은 방식으로 탄소 배출과 에너지 낭비를 대함으로써, 탄소 배출량 감소를 위한 구속력 있는 목표를 채택해야 한다. 몇몇 가장 큰 도시와 주는 이미 이 일에 착수했다. 최근 콜로라도주와 워싱턴주는 수도 워싱턴, 뉴욕, 세인트루이스와 함께 대형 건물의 소유주에게 에너지 사용량을 측정해서 보고하고, 저감 조치를 취할 것을 요구하는 법규를 채택했다. 이 지방 정부들은 건물 소유주와 관리자의 협조를 얻기 위해서 많은 시간을 투자하고 있다. 이런 법규는 더 탄탄한 건물 개보수의 민간 시장을 조성하는 효과를 빚어낼 가능성이 높다. 몇몇 다른 시와 주에서도 비슷한 정책이 논의되고 있다.

미국의 다른 도시들도 이런 정책을 따르거나 나름의 길을 개척할 필요가 있다. 자발적인 목표가 미흡하다고 여겨지는 한 계속해야 한다. 또한 건물 소유주가 따르기를 거부할 때 과태료나 다른 처벌을 가함으로써 목표를 뒷받침할 방안도 마련해야 한다. 시 당국은 소방 안전 규정을 어기는 건물 소유주에게 기꺼이 과태료를 매긴다. 이와 동일하게 우리 행성을 뜨겁게 달구는 이들에게도 과태료를 매겨 마땅하지 않은가?

단독 주택 구매자들의 인식을 제고하려면, 시는 시장에 더 많은 정보가 제공되도록 조치를 취해야 한다. 놀랍게도 미국의 대다수 지역에서는 보통의 부동산 거래에서 해당 주택의 가스 및 전기 요금이 대략 얼마나 나오는지를 알려주지 않는다. 구매자가 질문을 통해 그 정보를 알아낼 수 있을 때도 있지만 많은 이가 묻지 않는다. 하지만 그 정보는 아주 중요하다. 아주 추운 한겨울이나 아주 더운 한여름에 가스 및 전기 요금이 유달리 많이 나온다면 그 집에 웃바람 문제가 있음을 즉시 알아차릴 수 있기 때문이다. 따라서 이런 요금을 공개하도록 하는 조례는 미국의 모든 시와 군에서 채택되거나 주의 법으로 제정되어야 한다. 부동산 중개업자들은 그런 요구에 반발하겠지만, 이런 행동은 현명하지 못하다.[15] 예비 조사에서는 가스 및 전기 요금이 공개된다면 집을 구입할 때 수천 달러를 더 지불할 용의가 있다는 결과가 나왔기 때문이다. 이는 요금이 얼마나 많이 나오는지와는 상관없이 사실인 듯하다. 이상하게 보일지도 모르지만 사실 그럴 만도 하다. 사전에 정보를 알게 된 구매자는 그 집에서 매달 얼마의 고정 비용을 지출하게 될지 명확하게 계산할 수 있으며, 이런 경우 많은 이가 돈을 좀 더 주더라도 이 집을 사도 괜찮다는 사실을 깨닫게 될 것이다. 따라서 시민을 위한 또 한 가지 정치적 표적은 다음과 같다. 본인이 거주하는 시나 카운티의 의회에 주택 거래 시 공과금 내역도 함께 공개하는 조례를 제정하도록 하는 것이다.

요금 공개가 이루어지면, 다음 단계는 집을 사려는 이들에게 그 집과 해당 도시의 다른 집들 사이 공과금 내역을 비교하는 방법을 알려주는 것이다. 공과금 액수와 집 면적을 이용하면 에너지 사용량 원단위energy use intensity, EUI라는 값을 쉽게 계산할 수 있다. 시가 주택 구매자에게 에너지 사용량 원단위뿐만 아니라, 더 나아가 지역의 비슷한 집들과 비교한 등급까지 매긴 서류를 제공하도록 요구할 수도 있다. A 등급을 받은 집은 지역 기준에 잘 들어맞는 반면, D나 F 등급을 받은 집은 대폭 개보수가 필요함을 알리는 것이다. 주택의 에너지 사용량 원단위는 가족 구성원 같은 요인들에 영향을 받기 때문에 완벽한 척도라고 볼 수는 없다. 그러나 이런 한계가 있다는 것도 구매자에게 설명 가능하다.

시가 앞으로 몇 년 동안 노력해서 가정의 에너지 소비와 탄소 배출량에 관한 주민들의 인식을 상당히 높인다면, 2025년쯤부터 이 제도의 의무화를 추진하는 것이 훨씬 수월해질 수 있다. 주택 매도자는 에너지 사용량 원단위 같은 단순한 계산값을 제시하는 대신, 집을 꼼꼼히 확인하고 매수하려는 이들에게 웃바람이 정확히 얼마나 되는지를 알려야 한다. 최종적으로 주 정부를 비롯한 지방 정부는 거래가 이루어질 집의 최소 효율 조건을 법규로 정해야 한다.

방법은 아마 애덤스가 포처 부부를 도울 때 썼던 것과 동일하다. 바로 기밀 검사blower-door test다. 이는 이미 미국 전역에서 널리 쓰이고 있는 주택 검사 표준 방법으로, 모든 부동산 거래에 이런 검사가 필수적으로 들어갈 필요가 있다. 거래 시점에 주택의 가격을 산정하면서 에너지 사용량도 산정해야 하지 않겠는가? 공기가 새는 만큼 돈도 새나간다. 에너지 사용량은 주택 가격 산정에 반드시 포함되어야 하는 요소다. 지방 정부는 조례를 통해 초창기에는 주택 에너지 효율의 최소 조건을 아주 낮게 정하는 것으로 시작해서 시간이 지날수록 기준을 높여나가야 한다. 이는 초기에는 웃바람이 정말 심한 집들이 팔리지 않도록 방지하고, 매도자와 매수자가 바람이 새는 지붕과 낡은 배관을 놓고 협상을 벌이는 것처럼 집을 수리하는 데 드는 비용을 누가 델 것인지를 놓고 의견을 조율하게 될 것이라는 의미다. 시간이 흐르면서 기준은 강화되어 지역 사회의 주택들은 전반적으로 개보수가 이루어질 것이다.

앞서 말했듯이, 이미 수십 곳의 시가 신축 건물에 가스관 연결을 금지하거나 억제하고 있지만, 이 정책은 기존 건물의 가스관을 철거하는 데까지 확장되어야 한다. 시는 교체할 시기가 된 모든 난로를 열펌프로 대체하도록 장려할 (곧 의무화할) 방안을 마련할 필요가 있다. 열펌프가 아직 낯선 지역에서는 주 정부가 큰 도움을 줄 수 있다. 우리는 주 정부가 일시적으로라도 시장에 직접 개입해서 열펌프의 경제성을 높이는 조치를 취해야 한다고 생각한다. 난로와 에어컨의 교체는 대부분 쓰던 것이 고장날 때 시급히 이루어진다. 주 정부는 가스를 태우는 장치의 판매에 세금을 매기고, 그렇게 거둔 돈을 열펌프 구입을 지원하는 데 써야 한다. 주택 소유주가 열펌프를 택하는 경제적 판단을 내릴 수 있을 만큼 지원금을 충분히 제공해야 한다. 주 정부는 추가 유인책으로 가스 난로를 열펌프로 교체하는 모든 수리업자에게 현금 보조금도 제공할 수 있다. 이런 조치를 5개년 계획으로 시행하면 많은 건물이 열펌프를 채택하고 가스관망에서 떨어져 나가는 쪽으로 추세가 바뀔 것이다. 이런 정책을 충분히 많은 주가 채택한다면, 미국 내 열펌프 시장의 규모도 훨씬 커질 것이다. 학습 곡선의 마법을 통해 설비의 가격이 하락하게 되면 결국은 시장에 개입할 필요도 없어질 것이다.

미국 전역에서 건물을 개보수하는 데 필요한 작업은 그 규모가 엄청날 것이다. 납세자가 낸 세금이 일부 들어가야 할 것은 분명하지만, 그 예산은 극빈층의 주택을 개보수하는 쪽에 선택적으로 쓰여야 한다. 민간 시장을 지원하는 데도 많은 노력이 들어갈 것이며, 그 말은 창의적 사고가 필요함을 의미한다. 많은 주택 소유주가 결국 오하이오주의 포처 부부가 했던 결정을 (적금을 깨거나 주택 담보 대출을 받아서) 자의로 하겠지만 우리는 다른 자금 마련 방안도 필요할 것이라고 본다. 지붕 태양광 발전 산업에서 통한 모델을 따르는 것도 한 가지 방법이 될 수 있다. 요즘은 주택에 태양 전지판을 설치하는 데 3만 달러나 들일 필요가 없다. 태양광 회사로부터 임대가 가능하며, 심지어 초기 비용을 회사가 부담하기 때문에 주택 소유주는 돈을 한 푼도 들이지 않는다. 주택 소유주는 태양 전지판이 생성하는 청정 전기로 그 비용을 갚는데, 대개 줄어든 전기 요금 중 일부가 태양광 회사의 몫으로 돌아간다. 우리는 주택 에너지 개보수 쪽에도 비슷한 사업 모델을 활용할 수 있을 것이라고 본다. 장치를 설치한 뒤 집주인에게 임대하는 것이다. 이런 서비스로서의 에너지 효율을 담은 기본 개념은 이미 일부 지역의 주택과 사업체에 쓰이고 있으며, 더 널리 채택될 필요가 있다.

시와 주 정부는 청정 정비 사업을 계획할 때 돈이 나올 만한 곳이 또 한 군데 있다는 점도 고려해야 한다. 바로 발전사들이다. 그들은 건물의 전기화 추세가 진행됨에 따라서 엄청난 혜택을 본다. 상당수는 이미 주택 소유주가 새로운 고효율 가전제품을 도입할 때 지원금을 제공하는 사업을 펼치고 있다. 그러나 이런 기존 사업들은 엄청난 경제적 잠재력을 건드리지도 못하고 있다. 스마트 가전, 정교한 열펌프, 차고의 전기차, 지붕의 태양 전지판, 더 나아가 야간에 쓸 수 있도록 태양 에너지를 포획하여 저장하는 집채만 한 크기의 배터리(테슬라 같은 기업들이 이미 팔기 시작한 것과 같은 유형의 배터리)를 갖춘 완전히 전기화한 집을 상상해보자. 이제 이 모든 기기가 지역 발전사에 연결되어 있고, 발전사는 각 기기가 전력망에서 전력을 얼마나 끌어다 쓸지를 실시간으로 제어할 수 있다고 상상해보자. 제2장에서 온도 조절기와 전기 온수기를 언급했던 상황과 비슷하지만, 훨씬 더 다양한 기기가 포함된다. 이런 식으로 주택 수백만 채가 연결된다면 지역 발전사는 풍력 터빈과 태양 전지 같은 청정에너지원에서 나오는 가변적인 발전량에 맞추어서 전력망의 전력 수요량을 조절할 엄청난 능력을 갖추게 될 것이다. 전국에 설치되고 있는 최신식 전기 계량기, 즉 '스마트 계량기'를 통해 발전사는 이 부하 변동을 정확히 계산할 수 있을 것이다. 스마트 시스템은 전력망을 확대할 필요성을 상쇄시킴으로써 수십억 달러의 비용을 줄일 수도 있다. 이 능력을 갖추려면 발전사는 주택 소유주가 필요한 일들을 하도록 충분한 지원금을 기꺼이 제공해야 할 것이다. 이미 미국에서도 20여 곳에서 이런 일이 진행되고 있다. 캘리포니아주의 새크라멘토시영전력회사Sacramento Municipal Utility District는 주택을 전기화하는 통합 개보수를 선택한 집주인에게 1만 달러 이상의 보조금을 제공한다. 에너지스타(energystar.gov)에서 '보조금'을 검색하면 거주지의 해당 여부를 알 수 있다.

몇몇 지역에서는 발전사가 고객들에게 더욱 야심적인 주택 개보수 서비스를 제공하기 시작했다. 절약하면서 지불하기pay as you save라는 개념이다. 발전사는 에너지 사용량을 줄이려는 고객의 주택에 금융 지원을 하고, 그 비용을 매월 전기 요금에 포함시켜서 갚도록 하는 것이다. 그렇게 해도 개보수 이전에 냈던 요금보다 적게 나온다. 고객은 소득 수준에 상관없이 신청할 수 있지만, 이 사업은 주택 개보수에 필요한 돈을 마련하기 어려운 저소득층 고객에게 특히 유용하다. 지금까지 이 개념은 주로 농촌의 전기협동조합에서 받아들였지만, 영리 목적의 발전사들도 시범 사업을 시작했다. 주의 공공시설위원회도 이런 사업을 적극적으로 추진해야 한다고 본다. 시민의 또 한 가지 정치적 표적인 셈이다.

우리의 목표는 완전히 전기화한 고효율 주택과 지능형 청정 전력망과 끊임없이 소통하는 건물을 갖춘 국가를 건설하는 것이다. 이런 세계는 아직 멀리 있으며, 시민들이 정부에 야심찬 계획을 시행하도록 촉구하는 일을 시작하지 않는다면 우리는 결코 그 세계에 다다를 수 없다. 어떻게 하면 국가를 혁신시킬 수 있을지 지금 당장 알아내야 하는 때가 온 것이다.

제 4 장

기후 위기에 대처하는 경제학적 생존 전략 3
: 배럴 너머 청정 연료로의 전환

THE BIG FIX

그것이 도래하는 광경을 실제로 본 사람은 아무도 없었다. 분명히 미국인들은 보지 못했다. 미국이 자랑하는 첩보 기관들이 중동 전역에 눈과 귀를 두고 있었음에도 그랬다. 1973년 아침, 리처드 닉슨Richard Nixon 대통령은 일일 보고서를 받고서는 첫 장에 다음과 같이 적힌 것을 보고 안도했을 것이다. "현재 이집트에서 진행되고 있는 군사 훈련은 이전의 훈련보다 규모가 더 크고 현실적이지만, 이스라엘은 초조해하지 않는다."[1]

이스라엘은 초조하게 지켜보았어야 했다. 그러나 1967년에 일어난 6일 전쟁 이래로 이스라엘 정부는 자국의 군대와 첩보 기관을 지나치게 신뢰하고 있었다. 그해 이집트가 이스라엘로 선박이 오가는 중요한 해협을 폐쇄한 뒤, 이스라엘은 이집트를 공격해서 드넓은 시나이반도를 포함한 적국의 드넓은 영토를 장악했다. 1973년경 이스라엘은 위험할 만큼 자만했기에, 아랍의 공격이 임박했다는 경고 징후를 놓치고 말았다.

다음 날 아침인 10월 6일, 평온했던 이스라엘은 공황 상태에 빠졌다. 그날 닉슨 대통령의 일일 브리핑이 끝나가고 있을 때, CIA가 막 도착한 소식을 1면에 끼워 넣었다.[2] 이스라엘로부터 온 첩보였다. "이집트와 시리아가 오늘 밤이 오기 전에 수에즈 운하와 골란고원 너머를 합동 공격할 계획이다." 오후 2시 정각에 이집트 폭격기들은 이스라엘 요새에 폭탄을 투하하기 시작했고, 몇 분 뒤 이집트 지상군이 수에즈 운하 반대편에 있던 이스라엘 군대에 1만 발이 넘는 포탄을 쏟아부었다. 밤이 올 즈음에 거대한 물대포로 이스라엘의 모래 방벽에는 송송 구멍이 뚫렸고, 탱크와 트럭이 운하를 건넜고, 이집트 군인 수만 명이 적지로 진격했다.

이스라엘 북부에서는 탱크 1,400대를 갖춘 시리아군 다섯 개 사단에 맞서 겨우 탱크 170대와 대포 70문이 중심 지역을 방어하고 있었다. 남부 시나이반도에서는 전투 첫날에 이집트군이 반도를 지키고 있던 이스라엘 탱크 중 3분의 2를 파괴했다. 아랍군의 빠른 진격에 이스라엘은 혼란에 휩싸였다. 그 전쟁은 이스라엘의 존립을 위태롭게 할 듯했다. 이 유대 국가는 적군에게 장악될 위험에 놓였다. 전쟁 6일째에 이스라엘의 패배 가능성이 뻔히 보였다. 수십 년 뒤 미국 기자 엘리너 버킷Elinor Burkett은 이스라엘 총리 골다 메이어Golda Meir가 친구에게 약을 좀 구해달라고 부탁했다는 이야기를 전했다. "자살할 수 있게, 그래서 아랍군의 손아귀에 떨어질 필요가 없게."[3]

이스라엘군은 탄약과 무기가 떨어져 가고 있었고, 닉슨은 지원하라는 압력을 심하게 받고 있었다. 그는 망설였다. 소련이 아랍 국가들과 긴밀한 동맹을 맺고 있었기에, 전쟁이 핵무장을 한 두 강대국 사이의 정면 대결로 치달을 가능성이 있었기 때문이다. 닉슨은 결국 전쟁 6일째에 이스라엘 육군과 공군에 탄약과 무기를 공수하기로 결정했다. 상황이 계속해서 달라졌기에 미국의 군수품 중 상당수는 교전 행위가 끝날 때까지도 전달되지 못했지만, 미국의 지원 약속은 이스라엘인의 사기를 대폭 진작시켰다. 아랍군이 확실하게 우위를 보여준 뒤, 곧 흐름은 이스라엘에 유리한 쪽으로 바뀌었다. 이스라엘이 속죄의 날 전쟁이자 욤 키푸르 전쟁Yom Kippur War이라고 부르고, 아랍이 10월 전쟁이라고 부르는 이 전쟁은 심한 동요를 일으키게 된다. 적대적인 아랍 국가들로부터 심각한 위험에 직면한 이스라엘인뿐만 아니라 미국의 정부와 국민에게도 그러했다.

1973년 10월 이전에는 외국으로부터 석유 공급이 차단될 때 미국이 얼마나 취약한 국가가 되는지를 이해하고 있는 전문가가 극소수에 불과했다.[4] 미국은 1940년대 말 이래로 국내 석유 생산량만으로는 수요를 충족시킬 수 없었고, 미국인들이 연료를 게걸스럽게 먹어 치우는 커다란 차를 구입해서 신설된 주간 고속도로망을 달리는 일에 열광하면서 석유 소비량은 계속 급증하고 있었다. 세계 인구의 겨우 5퍼센트를 차지하는 미국은 세계 석유 생산량의 약 3분의 1을 쓰고 있었다. 1970년대 초 워싱턴의 서툰 경제 정책은 이 상황을 더욱 악화시켰다. 연방 정부는 소비자를 보호한다는 미명하에 석유의 가격을 통제하고 있었지만, 그 때문에 새로운 원유 채굴 욕구가 꺾이고 국내 공급량이 제한되는 결과가 빚어졌다. 미국은 점점 더 외국의 석유에 의지하게 되었다. 욤 키푸르 전쟁이 시작되기 전에도 휘발유 부족 사태는 전역에서 일어나고 있었다.[5]

이렇게 공급이 빡빡한 상황에서 아랍이 금수 조치를 내리면 피해를 입을 수 있다는 경고도 나오긴 했지만 호응 없이 외롭게 울려 퍼지고 마는 데 그쳤다. 그 위협은 그저 상상에 불과한 것이 아니었다.[6] 실제로 아랍 산유국들은 6일 전쟁 때 시도한 적이 있었다. 다행히 당시 미국의 국내 생산 능력은 수요를 충족시키고도 남았다. 그렇지만 미국의 석유 생산량은 1970년에 정점에 달했다가 떨어지기 시작했고, 1973년경 세계 석유 시장은 남는 석유가 거의 없는 상황이었다.

1973년 전쟁에서 미국이 이스라엘을 전폭적으로 지지한다는 사실이 명확해지자, 이집트와 동맹을 맺은 사우디아라비아를 비롯한 중동 산유국들은 생산량을 줄이기 시작했다. 몇 주 지나지 않아서 미국은 혼란의 도가니에 빠졌다. 겁먹은 대중이 사재기에 나서면서 휘발유 부족은 더욱 심각해졌다.[7] 1974년이 시작될 무렵, 사태는 더욱 심각해졌다. 주유소마다 1킬로미터 넘게 줄이 늘어서는 것도 예사였다.[8] 몇 시간씩 줄을 서고 기다려 주유기 앞까지 왔지만 석유가 다 팔려 허탕치는 일도 잦았다.[9] 주먹질도 으레 벌어졌다.[10] 한밤중에 남의 집 석유통에서 휘발유를 몰래 훔쳐가는 도둑도 득실거렸다.[11] 대중은 석유 회사가 가격이 더 오르기를 기다리며 공급량을 줄여서 공급 위기가 닥친 것이라고 확신하고서 비난하는 비합리적인 모습도 종종 보였다.

분노한 트럭 운전자들은 주간 고속도로를 달리다가 갑자기 요란한 소리를 내면서 브레이크를 꽉 밟아 멈춘 뒤 엔진을 끄고 몇 시간씩 도로를 가로막고서 시위를 벌이기도 했다.[12] 시위하는 운전자들이 시위에 동참하지 않는 트럭 운전자들을 살해하는 일도 벌어졌다.

이윽고 이스라엘과 적군 사이에 불편한 휴전이 이루어졌고, 5개월 뒤 금수 조치가 해제되면서 아랍의 석유 공급이 재개되었다. 그러나 5년 뒤 이란에 혁명이 일어나면서 석유 공급량이 다시 줄어들었고, 미국인들은 주유소 앞에 길게 늘어선 줄, 대중의 분노, 국회에서 벌어지는 실속 없는 석유 회사 비난 등 다시금 추한 광경들이 벌어지는 것을 지켜보아야 했다. 1970년대의 석유 파동은 현대사를 정의하는 사건이었다. 미국을 비롯한 세계 각국의 전략 계산 방식을 영구히 바꾸었다. 두 차례의 석유 파동은 석유 가격을 상승시켜서 1970년대에 미친 듯이 인플레이션이 일어나도록 만들었고, 그 결과 한 세대에 걸쳐 미국인들은 경제적 불안감을 안고 살아가는 후유증에 시달려야 했다.

1973년과 1979년의 두 차례 석유 파동 이후에 미국은 더 이상 석유에 지나치게 의존함으로써 생기는 위험을 모른 척할 수 없게 되었다. 전문가들은 전국의 주유소마다 큰 글자로 적어놓은 휘발유 가격이 기본적으로 허구임을 이해하게 되었다. 석유 파동 이후로 수십 년 동안 미국 정부는 전쟁을 하는 데 수조 달러의 비용과 수천 명의 군인을 희생시키게 된다. 적어도 어느 정도는 중동의 석유 공급선을 계속 열어놓기 위함이었다.

거의 반세기가 지나 돌이켜 보는 우리는 미국이 석유 파동의 교훈을 결코 진심으로 받아들인 적이 없다고 자신있게 말할 수 있다. 현재 미국은 1973년보다 약간 더 많은 양의 석유를 태우고 있다. 1인당 소비량으로 따지면 적지만, 전체 소비량은 많아졌다. 신기술에 힘입어서 미국은 석유를 더 많이 생산하고 수입을 덜 할 수 있게 되었지만, 흥청망청 쓰는 오랜 습관은 기본적으로 그대로 남아 있다. 휘발유 가격이 오를 때마다 미국인들은 더 저렴한 차를 구입하고, 차를 덜 모는 쪽으로 자연스레 전환할 것이다. 하지만 가격이 떨어지면 그 시련은 금방 잊히고, 현재 도로에서 너무나 흔히 보이는 SUV 같은 연료를 왕창 태우는 차량의 판매량이 다시 증가한다.

연료를 낭비하는 차량을 편애하는 미국의 태도는 사라지지 않았지만, 현재 직면한 상황은 1970년대 석유 파동 때와 확연히 다르다. 교통이 석유 공급에 의존하는 동안, 사람들은 석유가 고갈되지는 않을까 종종 걱정하곤 했다. 이 두려움은 1970년대에 현실이 되는 듯했다. 그리고 2008년 공급이 줄어든 가운데 중국의 수요가 급증하면서 유가가 바로 전해의 두 배인 배럴당 147달러까지 치솟을 때도 마찬가지였다.

지금은 진정한 위험이 세계의 석유 생산량이 너무 적다는 데서 나오는 것이 아님을 이해한다.[13] 석유 부족이 사실이라면 우리는 부족분을 계산해서 그만큼 가격을 올리고, 대안이 되는 차량으로의 전환을 부추기면 된다. 진정한 위험은 세계에 석유가 충분히 태우고도 남을 정도로 많이 남아 있다는 것이다.

배기관 밖으로

현재 많은 이가 전기차로의 전환 가능성에 흥분해 있다. 우리도 마찬가지다. 그러나 자동차는 수명이 긴 만큼 전환율이 느리다. 또 세계 자동차의 완전한 전기화를 이루기까지는 충전소 부족을 비롯한 많은 장애물을 극복해야 한다. 이는 이 변화가 완결되기까지 연료를 태우는 자동차가 20억 대 더 팔릴 것이라는 의미다.[14] 차량의 효율은 단기적으로 아주 중요한 문제다. 따라서 전기차에 관해 이야기하기 전에 화석 연료를 태우는 차량 중심의 세계 교통 시스템을 어떻게 바로잡을지부터 논의해보자.

차에 연료를 채울 때, 우리는 그 연료가 차를 움직이는 데 온전히 쓰일 것이라고 생각한다. 물론 이 생각은 맞지만, 우리가 태우는 석유의 대부분은 구입한 바로 그 목적에 쓰이지 않는다. 자동차에 따라서 조금씩 다르긴 하지만, 연료를 태울 때 나오는 에너지의 75~80퍼센트는 낭비된다. 방열기나 배기관을 통해 쓸모없는 열로 배출된다. 에너지의 겨우 20퍼센트만이 바퀴를 돌려서 차를 움직이는 데 쓰인다.[15]

공학자의 관점에서 보면 이는 본인의 직업을 난처하게 만드는 상황이며 실제로 그렇게 느껴야 마땅하다. 시스템 안에서 에너지 대부분이 유용하게 쓰이는 대신 낭비된다고 생각해보라! 그 낭비는 운전자가 많은 돈을 쓰게 만든다. 또 온실가스를 비롯한 차에서 뿜어지는 오염물질의 대부분이 아무런 쓸모없이 대기로 내뿜어진다는 의미다. 모델 T가 나온 지 100여 년이 지난 지금 우리는 엄청난 양의 석유를 땅에서 캐내어 정제한 뒤, 다시 엄청난 양을 버리는 짓을 계속해서 반복하고 있다. 차를, 아니 지구를 움직이는 방법이라고 결코 말할 수 없다.

이 문제를 바로잡을 수 있을까? 여전히 개선의 여지가 있긴 하지만 기존 휘발유 엔진은 찔끔찔끔 나아지는 수준이다. 화학물질을 화염으로 바꾸고 그 화염을 운동으로 전환하는 방식의 에너지 전환은 열을 많이 생성할수록 에너지를 더욱 낭비한다. 자동차에 방열기를 비롯한 냉각 장치가 들어 있는 이유다. 열을 분산시켜야 하기 때문이다. 이 과정이 없다면 말 그대로 엔진은 녹아버릴 것이다. 발전소, 제트 엔진 등 연료를 운동으로 전환하는 다른 모든 기술도 마찬가지다. 내연 기관에 어떤 극적인 개선 같은 것은 이루어지지 못할 것이다. 그래도 꾸준한 개선은 필요하며 실현 가능하다.

자동차의 효율을 더 높일 수 있다는 것을 우리는 어떻게 알고 있는 것일까? 지금까지 죽 그렇게 해왔기 때문이다. 1970년대에 첫 석유 파동이 일어난 뒤 대통령 자리에 오른 제럴드 포드Gerald Ford는 의회에 자동차의 연료 효율을 의무화하는 기준을 정한 법률을 통과시킬 것을 요청했다. 또한 10년 내에 신차의 주행 거리를 두 배로 늘릴 것도 요청했다. 자동차 제조사들은 그 일이 불가능할 것이며, 정부가 자동차 산업을 붕괴시키려 한다고 주장했다. 그러나 의회는 법을 통과시켰고, 제조사들은 어쩔 수 없이 요구대로 해야 했다. 법이 그렇게 요구하고 있었을 뿐만 아니라, 당시 시장도 같은 방향으로 제조사들을 강하게 끌어당기고 있었다. 미국인들이 치솟는 유가로 차량의 경제성을 중시하기 시작했기 때문이다. 게다가 때마침 일본 제조사들이 만든 작고 효율적인 차가 시장에 진입했다. 그 결과 디트로이트의 3대 자동차 제조사들은 독차지하고 있던 시장의 많은 부분을 영구히 빼앗기게 되었다.

엔진은 재설계되었다. 차의 무게도 줄어들었다. 차체도 공기 저항을 줄이도록 다듬어졌다. 단위 연료당 주행 거리를 조금씩 늘리는 이런 변화들이 더해지자, 이윽고 큰 폭의 개선이 이루어졌다. 장엄한 실패도 분명히 있었다. 포드의 핀토, 아메리칸모터스American Motors Corporation의 페이서와 그렘린, 쉐보레Chevrolet의 베가 같은 모델처럼 몇몇 제조사는 급히 조잡하게 설계해 소형차를 만들려는 시도를 취했다. 아메리칸모터스의 페이서는 차폭은 캐딜락처럼 넓으면서 자동차 길이는 더 짧게 만들어졌다. 그렘린은 1970년대의 평범한 차를 사슬톱으로 뚝 잘라낸 듯한 모양을 선보였다. 이런 차들은 대중의 조롱거리가 되었고, 미국이 만든 소형차의 평판을 떨어뜨리는 데 기여했으며 그 인상은 지금까지도 이어지고 있다. 그러나 설계의 조잡함을 떠나서, 자동차 제조사들은 10여 년 동안 연비를 높이는 데 집중했다. 그 결과 1982년에 나온 신차는 1973년 신차보다 연료 사용량이 약 절반으로 줄어들었다.

그러나 돌이켜 보면 당시의 포드 대통령과 국회는 한 가지 중요한 실수를 했다. 훗날 의회와 대통령이 그 문제를 다시 논의할 것이라고 가정하고서 연비 향상 의무를 1985년까지로 한정했다.

세계 최대의 석유 시장에서 연비가 훨씬 좋아진 자동차들이 돌아

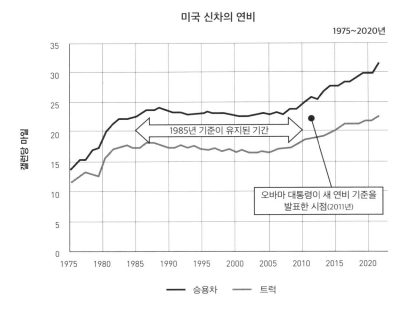

미국 신차의 연비

1975~2020년

갤런당 마일

1985년 기준이 유지된 기간

오바마 대통령이 새 연비 기준을
발표한 시점(2011년)

승용차 — 트럭

다니고 멕시코만 연안, 북해의 해상 유정, 사우디아라비아의 새 유전에서 채굴한 새로운 석유가 시장에 공급되면서 1970년대에 부족했던 석유도 풍족해졌다. 1980년대 대부분을 미국 대통령으로 지낸 로널드 레이건은 석유 가격을 통제할 필요성을 거의 느끼지 못했고, 따라서 자동차 제조사에 더욱 엄격한 연비 기준을 부과하는 쪽으로도 전혀 관심이 없었다.

그 결과 25년 동안 연비 기준은 정체된 채로 있었다. 1990년대말 경제 호황기에 미국인들은 승용차를 '스포츠 유틸리티 차량', 즉 SUV로 바꾸기 시작했다. SUV는 공학적으로는 트럭이었고 연비 기준도 덜 엄격했다. 따라서 자동차 제조사들로서는 이윤이 더 많이 남는 SUV를 판매하는 데 열을 올렸다. 석유 가격도 다시 떨어진 만큼 보통의 미국인들은 이렇게 생각하는 듯했다. 3톤짜리 금속 덩어리를 사서 아이들을 태우고 축구 연습을 하러 다니면 안 될 이유가 무엇이지?

흥미로운 점은 이 시기에도 자동차 기술은 발전을 멈추지 않았다는 것이다. 정반대였다. 공학자들은 이리저리 뜯어고치는 일을 계속했고, 엔진의 효율은 꾸준히 점점 올라갔다. 이론상 자동차 제조사들은 이런 개선점들을 반영하여 연비는 더 좋으면서 성능은 전혀 떨어지지 않는 차를 내놓을 수 있었다. 그러나 정부는 더 이상 이끌어갈 의지를 보이지 않았다. 대신에 개선된 연비를 더욱 무겁고 출력이 센 차를 만드는 쪽으로 이용했다.[16] 제1차 석유 파동 때 미국에서 팔리던 전형적인 승용차는 정지 상태에서 시속 100킬로미터까지 가속하는 데 약 15초가 걸렸다. 7~8초 안에 가속하고 싶다면 멋진 스포츠카를 사야 했다. 현재 토요다Toyota의 캠리 같은 전형적인 승용차는 반세기 전의 콜벳만큼 빨리 가속할 수 있다.

차량을 구입하려는 사람들 중에는 정말로 이런 순간 가속도에 관심을 가진 이들도 있다. 자동차 제조사들은 더 나아진 엔진을 연비를 개선하는 데 이용하는 대신에 이런 구매자들의 욕구에 부응하는 쪽으로 이용했다. 우리는 차의 속도가 빨라지는 것이 전적으로 안 좋다고 말하는 것이 아니라, 절약과 **부르릉** 사이에 더 나은 균형을 이루도록 국가가 조치를 취할 수 있었다고 말하는 것이다. 더욱 빠르게 가속할 수 있다 해도, 대개는 다음 빨간불이 나오는 지점까지 그저 조금 빨리 가는 것에 불과할 뿐이니 말이다.

진정한 비극을 통해 얻은 교훈은 1970년대 의회가 연비 개선이 계속 이루어질 수 있도록 해당 기준을 강화하는 식으로 법을 제정하지 않았다는 것이다. 지난 50년 동안 자동차 제조사에 차량의 연비를 해마다 개선하도록 요구했더라면, 미국은 지금보다 석유를 훨씬 덜 쓰고 있을 것이다. 인구가 56퍼센트나 증가했어도 전체 사용량은 1973년보다 감소했을지도 모른다. 중동의 까다로운 정치 상황에 그토록 깊이 매몰되는 일도 피할 수 있었을 것이다.

돈을 둘러싼 싸움

자동차 제조사들은 몇 년 단위로 차량 디자인을 바꿀 때 출력, 무게, 비용, 효율, 안전, 디자인 사이에 균형을 잡기 위해 수백 가지 요소들을 검토한다. 특히 엔진은 첨단 기술의 종합체다. 오늘날 우리는 컴퓨터 엔진 제어와 첨단 재료를 통해서 연비를 대폭 향상시키는 일종의 황금기에 들어섰다.

그렇다면 얼마나 좋아졌을까? 토요타는 캠리 2018년형 모델을 설계할 때 여섯 가지 신기술을 도입하기로 했다. 그 결과 연비가 1년 사이에 무려 20퍼센트 이상 높아졌다.[17] 1년 사이에 이런 식의 개선이 이루어지는 일은 드물지만, 이 사례는 발전 가능성의 여지가 아직도 얼마나 많이 남아 있는지를 잘 보여준다. 캠리는 그저 그런 볼품없는 차가 아니다. 토요타의 세계 최대 공장이 들어선 켄터키의 자부심 강한 자동차 노동자들이 만든 미국에서 잘 나가는 승용차다.

엔진을 개선할 수 있는 방법에는 무엇이 있을까? 사실 가능한 방법들은 많다. 휘발유와 공기의 압축비를 더욱 높여 점화하면 효율은 증가한다. 베어링을 개선해서 내부 마찰을 줄이고, 출력 상황에 맞추어서 밸브를 여닫는 시점을 조정하고, 엔진 배기량도 같은 식으로 조절하고, 엔진으로 들어오는 공기를 압축하고, 실린더를 마찰이 적은 물질로 코팅하는 방법들도 효율을 높인다. 모두 꽤 전문적인 내용처럼 들리지만, 이 목록은 공학적으로 쓸 수 있는 대안들에 어떤 것들이 있는지 여러분이 감을 잡을 수 있도록 해준다. 항목은 100개까지도 이어진다. 문제는 각 항목이 복잡한 설계를 요하며, 그렇게 설계를 바꿀 때마다 생산비가 늘어나는 일이 많다는 점이다.

자동차 연비를 둘러싼 끝없는 싸움의 핵심에 놓여 있는 것은 기술적 난제가 아니라 추가 비용이다. 여기에서 자동차의 연비가 높아질수록 그 차의 생애 동안에 우리가 지출해야 하는 돈이 줄어들 가능성이 매우 높다는 점을 명심하자. 집의 단열 효율을 높일 때 단열 향상을 위해 들인 수리비가 연료비 절감으로 상쇄되고도 남는 것과 마찬가지다. 그러나 차량 구매자의 대부분은 차량을 쓰는 기간 전체에 걸친 운영비를 비교하기보다는 구입 당시 가격에 더 초점을 맞추며, 시장을 놓고 격렬히 싸우는 자동차 제조사들에는 차량 가격을 올리게 되는 비용의 증가가 예민한 문제일 수밖에 없다.

우리는 1970년대 말에서 1980년대 중반 사이에 그랬듯이, 연비를 앞으로 두 배 더 향상시킬 수 있다고 믿는다. 오바마 대통령은 집권 초기에 연비 기준을 11.7에서 23.2kpl로 올림으로써 그 일을 시작했다. 제럴드 포드의 교통 부서가 그렇게 했듯이, 오바마의 환경보호청 Environmental Protection Agency도 자동차 제조사들에 10년 사이에 연비를 그만큼 끌어올리라고 주문했으며 그 기간은 2025년까지다. 그런 기준은 좋은 소비자 정책이자 좋은 에너지 정책이고, 좋은 기후 정책이기도 하다. 자동차 업계도 그 기준을 받아들였다. 오염과 기후 변화 문제에 더 잘 대응해야 한다는 것을 알았기 때문이다. 그러나 도널드 트럼프Donald Trump 행정부는 이 법규를 완화시켰고, 바이든 정부가 들어서서 다시 법규를 강화하자 진자는 다시 반대 방향으로 향하고 있다.

우리는 오바마 정부의 기준조차 가능한 수준에 비해 미흡하다고 주장하고 싶다. 새롭게 설계된 엔진들은 이미 현재 시장에 나와 있는 것보다 효율이 20퍼센트나 높으며, 도로를 달리는 차들의 평균값보다 40퍼센트 가까이 높다는 것이 입증되고 있다. 폐열과 마찰을 줄이고 연소 효율을 높이도록 설계된 것이다.

엔진이 가장 중요하지만 차의 다른 모든 계통도 마찬가지로 중요하다. 전등이나 오디오 계통, 특히 에어컨을 켤 때는 어떤 일이 벌어질까? 엔진은 이제 그런 쪽에도 동력을 제공해야 한다. 추가 부하는 커질 수 있지만, 설계만 잘한다면 최소화도 가능하다. 기존 페인트와 똑같아 보이지만 태양 에너지를 더 많이 반사함으로써 차 내부로 들어오는 열을 줄여주는 새로운 페인트나 유리도 나오고 있다. 피닉스 지역에서 7월 한낮에 차를 몰며 에어컨을 가동하더라도 사용하는 연료량이 줄어든다는 의미다.

항공역학도 점점 중요해지고 있다. 차가 시속 120킬로미터로 달릴 때 얼마나 매끄럽게 나아갈 수 있을까? 엄청난 양의 공기를 밀어붙이면서 나아갈까, 아니면 산뜻하게 가르면서 나아갈까? 차 밑을 살펴보자. 여기저기 배치된 조향축, 충격 흡수 장치, 배기관, 동력 전달 장치, 연료통 등이 눈에 들어올 것이다. 반면에 항공기 밑은 어떠한가. 매끈하다. 자동차는 결코 항공기 수준의 공기역학적 형태를 취할 수 없겠지만, 개선의 여지는 충분하다.

가장 큰 가능성 중 하나는 차량 무게를 줄이는 것이다. 무게를 줄이고자 할 때 크기를 줄이는 방법만 있는 것은 아니다. 현대의 자동차 무게는 보통 1,600킬로그램을 넘으며, SUV는 더욱 무겁다. 대형 SUV인 링컨Lincoln의 내비게이터는 2,720킬로그램에 달한다. 이런 무거운 금속 덩어리는 한 번 운행할 때마다 대개 수십 번씩 멈추었다가 출발하곤 하며, 그때마다 에너지가 소비된다. 초강력 알루미늄 합금이나 탄소섬유 같은 첨단 재료는 안전성을 떨어뜨리지 않으면서도 무게를 줄일 수 있다. 물론 비용이 기존 철강판보다 수백 달러 더 늘어나겠지만 말이다. 따라서 단기적으로 차량 구입 가격에 초점을 맞추는 태도는 장기적으로 볼 때 경제에, 소비자의 지갑에, 환경에 재앙을 안겨준다.

그렇다면 자동차 제조사들에 더욱 노력하라고 촉구하는 행위의 주체는 누가 되어야 할까? 짐작 가능하겠지만 대다수 국가에서는 자동차의 연비 기준을 정하는 일을 국가가 맡고 있다. 대다수 자동차는 소수 국가에서 생산되므로, 세계의 소수 정부만이 이 세계적인 산업에 영향을 미칠 막중한 힘을 지니고 있다. 그리고 이런 말을 하려니 안타깝지만, 그 정부들 중 상당수는 자동차 제조사의 입김에 지나치게 휘둘리고 있다. 독일이 교과서적인 사례다. **폴크스바겐**Volkswagen을 비롯한 독일 자동차 제조사들이 정치에 아주 강한 영향을 미치고 있는 나머지 추문을 일으키고도 무사히 넘어가곤 했다. 몇 년 전 폴크스바겐이 배기 가스 배출량을 속이다가 걸린 충격적인 사건은 그런 어처구니없는 일들의 최근 사례에 불과하다.

그런데 모든 차를 전기차로 대체할 수 있을 가능성이 엿보이는 지금 시점에 내연 기관 차량의 연비를 높이는 문제에 초점을 맞추는 것이 좀 제한적이거나 더 나아가 상상력이 부족하다고 느끼는 분도 있을 듯하다. 그러나 이보다 더 중요한 점은 현재 지구에 화석 연료를 태우는 차가 10억 대 넘게 운행되고 있으며, 개발도상국에서는 더 빠르게 늘어나고 있다는 것이다. 세계적인 규모로 보면 자동차의 이산화탄소 배출량이 약 9퍼센트를 차지하지만, 미국 같은 후기 산업 경제에서는 세계의 평균값보다 더 큰 비중을 차지한다. 전력망을 청정화하는 작업이 진행되면서 그 부문의 탄소 배출량이 줄어들자 교통 부문은 미국의 최대 온실가스 배출원이 되었다. 미국에는 자동차가 성인 한 명에 한 대꼴로 있다. 그중 상당수는 연료를 마구 집어삼키는 종류이며, 승용차와 경량 화물차는 미국 이산화탄소 배출량의 22퍼센트를 차지한다. 여기에 중량 화물차와 버스까지 포함하면 지상 교통 부문이 차지하는 비율은 31퍼센트로 늘어난다.

인구가 14억 명인 중국을 비롯한 세계의 다른 지역들도 미국인처럼 차를 몰고 싶어 하는 듯하다. 그리고 바로 그 점은 문제가 된다.

세계 자동차 시장이 호황을 누릴수록 교통 부문은 지금보다 훨씬 더 큰 오염원이 되기 쉽기 때문이다. 자동차 수가 늘어나는 속도만큼 화석 연료 사용량이 단기간에 빠르게 늘어나지 않도록 막는 것이 대단히 중요하며, 이 부분이 가능하려면 오로지 자동차의 연비 효율을 더욱 높이도록 적극적인 조치를 취하는 방법밖에 없다고 본다.

지금까지 개괄한 문제들의 대부분은 승용차뿐만 아니라 화물차와 버스에도 적용된다. 화물차와 버스는 수십 년 동안 더 약한 규제를 받아왔으며, 이런 상용차의 소유주는 평균적으로 승용차 구매자보다 연비에 더 신경을 쓰며, 연비 효율이 높다면 기꺼이 더 많은 돈을 주고서라도 차를 사고자 하겠지만, 미국의 무거운 상용차들의 연비 효율은 당국이 연비에 주의를 기울인다고 해도 도달 가능한 수준에 한참 못 미친다.

대형 차량의 오염은 기후 문제만이 아니라 건강 문제도 일으킨다. 많은 무거운 상용차는 디젤로 달리며, 디젤 배기가스는 공기 오염의 주된 원천이다. 디젤 버스를 타고 등하교하는 학생들이 해로운 배기가스를 들이마시면, 폐에 들어온 공기 속 자극 물질이 아직 성장 중인 아이들의 폐에서 천식을 일으킬 수 있다. 가난한 아이들일수록 특히 더 위험하다. 해로운 오염물질을 담은 공기 덩어리가 동네로 흘러드는 고속도로나 산업 단지 주변에 살 가능성이 높기 때문이다. 도시의 버스는 수십 년 동안 주된 오염원이었으며, 버스 연료를 천연가스나 도시가스로 전환하기 위한 엄청난 노력이 이루어져 왔지만, 청정화가 이루어지려면 아직 갈 길이 멀다.

승용차든 SUV든 버스든 도시 경량 화물차든 고속도로를 달리는 장거리 대형 화물차든 단기적인 전략은 동일하다. 연비 효율을 더 높여야 한다. 물론 장기적으로는 20세기를 정의하는 기술 중 하나인 내연기관은 모두 대체되어야 하며, 21세기에는 무덤으로 들어가야 한다.

전기화한 미래

연료를 태우는 차는 19세기에 발명되어서 20세기 초까지 수십 년 사이에 널리 퍼졌다. 그러나 당시에 정말로 멋을 부리면서 동네를 돌아다니고 싶었다면, 휘발유로 움직이는 냄새 나고 시끄러운 탈것 대신에 멋지고 잘 정비된 전기차를 구입했을 것이다. 랜섬 올즈Ransom Olds라는 사람이 만든 모델을 골랐을 수도 있다. 그는 휘발유 자동차로 돌아서서 올즈모빌Oldsmobile의 차량을 생산하기 전까지 전기차를 만들었다. 토머스 에디슨은 스튜드베이커Studebaker가 만든 전기차를 탔다. 1901년 윌리엄 매킨리William McKinley 대통령은 버펄로에서 총에 맞았을 당시 전기 구급차를 타고 병원에 실려갔다. 아마 당시 가장 빠른 교통 수단이었을 것이다. (어쨌든 그는 며칠 뒤 괴저로 사망했다.) 당시 온갖 종류의 차들은 여전히 부유층의 사치품이었지만, 전기차는 20세기에 들어설 무렵 휘발유차보다 더 많이 팔릴 정도로 인기가 있었다.[18]

물론 결국에는 에너지 밀도가 더 높은 휘발유(운행 거리가 훨씬 길다는 뜻이다)가 이겼다. 그러나 20세기 내내 전기차를 향한 관심은 완전히 사라지지 않았다. 도시가 점점 더 오염될수록 전기 모터는 공기를 깨끗이 할 가장 유망한 방법 중 하나로 보였다. 특히 캘리포니아주는 규제 권한을 휘두르고 제너럴모터스General Motors를 구슬려서는 1990년대에 EV1이라는 전기차를 시장에 내놓도록 했다. 그러나 제너럴모터스는 소비자가 거의 관심을 보이지 않는다고 주장하면서 1,100대를 겨우 생산하고 중단했다.

20세기 말 다른 나라들에서도 비슷한 실험이 이루어졌다. 노르웨이에서는 전기차가 도로를 달리는 모습을 보길 원한 한 소규모 환경 단체가 인기 있는 뉴웨이브 밴드인 아하a-ha를 설득해서 끌어들였다.[19] 단체는 스위스에서 전기차 한 대를 수입했지만, 노르웨이의 도로를 달리는 데 필요한 도로 운행 허가를 받으려고 온갖 행정 절차를 밟다가 그만 절망하고 말았다. 결국 그들은 항의 표시로 그 차를 몰고 전국을 돌아다니면서 통행료 내기를 거부하며 소동을 일으켰다. 이 기행은 정부의 이목을 끌었고, 정부는 그들이 옳을 수도 있다고 판단했다. 전기차가 세제 혜택을 받아야 하고 고속도로 통행료도 감면받고 고속 차선 주행도 허용되어야 한다는 주장이었다. 생산되는 전기차가 겨우 몇 대뿐이라고 생각해서 정부가 이를 무시했다면 어떤 피해가 일어났을까? 결국에는 치명적인 결정이었음이 드러났을 것이다.

EV1 같은 전기차에 언제나 부족했던 것은 충분한 거리를 달릴 수 있는 배터리였다. 그래서 운전자는 지나는 차가 없는 도로 한가운데서 차가 멈추는 바람에 꼼짝도 못 하는 상황이 발생하지 않을까 우려했다. 이는 최근에 '주행 거리 불안range anxiety'이라는 명칭까지 얻었다. 그런 상황은 21세기 초 전력을 원하는 노트북에 쓸 장치가 발명된 덕분에 마침내 바뀌기 시작했다. 바로 리튬 이온 배터리다. 배터리의 성능이 점차 개선되자 전 세계에 흩어진 소수의 명석한 공학자들은 이제 좋은 전기차를 만드는 일이 가능해지고 있음을 알아차렸다. 2003년 캘리포니아주에 최초로 전기차를 생산하겠다고 나섰던 기업 중 하나가 설립되었다. 공동 창업자인 마틴 에버하드Martin Eberhard와 마크 타페닝Marc Tarpenning은 회사명에 전기 시대electrical age 초창기의 천재 공학자인 니콜라 테슬라Nikola Tesla의 이름을 따서 붙였다. 자금이 필요했던 그들은 한 투자자를 받아들였는데, 공교롭게도 그 투자자는 곧 회사를 장악했다. 바로 최근 기술 억만장자가 된 일론 머스크였다.

그 뒤로 머스크라는 이름은 교통의 전기화와 화석 연료 시대의 종식을 앞당기려는 노력과 동의어가 되었다. 화성까지 우주 비행사를 태워 보낼 우주선을 만들려는 그의 노력은 두말할 것도 없었다. 그가 현대의 가장 매혹적이고 때로는 가장 짜증나는 기술 전문가임에는 분명하다. 머스크는 토머스 에디슨과 피니어스 바넘Phineas Barnum(영화 〈위대한 쇼맨〉의 실제 주인공인 서커스단 단장.-옮긴이)을 합친 듯한 인물이다. 테슬라는 전 세계 사람들이 전기차에 관심을 갖도록 유도하는 데 성공함으로써 주식 시장에서 높은 평가를 받고 있으며, 포드보다 주가 총액이 열 배 더 크다. 리튬 배터리를 대량 생산하는 기업들이 앞서 이룬 발전들을 활용하여 머스크는 한 세기 동안 염원해온 전기차라는 꿈을 우리 시대의 가장 섹시한 개념 중 하나로 변모시켰다. 여기에서 우리는 일부러 섹시하다는 단어를 쓰고 있다. 테슬라가 시장에 내놓은 네 가지 모델(모델 S, 모델 3, 모델 X, 모델 Y)에 바로 그 단어가 있기 때문이다.

S 3 X Y

맞다. '3'은 원래 'E'라고 표기될 예정이었으나 포드 측에서 '모델 E'가 자신들의 모델 T와 발음이 아주 흡사하다고 주장하며 테슬라가 그 이름을 쓰지 못하도록 막았다.

테슬라가 처음 그 야심 찬 계획을 세웠을 때, 머스크는 기술 학습 곡선을 명시적으로 자신의 작업 원리로 채택했다. 머스크는 2006년 자신의 블로그에 이렇게 글을 남겼다. "거의 모든 신기술은 최적화가 이루어지기 전에는 단위 비용이 크며, 전기차도 예외가 아니다. 테슬라의 전략은 고가의 상품을 살 준비가 된 고객들부터 고급 시장에 진입시킨 다음, 가격을 낮춘 후속 모델을 더 많이 생산함으로써 시장을 가능한 한 빨리 확대하는 것이다."[20] 학습 곡선의 작동 원리를 이보다 더 간결하게 요약할 수는 없을 것이다.

테슬라는 초기 자본을 끌어모으고, 직원들에게 차를 설계하고 제작하는 기술을 가르치는 방법으로 고가의 수제 차량을 수작업으로 소량 생산하기 시작했다. 그런 뒤 훨씬 다듬어졌지만 여전히 비싼 테슬라 모델 S와 X를 내놓았다.

2017년 마침내 양산차인 모델 3를 내놓았고, 이 모델은 출시하자마자 미국 전기차 시장을 장악했다. 이 과정을 거치면서 테슬라는 더 나은 배터리를 탑재하는 한편, 전국을 잇는 급속 충전소를 설치함으로써 고객들의 주행 거리 불안 문제를 해결했다. 이 충전소는 테슬라 차량 소유자만 사용할 수 있지만, 여러분이 이 책을 읽을 즈음에는 누구에게나 열려 있을지도 모른다.

머스크의 회사는 점점 많은 시련을 겪었고, 그중 상당수는 자초한 것이었지만, 그럼에도 세계의 주요 자동차 제조사들에 위기감을 불러일으켜서 전기차를 출시하도록 만들었다.[21] 대규모 제조사들이 잇달아 전기차에 대규모 투자를 하기 시작했다. 디젤 차량의 배기 가스 배출량을 속이는 추문을 일으킨 뒤 새로운 방향을 정립하려고 시도해온 폭스바겐도 포함되었다. 2020년 초 역사가 깊은 미국의 자동차 제조사 제너럴모터스는 2035년 이후에 전기차만을 내놓겠다는 '포부'를 선언했다. 다른 제조사들도 빠르게 전기화에 나섰다.

다시금 마법의 주기가 시작되었다. 대형 배터리 팩도 규모가 커지면서 기술 학습 곡선에 올라탔고, 가격이 빠르게 떨어지고 있다. 우리는 다가올 20년에 걸쳐서 전기차로의 대규모 전환이 일어날 가능성이 있다고 믿는다. 한때 모호했던 세금 혜택에 힘입어 노르웨이에서는 이미 신차의 절반 이상이 전기차이며, 다른 몇몇 나라들에서도 전기차의 비중이 빠르게 증가하고 있다. 하지만 세계 자동차 시장 전체를 보면 신차 판매량에서 전기차의 비중은 이제 겨우 7퍼센트를 넘긴 수준이다.[22]

전기차가 학습 곡선을 타고 내려가고 배터리 가격도 하락함에 따라서 중량 차량 중 상당수도 전기화할 새로운 중요한 기회를 맞이할 것이다. 일부 국가에서는 이미 실험적으로 전기 트럭이 출시되고 있다. 현재 위로 뻗은 전선으로 열차에 전력을 공급하는 것과 동일한 방식으로, 고속도로를 따라 위로 뻗은 전선에서 장거리 화물차가 동력을 끌어 쓰는 방법도 포함된다. 테슬라는 전선으로 제공되는 동력에 전혀 의지하지 않으면서 배터리로 움직이는 전기 트럭을 내놓을 계획이다. 그리고 전기 버스는 이미 출시되었고, 미국의 많은 도시가 구입을 시작했다. 중국의 신흥 산업도시 선전은 버스 17,000대 전부를 전기 버스로 교체했을 뿐만 아니라 택시도 전기화했다. 중국판 우버인 디디Didi도 선전의 모든 차량을 전기화할 예정이다. 이 도시는 이 모든 변화를 10년도 안 되어 해냈다.[23]

미국뿐만 아니라 노르웨이를 비롯한 유럽의 몇몇 국가들은 현재 전기차 구매자에게 세금 감면이나 보조금을 제공한다. 정부 예산을 써서 민간 교통 부문을 지원하는 이 정책을 마뜩잖게 여기는 이들도 있는데, 환경운동에 참여하는 친구들 중에서도 많이 찾아볼 수 있다. 하지만 우리는 그런 지원이 지금 당장 도시 공기를 맑게 하고 지구 온난화를 일으키는 오염을 줄이는 환경 혜택을 줄 뿐만 아니라, 적대적 태도를 보일 가능성이 있는 국가로부터의 석유 수입을 줄여나가는 국가 안보 차원에서도 정당화될 수 있다고 본다. 그러나 전기차에 보조금을 지원해서 보급 속도를 높이려는 가장 큰 이유는 배터리가 학습 곡선을 타고 내려가도록 계속 떠밀기 위해서다. 배터리 가격 하락이 전력망에 혜택을 줄 가능성이 높다는 말은 이미 한 바 있다. 전력 회사는 대형 배터리 은행에 재생에너지를 저장해두었다가 수요가 높을 때 쓸 수 있다. 그러면 시시때때로 특정한 유형의 가스 화력 발전소를 가동할 필요성이 없어진다. 차량 배터리 시장이 전력망 배터리 시장보다 훨씬 크게 성장할 잠재성 때문인지 특이하게도 전력망 분야에서의 배터리 시장 확대는 전기차 시장이 확대되는 양상에 따라 달라져 왔다. 늘어나는 전기차와 재생에너지로 가동되는 전력망의 조합은 온실가스 오염을 줄이고 더러운 공기를 정화할 엄청난 기회를 제공한다.

전기차는 충전하는 데 시간이 좀 걸릴 수 있다. 주간 고속도로에 설치된 급속 충전기는 약 30분, 가정에 설치된 의류 건조기에 쓰이는 것과 비슷한 회로를 이용하는 '레벨 2' 충전기는 차량 배터리 크기에 따라 두 시간에서 열 시간까지도 걸린다. 급속 충전 배터리도 머지않아 나오겠지만, 지금으로서는 완속 충전을 한다는 것은 5분이면 연료를 가득 채울 수 있는 주유소보다 충전기가 훨씬 많이 필요하다는 의미다. 이 문제는 교외 단독 주택에서는 쉽게 해결이 가능하다. 차고에서 의류 건조기에 쓰인 것과 같은 유형의 회로에 충전기를 연결하면 된다. 그러나 아파트에서는 일이 분명 복잡할 것이고, 고층 건물에서는 아예 엄두도 내지 못할 것이다. 더 끔찍한 상황도 펼쳐질 수 있다. 도시의 버스 200대가 밤마다 차고에서 대기하며 충전해야 하는 상황을 상상해보자. 정말 굵은 구리 전선이 필요할 것이다.

이런 문제들을 실제로 해결해야 하며, 하룻밤 사이에 해낼 수 없으리라는 점도 분명하다. 아예 불가능하다고 보는 이들도 있다. 전기차 통행량이 적은 도로에서는 충전소 운영이 수익을 보장해주지 않을 수도 있다. 그러나 사람들이 전기차를 믿고 구매할 수 있도록 하려면 충전기는 훨씬 많이 필요하다. 전기차 전문가이자 우리가 즐겨 듣는 팟캐스트 중 하나인 〈에너지 전환 쇼Energy Transition Show〉를 운영하고 있는 크리스 넬더Chris Nelder는 그 주장을 받아들이지 않았다.[24] 그는 한 인터뷰에서 이렇게 말했다. "많은 사람이 전기차가 닭이 먼저냐 달걀이 먼저냐의 문제를 안고 있다고 말합니다. 소비자들은 충전소가 더 많아질 때까지 전기차를 안 사려고 할 테고, 충전소를 설치하려는 사람들은 전기차가 더 많아지기 전까지는 설치하지 않으려 한다는 거죠. 하지만 나는 아니라고 봐요. 이건 닭이 먼저냐 달걀이 먼저냐의 문제가 아니라 닭다리 뜯으면서 뭉그적거리느냐 아니냐의 문제예요. 전기차의 시대는 확실히 오고 있어요. 그러니 그만 뭉그적거리고 충전 기반 시설을 구축하는 일에 나서야 합니다!" 그는 올바로 지적했다. 현재 자동차 제조사들이 최신 전기차 모델들을 앞다투어 출시하고 있기 때문이다.

그러나 전기차로의 전환은 선진국이라면 충분히 할 수 있는 일이다. 그리고 비용, 오염, 석유 의존도의 감소라는 엄청난 보상도 얻게 될 것이다. 자동차의 생애에 걸친 총운영비를 따지면, 전기차는 이미 휘발유차보다 훨씬 저렴하다. 약 1.20달러의 전기 요금이 휘발유 1 갤런에 상응하기 때문이다.[25] 그러나 아직은 비싼 차량 구입비가 많은 이를 고민하게 만든다. 배터리 가격이 계속해서 빠르게 떨어진다면 2025년 이전에 전기차가 휘발유차보다 싸질 것이라고 예상하는 만큼, 급속한 전환이 이루어질 가능성이 열릴 것으로 보인다.

레버 당기기

아이들은 포기하지 않으려 했다. 1년 내내 매달 피닉스유니언고등학교Phoenix Union High School에서 학군 위원회 회의가 열릴 때면 계속 얼굴을 비추었다. 그들의 목소리는 좀 떨렸지만, 그들은 매달 일어서서 같은 요청을 했다. "전기 버스를 도입해주세요!"

피닉스의 노동 계층 동네에 있는 사우스마운틴고등학교South Mountain High School의 육상팀 주장 모니카 아세베스Monica Aceves에게 그 청원은 개인적인 문제이기도 했다. 아세베스는 팀원 중 한 친구가 천식 발작으로 일주일 동안 병원 신세를 지는 모습을 지켜본 적이 있다. 그는 공장은 물론이고 자신들이 등하교할 때 타는 스쿨버스를 포함한 더러운 디젤 차량에서 내뿜는 오염물질 때문에 자신이 사는 지역과 비슷한 곳일수록 특히 더 더러운 공기에 시달리고 있다는 사실을 알아차리기 시작했다. 그는 〈애리조나 리퍼블릭Arizona Republic〉과의 인터뷰에서 이렇게 말했다. "우리 동네를 위해 나서고 싶어요. 더 나은 환경, 살아가기에 더 좋은 곳이 되어야 마땅하니까요."[26]

학생들의 끈덕진 노력은 2019년에 보답을 받았다. 교육 위원회가 마침내 전기 버스 한 대를 도입하기로 결정한 것이다. 그리고 단계적으로 더 많은 버스를 교체해나가기로 했다. 결정이 내려지자 환호성이 터져 나왔다.

워싱턴 외곽에 있는 메릴랜드주의 몽고메리카운티에서도 비슷한 상황이 벌어졌다. 학생들을 포함한 지역 시민이 거리 행진을 하면서 교육 위원회와 카운티 의회를 비롯한 지역 기관들에 기후 변화 대책을 말로만 떠들지 말고 행동으로 보여달라고 촉구했다. 교육청은 전기 버스로 교체하는 것이 가능한지 살펴보고 초기 비용을 따져보았는데, 디젤 버스의 세 배에 달할 수도 있다는 계산이 나왔다. 그러나 운행하고 유지하는 비용은 전기 버스가 훨씬 적게 들었고, 장기적으로 보면 비용이 더 적게 들 가능성이 있다는 의미였다. 그리고 변화를 요구해온 학생들은 포기하지 않았다.

시위를 이끈 학생 중 한 명인 열네 살의 로사 클레맨스코프Rosa Clemans-Cope는 이렇게 말했다. "집에 불이 난 것처럼 행동해야 해요. 실제로도 그러니까요." 그는 언니 엘리너와 함께 길을 막고 카운티 행정관의 집 앞에서 팻말을 들고 더한 일도 하는 (그 과정에서 체포되기도 하는) 활동 단체를 이끌었다. "젊은이들이 그런 수단을 쓰는 것 말고는 자신들의 미래를 위해 할 수 있는 대안이 전혀 없다는 것을 느낄 때, 무언가 문제가 있음을 알게 되지요."[27] 클레맨스코프는 로지Rosie라는 이름으로 활동하고 있다.

매사추세츠주의 하이랜드전기교통Highland Electric Transportation이라는 한 영리한 회사는 독특한 사업안을 제시함으로써 카운티의 문제를 마침내 해결했다. 버스를 구입해서 교육 위원회에 임대한 다음, 전력망에 전기 공급 부족 상황이 발생했을 때 버스의 배터리에 저장된 전기를 전력망에 판매한다는 것이다. 이 사업안이 마음에 든 몽고메리카운티는 디젤 버스를 모두 교체하기로 하고 전기 버스 300대를 주문했다.[28] 이는 우리가 아는 내에서 교육 위원회가 가장 많은 전기 버스를 구입한 사례였다.

사람들이 기후 변화 같은 커다란 문제를 해결하기 위해 자신이 무엇을 할 수 있을지를 물어올 때, 우리는 늘 이런 이야기들을 떠올린다. 미국의 모든 부모는 이 문제와 이해관계가 있다. 아이들은 더러운 버스를 타고 통학한다. 디젤 차량이 내뿜는 매연을 들이마시고, 천식을 앓게 될 수 있다. 그뿐만 아니라 버스는 아이들이 살아가야 할 이 행성을 달구는 온실가스도 뿜어내고 있다. 교육 위원회는 부모들의 말에 귀를 기울인다. 그렇다면 모든 부모가 자기 학군의 교육 위원회 회의에 가서 변화를 요구하지 않을 이유가 어디 있단 말인가?

승용차와 화물차와 학교 버스가 대기업이 제조하고 국가 법규를 준수하도록 설계된다는 것은 사실일 수 있지만, 현실적으로 교통 시스템을 얼마나 빨리 전기화할 수 있는지는 지방 정부의 역할에 달려 있다. 매일 미국의 모든 지역 사회에서 우리의 화석 연료 의존성을 지속시키는 결정이 이루어지고 있다. 시 당국은 새로운 내연 기관 차량을 더 구입한다. 카운티 당국은 전기차가 출시되어 있음에도 디젤 쓰레기 수거차를 새로 구입한다. 학교 당국은 대안을 고려조차 하지 않은 채 새 디젤 버스를 구입한다.

보스턴, 시카고, 휴스턴, 마이애미, 필라델피아, 피닉스, 시애틀, 워싱턴 같은 대도시를 포함해서 12곳이 넘는 미국 도시들은 파리협정의 목표에 부응하고자 대담한 기후 행동에 나서왔다. 이 도시들은 각자가 지닌 영향력을 급속한 전기화를 방해하는 현실적인 문제들을 해결하는 데 도움을 주는 쪽으로 활용할 필요가 있다. 충전기를 어디에 얼마나 설치할지에 영향을 미칠 수 있고, 시유지에 충전소를 설치할 수도 있다. 주 정부도 큰 역할을 한다. 운행하는 차량이 수천 대에 달하기도 하므로, 그 차들을 전기화하는 쪽을 택할 수 있다. 또 발전사에 전기차 충전소를 짓도록 하거나 민간 사업자와 계약을 맺고 설치하게끔 할 수도 있다. 시와 카운티는 택시와 승차 공유 서비스를 규제하므로, 관련 차량의 전기화도 밀어붙일 수 있다.

대다수 나라에서는 국가 수준에서 차량을 규제하므로 미국의 상황은 특이하다. 역사적 상황 때문에 캘리포니아주는 국가 자동차 정책에서 지나치게 큰 역할을 맡고 있다. 근본적인 이유는 인구가 1900만 명인 로스앤젤레스 대도시권을 오가는 승용차와 화물차가 1500만 대에 이르며, 산맥에 둘러싸인 지형 탓에 대기 오염물질이 그대로 머무르는 양상을 띤다는 것이다. 상황이 그렇다 보니 캘리포니아주는 1960년대에 자체적으로 공기 오염 기준을 정하는 일에 나섰고, 당시 주지사였던 로널드 레이건이 법안에 서명했다. 연방 정부는 1970년대에 행동으로 나설 당시 청정 공기 법안에 캘리포니아주의 권한을 그대로 존속시키는 특별 조항을 넣었다. 다른 주들은 연방 기준과 캘리포니아주 법규 사이에서 선택할 수 있으며, 15개 주는 캘리포니아주의 법규를 채택했다. 그들은 캘리포니아주의 사례를 따를 만한 타당한 이유가 있었다. 캘리포니아주가 개발한 제로 배출 차량 의무화 정책zero emission vehicle mandate을 채택한다면, 다양한 전기차 모델을 지역 시장에 내놓도록 자동차 제조사에 압력을 가할 수 있었다. 그런 정책을 택하지 않은 주에서는 주민들이 고를 수 있는 전기차 모델의 수가 적다. 캘리포니아주는 버스와 중량 화물차의 전기화도 가속화하기 위해서 주들의 연합 모임도 이끌고 있다.[29]

안타깝게도 대다수 주는 아직 캘리포니아주의 자동차 기준을 따르지 않고 있다. 어떤 주든 간에 캘리포니아주 기준을 채택하려면 정치적 표적이 될 수밖에 없다. 주지사가 단독으로 그 기준을 채택할 권한을 지닌 주도 있지만, 의회의 법 제정이 필요한 주도 있다. 캘리포니아주의 기준을 채택하는 주가 늘어날수록, 캘리포니아주는 자동차 제조사들에 전기차로의 전환을 더 앞당기도록 밀어붙일 힘이 커질 것이다. 앞서 경제에 일어나는 일의 상당 부분을 통제하는 비밀 레버 이야기를 한 바 있다. 자동차 연비 효율 기준도 이런 비밀 레버에 해당하며, 우리는 차량을 청정화하는 방향으로 그 레버를 세게 당길 필요가 있다.

정부는 우리가 아직 언급하지 않았지만 가장 큰 힘을 발휘할 수 있는 수단 한 가지를 더 갖고 있다. 노르웨이에서 인도에 이르기까지 세계 약 20개국은 이미 2030년이나 2035년 이후에는 자국에서 휘발유차의 판매를 금지한다는 목표를 천명했다. 아직까지는 대체로 그저 목표에 불과할 뿐이지만, 이 글을 쓰는 현재 그런 목표를 법적 구속력이 있는 금지 조치로 전환할 방법을 모색하는 국가들이 있다. 캘리포니아주 주지사 개빈 뉴섬Gavin Newsom은 2035년부터 휘발유차 판매를 금지시키고 싶다고 선언한 바 있다. 비록 연방 정부가 전국에 적용되는 금지 조치를 택하지 않을 경우에도 시행할 수 있을지는 불분명하지만 말이다. 매사추세츠주도 비슷한 목표를 선언했고, 뉴욕주 주지사

케이시 호컬Kathy Hochul도 그런 목표를 설정한 법안에 서명했다.

확고한 금지를 택한 나라가 소수에 불과할지라도, 그런 조치는 시장에 내연 기관이 퇴출된다는 강력한 신호를 줄 것이고, 기업들이 전기차에 더 힘을 쏟도록 자극할 것이다. 그런 금지 조치를 채택하는 나라가 늘어날수록, 시장에서는 본격적인 신호탄이 되어 다른 나라들이 그 뒤를 따르기도 쉬워진다. 세계에서 가장 자동차 의존도가 높은 나라인 미국은 그런 선도 국가로 나서야 한다. 비록 정치적으로 까다로울 것이 틀림없다는 것도 안다. 바이든 정부는 내연 기관 금지 등의 선언이나 행동을 보이지는 않았지만, 2030년까지 출시되는 차량 중 전기차의 비중을 절반까지 늘린다는 미국의 목표를 제시했다.

시 정부는 휘발유차를 대하는 심리 상태를 바꾸는 데도 기여할 수 있다. 파리 시장은 2030년 이후에는 연식에 상관없이 모든 내연 기관 차량의 도심 진입을 금지할 것이라고 이미 선언한 바 있다. 아직은 그저 목표를 천명한 것에 불과할 뿐이지만, 우리는 그것을 법적 효력을 지닌 금지로 전환해야 한다고 본다. 그리고 세계의 모든 주요 도시가 동일한 금지 법규를 채택해야 한다고 생각한다. 우리는 2030년에 여러분이 휘발유차를 몬다면 아마 뉴욕, 샌프란시스코, 뉴델리, 베이징, 런던 등 세계의 주요 도시 수백 곳에 아예 들어갈 수 없을 것이라고 내다본다. 공정을 기하려면 그런 금지 조치가 시행되기 전에 운전자에게 대비할 시간을 주어야 한다. 그러나 일단 앞으로 금지될 것이라는 선언이 있고 나면, 해당 도시에 가까이 사는 사람은 다른 차 대신 전기차 구매 여부를 두고 심각하게 고민할 것이다. 그리고 바로 이런 식의 자극을 받아야 시장은 전기차가 학습 곡선을 타고 더 내려가도록 떠밀 것이다.

여러분에게 여유 자금이 있다면, 우리는 그런 금지 조치가 시행될 때까지 기다리지 말라고 권하고 싶다. 얼리어답터가 되어 전기차 시대를 함께 열어보자. 우리는 이 책에서 녹색시민 의식이 녹색소비주의보다 더 중요하다고 주장해왔지만, 자동차는 녹색소비자가 더 큰 대의에 진정으로 기여할 수 있는 영역 중 하나다. 테슬라나 닛산의 리프, 쉐보레의 볼트를 구입한다면, 이웃들에게 보여주고 시승도 권해보자. 전기차의 우수성을 경험해본 사람은 곧바로 전기차로 돌아설 때가 많다. 우리는 일종의 사회적 감염처럼 전기차의 수요가 점점 더 확대될 가능성이 실제로 있다고 본다.

녹색 차를 구매하는 차원을 넘어서, 평범한 시민이 교통망을 전기화하는 데 어떻게 도움을 줄 수 있을지도 생각해보자. 교육 위원회에 압력을 가해서 전기 버스를 채택하도록 하는 일이 가능함을 이미 언급한 바 있다. 또 시민들이 연대해서 전국의 모든 학군에 같은 조치를 취하도록 압력을 가하는 것도 가능하다. 자신의 거주 지역에서 활동 단체를 찾지 못한다면 직접 만들어도 좋다. 넥스트도어나 페이스북의 동네 모임 게시판 같은 곳에 글을 올리면 비슷한 생각을 가진 이들을 찾을 수 있다. 학군에 처음 제안할 때는 거절 당할 가능성도 예상하자. 전기 버스는 디젤 버스보다 구입 당시의 가격이 훨씬 비싸므로, 학군은 버스의 생애 전체에 걸친 비용을 따지고 나서야 비로소 전기차의 장점을 납득하기 시작한다. 피닉스의 사례처럼 학군은 처음에 소규모로 구입하는 것을 시작으로 차츰 규모를 확대하는 쪽으로 계획을 세워야 할 수도 있다. 또 메릴랜드주의 몽고메리카운티가 했던 식으로 구입 비용을 들이지 않고 버스를 임차하는 방식을 쓸 수도 있다.

마찬가지로 우리는 시민들이 시 의회나 주 의회에 전기차로의 전환을 촉구하는 행동을 해야 한다고 믿는다. 자신이 사는 곳의 시 당국이 다른 기관들과 협력하여 공유지에 충전소를 설치하는 일을 하고 있는가? 보유한 차량을 전기차로 바꾸고 있는가? 쓰레기 수거차는 전기차인가? 주 정부가 전기차로의 전환을 촉진하기 위해서 세금 혜택을 주고 있는가? 전기차 모델을 더 많이 내놓도록 하는 캘리포니아주의 법규를 채택했는가? 이런 문제들이 바로 지금 당장 여러분이 다루어야 할 정치적 표적들이다.

일부 국가 기관은 이런 문제들을 해결하는 데 나서기로 결심한 시민들에게 정보원 역할을 맡길 수도 있다. 예를 들어, 치스파Chispa라는 기관은 버스 전기화를 촉진하기 위해서 히스패닉계 부모들을 조직하고 있다. (이 단체는 피닉스의 육상팀도 후원했다.) 차량의 전기화를 촉진할 정책을 지지하는 전기자동차협회Electric Auto Association는 전국에 지부를 두고 있다. 그리고 전국 단체인 플러그인아메리카Plug In America는 자신들이 어떤 행동을 취할 수 있는지 정기적으로 시민들에게 알림을 보낸다.

이제 정부의 모든 도구를 써서 전기차가 미래의 고속도로를 달리도록 추진해야 할 때다. 시민들은 미래가 펼쳐지는 방식에 자신들이 실제로 얼마나 영향을 미칠 수 있을지를 깨달아야 할 때다. 메릴랜드주의 젊은 활동가 로사 클레맨스코프는 이렇게 말했다. "연대가 어떤 힘을 발휘하는지 계속 보여요. 기후 문제에 참여할 방법만 알려주면 되는, 즉 누군가가 나서서 무엇을 할 수 있는지 설명만 해주면 되는 사람들이 아주 많다는 사실을 깨달을 때면 정말 기운이 나요."[30]

제5장

기후 위기에 대처하는 경제학적 생존 전략 4
: 지속 가능한 청정 도시로의 전환

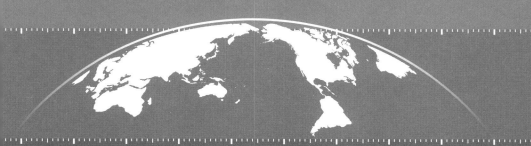

THE BIG FIX

1월의 운명의 그 날이 밝아올 때, 스톡홀름 한가운데에서 정치인과 언론인들은 도심으로 차들이 들어오는 몇몇 다리 근처에 옹기종기 모여 있었다. 발트해에서 불어오는 찬바람에 오들오들 떨면서 외투와 파카를 꼭 여민 채였다. 당일 아침, 몇몇 다리들에서 시위대도 추위를 무릅쓴 채 플래카드를 들고 있었다.

도시는 여러 주째 시끌시끌했다. 스웨덴 의회에서 힘의 평형추 역할을 하고 있는 소수 정당인 녹색당은 정부를 강하게 압박한 끝에 마침내 줄곧 내세우던 사업을 시범적으로 시행하게끔 만들었다. 2006년 1월 3일과 그 뒤로 여러 달 동안 스톡홀름 도심으로 차를 몰고 들어오거나 도심 밖으로 나가려는 사람은 일종의 사회적 실험의 대상이 될 예정이었다. 녹색당은 '혼잡 통행료', 즉 혼잡한 도심으로 들어오는 차에 매기는 요금이 교통량을 줄여서 공기를 맑게 할 수 있다고 주장했다.

이 개념은 수십 년 전부터 전 세계에서 논의되어 왔다. 기초 경제학 이론은 어떤 상품의 가격이 0이면 과소비가 일어날 것임을 시사한다. 그런 점에서 거리의 통행량도 일종의 상품이라고 생각할 수 있다. 교통 경제학자들은 진정으로 교통 혼잡을 해결하고자 한다면, 민간 차량에 일종의 가격 신호를 주어야 한다고 주장했다. 그러나 운전자들의 반발로 정치적 역풍이 불까 봐서인지 실제로 그런 정책을 대담하게 실행한 도시는 거의 없었다.

이 스톡홀름 시범 사업을 연구하는 일을 맡은 젊은 교통 경제학자 요나스 엘리아손Jonas Eliasson은 어떤 결과가 나올지 그다지 확신하지 못했다. 다른 모든 관계자들처럼 그도 몇 주째 친구들과 이웃들이 쏟아내는 상충되는 견해들에 시달리고 있었다. 스톡홀름에서 서쪽으로 5킬로미터쯤 떨어진 곳에 사는 그의 숙모 구넬 한네Gunnel Hahne까지도 의견을 내놓았다. 한네는 통행료를 걷는 것에 찬성한다고 하면서 우리와의 인터뷰에서 이렇게 말했다. "올바른 정책이라고 했죠."[1]

엘리아손과 동료들은 스톡홀름 교통 패턴에 관한 컴퓨터 모델을 써서 계획을 시뮬레이션할 때마다 그다지 믿음이 가지 않는 답을 얻고 있었다. 모델은 당국이 부과하려는 요금(가장 혼잡한 시간대에 양방향 모두 2달러 남짓한 수준)이 교통량을 무려 20~25퍼센트 줄일 것이라는 결괏값을 내놓았다. 그날 아침 시범 사업이 시작될 때 그는 다른 전문가들과 함께 시청에 옹기종기 모여서 시 전역에 새로 설치한 전자 감지기를 지나다니는 차들의 수가 표시되는 화면을 지켜보고 있었다.

대중의 반응이 너무 안 좋고 언론의 보도도 매우 부정적이었기에 탄탄한 사실을 실시간으로 기자들에 제공함으로써 잘못된 정보를 반박하는 것이 목표였다.

1월의 그날, 스톡홀름에서 실제로 일어난 일은 스웨덴뿐만 아니라 전 세계 도시 계획 전문가들에게 일종의 전설이 되었다.

정오쯤에는 모두의 예상을 훨씬 넘어서는 수준으로 통행량이 줄었다는 사실이 명확해졌다. 평소에 정체되던 도로는 거의 텅 비어 있는 양 보였다. 여전히 많은 차가 돌아다니고 있었음에도 그랬다. 결과는 다음 날 아침 신문 1면에 수치와 함께 실렸다. "네 대 중 한 대 꼴로 사라졌다." 컴퓨터 모델이 예상한 결과가 딱 들어맞았다. 엘리아손은 나중에 이렇게 썼다. "신문을 집어 든 나는 놀라서 입을 쩍 벌렸다. 이동 시간과 교통 흐름 같은 수치들은 모두 같은 말을 하고 있었다. 사진들은 그 점을 더욱 명확하게 보여주었다."[2]

가장 놀라운 점은 요금을 내고 도심에 차를 몰고 들어오기로 결정한 이들의 삶이 훨씬 더 나아졌다는 사실이었다. 도심에서 으레 접하는 끝없는 교통 혼잡이 사라지자 이동 시간이 대폭 줄어들었다. 차로 대략 45분 걸리던 거리를 25분 만에 갈 수 있었다. 통행료를 내야 한다는 생각이 사람들에게 익숙해진 뒤에도 7개월이라는 시범 사업 기간 내내 통행량은 약 22퍼센트 낮게 유지되었다.

여론 조사 결과도 그 충격을 고스란히 보여주었다. 사람들은 스톡홀름 도심이 갑자기 좋아진 듯하자 도저히 믿을 수가 없었다. 혼잡도가 확연히 줄었고, 자전거도 훨씬 안전하게 탈 수 있었으며, 공기도 맑아졌다. 그러면서도 식당과 상점은 여전히 바쁘게 돌아갔다. 혼잡 통행료에 반대하던 여론은 싹 사라졌다. 스웨덴 정부는 시범 사업을 중단하고서 약속대로 그 문제를 주민 투표에 부쳤다. 스톡홀름에 계속 혼잡 통행료를 부과하는 일에 찬성하십니까?

투표 결과를 보자 스톡홀름 주변의 교외 지역에서는 통행료에 반대하는 견해가 우세했다. 놀랄 일도 아니었다. 하지만 스톡홀름에 사는 시민들, 즉 삶의 질이 향상되는 것을 직접 경험한 이들은 53 대 47로 통행료에 찬성하는 견해를 보였다. 현재 혼잡 통행료(가장 혼잡한 시간대에 양방향 모두 약 5달러)는 스톡홀름 생활의 오랜 특징으로서 널리 지지받고 있다. 온실가스 감축은 이 계획의 핵심 목표가 아니었지만, 정부가 탄소 배출량 변화를 추적하자 도시 내의 탄소 배출량이 10퍼센트 넘게 감소했고, 스톡홀름 주변 지역까지 포함하면 몇 퍼센트가 줄었음이 드러났다. 사람들의 폐로 들어갈 수 있는 미세 먼지의 수도 그만큼 줄어들었다. 나중에 연구자들은 혼잡 통행료가 자리를 잡은 뒤 천식으로 입원하는 환자의 수가 급감했다는 사실도 확인했다.[3] 따라서 스웨덴 보건 의료 체계의 비용이 절감되었고 목숨을 잃는 사람도 줄어들었을 가능성이 높다.

스톡홀름이 유럽에서 혼잡 통행료의 긍정적인 효과를 경험한 유일한 도시는 아니다. 런던도 싱가포르에서 장기간 성공을 거둔 혼잡 통행료 사례에 착안해서 스톡홀름보다 3년 앞서 비슷한 제도를 도입한 바 있다. 그리고 혼잡 통행료를 걷는다는 개념은 마침내 미국에도 퍼지고 있다. 뉴욕은 로어 맨해튼 지역에서 운행하는 택시와 공유 차량에 혼잡 통행료를 걷으며, 자가용에도 확대 적용한다는 계획을 추진하고 있다. 로스앤젤레스, 시애틀, 샌프란시스코, 시카고도 도입을 논의하고 있다.

혼잡 통행료는 전 세계에서 채택되고 있는 더욱 폭넓은 도시 개혁의 한 측면일 뿐이다. 주요 도로를 차단하고 공원으로 전환하는 것을 비롯해 오랫동안 부지런히 갖가지 노력을 함으로써 파리는 도심으로 들어오는 차량의 수를 거의 절반으로 줄였다. 미국 전역에서 도시들은 시내 도로에 다이어트를 하고 있다. 차선 중 한두 개를 없애서 자전거 도로를 만들거나 인도를 넓히고 나무를 심고 있다. 이른바 이런 '완전한 거리complete street'에는 상가가 더 늘어나고 있는데, 거리가 걷기 좋도록 훨씬 쾌적해졌기 때문이다.

제4장에서 우리는 화석 연료를 태우는 차를 전기로 움직이는 차로 전부 교체할 필요가 있다고 말했다. 그러나 기후를 구하려면 더 많은 대책이 필요하다. 단순히 한 종류의 자동차를 다른 종류의 자동차로 대체하는 것 이상으로 차와 우리의 관계 자체를 재고할 필요가 있다. 그런 노력도 이미 시작되고 있다. 전 세계에서 오래도록 이어진 시내 도로의 자동차 독재 체제는 마침내 도전을 받고 있다. 아직 잠정적이면서 아주 드물게 승전고가 울리고 있지만 점점 잦아지고 있다.

우리는 온실가스 배출을 줄이고 기후를 구하는 일에 몰두하는 사람이라면 누구나 이 폭넓은 도시 의제를 받아들여야 한다고 믿는다. 이는 우리 도시를 더 살기 좋은 곳으로 만들자는 목표와 다를 바 없다. 설령 탄소 배출이 현안이 아니더라도 이런 변화는 바람직하겠지만, 실제로 자동차 위주의 도시와 걷기 좋은 도시의 탄소 배출량은 뚜렷한 차이를 보일 수 있다. 세계에서 자동차에 가장 많이 의존하는 대도시 중 하나인 휴스턴에서는 한 사람이 자동차로 하루 평균 60킬로미터를 돌아다닌다. 대조적으로 도심지가 빽빽하게 몰려 있고 대중교통 시스템이 교외까지 잘 연결되어 있는 시카고는 한 사람이 하루에 자동차로 이동하는 거리가 겨우 30킬로미터를 조금 넘는 수준으로, 탄소 배출량이 46퍼센트나 더 적다.⁴

도시 개혁에는 정치적 용기와 대중의 지지가 필요할 뿐만 아니라 시간도 걸린다. 파리 도심으로 진입하는 차량을 줄이기 위해 많은 변화를 이루는 데는 수십 년이 걸렸다. 뉴욕에서는 혼잡 통행료를 걷기 위한 법을 제정하는 데 10년이 넘는 시간 동안 정치적 다툼을 벌여야 했다. 로스앤젤레스는 얼기설기 뻗은 큰 도로와 교외 지역의 복합체인 이 도시를 대중교통 시스템을 통한 살기 좋은 도시로 전환하려는 시도를 30년째 하는 중이지만 완결되려면 아직 멀었다. 기후 변화와 관련 문제들에 대처하려는 정치적 의지가 높아질 때, 새로운 도시 계획은 희망의 등대가 된다. 그러나 그 앞에는 해결해야 할 몇 가지 큰 문제들이 어른거리고 있다. 과연 우리는 2050년 이전까지 탄소 배출량에 두드러지는 차이를 보여주는 수준으로 선진국의 도시들을 변화시킬 수 있을까? 그리고 개발도상국에서 혼란스럽게 도시화가 진행되고 있는 지금, 과연 인류는 과거에 저질렀던 실수를 되풀이하는 일을 피할 수 있을까?

무엇이 잘못되었을까

세계에서 운 좋게도 가장 발전된 나라나 개발도상국의 가장 번영하는 도시에 사는 약 30억 명은 인류 역사의 그 어떤 시기보다도 여러 면에서 훨씬 나은 생활을 하고 있다. 과거에 치명적이었던 질병은 완치 가능해졌다. 기대 수명도 높아졌다. 영아 사망률은 급감했다. 깨끗한 물, 충분한 식량, 실내 배관을 비롯한 삶을 편하게 하는 것들을 당연시하면서 살아간다. 기술은 우리 손으로 기적을 일으킬 수 있게 해주었다.

그러나 이 모든 개선이 이루어지고 있던 20세기의 수십 년 동안, 서구 세계의 시민들은 자신들에게 친숙했던 좋은 것을 거의 잊고 말았다. 그들은 즐기며 사는 도시를 건설하는 일을 중단했다. 전형적인 미국 도시 출신이라면, 활기차고 걷기 좋고 생동하는 해외의 유서 깊은 도시를 방문할 때마다 무언가 잘못되었다는 느낌을 받곤 한다. 공원과 카페, 활기찬 거리가 특징인 암스테르담을 방문했다가 애틀랜타처럼 본인이 살던 곳으로 돌아오면, 어디로 눈을 돌리든 보이는 높은 건물의 밋밋한 벽과 넓은 주차장으로 가득한 혼잡한 도시를 걸으면서 여기에서 대체 무슨 일이 벌어진 것일까 하는 궁금증이 일 수도 있다.

짧게 답하자면 바로 자동차 때문이다. 애틀랜타의 횅한 건물들 중 상당수는 사람들이 지하 주차장으로 차를 몰고 들어가서 낮의 내리쬐는 햇빛에 노출되지 않은 채 승강기를 타고 사무실로 직행하도록 한다는 개념을 토대로 설계되었다. 많은 이가 이대로 행동한다. 교외 지역에서부터 기약 없이 정체되는 75번과 85번 주간 고속도로를 타고 한 시간 남짓 운전한 뒤 지친 채로 사무실에 들어가곤 한다. 애틀랜타 도심은 멀찍이서 보면 진짜 도시처럼 보인다. 그리고 실제로 도시 내에서도 오래된 지역은 좀 쾌적하다. 그러나 가까이 다가가면 다가갈 수록 도심의 상당 지역은 죽어 있고 지루하다. 이런 문제는 그저 일어난 것이 아니다. 일어나도록 허용된 것이다.

설령 우리 대다수가 그런 문제들을 느낄 수 있다고 해도, 현대 도시에서 정확히 무엇이 잘못되었는지를 간파하려면 눈을 좀 훈련시켜야 한다. 도로는 도시의 정맥이며, 전형적인 미국 도시는 거의 전적으로 자동차를 통해서만 다니는 곳에 고가의 부동산이 있다. 일부 도심에는 도로와 주차장이 땅의 절반을 차지한다. 이는 거리를 보행자, 말, 짐마차, 자전거, 전차, 심지어 열차가 함께 썼던 방식에서 근본적으로 벗어난 변화다. 제2차 세계대전 이후에 다른 모든 유형의 교통 수단은 퇴출되었다. 자동차가 거리를 장악하면서 대중교통 수단은 기나긴 쇠퇴의 길을 걷기 시작했다. 100년 전 미국의 많은 도시는 지금보다 더 나은 다양한 대중교통 수단들을 지니고 있었다. 길을 다니다 보면 옛날에 쓰던 오래된, 지금은 쓰지 않아 녹슬고 있는 전차 선로와 마주치기도 한다. 20세기 후반기에 투자자들은 이런 시스템을 외면하고 새로 등장한 큰 도로의 왕에게 투자했다. 바로 자동차였다.

현재 미국에서는 자동차가 우월하다는 인식이 너무나 확고하기 때문에 많은 이는 법규가 걷기와 자전거 타기에 지나치게 불리한 쪽으로 편향되어 있다는 사실을 알아차리지 못한다. 도시 교통 공학자들은 도로를 더 안전하게 만든다는 명목하에 도로를 넓히지만, 그들이 실제로 하고 있는 일은 그저 도시의 동네를 관통하는 축소판 고속도로를 만드는 것이나 다름없다. 차량 속도를 줄여 마땅한 곳에서 속도를 더 높이도록 말이다. 시의 법규는 대개 건축업자에게 주차 공간을 더 많이 만들 것을 요구한다. 이는 본질적으로 쇼핑객이나 아파트 임차인에게 주차비를 지원하도록 강요함으로써 주차비를 사회화하는 방식이다. 또 그런 법규는 건축업자가 도시 거리에 휑한 벽을 높이 세우도록 허용하곤 한다. 공공 정책은 걷거나 자전거를 타거나 화창한 날이면 밖에 앉아 있고 싶어 하는 사람들을 위해 거리와 거리 풍경이 쾌적하도록 조성해야 한다. 요즘 도시 계획을 잘하는 도시들은 휑하기만 한 벽을 세우는 개발 계획을 거부한다. 개발업자에게 1층에 상점을 마련하고, 소공원이나 광장, 야외 의자, 자전거 거치대 등 보행자와 자전거 이용자를 위한 편의 시설을 만들도록 요구한다.

요즘의 계획 범죄는 아주 흉악하긴 하지만, 사실 20세기의 크나큰 범죄에 비하면 새 발의 피라고 할 수 있다. 바로 도시 무료 고속도로 건설이다. 무료 고속도로라는 이름은 심하게 잘못되었다. 그 어떤 의미에서도 사실상 무료가 아니기 때문이다. 엄청난 비용을 쏟아부어 왔다. 물론 20세기 중반에 이루어진 약 68,400킬로미터의 미국 주간 고속도로 건설이 엄청난 공학적 업적이었다는 것은 분명하다.[5] 당시를 기준으로 역사상 규모가 가장 큰 공공 사업이었다. 당시의 정치인들로서는 그 일이 가능하다고 내다본 것 자체가 엄청난 상상의 도약이었다. 그러나 그 건설은 미국인들이 자동차에 완전히 굴복한 순간을 가리키는 것이기도 했다. 도시 지형을 완전히 개조해서 국가를 세계의 석유 탐식가로 만들었다. 역사의 대부분에 걸쳐서 영리를 목적으로 하는 민간 사업 형태로 운영되었던 미국의 상용 여객 열차 서비스가 공적 자금에 의존하게 된 시점이 주간 고속도로 체계가 완공된 시점과 일치하는 것은 결코 우연이 아니다.

아마 자동차의 시대에 미국의 도시들을 빠른 도로로 연결하는 것은 불가피한 일이었겠지만, 도시의 심장부를 고속도로로 조각내는 것도 피할 수 없는 일이었을까? 규모가 좀 되는 미국 도시들은 대부분 도심까지 직접 관통하는 고속도로가 하나 이상 있는데, 고속도로를 새로 깔기 위해서 아파트, 학교, 공원은 찢겨 나가야 했다. 어느 도시든 간에 가장 손꼽을 만한 곳이었을 강이나 호수, 만의 가장자리는 고속도로를 위해 내놓아야 할 때가 많았다.

고속도로 계획이 세워질 때면 지역 지도자들은 어느 동네를 파괴할지 결정을 내려야 했다. 잘려나간 곳이 부유한 백인 동네는 아니었을 거라고 쉽게 추측할 수 있을 것이다. 많은 유서 깊은 흑인 동네는 고속도로 건설 열풍이 불 때 중심지가 깎여나갔고, 인종 차별이 이런 결정을 부추겼다는 점 역시 명백하다. 리처드 로스스타인Richard Roth-stein은 미국의 인종 차별을 다룬 책 《부동산, 설계된 전망》에서 미국주도로교통행정관협회American Association of State Highway Officials의 로비스트 앨프레드 존슨Alfred Johnson이 주간 고속도로 건설을 지원하는 법이 1956년 의회에서 통과되었을 때를 회고한 말을 인용했다. "1950년대 중반에 일부 도시 공무원들은 도시 주간 고속도로가 지역의 '깜둥이 동네niggertown'를 밀어버릴 좋은 기회를 줄 것이라고 말했다."[6]

고속도로 건설 열풍이 불 때 이런 식으로 흑인 동네를 의도적으로 파괴한 사건들은 단순히 역사적으로 부당한 일이 벌어졌다고 여기고 넘어갈 일이 아니다. 지금까지도 도시 고속도로 양쪽에 단절된 채로 남아 있는 동네에 사는 가난한 흑인과 히스패닉계 아이들은 온종일 자동차 배기가스를 들이마시고 있으며, 천식 같은 호흡기 질환에 시달리는 비율도 높다. 이런 의미에서 그리고 다른 의미에서도 화석 연료 경제는 유색 인종의 몸에 지속적으로 공격을 가해왔다.

도시 고속도로는 다른 쪽으로도 해로운 영향을 미쳤는데, 백인들에게 도심으로부터 탈출할 방법을 제공했다는 점이다. 1950년대 이후에 드넓게 교외 주택 단지들이 형성된 것은 고속도로 덕분에 가능해진 것이며, 교외 지역은 전후 중산층의 베드 타운이 되었다. 백인들이 (그리고 분명히 꽤 많은 수의 중산층 흑인들이) 교외 지역으로 빠져나갈 때, 그들이 낼 세금도 함께 빠져나갔다. 샌타바버라카운티에 있는 캘리포니아대학교의 연구자 클레이턴 널Clayton Nall은 흑인이 주류인 도시와 그 도시를 에워싸고 있는 백인이 주류인 교외 지역의 이 지리적 분리가 이 시대의 정치 양극화의 뿌리 중 하나임을 밝혔다.[7] 교외 지역은 도시를 경멸하고 기꺼이 버리고 떠난 점증하는 보수주의 운동의 근거지가 되었다. 도시와 교외 지역의 이 선명하게 갈라진 인종적 분리는 최근 일부 근교 지역이 인종적으로 더 다양해짐에 따라 정치적 유대 관계에도 변화가 일어나면서 훨씬 복잡한 양상을 띠기 시작했다.

요약하자면 현재 미국의 가장 첨예한 문제들 중 상당수는 서로 연결되어 있다. 인종차별주의와 인종 불안은 교외화 현상을 부추겼고,

교외화는 극단적인 자동차 의존으로 이어졌으며, 그 결과 현재 자동차는 우리의 주된 온실가스 배출원이 되어 있다. 그러나 고속도로 이야기가 비애로만 이루어진 것은 아니다. 일찍이 1950년대 말 이후로 이야기는 전혀 다른 방향으로 흘러가기 시작했다. 고속도로 공학자들로부터 자기 도시의 운명을 되찾는 시민들의 이야기, 민주주의 강화의 이야기 등 20세기에 일어난 이 운동 속에서 우리는 21세기 시민의 표본을 본다.

고속도로 건설에 맞서 처음으로 큰 승리를 거둔 사건이 1950년대 말 샌프란시스코에서 일어났다. 시민들이 사랑해 마지않는 골든게이트 공원을 관통해 고속도로를 놓겠다는 계획을 막고자 직접 들고 일어나면서였다. 1960년대에 위대한 도시 전문가 제인 제이컵스Jane Jacobs는 소호와 리틀이탤리라는 두 동네의 상당 지역을 싹 밀고서 고속도로를 건설하겠다는 뉴욕의 실세 로버트 모지스Robert Moses에게 맞서 그 지역을 지키는 운동을 이끌었다. 전국에서 고속도로 건설에 반대하는 사람들은 시위행진을 벌이고, 정치인들에게 나설 것을 촉구하고, 때로 몸으로 불도저를 막기도 했다. 고속도로 반대 운동이 위세를 떨치자 일부 계획은 취소되었다. 이미 건설을 시작했지만 취소하는 사례도 나타났다. 캘리포니아주 패서디나에는 710번 주간 고속도로를 연장하기 위해 팠던 거대한 구멍이 지금도 남아 있다.[8] 전국 각지에 그렇게 공사 도중 중단된 고속도로의 흔적이 남아 있다. 고속도로 공학자들의 전망이 미완성으로 끝났음을 보여주는 기념비들이다.

물론 도시의 심장부를 날려버리고 고속도로를 까는 행동은 도시를 도시답게 만드는, 걷기 좋은 인간적인 규모의 거리 풍경을 파괴했다. 20세기 중반부터 도시 계획가들과 도시 전문가들은 제이컵스의 활약에 깊은 영향을 받아서 고속도로 건설뿐만 아니라 거의 모든 도시 거리를 독재적으로 장악함으로써 자동차가 얼마나 많은 피해를 입히고 있는지를 이해하기 시작했다. 차선을 더 만들기 위해서 인도는 계속 좁아지고 있었다.[9] '주차parking'라는 용어 자체는 수도 워싱턴의 쾌적한 거리 옆 공원 부지가 차들을 세우는 곳으로 쓰이면서 생겨났다. 그리고 자동차에서 배출되는 오염물질이 스모그라는 역한 연무가 되어 도시를 뒤덮었고, 그 결과 아이들이 호흡 곤란에 시달리면서 병원 신세를 져야 했다.

이 20세기의 선구적인 도시 전문가들은 해결책을 제시하기 시작했다. 인간 척도human scale를 기준으로 걷기 좋고 자전거를 타기 좋으면서 활기찬 거리 풍경으로 복원하자는 것이었다. 그러나 교통 공학자들이 도시 계획을 맡고 있고, 운전자들이 강력한 정치적 후원자들이기에 개혁은 중단되었다. 반세기가 지난 지금에야 비로소 우리는 그 최고의 착상이 대규모로 시행되는 것을 보기 시작했다. 북아메리카에서 캐나다의 두 도시 밴쿠버와 토론토는 그 일에 앞장서고 있다. 자동차뿐만 아니라 걷거나 자전거나 스쿠터를 타는 사람들에게도 좋은 거리 풍경을 조성하고 있다. 네덜란드나 덴마크를 방문하는 이들은 그곳이 자전거가 발명된 이래로 자전거 친화적인 나라였을 것이라고 상상하겠지만 그렇지 않다. 그들의 자전거 문화와 자전거를 지원하는 방대한 시설은 20세기 후반의 수십 년에 걸쳐서 힘들여 구축한 것이다.[10] 방대하다는 말은 일부러 쓴 것이다.[11] 네덜란드의 도시 위트레흐트에는 무려 자전거 12,500대를 세울 수 있는 전용 주차장이 있다!

우리는 이런 유형의 지능형 도시intelligent city 만들기, 즉 우리가 도시 재생city repair이라고 부를 계획이 기후 위기의 가장 중요한 해답 중 하나라고 본다. 그리고 이 해답은 선진국의 부유한 도시들에만 해당되는 것이 아니다. 가장 흥분되는 발전 중 일부는 아찔한 속도로 도시화가 이루어져 온 개발도상국에서 나타나고 있다.

빠른 버스

1월의 어느 아침 8시 5분, 탄자니아에서 가장 큰 도시 집적체로 넓게 뻗어나가고 있는 다르에스살람의 서쪽에 있는 교외 지구인 키마라 므위쇼의 한 버스 정류장이었다. 이곳은 버스를 타려는 사람들로 가득했고, 도시로 가려는 사람들이 버스 표를 사기 위해 몰려들었다. 요금은 어른은 28센트, 학생은 8센트에 해당했다. 사람들은 탑승 줄에 서기 위해 서로 밀쳐대고 있었고, 도착하는 버스가 이미 만원이어서 기다려야 할 때도 있었다. 잘 모르는 사람은 개발도상국에서 으레 볼 수 있는 과밀 상태의 미흡한 버스 체계를 떠올릴지도 모르겠다.

그러나 이 버스 정류장과 이를 포함하는 더 큰 버스 운송 체계는 다르에스살람 주민들에게 신의 선물이었다.[12] 이 특수한 유형의 버스 시스템은 전 세계에서 통근 시간을 줄이고 교통 체증을 줄이는 역할을 하고 있다.

노련한 사진 기자이자 키마라 므위쇼에 사는 주민 이매뉴얼 허면Emmanuel Herman은 도심에서 약 11킬로미터 떨어진 외곽에 산다. 자가용으로 출근했던 그는 다르에스살람의 교통 체증 때문에 길에서 2시간 가까이 허비한 적도 있었다. 지금은 더 이상 굳이 귀찮게 운전하지 않는다. 새로운 버스 체계 덕분에 40분 안에 출근할 수 있으며, 딱 맞추어서 급행 버스를 탄다면 30분 만에 도착할 수도 있기 때문이다. 자가용 이용이 줄었을 뿐 아니라 삶의 질도 나아졌다. 허먼은 우리와의 인터뷰에서 이렇게 말했다. "예전에는 가족과 함께할 시간이 거의 없었어요. 그런데 지금은 아이들이 자기 전에 집에 도착해요." 다르에스살람의 직업 훈련소에서 일하는 찰스 마풀리Charles Mapuli도 비슷한 삶의 변화를 즐겼다. 그는 버스 연결망 덕분에 통근 시간이 어림잡아 3시간에서 80분으로 줄었다고 말했다.

새로운 체계가 사람들로부터 높은 평가를 받게 된 비결이 무엇일까? 버스는 다니는 구간의 대부분에 걸쳐서 다른 종류의 차가 들어오지 못하는 전용 차선을 달린다. 이 버스 체계는 지금도 발전을 거듭하고 있으며, 버스가 신호등에 신호를 보내면 신호등은 버스가 도착할 즈음에 저절로 녹색등으로 바뀌는 시스템으로 완성될 것이다. 2016년에 운영을 시작한 초기 형태도 엄청난 인기를 끌었기에 당국은 서둘러 이 체계를 확대하는 데 나섰다. 앞으로 버스 수백 대를 더 투입할 계획이다. 이 체계를 관리하는 다르에스살람급행버스교통국Dar es Salaam Rapid Bus Transit Agency의 국장 로널드 르와카타르Ronald Rwakatare는 이렇게 말했다. "그전까지는 심한 교통 체증과 시간 낭비 같은 심각한 교통 문제가 있었어요. 경제에 부담을 주고 있었죠. 우리의 계획은 대중교통을 완전히 혁신시키고 있어요."

다르에스살람에는 지하철이 없으며, 탄자니아에는 지하철을 건설하는 데 필요한 예산인 수십억 달러도 없다. 그러나 이 도시는 세계에서 가장 빨리 성장하는 곳 중 하나이며, 대도시권의 인구는 앞으로 10년 사이에 두 배로 늘어난 1000만 명에 달할 것으로 예상된다. 세계의 '거대 도시megacity'에 속하게 될 것이다. 시가 구축하고 있는 유형의 버스 체계는 간선 급행 버스Bus Rapid Transit, BRT라고 하며, 모든 요소가 잘 갖추어지면 지하철과 비슷한 속도를 그 10분의 1도 안 되는 비용으로 이뤄낼 것이다. 정부는 더 나아가 청정 전기를 제공하는 댐이 완공되고 나면, 버스를 전기로 운행한다는 계획도 세우고 있다.

다르에스살람 같은 도시에서 대규모 대중교통 체계를 이용하지 않는다고 할 때 그 대안은 늘어나는 자동차 이용과 그에 따른 오염 증가에 시달리는 것이 전부다. 인도의 뉴델리, 멕시코의 멕시코시티, 중국의 급성장하는 산업 도시 등 너무 많은 곳에서 이미 그런 일이 일어나고 있다. 이런 도시들에서 시민들이 이용할 저렴하면서 실용적인 방법을 찾는 일은 그들의 삶의 질을 개선하는 데 대단히 중요하다. 그리고 앞서 설명했듯이 지구 온난화를 일으키는 온실가스 배출도 줄인다. 그러나 이런 단계들을 밟아 나아가기란 정치적으로 어려울 것이다. 도심으로 차를 몰고 들어갈 때 통행료를 내야 하는 것처럼 지갑에서 돈을 꺼내가는 것에 동의하라고 요구받을 때는 탄소 배출량 감축의 혜택이 현실과 좀 동떨어진 일처럼 여겨질 수 있다. 그러나 대중교통을 개선하고 거리를 걷기 좋은 곳으로 만드는 식으로 직접적이면서 즉시 혜택을 안겨줄 가능성이 높은 정책이라면 지지하기가 훨씬 쉬워질 것이다. 실제로 미래를 생각하는 이들은 그런 것들을 이미 요구하기 시작했다.

도시 재생

뉴욕의 시 공무원들은 초조했다. 스웨덴의 스톡홀름 공무원들처럼 이들도 내키지 않아 하는 도시에서 사회 실험을 시도하려 하고 있었다. 이들은 브로드웨이의 긴 구간에 교통을 차단함으로써, 혼란스러운 각도로 다른 두 거리와 만나 오래도록 교통 정체를 유발해온 지점인 타임스퀘어를 보행자 광장으로 전환해보자고 뉴욕 시장 마이클 블룸버그Michael Bloomberg를 설득했다.

시 당국은 거리에 놓을 의자를 주문했지만 도착이 늦어졌고, 그 바람에 중요한 날이 가까워질수록 관계자들은 속이 터져 죽을 것 같았다. 도시 계획자들은 서둘러 브루클린의 대형 철물점 매장들을 뒤져서 화려한 색깔의 해변 의자 376개를 개당 10.74달러씩 주고 샀다.

차량 통행을 통제할 날이 다가왔지만, 어떤 일이 벌어질지는 아무도 짐작하지 못했다. 타블로이드판 신문들은 교통 지옥이 열릴 것이라고 예측하고 있었다. 택시 기사들은 세계에서 가장 바쁘게 돌아가는 도시를 관통하는 가장 중요한 경로를 잃게 되었다고 화를 냈다.

블룸버그 시장이 이 계획을 실행하도록 설득하는 일에 앞장섰던 교통국장 재닛 사디크칸Janette Sadik-Khan에게 일을 진행하라고 지시했다.[13] 주황색 통행 차단 고깔이 세워지면서 브로드웨이가 막혔다. 도로 한가운데에 해변 의자 376개가 놓였다. 뉴욕 시민들과 방문객들이 검은 아스팔트가 깔린 새 광장을 싫어할 것이라는 예측과 정반대로 수천 명의 사람들이 그곳으로 몰려들었다. 해변 의자는 몇 분 지나지 않아서 모두 채워졌고, 사람들은 환하게 웃음을 터뜨렸다. 음료수를 마시기도 하고 사진도 찍었다. 매일 밤 늦게까지 같은 장면들이 펼쳐졌다. 타임스퀘어는 이미 유명한 거리였지만 매일같이 온갖 거리 공연 예술이 펼쳐졌다. 사람들은 담황색 네이키드 카우보이Naked Cowboy 주위로 우르르 몰려들어서 그의 공연을 지켜보았다. 몇 달 지나지 않아서 당국은 해당 구간의 차량 통행을 영구히 차단한다고 발표했다. 브로드웨이에서 타임스퀘어를 거쳐서 남쪽으로 일곱 개 블록을 지나는 헤럴드 스퀘어까지 차량 통행이 차단되었다. 해변 의자 대신에 작은 탁자와 의자도 설치했다.

그 뒤로 여러 해 동안 이 지역의 상업은 호황을 누렸고, 타임스퀘어는 폭넓게 새 단장을 거치면서 세계의 쇼핑 중심지 중 하나가 되었다. 상가 임대료는 두 배, 이어서 세 배로 뛰었다. 다른 도시들도 뉴욕의 사례를 본받아서 차량이 차지했던 공간을 보행자에게 넘겨주었다. 뉴욕도 다섯 개 독립구에 걸쳐서 이런 광장을 60곳 이상 조성했다.

그러나 가장 이상한 점은 브로드웨이가 막히자 미드타운 맨해튼의 교통 상황이 오히려 개선되었다는 것이다. 여러분은 어떻게 가능한 것인지 물을 것이다. 사실 이유는 아주 단순했다. 시 당국은 별난 각도로 여러 다른 거리들과 만나는 거리를 막음으로써 혼란을 일으키는 교차로를 없애고 운전자와 보행자 모두를 더 단순하면서 더 긴 길로 돌아가도록 만들 수 있었다. 도로의 차량 수용량이 줄어들었음에도 타임스퀘어와 가장 가까운 도로에서 차량 속도는 7퍼센트 더 빨라졌다. 교통 사고 부상자도 60퍼센트 이상 줄었다. 차량은 정체 구간에서 그대로 멈춰 선 채 계속 헛되이 연료를 낭비하는 만큼, 차량 속도가 빨라짐에 따라 탄소 배출량도 줄어들었을 가능성이 높다.

이는 공용 공간을 자동차로부터 회수하려는 전 세계에서 일어나는 노력 중 작은 하나의 사례에 불과하다. 교통량을 절반으로 줄이기위해 파리가 해왔던 것과 마찬가지로 뉴욕의 변화도 기본적으로 하향식이었다. 그러나 당국의 생각이 아직 덜 깨어 있는 전 세계의 많은 도시에서는 시민들이 스스로 문제를 해결하기 위해 나서곤 한다.

이런 운동을 전술적 도시론tactical urbanism이라고 하는데, 의미는 용어 그대로다. 효과가 있는지 알아보기 위해서 공용 공간 중 일부를 시험적으로 재생해보자는 것이다. 대개 일시적인 시범 사업을 통해서 효과가 있다고 드러난다면, 그 방향으로 영구적인 변화를 택하자는 것이 목표다. 시민들은 횡단보도가 필요한 도로에 임시로 페인트를 칠해서 횡단보도를 만들곤 한다. 또 페인트와 안전 고깔을 써서 임시 자전거 도로를 만들기도 한다. 쓰이지 않는 주차장을 임시 미술 전시장이나 노천 카페로 바꾸기도 한다. 매번 효과가 있는 것은 아니지만 도시에는 이런 새로운 유형의 항의 방식을 토대로 수백 가지 변화가 이루어져 왔다. 우리는 이 운동을 도시 계획의 민주화라고 본다. 자동차는 물론이고 다른 거리 이용자들을 희생시켜 맹목적으로 운전자를 편들어 온 교통 공학자들로부터 거리를 되찾으려는 시민들의 노력이다.

그러나 도시 재생이라는 이 원대한 계획은 거리를 바로잡는 것만으로는 부족하다. 우리는 밀도 문제도 다루어야 한다. 많은 도시는 주택 부족에 시달리며, 그 결과 소득이 증가하는 것보다 주택 가격이 증가하는 속도가 훨씬 빨라졌다. 이 문제는 적어도 어느 정도는 건축업자가 수요에 충분히 대응할 수 있게 집을 짓는 것을 본질적으로 불가능하게 만드는 도시 용도 구역 법규 때문이다.

이 복잡하게 얽힌 문제를 풀기는 쉽지 않겠지만 도시는 노력을 시작했다. 단독 주택이 주로 들어서 있는 수많은 지역에 별채granny flat를 덧붙이는 것을 합법화한 도시가 최근에 늘어났다. 이는 자기 집 뒤쪽이나 차고 위로 증축을 해서 임대할 수 있다는 뜻이다. 이런 별채는 독신자나 학생에게 임대할 수 있고, 신혼 부부의 첫 집이나 퇴직자에게도 합리적인 대안이 될 수 있다. 다른 혜택으로는 자금이 부족한 집주인은 세를 받아서 주택 담보 대출금을 상환하는 데 쓸 수 있다는 점이 있겠다. 도시가 취할 수 있는 가장 대담한 조치는 단독 주택 지구를 완전히 없애는 것이다. 최근 미니애폴리스가 이 방법을 취했다. 시의회가 첨예한 공개 토론 끝에 12 대 1로 조례를 통과시켰고, 미니애폴리스에서는 건축업자가 현재 단독 주택이 서 있는 자리에 최대 세 가구가 살 수 있는 다가구 주택이나 공동 주택을 합법적으로 지을 수 있게 된다. 그렇다고 해서 단독 주택이 불법이 된다는 의미는 아니다. 시장이 요구한다면 건축업자는 얼마든지 단독 주택을 계속 지을 것이다. 그러나 시장이 더 촘촘하게 집을 지을 것을 요구한다면, 집주인이나 개발업자는 단독 주택 부지에 더 많은 사람이 살 공동 주택을 지을 수도 있다. 이 전환이 이루어지기까지는 수십 년이 걸리겠지만, 미니애폴리스는 주거 밀도가 높고 더욱 활기차고 물가는 낮아지는 도시가 될 가능성이 높다. 주거 밀도를 높이는 이런 조치를 주 차원에서 제도화할 수도 있다. 캘리포니아주와 오리건주는 최근에 넓은 지역에 걸쳐서 단독 주택 구역을 사실상 폐지하는 법을 제정했다. 도시 구역에서 현재는 대개 한 채만 지어지는 부지에 네 가구가 살 수 있는 공동 주택을 지을 수 있도록 허용한다.

도시의 밀도 증가는 이동 필요성을 줄임으로써, 간접적으로 탄소 배출량을 줄이는 데 도움이 될 것이다. 물론 도시가 더 조밀해질수록 열차와 버스의 이용도도 높아진다. 최근 수십 년 사이에 일어난 이상한 실패 사례 중 하나는 도시가 역 주위에 고밀도 주거지와 상점을 허용하거나 장려하지 않았다는 것이다. 샌프란시스코, 로스앤젤레스, 애틀랜타를 비롯한 많은 도시에서 이런 양상을 볼 수 있다. 값비싼 열차들이 교외의 저층 개발 지역을 수 킬로미터씩 지나간다. 대조적으로 수도 워싱턴 외곽의 몇몇 소도시에는 열차역을 중심으로 조밀하게 주거 단지가 잘 조성되어 있어서, 수천 명이 쉽게 걸어갈 수 있는 거리 내에서 대중교통을 이용한다. 2021년 말에 캘리포니아주는 대중교통 노선을 따라 고밀도 주택 개발을 장려하는 법도 제정했다. 시간이 흐르면 샌프란시스코와 로스앤젤레스도 실패 중 일부를 바로잡을 수 있을 것이다.

물론 주거 밀도 측면에서 가장 문제가 되는 지역이 어디인지는 명확하다. 바로 미국의 교외 지역이다. 미국의 도시들을 에워싸고 있는 넓이만 수천 제곱킬로미터에 달하는 주거 단지들이나 전적으로 자동차에 의존하는 생활 방식을 유지해야만 하는 지역들은 어떻게 해야 할까? 이런 곳에 사는 이들은 어디를 가든 운전을 해야만 하므로, 이런 개발 양상 역시 우리 기후 문제의 주요 원인 중 한 측면이라고 봐야 마땅하다. 한 가지 해결책은 정치적으로 실현 가능하다면 교외 지역의 밀도를 높이는 것이다. 토지 가격은 이 방향을 선호하는 양상을 띠기 시작하고 있다. 많은 교외 지역에서는 건물을 새로 지을 만한 땅이 거의 없고, 있더라도 너무 비싸진 탓에 타운하우스나 저층 공동 주택을 지을 수 있도록 이미 구역 지정 요건을 수정한 곳이 많다.

그러나 우리는 현실적이기도 하다. 미국의 교외화는 하룻밤 사이에 이루어진 것이 아니며, 되돌리는 일 역시 하룻밤 사이에 이루어지지 않을 것이다. 그리고 굳이 이사하지 않고서도 해결에 어느 정도 보탬이 될 만한 방법들이 있다. 여러분이 자가용이 있어야 하는 곳에 산다면, 우리는 전기차를 구입하기를 적극 권한다. 가스로 난방을 하는 커다란 집에 산다면, 단열을 더 치밀하게 하고 열펌프로 바꾸기를 권한다. 그러면 에너지를 훨씬 적게 쓸 뿐만 아니라 그 에너지를 재생에너지원으로부터 공급받을 수 있을 것이다. 이미 앞서 우리는 신축 건물의 에너지 사용량을 줄일 일련의 정책들, 특히 엄격한 건축 법규를 살펴보았다. 교외 주택은 특성상 낭비가 심한 만큼, 여전히 단독 주택이 지어지는 곳에서는 지체 없이 그런 정책을 시행할 필요가 있다.

도시 건설 방식

지금까지 우리는 오래된 도시의 재생을 논의했지만 문제는 그보다 훨씬 크다. 전 세계에서 새로운 도시가 계속 건설되고 있기 때문이다. 인류의 미래는 도시의 미래다. 오늘날 75억 명에 달하는 세계 인구의 약 절반은 도시에 산다. 2050년경에는 110억 명으로 늘어난 인구 중 약 80억 명은 도시에서 살아갈 것이다. 다시 말해, 앞으로 수십 년 사이에 세계의 도시 지역 인구는 두 배로 늘어날 것이다. 그러나 이 추세를 이끄는 것이 인구 성장만은 아니다. 더 나은 직업을 구할 수 있기를 바라면서 농어촌에서 도시로 이동하는 인구 물결이 지금도 이어지고 있기 때문이다. 부유한 국가에서는 이 이동이 한 세기 전에 일어났지만, 지금은 전 세계에서 일어나고 있다. 현재 매주 지구에는 파리만 한 면적의 도시가 추가되고 있다.

지구의 도시화는 이미 엄청난 건축 열풍이 불고 있지만 앞으로 그 업계가 더욱 호황을 누릴 것이라는 의미다. 다행히도 개발이 제대로 이루어지면, 도시는 온실가스를 덜 배출할 뿐 아니라 깨끗해진 공기, 줄어든 교통량과 소음, 도보 거리 내 풍부해진 쇼핑, 오락, 교육의 기회를 주민들에게 제공할 것이다. 그렇다면 많은 나라에서 하고 있

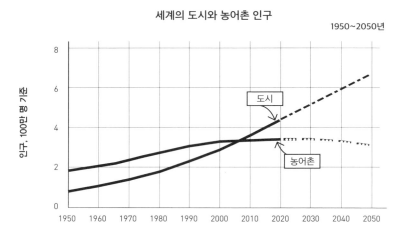

세계의 도시와 농어촌 인구

1950~2050년

인구, 100만 명 기준

도시

농어촌

1950 1960 1970 1980 1990 2000 2010 2020 2030 2040 2050

듯이 맨땅에서부터 새로운 도시를 건설한다면 어떻게 해야 나열된 목표들을 충족시킬 수 있을까?

새 도시의 생애에서 초기 패턴을 설정하는 시기가 대단히 중요하다. 오래전 시카고의 대니얼 버넘Daniel Burnham과 워싱턴의 피에르 랑팡Pierre L'Enfant 같은 도시 계획자들은 우리가 어떻게 이동하는지, 직장 생활과 가정 생활을 어떻게 연결하는지 등에 영향을 미치는 패턴을 확정했는데, 이는 그 뒤로 죽 우리에게 영향을 미치고 있다. 현재 중국은 바로 이런 유형의 형성기에 있다. 인류 역사상 가장 빠르게 대규모의 사회적 변화를 겪고 있는 중국은 지난 30년 동안 5억 명 이상의 중국인이 빈곤 상태에서 벗어났다. 이는 대체로 사람들이 시골에서 도시로 이동함으로써 이루어졌다. 이 이동은 모든 현대 경제의 엔진이기도 하다. 1978년 도시에 사는 중국인이 2억 명에 불과했다면 지금은 5억 명이 넘으며, 2030년에는 3억 명이 더 늘어날 것으로 본다. 그 말은 10년 안에 중국의 도시 인구가 미국 인구 전체만큼 늘어날 것이라는 의미다.

따라서 도시의 기본 패턴을 제대로 정하는 것이 대단히 중요하다. 이런 결정이 항구적인 영향을 미치기 때문이다. 안타깝게도 현재 중국의 도시 구획 방식은 교통 혼잡을 불러일으키고 장거리 이동을 강요하게 만든다. 다차선 대로를 따라서 아주 길게 이어지는 슈퍼 블록superblock을 배치하고 주거지를 직장, 쇼핑, 오락 공간과 더욱 분리하는 구조적 선택은 되돌리기 어려운 결과를 낳는다. 도시는 침투하고 뒤섞여야 한다. 그 말은 소련과 20세기의 현대 도시 계획자들을 아주 흐뭇하게 했던, 웅장함을 거부해야 한다는 의미다.

사람들은 하루 동안 해야 할 일이 많다. 학교에 가고, 직장에 가고, 동네 공원에도 가고, 상점에도 가고, 병원에도 가고, 지역 행사에도 가고, 세탁소에도 가고, 헬스장에도 가야 한다. 이 온갖 일들을 몇 킬로미터씩 오가면서 하도록 분리시킨다면 당연히 차로 이동할 수밖에 없다. 많은 차가 많이 돌아다닌다는 것은 교통량 증가, 교통 체증, 탄소 배출량 증가와 동의어다.

현재 중국의 차량 소유자는 10명 중 1명에 못 미친다. 그럼에도 중국은 엄청난 교통 혼잡에 시달리고 있다. 2010년 베이징은 세계 최대의 교통 체증이 일어난 도시라는 오명을 얻었다. 약 100킬로미터에 걸쳐 일어난 차량 정체가 무려 11일이나 이어졌다. 자동차 이용의 증가가 이제는 이동성 **감소**로 이어지고 있다는 것이 명확하다.

사람들을 차 밖으로 나오게 해서 자전거를 타도록 유도한다는 생각은 중국에서든 서구 세계에서든 간에 유토피아적인 몽상이 아니다. 비가 주룩주룩 내리는 날씨로 유명한 네덜란드의 암스테르담에서는 이동의 3분의 1이 자전거로 이루어지며, 걸어서 다니는 사람들도 그만큼 많으며, 자동차가 차지하는 비율은 겨우 20퍼센트에 불과하다. 북아메리카의 대도시 중에서 캐나다의 밴쿠버는 자동차가 진입하지 못하도록 막은 자전거 도로망을 폭넓게 구축함으로써 자전거 타기를 장려하는 계획을 추진해왔다.

최근에 등장한 전기 자전거는 도시에서 자전거 타기의 전망을 바꾸고 있는데, 때로는 급진적으로 변화시키고 있다. 전기 자전거를 탈 때 사람들의 이동 거리는 3킬로미터에서 그 두 배로 늘어난다. 식료품을 사들고 오거나 아이를 데려오는 일도 쉬워진다. 언덕도 쉽게 오르내린다. 그리고 옷에 땀이 잔뜩 밸 일도 없다. 현재 중국에서는 상용화된 전기 자전거의 수가 3억 대를 넘었으며, 자전거 타기도 급증하고 있다. 공학자와 도시계획자들이 한정된 거리 공간을 자동차보다 자전거가 훨씬 더 효율적으로 이용할 수 있다는 점을 이해하게 되면서였다. 자전거 타기와 걷기는 모든 교통 문제의 해답이 될 수는 없지만 큰 부분을 차지하고 있다.

도시가 기본 도로망을 제대로 구축한다고 할 때, 도시의 성공이나 탄소 배출량에 가장 큰 영향을 미치는 것이 대중교통임에는 의문의 여지가 없다. 콜롬비아의 수도 보고타의 시장 엔리케 페냐로사En-rique Peñalosa는 "발전된 도시는 가난한 사람들조차 자동차를 이용하는 곳이 아니라, 부자들조차 대중교통을 이용하는 도시다."[14]라고 말했다.

그 이유는 이동을 위한 가장 빠르면서도 편리한 방법이기 때문이다. 대중교통이 차선책이라면, 즉 느리고 신뢰할 수 없고 불편하고 지저분한 방안이라면, 어쩔 수 없이 이용해야 하는 수단으로 전락할 것이다. 누구나 가능하면 차를 운전하는 쪽으로 돌아설 것이다. 그리고 이런 사람이 늘어날수록 대중교통의 수익은 줄어들고, 서비스의 질은 떨어지고, 이탈하는 사람이 늘어나면서 결국 쇠퇴는 가속될 것이다.

　　이번 장의 초반에서 언급한 간선 급행 버스 체계는 사실 브라질의 쿠리치바에서 먼저 시행되었다. 제대로만 시행된다면 수십억 달러를 투입해서 지하철을 건설할 여력이 없는 개발도상국의 급성장하는 도시에 적합한 이상적인 해결책이 될 수 있다. 앞서 말했듯이 간선 급행 버스 체계는 지하철 노선을 신설하는 비용의 10퍼센트에도 못 미치는 정도로 지하철에 맞먹는 속도와 수용량을 달성할 수 있다. 비결은 지상의 도로를 영리하게 활용하고 버스 노선을 창의적으로 배치하여, 앞서 배차된 버스가 승객을 태우기 위해 정거장마다 멈추면서 병목 현상이 일어나면 우회를 통해 그곳을 피해가도록 허용했기 때문이다. 첨단 급행 버스 체계는 승강장에 요금 지불 장치가 갖추어져서 승객이 버스에 탈 때 이미 지불이 이루어져 버스가 출발하는 시간도 줄여줄 것이다. 버스는 지하철 객차처럼 차벽 전체가 문으로 되어 있어서 수십 명이 한꺼번에 타고 내릴 수도 있을 것이다. 중국의 광저우는 최근에 하루에만 80만 명이 빠르게 이동할 수 있는 급행 버스 체계를 완성했으며, 중국은 앞으로 5년에 걸쳐서 이런 유형의 버스 노선을 5,000킬로미터 더 구축한다는 계획이다. 우리는 새로운 발명이 부유한 국가에서 먼저 출현해 이후 개발도상국으로 확산된다는 생각에 익숙해져 있지만, 간선 급행 버스 시스템은 반대 방향으로 진행되고 있다. 미국에서 인디애나폴리스, 피츠버그, 리치먼드, 버지니아 같은 도시들은 이와 비슷한 간선 급행 버스 체계를 구축했다. 리치먼드에서는 이 새로운 교통 체계 덕분에 대중교통 이용자가 예측했던 것보다 두 배 더 늘어났다. 시 당국은 이 인기를 바탕으로 버스 노선을 따라 도시 구역을 재조정함으로써 공동주택을 7,000채까지 새로 건설할 수 있도록 허용해 도시 밀도를 높일 계획을 세웠다. 탄자니아 다르에스살람의 교통 담당자들처럼, 리치먼드의 교통 담당자들은 현재 늘어나는 대중교통 수요에 대처하고 체계를 확장하기 위해 열심히 노력하고 있다.

이런 접근법을 다르에스살람, 버지니아주의 리치먼드, 중국의 광저우 같은 서로 멀리 떨어진 도시들에서 효과가 있도록 만들 수만 있다면 어디에서든 효과를 볼 것이라고 본다.

레버 당기기

커피 주전자는 인근 식당에서 가져왔다. 사람들은 의자, 화분, 오래된 가로등을 가져왔다. 빈 상점들이 죽 늘어섰던 칙칙한 거리에는 새로 페인트가 칠해졌고, 오래된 건물 중 한 곳에 화가들이 둥지를 틀었다. 2010년 어느 날, 이틀 동안 댈러스 도심의 남서쪽에 자리한 한 동네

주민들은 방치된 도시 공간을 어떻게 고칠 수 있는지 시 당국에 보여 주겠다고 결심했다. 시 당국이 자전거 도로를 만들 의지조차 보이지 않는 거리에 그들은 녹색 스프레이 페인트로 직접 자전거 차선을 그렸다.

블록 개선 프로젝트better block project를 이끄는 제이슨 로버츠Jason Roberts는 〈휴스턴 크로니클Houstin Chronicle〉과의 인터뷰에서 이렇게 말했다. "펑크록, 반항 정신이었죠. 우리는 모든 법을 가능한 선에서 최선을 다해 조롱했어요." 사실 그들은 자신들이 도시의 낡은 구역 법규를 의도적으로 위반하고 있음을 설명하는 현수막을 근처에 걸었다. 거기에는 거리에 꽃을 갖다놓으려면 1,000달러를 내야 한다는 등의 어리석은 법들이 포함되어 있었다. 그 주말에 거리가 활기를 띠자, 동네 주민들은 경찰이 나타나서 체포하기를 기다렸다.

그런데 상황은 그런 식으로 흘러가지 않았다. 〈휴스턴 크로니클〉의 기자 리사 그레이Lisa Gray는 이렇게 썼다. "많은 사람이 모였다. 그들은 꽃과 음식을 사고, 필로소피아 카페에서 주전자로 커피를 내리고 페이스트리를 먹었다. 밴드들은 음악을 연주했다. 삼륜 자전거들이 사람들을 실어 날랐다. 사람들은 체스를 두었고, 아이들은 분필로 거리에 그림을 그렸다."[15]

동네 사람들이 많이 모여들었을 뿐만 아니라 시 의원들도 모습을 보였다. 그들은 미치지 않았다. 오히려 현명하게 유권자들에게 어떻게 하면 댈러스를 더 나은 곳으로 만들 수 있을지 조언을 구했다. 1년도 지나지 않아서 로버츠의 단체는 시청 앞의 죽은 광장을 어떻게 부활시킬지 시 당국에 조언까지 하게 되었다.

댈러스의 주민들이 주말 동안 구축한 것은 기본적으로 '완전한 거리complete street'였다. 즉, 차들이 지나다닐 수는 있지만 자동차 이외의 다른 활동들도 할 수 있도록 차도를 좁힌 거리였다. 〈휴스턴 크로니클〉의 기사 덕분에 댈러스의 사건은 '전술적 도시론'의 원형이 된 사례로서 유명해지기에 이르렀다.[16] 내키지 않아 하는 도시 당국에 변화를 기정사실이라는 형태로 제시함으로써 받아들이도록 압박하려는 노력이었다.

현대 미국 도시들을 형성한 힘들, 즉 거리에서 활기를 없애고 자동차가 거리를 지배하도록 넘긴 힘들은 비인간적이고 접근 불가능해 보일 수 있다. 그러나 그런 나쁜 결정은 사람들이 내린 것인 만큼 충분히 되돌릴 수 있다. 전 세계에서 시민 활동가들이 그 점을 입증하고 있다. 오리건주 포틀랜드의 한 전술적 도시론 단체는 아예 그들의 명칭을 '도시 재생'이라고 붙이고 많은 거리에서 도시 재생 활동을 펼쳐왔다.[17] 이 개념은 전국의 소도시로 확산되어 왔다.

우리는 이 도시론 의제가 기후 의제와 딱 들어맞는다고 본다. 사람들은 자전거로 다닐 수 있는 안전한 자전거 도로가 있다면 통근하거나 물건을 사러 다닐 때 자전거로 오갈 것이고, 자연스레 자동차의 이동 거리가 줄어들어 탄소 배출량도 줄어들 것이다. 대중교통이 효율적이고 요금도 적절하다면 이 경우에도 마찬가지 결과가 나타날 것이다. 그러나 이런 변화는 정치인에게 용기를 낼 것을 요구한다. 변화에 반대할 수 있는 운전자나 눈앞의 이익을 추구하는 사업자들과 맞설 용기 말이다.

기후를 걱정하는 이들이 완전한 거리를 지지하고, 자전거 도로를 지지하고, 일부 거리에서는 차량 통행을 완전히 차단해야 한다고 지지하는 목소리를 내야 하는 이유이기도 하다. 시 당국이 움직이지 않으려 한다면, 우리는 스프레이 페인트 통을 들고 나서서 자전거 차선이나 횡단보도를 직접 그릴 필요가 있다. 시청으로 가서 도시 구획 법규 내 단독 주택 구역 지정 조항을 없앰으로써 동네의 주거 밀도가 서서히 높아질 수 있도록 지지한다고 명확히 말할 필요가 있다. 또 도로가 꽉꽉 막히는 도시라면 혼잡 통행료를 걷고, 그렇게 걷은 돈을 모두 대중교통 개선에 써야 한다고 주장해야 한다.

우리는 어디에서든 간에 도로를 확장하겠다는 계획이 나오면 반대 목소리를 낼 필요가 있다. 교통 문제를 해결하기 위해서 도로를 확장한다는 것은 헛수고다. 도로 폭이 넓어지면 넓어질수록 그만큼 차가 더 몰리며, 교통 상황은 악화되어 넓히기 전과 달라지지 않는다. 유발 통행 수요induced demand라는 이 문제는 1930년대에 처음 알려졌지만, 교통 공학자들은 결코 배우지 못하는 듯하다. 도로 용량을 점점 더 늘리려는 불합리한 노력은 휴스턴에서 정점으로 치달았다. 세계에서 가장 넓은 케이티 고속도로의 한 구간은 접속 도로까지 포함해서 무려 26차선에 이른다. 현재 그 도시는 북쪽의 45번 주간 고속도로를 확장하겠다는 주의 계획에 맞서 싸우고 있다. 이 확장은 교통량을 늘리고, 오염물질을 더 많이 뿜어내게 하고, 고속도로 주변 26개 학교에 다니는 학생들의 폐에 더 큰 피해를 입히고, 자동차 의존도를 부추길 것이 분명하다. 이 계획에 반대하는 연대 활동을 이끌고 있는 휴스턴의 지역 활동가 배키언 넬슨Bakeya Nelson은 주변 지역 사회에 미치는 영향을 평가할 때까지 국가 차원에서 도시 고속도로 확장 계획을 중단해야 한다고 주장한다.

우리는 그 말에 동의할 뿐만 아니라, 많은 도시 고속도로가 사실상 해체되어야 한다고 본다. 기후 활동가들은 그 일을 지지하는 목소리를 낼 필요가 있으며, 이미 많은 도시에서 행동으로 보여지고 있다. 보스턴은 센트럴 아터리central artery를 지하화했고, 샌프란시스코에서는 엠버카데로 고속도로가 지진으로 손상되자 철거했다. 고속도로 철거는 언제나 긍정적인 효과를 미쳐왔으며, 황폐해졌던 동네에 거리의 활기가 돌아오면서 발전이 이루어진다. 새 도시를 위한 의회Congress for a New Urbanism라는 단체는 해마다 '미래 없는 고속도로Freeways Without Futures'라는 보고서를 낸다. 여기에는 철거해야 할 고속도로 구간 목록이 실리는데, 최신 판에 15개 고속도로가 정리되어 담겼다.[18]

이런 노력들이 좋은 출발점인 것은 분명하지만, 우리는 여기에서 더 나아가야 한다. 고속도로 건설 계획이 야기한 역사적 부당함은 바로잡혀야 한다. 2021년 마침내 의회는 고속도로로 잘려나간 유서 깊은 흑인 동네들을 다시 연결하는 150억 달러의 사업을 승인했다. 예를 들어, 애틀랜타는 12차선의 고속도로를 지하화할 계획을 세웠다. 넓이 5.7헥타르의 '고속도로 덮개freeway cap'를 씌우고 거기에 공원, 거리, 교통 시설을 조성한다는 계획이다. 75번과 85번 주간 고속도로의 건설로 파괴되었던 동네에 멋진 새로운 편의 시설이 갖추어질 것이다.

이 계획에는 기워 붙인다라는 뜻의 스티치stitch라는 딱 맞는 이름이 붙었다. 그리고 우리는 그 이름이 우리 모두가 받아들여야 할 더 큰 계획에 딱 들어맞는 비유라고 생각한다. 우리는 미국의 도시 구조를 하나의 천이 되도록 기워 붙일 필요가 있다. 우리의 기후는 그 천에 달려 있다.

제 6 장

기후 위기에 대처하는 경제학적 생존 전략 5
: 식량 체계 균형을 통한 청정 지대의 확보

THE BIG FIX

숲은 뉴잉글랜드의 자랑거리다. 수백만 헥타르를 뒤덮고 있는 활엽수들은 봄이 되면 겨울눈에서 새잎을 싹틔운다. 여러 참나무, 자작나무, 너도밤나무, 단풍나무, 좀 더 높은 추운 지대에서는 가문비나무, 전나무, 소나무 같은 상록수들이 낙엽수들과 섞여 있기도 한다. 가을이 되면 나뭇잎들은 타오르는 빨강, 황금 같은 노랑, 짙은 주황으로 이 넓은 땅을 물들인다. 이 가을 풍경을 보기 위해서 관광객들이 뉴잉글랜드로 몰려든다. 한여름에 이런 숲속을 돌아다니다 보면, 숲이 끝없이 펼쳐져 있을 것 같은 느낌이 절로 든다. 높이 46미터의 참나무는 넓은 수관으로 그늘을 드리운다. 이런 나무 아래에 앉아 준비해온 간식을 먹을 때면, 이처럼 장관을 이루는 숲이 인간의 파괴 활동을 피해 살아남았다는 사실에 감사하는 마음이 들기도 한다.

하지만 겉으로 보이는 모습에 속지 말기를.

뉴잉글랜드의 숲을 계속 걷다보면 무언가 이상하다는 점을 알아차리기 시작할 것이다. 숲 한가운데에서 뜬금없이 반듯하게 돌들을 쌓아서 만든 벽과 마주치게 된다. 어떤 꼼꼼한 사람이 손으로 쌓은 듯하다. 그런데 굳이 이 숲 한가운데까지 들어와서 벽을 쌓을 만한 이유가 있었을까? 더 돌아다니다 보면 여기저기 서 있는 오래된 굴뚝과도 마주하게 된다. 굴뚝 주위의 낙엽을 걷어내고 땅을 자세히 살펴보면, 예전에 그곳에 있었던 농가의 파편 같은 증거도 발견하게 된다. 계속해서 걷다 보면 돼지를 비롯한 가축들을 키우던 돌로 지은 우리도 찾아낼 수 있다.

사실 뉴잉글랜드의 숲 중 상당 지역은 19세기에 벌목되어 농장으로 쓰였다. 시간을 거슬러 올라갈 수 있다면 전혀 다른 광경을 보게 될 것이다. 꼼꼼하게 관리되는 영국의 시골 풍경과도 비슷하게, 작은 농장들과 잘 정리된 밭들과 그 사이사이에 아직 남아 있는 숲의 잔재들이 보일 것이다. 이는 많은 정착민이 살았던 흔적이다. 이 지역의 숲을 연구하는 하버드대학교 연구센터의 연구원 윌리엄 멍거William Munger는 이렇게 설명한다. "유럽 이민자들은 아메리카에 왔을 때, 숲을 보자 밭과 목초지를 만들고 싶어 했어요."[1]

19세기 중반에 뉴잉글랜드 농민들은 자신들의 관점에서 볼 때 경제적 재앙을 맞닥뜨렸다. 에리 운하가 개통되고 이후 대륙 내륙에 철도까지 놓이자, 뉴잉글랜드의 돌 많은 흙에서 경작을 하는 농민들은 중서부의 기름진 검은 토양에서 기르는 곡물과 경쟁이 안 된다는 것을 깨달았다. 농장 생활이 점점 힘들어질 때, 산업화로 뉴잉글랜드의 크고 작은 도시에서는 새로운 생활 방식이 출현하고 있었다. 농장들은 하나둘 버려졌다. 그러자 자연이 밀려들었다. 나무들이 버려진 밭을 정복했고, 농가는 썩어서 무너졌다. 벽돌과 돌을 쌓은 울타리만이 남아서 사라진 생활 방식을 증언했다.

현재 뉴잉글랜드의 재생된 숲은 관광객을 끄는 아름다운 풍경인 것만이 아니다. 미국이 지구 온난화에 맞서는 데 쓸 가장 중요한 자산 중 하나다. 미국의 숲은 미국 내 이산화탄소 배출량 중 10퍼센트 이상을 상쇄한다. 미국의 많은 지역에서 숲이 대기의 탄소를 흡수해 탄수화물과 단백질로 자신의 조직에 저장함으로써 무게를 늘린다는 것이 꼼꼼한 과학 연구를 통해 드러났다. 나무는 우리가 배출하는 이산화탄소를 빨아들이는 일종의 스펀지 역할을 하며, 전 세계 어디에서나 동일하다.

사람이 땅을 이용하는 방식(우리가 숲을 어떻게 관리하는지 또는 잘못 관리하는지, 농장을 어떻게 운영하는지, 그 농장에서 무엇을 생산해서 먹을지 등)은 기후에 심각한 결과를 빚어냈다. 숲, 습지, 초원, 이탄 늪peatland의 파괴는 기후 위기를 일으키는 탄소 배출의 주요 원인 중 하나다. 이 무분별한 파괴는 두 번째 위기도 일으키고 있다. 바로 지구의 생물 다양성 중 상당수가 사라질 가능성을 점점 키우고 있기 때문이다. 그러나 이런 비극들이 펼쳐지는 와중에도 땅은 잠재적인 해결책도 제공한다. 뉴잉글랜드의 숲이 하고 있는 일을 따라 할 수 있는 방법만 알아낸다면 공기 중에서 이산화탄소를 빼내는 일이 가능해질지도 모른다. 물론 훨씬 큰 규모로 실행되어야겠지만 말이다.

숲은 어떻게 관리하는지에 따라 지구 온난화를 완화시킬 수도 있고 악화시킬 수도 있다. 현재 대기에 지나치게 늘어나 있는 이산화탄소는 무려 4분의 1에 해당하는 양이 수백 년 전부터 사람들이 나무를 베고 토양과 습지를 교란하면서 나왔을 가능성이 높다. 그러나 온실가스를 대기로 뿜어내기만 하는 산업과 달리 땅은 반대 방향으로도 작용하며 이산화탄소를 다시 빨아들일 수 있다. 과학적으로 말하면 세계의 지표면은 온실가스의 **원천**이자 **흡수원**인 셈이다.

세계의 숲은 이미 인류가 배출한 이산화탄소 중 엄청난 비율을 빨아들이고 있다. 우리가 대기로 뿜어내는 이산화탄소 중에서 장기간 대기에 머물러 있는 것은 절반에 못 미친다. 바다가 그중 4분의 1에 약간 못 미치는 양을 흡수하고, 지표면은 그보다 좀 더 많이 흡수한다. 그 일은 주로 나무가 한다. 나무는 공기에서 수십억 톤의 이산화탄소를 빨아들여서 산소를 떼어낸 뒤 탄소를 자신의 줄기, 잎, 뿌리를 만드는 데 쓴다. 우리가 경작하는 작물도 비슷한 일을 한다. 탄소를 토양에서 빨아들인 물, 원소들과 결합하여 당, 지방, 단백질을 만든다. 그것들은 곧 우리가 먹는 식량이자 가축들이 먹는 사료가 된다.

인류는 인구가 증가함에 따라서 우리를 지탱하는 땅의 수용력에 엄청난 부담을 가하고 있다. 전통 사회에서는 출생률과 아동 사망률이 둘 다 높은 경향이 있었다. 19세기 산업화가 이루어진 사회에서는 기본적인 위생 수단들이 갖추어지면서 아동 사망률이 떨어지기 시작했고, 제2차 세계대전 이후에는 세계로 확산되었다. 유아 사망률은 빠르게 떨어졌지만, 출생률은 떨어지는 속도가 더뎠다. 그 결과 인구 폭발이 일어났고, 20세기에만 16억 명에서 60억 명으로 인구가 세 배이상 증가했다. 현재는 세계적으로 보면 인구 성장률은 둔화되었으며, 일부 국가에서는 인구 감소를 우려할 지경에까지 이르렀다. 그러나이런 '인구 변천demographic transition'은 아직 미완결이다. 남아시아와사하라사막 남쪽 아프리카 국가들처럼 인구 성장의 온상들이 여전히남아 있기 때문이다. 현재 전 세계 인구는 80억 명에 근접하고 있으며, 100억 명을 넘어서 정점에 이를 수도 있다.[2]

20세기 중반에 인구가 빠르게 증가할 때, 많은 이는 대규모 기아사태가 발생할 가능성을 우려했다. 그때 록펠러재단Rockefeller Foundation에 고용되어 멕시코에서 밀 수확량을 연구하던 농학자 노먼 볼로그Norman Borlaug는 개발도상국의 가난한 농민들을 위해서 비료를 줄수록 수확량이 대폭 증가하는 작물 품종을 개발했다. 녹색혁명green revolution이라고 불리게 된 이 획기적인 경작법은 널리 퍼지면서 대량기근을 막았다. 1970년대에 이 경작법은 비극적인 대량 기아 사태를겪은 바 있는 중국에도 도입되었다. 식량 안보를 확립하고 농민들이농지를 떠나 도시 공장에서 일할 수 있도록 함으로써, 녹색혁명은 중국이 산업국으로 부상할 토대를 닦는 데 기여했다.

비록 기근을 막긴 했지만, 녹색혁명은 환경과 사회에 그 대가를치르게 했다. 옥수수와 밀 같은 작물의 수확량을 높이려면 인공 질소비료가 필요했다. 질소는 단백질을 만드는 데 꼭 필요한 원소이며, 식물과 동물 조직의 필수 성분이다. 그런데 질소는 대기에 아주 풍부하긴 하지만 화학적으로 불활성인 형태로 존재하는 반면, 식물이 필요로 하는 질소는 화학적으로 활성을 띤 형태다. 그런 이유로 전통 농경 사회에서는 언제나 질소가 부족했다. 질소는 늘 이렇듯 농업 생산량을 제약하는 요인이었는데, 20세기 초에 천연가스와 일련의 화학 반응을 통해 대기 질소를 식물이 이용할 수 있는 형태로 전환하는 산업 공정이 개발됨에 따라 그 족쇄가 끊어졌다. 이렇게 제조한 비료가 없었다면, 세계 인구의 40퍼센트 이상에게 주식을 공급하는 식량을 충분히 생산할 수 없었을 것이다. 질소는 암모니아나 그 유도체 형태로 밭에 뿌려지며, 식물에 흡수되어 단백질을 만드는 데 쓰인다. 이렇게 생성된 단백질은 차례로 인체로 들어온다. 환경 과학자이자 경제사학자인 바츨라프 스밀Vaclav Smil은 이렇게 인공적으로 제조된 질소에 우리가 중독된 것을 '심각한 화학적 의존'이라고 부른다.[5]

일부 지역, 특히 중국은 질소 비료에 많은 보조금을 지원하는데, 농민들은 수확이 확실히 보장되도록 하기 위해서 비료를 지나치게 많이 뿌리곤 한다. 이 과량의 비료 중 일부는 기체로 바뀌어서 대기로 흘러들어 가며, 이 기체는 지구 온난화를 일으키는 원인 중 하나가 된다. 더 많은 양은 강으로 흘러들어서 바다로 향한다. 이 질소는 물에 사는 조류를 대량 증식시키며, 이렇게 불어났던 조류는 죽어 썩어가면서 물에 든 산소의 대부분을 없앨 가능성이 크다. 그렇게 물고기가 살 수 없는 '죽음의 해역'이 생긴다. 현재 특정한 계절에 이런 죽음의 해역이 생기는 강어귀가 적어도 전 세계 수백 곳에 달하며, 이 문제는 점점 더 심해지고 있다. 환경에 질소가 지나치게 많아지면서 나타나는 이런 문제를 부영양화富營養化, eutrophication라고 하는데, 미국은 중국처럼 심하지는 않지만 그래도 심각한 문제임에는 틀림없다. 미시시피강 어귀에도 해마다 드넓은 죽음의 해역이 형성된다.

인구 급증은 엄청난 양의 비료만 새롭게 요구한 것이 아니다. 전 세계 땅의 수요도 엄청나게 늘렸다. 전 세계 숲의 적어도 3분의 1에 해당하는 드넓은 초원과 습지도 파괴되어 농지로 변했다. 인류가 자연 경관에 가하는 이런 공격은 동식물을 멸종시키는 가장 큰 원인이었다. 지질학은 지구에 지금까지 다섯 차례의 대량 멸종이 있었다고 말한다. 공룡을 없앤 대량 멸종도 그중 하나다. 일부 전문가들은 현재 인류가 지구 역사상 여섯 번째 대량 멸종을 일으키고 있다고 우려한다.[*]

이를 중단시키려면 인류는 정말로 물러서야 한다. 땅 표면을 그렇게 많이 착취하는 짓을 멈추고 일부를 자연에 돌려주어야 한다. 숲이 재생되고 자연 세계가 회복될 수 있도록 말이다. 그러면 대기에서 이산화탄소를 제거하는 데도 도움이 될 것이다. 그러나 인구와 경제는 서로 반대 방향으로 압력을 가하고 있다. 식량 수요는 증가하고 있다. 인구가 계속 늘어나고 있는 것은 물론이고 각국이 점점 부유해짐에 따라서 사람들이 풍족한 식단을 요구하고 있기 때문이기도 하다. 전 세계에서 육류 소비량이 늘고 있다. 그러나 육류는 우리가 먹는 음식 중에서 환경에 가장 큰 피해를 입힌다. 육류 중에서는 특히 소고기가 월등한 차이로 가장 큰 해를 끼친다. 소고기를 생산하는 데는 같은 열량의 채소를 생산할 때보다 온실가스가 60배까지도 더 많이 배출될 수 있다. 주된 이유는 돼지나 닭과 달리 소는 먹이를 소화할 때 다량의 메탄가스를 배출하기 때문이다. 메탄은 강력한 온실가스이며, 대기에서 빨리 분해된다고 해도 소를 기를 때 배출되는 양이 엄청나기에 지구 온난화에 상당한 기여를 한다.

물론 이미 다루었듯이 지구에 땅을 내놓으라고 압박을 가하고 있는 것이 농업만은 아니다. 도시는 농업에 비해 상대적으로 밀집되어 있지만, 세계의 많은 지역에서는 교외화라는 낭비하는 양상이 도시에서 더 멀리까지 점점 확대되고 있다. 이에 따라 숲과 농경지를 집어삼키면서 오로지 자동차에 의존하는 저밀도 개발이 드넓게 이루어지고 있다. 뉴잉글랜드의 복원된 숲도 이런 압박을 받고 있다. 교외 개발 열풍에 휩쓸려서 다시금 곳곳이 베여나가고 있다.

이 모든 압력에 기후 위기까지 짓누르고 있다. 열과 수분 부족의 증가도 숲과 초원의 건강을 점점 위협하고 있다. 숲이 가뭄, 화재, 열대 곤충의 공격에 시달림에 따라서, 이산화탄소 배출량의 상당 부분을 흡수하는 숲의 능력도 위기에 처했다. 우리는 더 적은 땅에서 더 많은 식량을 생산할 필요가 있지만, 점점 변덕스러워지는 날씨 때문에 이 역시 어려워지고 있다. 그러나 설령 이런 스트레스가 심해진다고 해도, 땅을 좀 더 잘 이용하는 것이야말로 기후 위기의 해결책 중 하나가 될 수 있다.

한 연구진은 미국에서 땅의 이산화탄소 흡수량을 두 배까지 늘릴 수 있다고 계산했다.[5] 이 방법이 가능해진다면 국가의 기후 위기 해법 중 큰 비중을 차지할 수 있을 것이다. 물론 그러려면 돈이 필요하다. 전국의 지주 수백만 명에게 땅을 다른 식으로 관리하도록 설득하거나 요구하거나 지원해야 할 것이다.

당장 할 수 있는 일은 충분히 짐작 가능한 것이기도 하다. 바로 나무를 더 많이 심는 일이다. 숲을 베는 일은 삼림 파괴이며, 숲을 조성하는 일은 조림afforestation이다. 중국을 비롯한 몇몇 나라들은 조림이 대규모로 가능함을 보여주고 있다. 그러나 몇몇 보이스카우트단이 빵을 구워 팔아서 모금한 돈으로 나무심기를 하는 모습을 상상했다면 다시 생각해보기를 바란다. 미국은 이미 자발적인 나무심기 사업을 진행하고 있지만 한계가 명확하다. 나무심기에는 많은 비용이 든다. 양묘장에서 어린 나무를 기르는 것부터 시작해서, 적절한 수종을 선택하고 잘 자랄 만한 곳에 심으려면 전문 지식도 필요하다. 조림은 헥타르당 수백 달러가 들 수도 있다. 그러나 연방 정부가 국가 정책으로 대규모로 시행한다면 비용이 다소 줄어들 가능성이 높다.

한 가지 가능한 방법은 국가의 농가 지원 사업을 활용해서 나무를 더 많이 심는 등 더 나은 방향으로 토지를 이용하도록 장려하는 것이다. 농민은 연방 정부로부터 다방면으로 지원을 받는다. 그런 지원 사업들은 정치적으로 민감한 양상을 띠지만, 기존 예산에다가 지원금을 더 늘려서 토지를 올바른 방향으로 활용하도록 장려한다면 토지 이용을 개선한다는 목표를 어느 정도 달성하는 것이 가능할 수 있다. 보존 유보 계획conservation reserve program이라는 사업은 특히 유익하다. 농민이 농사짓기에 그다지 좋지 않은 땅을 자연 식생이 자라도록 놔두면 보조금을 주는 사업이다. 이 사업은 현재 최대 지원 면적을 약 100만 헥타르로 한정하고 있다. 우리는 의회가 이 사업을 확장해서 농가에 보조금을 지원하고 보존하는 땅을 늘려야 한다고 본다. 200만 헥타르까지 늘리는 것을 장기 목표로 삼아야 한다.

또 한 가지 유익한 접근법은 피복작물被覆作物을 심도록 지원하는 기존 사업을 확대하는 것이다. 호밀, 토끼풀, 수수 등을 수확하기 위해서가 아니라 토양에 유기물을 추가할 목적으로 심는 작물을 말한다. 대개 판매를 위해 재배하는 환금작물換金作物을 재배하지 않는 계절에 심으며 자란 뒤에 그냥 죽도록 놔둔다. 이런 피복작물은 썩으면서 토양에 유기물을 남긴다. 부식토라고 하는 이런 유기물은 기본적으로 탄소를 달리 부르는 이름이다. 농경지는 이런 형태의 탄소를 엄청나게 많이 간직하고 있으며, 피복작물로 덮고 밭갈기를 줄이면 더 많이 늘릴 수 있다. 정부는 이미 피복작물을 지원하는 사업을 하고 있지만 지원금이 너무 적고, 사업을 더 확대할 필요가 있다.

국가가 경작 관습을 바꿀 때면 토양에 탄소가 정확히 얼마나 더 저장될 수 있는지를 놓고 다양한 주장이 나오곤 한다. 그러나 여기에서도 비용이 중요한 문제가 된다. 피복작물을 심는 일도 나무를 심는 일과 마찬가지로 비용이 많이 든다. 토양이 더 비옥해질 테니 농민은 장기적으로는 혜택을 보겠지만 미미한 수준일 때가 많으며, 이것저것 따지면 미래의 혜택을 위해 굳이 지금 그만큼 돈을 들일 가치가 없다는 판단이 들 수도 있다. 우리가 개괄한 사업들이 과연 실제로 탄소를 얼마나 포획할 수 있을지는 불분명하며, 미국은 전국 규모로 토양의 탄소 함량을 **측정**하지도 않는다. 그러니 신약을 검사하기 위해서 임상 시험을 하는 것에 상응하는 국가 차원의 실험을 할 필요가 있다. 의회는 몇 가지 대규모 예비 실험을 할 예산을 배정해야 한다. 농민들에게 이런저런 농사 방식을 채택하도록 지원하고, 과학자들에게 그런 경작지와 기존 경작지를 비교하도록 한다. 실제 조건에서 어떤 농사법이 경관 전체에 가장 많은 탄소를 포획할 수 있도록 하는지 알아내고, 농민들에게 그 방법을 채택하도록 했을 때 얼마나 지원해주어야 할지를 알아내는 일이 목표가 될 것이다. 연방 정부가 계획을 시행할 때까지는 주 정부가 이런 문제들을 해결하는 노력을 맡아 할 수 있다.

시민들로서는 땅을 복원하는 토지 이용 방식을 더 널리 보급하라는 정치적 요구를 전국적으로 촉구함으로써 국가가 알도록 해야 한다. 나무심기에 반대하는 사람은 아무도 없는 듯하지만, 유권자들이 나무를 심자고 대규모로 시위행진을 벌이는 모습은 아마 본 적이 없을 것이다. 그런 운동은 먼저 지역 수준에서, 즉 시나 농어촌에서 시작할 수 있다. 사실 시 차원에서는 약간의 정치적 노력으로도 국가가 제대로 인식하지 못하고 있는 부당한 일 중 하나를 해결하는 데 도움을 줄 수 있다.

미국의 오래된 도시에서 가장 경치 좋은 동네를 걸으면 멋진 아름드리 나무들이 그늘을 드리우고 있음을 알아차릴 것이다. 이제 도시의 가난한 지역으로 가보자. 1940년대에 금융권에서 슬그머니 인종적 구획을 설정하기 시작한 이래로 수십 년 동안 시 당국의 푸대접을 받아온 이런 저소득 동네에는 나무가 거의 또는 전혀 남아 있지 않다. 이 차이는 사소한 것이 아니다. 더운 날씨에 나무들이 무성하게 그늘을 드리운 동네는 나무가 한 그루도 없는 동네보다 5.5도나 더 시원할 수 있다. 지구가 가열됨에 따라서 이 차이는 아주 중요한 문제로 대두되기 시작했다. 에어컨이 없는 가난한 이들은 폭염에 취약하다.[6] 1995년 시카고가 폭염에 끓어오를 때 사망자가 700명이 넘었는데, 그늘이 거의 없는 동네에 사는 저소득 유색 인종이 압도적으로 많은 피해를 입었다. 도시의 나무심기 사업은 농경지를 관리하는 것보다 비용이 더 많이 들 수 있지만, 확대해야 한다는 점은 분명하다. 환경보호청은 도시의 나무가 이미 미국 이산화탄소 배출량의 약 2퍼센트를 흡수하고 있다고 계산했다. 도시에 나무를 더 많이 심는다면 장기적으로 기후 위기를 상쇄하는 데 도움이 될 뿐만 아니라, 단기적으로 사람들의 목숨도 구하게 될 것이다. 그러니 국가 차원에서 대규모로 펼치는 도시 조림 사업은 현명한 정책이다. 디트로이트와 피닉스 같은 몇몇 도시는 이미 그 문제에 대처하기 시작했다. '나무 형평성tree equity'을 확보하는 데 예산을 투입함으로써 이 역사적 부당함을 바로잡으려 하고 있다.

열대 구하기

세계 지도를 보면, 숲으로 이루어진 두 개의 띠가 수평으로 지구를 감고 있음을 알 수 있다. 북쪽에는 알래스카, 캐나다, 스칸디나비아, 러시아에 걸쳐서 상록수로 이루어진 드넓은 아한대림, 즉 타이가taiga가 뻗어 있다. 그러나 생물학적으로 가장 크고 가장 풍부한 숲의 띠는 열대림이다. 남아메리카의 아마존, 아프리카와 인도네시아의 우림과 축축한 숲들이 여기에 속한다.

1년 내내 해가 들고 비가 많이 오는 곳에 형성된 열대림은 지구에서 육상생물 다양성이 가장 풍부한 곳이다. 열대림에서 밤을 지샌 사람이라면 놀라울 만치 다양한 소리들이 불협화음을 이루면서 쏟아지던 경험을 결코 잊지 못할 것이다. 소리들이 빽빽한 벽처럼 둘러싸고 있는 느낌이며, 원숭이들이 우짖는 소리, 수백만 마리의 곤충들이 찌르륵거리고 짝을 찾는 소리, 개구리들의 울음소리, 빠르게 덮치는 박쥐들의 날갯소리, 페커리peccary라는 돼지처럼 생긴 동물이 낮게 웅웅거리는 소리 등이 한꺼번에 밀려든다. 낮에는 무지갯빛으로 반짝이는 나비들과 화려한 색깔의 새들이 시원한 숲 하층을 날아다닌다.

수십 년 동안 열대 숲 구하기는 환경운동의 가장 인기 있는 대의 중 하나였다. 그러나 우리는 그 전투에서 계속 져왔다. 아마존의 약 20퍼센트는 이미 사라졌다. 인도네시아 제도는 전체가 헐벗은 상태가 되어가고 있으며, 그 숲에 살던 오랑우탄을 구하기 위해 긴급 조치를 취해야 할 지경이 되었다. 아프리카는 다른 지역들에 비해 삼림 파괴가 늦게 진행된 편이지만 점점 심해지고 있다. 대형 유인원은 동물계에서 우리와 가장 가까운 현생 친척일지도 모르는데, 그럼에도 우리는 개의치 않고 그들의 집을 없애왔다. 그들은 현재 야생에서 멸종 위험에 처해 있다.

대부분의 숲에서 가장 문제가 되는 것은 벌목과 농사의 조합이다. 열대에서만 생산할 수 있는 상품의 세계적인 수요 증가는 이 문제를 일으키는 한 가지 주요 요인이다. 초콜릿, 커피, 팜유의 시장이 커지면서 생산자들은 더 많은 숲을 개간해왔다. 하지만 요즘의 가장 큰 압력은 세계 육류 산업으로부터 나올 것이다. 일부 소는 열대에서 키워 해외로 보내지지만, 피해의 상당 부분은 그보다 덜 직접적으로 일어난다. 열대의 많은 땅은 콩 같은 사료용 작물을 재배하는 데 쓰이며, 그렇게 기른 사료는 다른 나라들로 운송되어 산업 규모의 축산 공장에 공급된다. 20세기에 중국이 새로운 경작법을 배워서 자급자족하기에 이르렀다고 말한 바 있지만, 더 이상은 아니다. 현재 중국은 급성장하는 육류 산업, 특히 돼지에게 먹이기 위해서 브라질로부터 콩을 대량 수입한다.

그러나 브라질은 삼림 파괴에 대처하는 쪽으로도 큰 성공을 거둔 사례도 지닌다. 전직 대통령 루이스 이나시우 룰라 다시우바Luiz Inácio Lula da Silva는 아마존의 급속한 감소가 브라질의 국제 이미지와 사업 전망에 악영향을 미칠 것을 우려했다. 환경단체들이 브라질 농산물을 사지 말자고 압력을 가하고 있었기 때문이다. 2003년 그는 숲을 보호하는 법을 어기는 농민들을 처벌하는 것을 비롯해서 마주한 문제를 해결하려는 진지한 노력을 시작했다. 10년 사이에 브라질의 삼림 파괴는 80퍼센트나 줄었다. 그 뒤에 농업 종사자들의 지지를 받으면서 새로 들어선 우익 정부는 최근 들어 삼림 파괴를 조금씩 늘려왔지만, 2000년대 초에 정점에 달했을 때에 비하면 아직 한참 낮은 수준이다. 안타깝게도 아마존은 현재 유달리 극심한 가뭄에도 시달리기 시작했으며, 기후 변화에 따른 기온 증가로 숲의 생존 자체가 위험해질 수 있다는 우려도 점점 커지고 있다.

사람이 이용하기 위한 토지의 전환

현재 세계의 서식 가능한 땅 중 약 절반은 농사에 쓰이고 있다.

열대림을 구하려는 노력의 상당 부분은 경제적 압력에서 나온 것이다. 유럽 및 북아메리카와 관련된 서양 정부가 아니라 환경단체와 평범한 시민의 압력에서 비롯된 것이다. 그들은 자사 브랜드의 이미지를 걱정하는 서양의 대기업들을 표적으로 삼았다. 지속 가능한 생산 방법을 채택하라고 열대 국가의 원료 공급자들에게 압력을 넣을 것을 요구했다. 그 방법은 어느 정도는 먹혔다. 커피, 초콜릿, 가장 최근에는 팜유 같은 상품들이 인도네시아의 그토록 많은 삼림 파괴를 이끈 엔진이었기 때문이다. 그러나 훨씬 더 많은 돈이 걸려 있는 세계 육류 산업은 그런 노력에 그럭저럭 맞서서 버텨왔다. 그리고 국제법에 따르면 멸종 위험에 처한 열대의 나무 종을 벌목한 목재 등을 불법으로 밀수하는 방대한 연결망이 여전히 존재한다.

우리는 미국이 국력으로 이런 시민들의 노력을 지원해야 한다고 본다. 연방 정부는 유전 검사를 통해 불법으로 벌목된 나무를 찾아내는 것을 포함한 더욱 강력한 조치를 취해서 국경에서 불법 생산물이 들어오는 것을 막을 능력이 있다. 원칙적으로 무분별한 삼림 파괴를 허용하는 나라들로부터 들어오는 생산물에 농업 관세를 매길 수도 있다. 그러나 이 모든 일을 정확히 어떻게 할지는 까다로운 문제다. 현재 일어나고 있는 지구 온난화의 책임은 가난한 열대 국가들이 아니라 큰 산업 국가들에 있다는 점을 명심하자. 부자 나라들은 자신들의 탄소 배출량을 줄이기 위해 강력한 노력을 펼치기 전까지는 훨씬 가난한 나라들에 손가락질할 도덕적 위치에 서 있지 않다. 이것이 바로 미국이 신뢰할 만한 탄소 배출량 감축 계획을 내놓는 것이 대단히 중요한 이유 중 하나다. 그때까지 다른 나라들에 배출량을 줄이라고 떠들어대는 미국인은 위선자로 비칠 것이다.

정말로 삼림 파괴에 대처하고자 한다면, 열대 국가들에 채찍질만 할 게 아니라 당근도 제공하는 것이 중요하다. 그런 당근은 무역 거래라는 형태를 취할 수도 있다. 삼림 파괴를 억제하고 있음을 입증할 수 있는 나라라면 상품성이 떨어지는 생산물에 관세를 부과하는 대신, 농산물 전체에 우호적인 교역 조건을 제시할 수도 있다. 물론 궁극적인 당근은 현금일 것이다. 지금까지 10년 넘게 부자 나라들은 열대림을 보호하는 일에 보조금을 지원하겠다고 약속해왔다. 인공위성으로 감시하면서 삼림 파괴를 억제하는 나라들에 현금을 지원한다는 것이다. 삼림법을 집행하고, 현재 벌목이나 자급농으로 생계를 유지하는 이들에게 다른 생계 활동을 마련하는 등 넓은 숲을 소유한 원주민 부족의 삶을 개선해주어야 하지만 돈이 없는 열대 국가들이 그 돈을 필요로 할 것이라는 개념이다. 그런데 약속된 액수는 수백억 달러였지만, 지금까지 지출되고 있는 돈은 연간 수십억 달러에 불과하다.[7] 우리는 미국을 비롯한 부자 나라들이 그 돈을 공급할 방안들을 마련해야 한다고 본다. 우리 산업의 탄소 배출량을 상쇄시킬 숲을 구할 뿐 아니라 해당 지역에 살고 있는 풍부한 생물을 보전하기 위해서 세계가 할 수 있는 최고의 투자 중 하나이기 때문이다.

안타깝게도 우리는 이런 유형의 일이 전체 경관 규모, 즉 브라질이나 콜롬비아의 어느 주 정부 차원에서만 효과를 볼 수 있다고 꽤 확신한다. 잘게 쪼개진 사업에 지원하는 방식은 삼림 파괴를 방지하기는커녕 이 땅에서 그저 옆 땅으로 옮기는 일에 불과할 수 있다. 해당 지역 주지사는 삼림 파괴 억제에 책임을 지는 사람이 되어야 할 것이다. 목표를 달성한다면 주지사는 해외로부터 약속된 돈을 받게 될 것이다. 인공위성을 통해 삼림 파괴 양상을 파악할 수 있는 만큼, 실패한 주지사는 숨을 수도 없다.

단순히 숲의 파괴를 막는 것도 중요하긴 하지만 이것만으로는 부족하다. 미국에서 나무심기를 하는 것처럼 열대 국가에서도 버려진 땅이나 한계 경작지에 숲을 되살릴 기회가 있다. 일부 지역에서는 이차 생장 열대림이 이미 경관의 중요한 일부가 되었다. 코스타리카에서 눈에 띄는 사례를 찾아볼 수 있다. 1940년대에서 1980년대 사이에 코스타리카의 열대림 면적은 70퍼센트가 줄었다. 그러나 선견지명을 지닌 지도자들은 숲이 되살아나는 데 일조한 농민에게 보상하고, 화석 연료에 매기는 소액의 세금으로 해당 사업 비용을 충당하는 정책을 채택했다. 그 뒤로 수십 년 사이에 코스타리카의 숲 면적은 세 배가까이 증가했다. 코스타리카는 관광 산업이 비교적 크게 발달한 곳이라서 이 사업을 진행할 수 있었지만, 더 가난한 나라들은 외부의 도움이 절실할 것이다. 어떤 지역에서는 적극적인 (그리고 비용이 드는) 나무심기 운동이 필요할 것이다. 그러나 열대는 아주 생산성이 뛰어나서 농부들이 경작을 멈추기만 해도 온전히 남아 있는 가까운 곳의 숲이 침입하는 과정을 통해 알아서 복원이 이루어질 것이다. 필요한 씨앗은 동물과 바람을 통해 전달되고, 숲은 산불과 태풍 같은 자연재해를 입었을 때 복원된다. 방해만 하지 않는다면 인간이 입힌 재해로부터도 충분히 회복될 수 있다.

열대의 이차 생장림을 수십 년째 연구하고 있는 미국 과학자 로빈 셰즈던Robin Chazdon은 이렇게 말했다. "숲은 방법을 잘 안다. 언제나 그 방법대로 자라면서 행동해왔다."[8]

세계의 식량

전 세계의 가난한 사람들은 가만히 있지 않았다. 멕시코의 수도 멕시코시티에서는 시위대가 며칠 동안 정부 건물 앞에서 냄비와 팬을 두

드리다가 냄비를 뒤집어서 텅 비어 있음을 보여주는 시위를 벌였다. 이집트에서는 폭도들이 차량에 불을 지르고 정부 건물의 유리창을 깼다. 아이티에서는 격렬한 소요 사태가 벌어져서 얼마 안 되는 병원 침대들이 부상자들로 가득찼고, 분노한 대중은 상원에 총리를 해임하고 새 정부를 구성하라고 요구했다.

소요 사태와 대중의 항의 집회는 적어도 30개국에서 일어났고, 다른 수십 개국에서도 긴장이 고조되었다. 2007년 말에 시작되어 2008년에 최고조에 달한 이 모든 소동의 원인은 가난한 사람들이 의존하는 쌀, 밀, 옥수수 같은 식량의 가격이 전 세계에서 빠르게 치솟았기 때문이다. 몇몇 주요 생산국에서 수확량이 급감했다. 기후 위기의 특징인 강렬한 폭염으로 작황이 나빠지거나 이미 나쁜 상황을 더더욱 악화시킨 것이 이 가격 상승의 주된 근본 원인이었다. 생산되는 옥수수의 3분의 1 가까이를 차량용 에탄올을 생산하는 쪽으로 돌리겠다는 주요 곡물 수출국인 미국의 정책도 곡물 가격 상승을 부채질했다. 미국의 SUV 운전자와 세계의 극빈자가 곡물을 놓고 경쟁할 때, 과연 누가 이길지 추측해보자.

정부들이 현명하게 대처했다면 위기를 관리할 수도 있었겠지만, 그들은 어리석게 대처했다. 식량이 고갈될까봐 당황한 일부 중위권 국가들은 곡물 수출을 막는 조치를 취하기 시작했고, 더 가난한 많은 나라는 필사적으로 공급처를 찾으려고 애썼다. 그 결과 예상할 수 있는 연쇄 반응이 일어났다. 많은 국가가 사실상 식량 반출을 막음으로써 세계 곡물 가격은 더욱 치솟았다. 부자 나라의 사람들은 이 가격 상승을 그다지 실감하지 못했다. 곡물 가격은 가공 식품에 들어가는 비용 중 적은 부분을 차지할 뿐이었다. 그러나 소득의 상당 부분을 가족이 내일 하루를 버틸 약간의 곡물을 구입하는 데 써야 하는 나라에서는 혼란이 일어났다. 그 몇 년 동안 세계의 기아 인구는 수십 년만에 가장 큰 폭으로 증가했다.[9]

그 뒤에 이어진 2008년과 2009년의 세계 금융 위기는 곡물 가격을 떨어뜨리는 데 기여했고, 몇 년 동안 작황이 좋아지면서 비었던 세계 곡물 창고들이 다시 채워졌다. 그러나 몇 년 뒤인 2011년 다시금 작황이 나빠지면서 이 전체 과정이 재연되었다. 곡물 가격은 2008년보다도 더욱 치솟았다. 그러나 이번에는 정부들에 대처할 준비가 되어 있었고, 금융 전문가들은 몇 년 전에 벌어졌던 것처럼 공황 상태에 빠져서 국경을 닫는 일이 없도록 막후에서 노력했다. 이 제2차 위기는 제1차 위기 때보다 대중의 분노를 덜 불러일으켰지만, 여전히 세계의 가난한 이들에게는 고통을 안겨주었다. 그 뒤로는 대부분의 해에 작황이 괜찮았으며, 세계 곡물 시장은 원만하게 돌아갔다. 위험할 정도로 낮았던 곡물 비축량도 어느 정도 채워졌고, 곡물 가격도 수출국의 농민들이 불만을 토로할 만큼 다시 떨어졌다.

그러나 우리는 10여 년 전에 일어난 이런 사건들을 일종의 경고라고 본다. 기후 위기로 인류가 겪을 주된 그리고 가장 중요한 위험 중 하나는 폭염, 가뭄, 홍수 등의 변덕스러운 날씨가 작물을 위협할 때 농민들이 세계 식량 수요에 대처하지 못할 가능성이다. 과학자들은 점증하는 기온이 이미 몇몇 주요 곡물의 생산량을 몇 퍼센트 떨어뜨리고 있다고 계산했다.[10] 이는 녹색혁명의 전성기에 비해 식량 생산의 증가율이 느려진 한 가지 이유일 수 있다. 아마 유일한 이유는 아니겠지만 말이다. 농학자인 매슈 레이놀즈Matthew Reynolds는 이렇게 말했다. "식량이 정말로 해마다 줄어든다면 세상은 진짜 끔찍해질 것이다. 사회에 어떤 영향을 미치게 될까?"[11]

세계 식량 체계가 정말로 얼마나 취약한지 깨닫고 있는 사람은 거의 없다. 여러분은 정부가 곡물을 비롯한 생필품을 어딘가의 창고에 잔뜩 비축하고 있으며, 언제든 비상 상황이 발생하면 내놓을 것이라고 상상하고 있을지도 모른다. 미국은 어떤 비밀 지하 창고에 국민들이 몇 년간 먹을 식량을 쌓아놓고 있지 않을까? 유감스럽게도 대답은 아니오다. 전략적 식량 비축고는 존재하지만 비교적 작으며, 대다수 국가는 아예 없다. 세계적인 식량 공급망을 갖춘 기업은 더 많은 양을 보관하지만, 이 역시 대개 한 해 정도 작황이 나쁠 때 보충할 수 있을 정도라서 잇달아 몇 년 동안 흉작이 이어지면 고갈되고 만다. 인류는 본질적으로 해마다 경작하는 식량에 의존하며, 지구의 육지는 대부분 북반구에 있기에 세계 식량도 대부분 북반구에서 생산된다. 즉, 한쪽 반구에 몇 년 동안 나쁜 날씨가 이어지면, 세계 전체가 심각한 상황에 처할 수 있다는 뜻이다. 대형 화산 분출로 엄청난 양의 화산재가 뿜어져서 햇빛을 가리는 단순한 일조차 세계를 뒤흔들 식량 위기로 이어질 수 있다는 점에는 의문의 여지가 없다.

곡물의 국제 무역은 사람들의 생존에 대단히 중요하다. 중동과 북아프리카의 모든 나라는 식량을 대량 수입하며, 다른 대안은 실질적으로 전혀 없다. 이 지역에는 현재 4억 명이 살고 있으며, 인구가 여전히 빠르게 증가하는 곳들도 있다. 앞서 말했듯이 중국도 엄청난 양의 식량을 생산하지만, 점점 더 수입에 의존하는 실정이다. 남아메리카는 주요 곡물 생산국이 되었지만, 아프리카는 단위 면적당 생산량이 여전히 아주 적다.

농업 문제는 결코 해결된 것이 아니다. 작물을 공격하는 곤충, 곰팡이 등 해로운 생물들은 억제하려는 농민들의 노력에 맞서서 진화를 계속한다. 이는 생산량을 늘리기 위해서가 아니라 그저 예전 수준을 유지하기 위해서 내성이 더 강한 작물 품종을 개발하는 일에 계속 투자를 해야 한다는 의미다. 지금까지 세계의 농업은 식량 수요가 급증해왔음에도 그 수요를 계속 맞추는 데 성공해왔다. 이는 인류의 가장 놀라운 성취 중 하나이며, 우리는 현대 농업의 높은 환경 비용·environmental cost을 알기에 자신할 수 있다.

예전의 수요 증가는 기술 혁신을 통해서만이 아니라 앞서 말했듯이 경작 면적을 늘림으로써 대처해왔다. 숲 전체를 베어서 농경지로 만들었고, 그런 파괴는 지금도 이어지고 있다. 그리고 숲만 위험에 처한 것이 아니다. 브라질은 국제적인 압력을 받아서 아마존의 삼림 파괴를 줄였지만, 그 대신 세라도라고 불리는 지역에 경작지가 늘어났다. 생물 다양성이 높았던 드넓은 사바나와 초원이 깎여나가서 대규모로 콩, 소고기, 돼지고기를 생산하는 농경지로 바뀌었고, 그렇게 생산된 농산물의 상당수는 중국으로 수출되었다.

식량 체계는 이렇게 저렇게 하면 개선될 수 있다고 장담하는 이론가들에게 시달린다. 우리는 그런 식의 확신을 갖고 주장하지는 않지만, 몇 가지 명백한 것들이 있다고 생각한다. 농업의 세계적인 확장은 멈추어야 한다. 마지막으로 남아 있는 야생 지역까지 농업이 집어삼키는 일을 막아야 한다. 경작 면적을 점점 더 넓히는 이런 방식을 농업 **팽창화**agricultural extensification라고 하는데, 우리는 농업 **집약화**agricultural intensification로 대체해야 한다. 해마다 기존 농경지의 면적당 수확량을 늘린다는 의미다. 선진국의 농민들에게는 이런 추세가 이미 확고히 자리를 잡은 상태이지만, 개발도상국의 소규모 농가 수천만 곳은 아직 그렇지 않다. 면적당 생산량과 생산 가능량의 차이를 수확량 격차yield gap라고 하는데, 녹색혁명 이후 반세기가 지나고도 그 차이는 엄청난 수준을 유지했다. 아프리카는 특히 더 했다. 미국 중서부 농민이 풍년일 때 옥수수를 헥타르당 약 65~69톤을 수확하는 반면, 잠비아 소농의 수확량은 20톤에도 미치지 못했다.[12]

　세계 농업의 이 집약화 수준을 끌어올리려면 농민은 무엇을 해야 할까? 목록은 길지만 수수께끼는 아니다. 아프리카의 많은 농민은 아직 현대 비료를 접하지 못하고 있다. 앞서 말한 작물 생장을 제한하는 주된 요소인 질소 비료도 그렇다. 세계 각지에는 아직 도로도 뚫려 있지 않은 곳에 살면서, 씨앗이나 농기구를 살 돈도 없고, 농작물의 시장 가격 정보도 제대로 전달받지 못하는 농민이 많다. 개발도상국은 농업 분야에 더 투자해야 한다. 그런데 녹색혁명 이후 여러 해 동안 세계 곡물 가격이 낮았기 때문에 그런 투자를 하지 않았다. 또한 개발도상국은 도움의 손길을 간절히 원하고 있다. 2008년과 2011년의 식량 위기 이후에 세계 각국은 농업 발전에 수십억 달러를 투자하겠다고 약속했고, 그 약속은 연구와 농가 지원 사업에 투자하는 식으로 대체로 지켜졌다. 그러나 우리는 식량 소요 사태의 기억이 흐릿해짐에 따라서 그들을 향한 관심이 다시금 해이해지고 있지는 않은지 걱정스럽다. 국제 농업 발전은 가장 중요한 세계적인 현안 중 하나이자 기후 회복을 세계 경제의 일부로 포함시키려면 거쳐야 할 가장 중요한 단계 중 하나다. 도널드 트럼프가 통치한 4년 동안 미국 정부는 이 문제를 외면했지만, 바이든 정부에서는 정책이 우선순위에 놓이기를 바란다. 자선 단체인 빌앤멜린다게이츠재단Bill and Melinda Gates Foundation은 많은 가난한 농민의 삶을 개선하는 일에 엄청난 지원을 하고 있지만, 아무리 규모가 큰 자선 단체라고 하더라도 각국 정부의 지원 없이는 모든 일을 할 수 있을 만큼 자금을 갖고 있지는 않다.

세계 식량 문제를 해결하는 데 크나큰 도움이 되는 동시에 농업 분야의 온실가스 배출을 줄이는 방법이 한 가지 더 있는데, 바로 수요 증가를 억제하는 것이다. 그리고 수요 증가를 억제하는 가장 효과적인 방법은 육류와 유제품 소비를 줄이는 것이다. 개발도상국의 소비자들이 부유해질수록 그들의 식단에서 단백질이 차지하는 비중도 빠르게 증가하고 있다. 대체로 아직은 미국과 유럽의 육류 소비량 수준에 이르지 않았지만 점점 가까워지고 있다. 고기나 유제품 1킬로그램을 생산하려면 곡물 몇 킬로그램을 생산해서 가축에게 먹여야 하므로, 모든 육류와 유제품 생산은 본질적으로 사료용 곡물을 재배하는데 드는 물, 땅, 화석 연료의 낭비라는 문제를 안고 있다. 따라서 사람들, 특히 선진국에 사는 사람들에게 고기나 치즈를 덜 먹으라고 설득하는 것이 유익한 일이긴 하지만, 그 일을 어떻게 할지는 불분명하다. 미국에서는 육류 생산의 환경 비용에 관한 논의가 수십 년째 이어져 왔지만, 갤럽 여론 조사에 따르면 인구의 약 5퍼센트만이 자신이 채식주의자라고 답했고, 더 엄격한 비건 식단을 유지한다고 말한 사람은 3퍼센트에 불과했다.[13] 채식주의는 대다수 사람들에게는 해답이 아닐지도 모르지만, 어느 정도의 절제는 필요하지 않을까? 2019년 갤럽 여론 조사에서 미국인의 약 4분의 1은 육류 소비를 줄였다고 답했다.[14] 좋은 소식이라고 해석할 수 있지만, 미국인들이 고기를 얼마나 많이 먹는지를 생각한다면 100퍼센트 줄이는 쪽이 기후와 우리 자신의 건강에 바람직할 것이다.

미국 정부는 육류 산업의 로비에 심하게 영향받아 시민들에게 식단을 바꾸라고 설득하는 노력을 거의 하지 않았다. 게다가 세계의 다른 정부들도 그 점에서는 별 다를 바 없다. 소비자의 주권을 우선시한다며 증가하는 육류 수요를 억제하기보다는 충족시키는 쪽에 초점을 맞춘다. 이 문제에서는 정부가 닭처럼 몸을 사리고 있는 모양새다.

닭 이야기가 나왔으니 말하자면, 닭은 실제로 해답 중 하나가 될 수 있다. 1928년 허버트 후버Herbert Hoover가 미국 대통령 선거에 출마했을 때, 공화당의 일부 지지자들은 〈뉴욕 타임스〉에 "모든 가정에 닭 한 마리"라고 적은 전면 광고를 실었다.[15] 지금의 기준으로 보자면, 좀 어리석은 선거 문구처럼 들린다. 그러나 1920년대의 미국 가정에는 엄청난 것을 안겨주겠다는 의미로 받아들여질 약속이었다. 당시 도시의 가정에서 닭 한 마리를 요리해 먹는 일이 아주 드물 정도로 닭은 1년에 한두 번 먹을까 말까 한 특별한 음식이었다. 모든 가정에 닭 한 마리씩을 먹게 해주겠다는 그 약속은 1928년 당시 모든 미국인을 진정으로 부유하게 만들어주겠다는 약속으로 들렸다.

제2차 세계대전 이후로 수십 년 사이에 닭의 생산은 산업화했고, 닭고기 가격은 다른 물가에 비해 상대적으로 하락해왔다. 닭고기가 더욱 싸지고 풍족해지고, 영양학자들이 적색육을 너무 많이 먹지 말라고 계속 경고한 데 힘입어서 닭고기는 미국 식단을 정복해왔다. 실제로 미국의 1인당 소고기 소비량은 1976년 정점에 이른 뒤 38퍼센트가 줄어든 반면, 같은 기간에 닭고기 소비량은 129퍼센트나 증가했다.[16] 오늘날 사람들은 점심으로 닭고기 샌드위치를 주문하거나 저녁으로 먹을 구운 닭고기를 집에 포장해갈 때 별 생각을 하지 않지만, 이런 일이 가능해진 것은 비교적 최근이다.

여기에서 여러분은 이렇게 물을지도 모른다. 도대체 왜 좋은 소식이라는 거죠? 모든 육류가 환경에 피해를 주긴 하지만, 닭고기가 다른 고기들에 비해 훨씬 그 정도가 덜하다는 단순한 이유에서다. 사료 효율feed conversion efficiency이라는 척도를 통해 비교해볼 수 있는데, 가축이 먹는 곡물 사료가 먹을 수 있는 고기로 전환되는 비율이 어느 정도일까? 육우는 약 10퍼센트,[17] 돼지는 약 20퍼센트다. 닭은 약 40퍼센트에 달한다. 우리는 소고기 섭취를 연료를 많이 잡아먹는 커다란 SUV, 닭고기 섭취를 연비가 높은 소형 승용차를 운전하는 것과 비슷하다고 생각할 수 있다. 양쪽 다 지구를 훼손하고 있긴 하지만,

어느 한쪽을 선택해야 한다면 소형 승용차를 택하는 것과 같은 이치다. 즉, 소고기 햄버거 대신 닭고기 샌드위치를 고르자.

이쯤이면 여러분은 이 주제에서 우리가 꾸준하면서도 진지하게 점진적 변화를 이룰 수 있다고 믿는다는 점을 아마 알아차렸을 것이다. 육류나 유제품의 소비 줄이기는 설령 비건 식단을 택할 생각까지는 없다고 해도 올바른 방향으로 나아가는 것이다. 어떻게 하면 사람들에게 식단을 바꾸도록 할 수 있을지 알아내려면 훨씬 더 많은 실험이 필요하다. 옥스퍼드대학교의 연구진은 육류세를 도입해서 소비를 줄이자는 제안을 내놓았다.[18] 주로 사람들의 건강을 염두에 둔 제안이지만 온실가스 배출량이 줄어드는 효과도 나타날 것이다. 아직 그런 정책을 시행할 만큼 대담한 정부는 나오지 않았기에, 그 방법이 실제로 얼마나 효과가 있을지 우리는 짐작하지 못한다.

육류 소비 증가가 시급한 세계적인 문제가 되었기에 혁신을 통해 그 문제를 해결하려는 시도도 나타나고 있다. 식물로 만든 대체육은 수십 년 전부터 이미 시장에 나와 있었지만, 사람들은 대개 이런 '식물성 버거' 같은 식품들이 소고기를 대체할 만하다고 여기지 않았고, 그래서 시장은 제한되어 왔다. 그러나 현재 상황은 빠르게 변하고 있으며, 소비자들이 미국의 식품 체계를 새로운 방향으로 떠밀 기회의 창이 열리고 있다.

레버 당기기

미국의 버거킹 매장에 들어가면 맛있는 와퍼의 경쟁자가 나와 있음을 알아차릴 것이다. 일반 와퍼 가격에 1달러만 추가하면 임파서블 와퍼를 살 수 있다. 여기에는 소고기로 만든 패티가 아닌 식물에서 얻은 성분들을 섞어서 만든 패티가 들어 있다.

신사 숙녀 여러분, 그 버거를 사세요!

이 책의 첫머리에서 우리는 열정적인 녹색소비자가 되어 구매 선택을 달리한다 해도 세계를 구할 수는 없다고 말했다. 대신에 녹색시민 의식을 요구했다. 즉, 유권자로서 정부의 역학 관계에 참여해서 기후를 염두에 둔 선택을 할 것을 정부에 요구하라고 요청했다. 그러나 지금 우리는 그 규칙의 예외 사례 하나를 제안하고 있다. 식량 공급 분야에서만큼은 소비자의 선택이 시장에 식량 체계의 배출량을 줄이는 혁신에 보답하라고 신호를 보내 **충분한 차이**를 빚어낼 수 있다고 생각하기 때문이다.

그렇게 생각하는 이유가 무엇이냐고? 단순하게 생각해보자. 실리콘밸리를 한 예로 들어보자. 사회는 진정한 혁신이 일어나기 시작하는 시점에 도달했으며, 그 혁신의 상당수는 샌프란시스코 지역에 모인 기술 집단에서 출현하고 있다. 임파서블 와퍼는 임파서블 버거의 한 형태로, 미국 전역에서 판매하는 식료품점들이 점점 늘어나고 있으며, 이미 여러분이 사는 지역에도 들어와 있을 수 있다. 이 버거는 캘리포니아주 레드우드시티에 자리한 임파서블푸드Impossible Foods라는 기업이 내놓았다. 완두콩과 콩 단백질 같은 식물 성분, 효모 추출물 등을 이용해 잘게 간 소고기를 흉내 내는 방법을 터득한 회사다. 임파서블푸드는 비욘드미트Beyond Meat라는 기업과 열띤 경쟁을 펼치고 있다. 양쪽 다 소고기라고 믿을 정도의 대체육을 내놓고 있다. 그들뿐만 아니라 경쟁자로 나선 신생 기업들은 더 나아가 모든 육류와 유제품을 식물성 대체 식품으로 전환하려는 노력을 하고 있다. 여러분이 아직까지는 동네 상점에서 치즈, 달걀, 생선, 우유의 대체 식품을 보지 못했을 수도 있지만 머지않아 곧 보게 될 것이다. 이미 아몬드우유와 두유 같은 식물성 대체유에 친숙해진 분도 있을 것이다. 대체유들은 연 매출이 20억 달러에 달할 만큼 시장에 탄탄하게 자리를 잡았으며, 우리는 이런 대체유가 밝히는 길을 따라갈 제품들도 계속 나올 것이라고 본다.

　한 가지 큰 문제는 버거킹에서 팔고 있는 대체육 버거가 1달러 더 비싸다는 점이다. 아니, 어디에서 사든 간에 이런 제품들은 대부분 더 비싸다. 우리는 임파서블 와퍼를 1달러 더 주고 사는 대신에 적어도 1달러 더 싸게 살 수 있어야 한다. 일반 식료품점에서는 아직 가격차이가 크고, 최근 가격이 하락했음에도 임파서블푸드의 패티는 소고기 패티보다 가격이 두 배까지도 비싸다. 가격을 더 낮추어야 한다. 식물성 식품의 가격이 싸지면 싸질수록 수백만 명이 한번 맛보고자 할 것이고, 우리는 그들이 마음에 들어할 것이라고 본다. 이제 여러분은 우리가 줄곧 해온 말이 나오겠거니 짐작할 것이다. 즉, 우리는 대체육이 학습 곡선을 타고 내려갈 수 있도록 소비할 필요가 있다. 소비자는 청정 전기나 철강 분야에서는 어느 한쪽을 선택해 구입할 힘을 사실상 갖고 있지 않은 반면, 식품 분야에서는 그런 힘을 충분히 갖고 있다. 20년 전의 평면 텔레비전이 그랬듯이, 이런 상품을 구입하는 사람들이 늘어날수록 규모는 더 빨리 확대될 것이고, 가격은 가파르게 하락할 것이다.

비건 식단과 채식 식단은 기후에도 좋으며, 대체육을 먹는 것보다 건강에도 좋다. 물론 대체육에는 지방, 소금, 탄수화물이 더 많이 첨가된 경향이 있다. 그러나 우리는 불완전한 세계에 살고 있으며, 채식을 하는 미국인의 수가 아직 적다는 것도 안다. 우리의 지침은 단순하다. 비건과 채식이 자신에게 맞다면 택하라는 것이다. 그런 식단을 지속할 수 없다면, '간헐적 채식주의자'가 될 수도 있다. 고기 없는 월요일을 지키는 것도 좋은 출발점이 된다. 아니면 가능할 때마다 기후에 도움이 되는 좋은 쪽으로 식품을 택하도록 하자. 돼지고기는 소고기보다 좋다. 닭고기는 돼지고기나 소고기보다 훨씬 좋다. 가능할 때마다 임파서블 버거나 다른 대체육 식품을 구매하고 식단에서 가능한 수준까지 유제품 소비를 줄이자.

원칙적으로 이런 대체 단백질은 육류보다 생산비가 더 적게 들어야 마땅하다. 동물보다 식물은 생산 과정에서 에너지, 땅, 물이 더 적게 필요하기 때문이다. 따라서 우리는 대체육 가격 하락이 그저 시장 규모의 문제일 뿐이며, 이런 제품들을 매일 먹으려고 시도하는 이 책의 독자인 여러분이 시장 확대에 기여하게 될 것임을 안다. 그런 제품이 대량 생산되기까지는 수십억 달러가 필요할 것이며, 우리는 해당

시장이 커지는 것을 투자자들이 볼 때 수십억 달러가 흘러들 것이라고 생각한다. 그리고 이미 시장은 **커지고** 있다. 10년 동안 임파서블푸드의 매출은 꾸준이 늘어났고, 이 범주에 속한 다른 몇몇 기업들도 비슷한 매출 증가세를 보이고 있다. 그러니 더 빨리 성장하도록 돕자.

식물성 대체 식품에 이어서 축산업을 대체할 또 다른 방안이 나오고 있다. 몇 년 전까지만 해도 공상 과학 소설에나 나올 법하다고 여긴 범주의 생산물로, 실제 동물 조직을 생물 반응기bioreactor라는 커다란 통에서 기르는 일을 하는 신생 기업들이 쏟아지고 있다. 지금처럼 반쯤은 농장 작업이면서 반쯤은 산업 공정인 형태의 축산 방식이 아니라, 본질적으로 육류 생산을 진정한 산업으로 전환하는 방식이다. 아직 이런 방식의 환경 발자국을 평가한 연구가 거의 없기 때문에 이 방식이 동물 사육보다 낭비가 덜할 것이라는 개념은 아직 가정일 뿐이라는 점을 언급해둔다. 초기 연구는 육류의 배양에 재생에너지를 활용할 경우, 상당한 탄소 배출량 감소가 이루어질 것임을 시사한다. 우리는 무엇이 가능한지를 곧 알게 될 것이다. 우리는 이런 제품이 시장에 나왔을 때 여러분이 충분히 열린 마음을 갖고 맛보기를 희망한다. 이미 출시되어 선택을 기다리고 있는 제품도 있다. 실험실에서 기른 치킨 너겟이 싱가포르의 몇몇 상점에서 판매되고 있는데, 한 접시에 20달러 정도라고 하니 아직 학습 곡선의 맨 꼭대기에 있는 것이 분명하다.

우리가 먹는 식품이라는 주제에서도 기후를 구하고자 나선 이들은 많든 적든 정치와 연루될 수밖에 없다. 대체육을 생산하는 기업들은 심각한 법적 문제에 직면해 있다. 각 주에서 대체육 제품의 포장지에 '고기', '버거', '버터' 같은 단어들을 쓰는 것을 금지하려는 법이 제정되고 있다. 이런 법안들은 육류 업계의 요청으로 통과되고 있으며, 이는 이제 막 시작되고 있는 경쟁에서 상대방을 내치려는 시도나 다름없다. 이미 여섯 개 이상의 주가 해당 법을 통과시켰다. 하지만 대체육 업계는 그런 법이 미국 수정 헌법 제1조에 나온 표현의 자유를 침해한다면서 법원에 제소한 상태다. 우리는 법원이 헌법 위배라고 판결하기를 바라지만, 아직 채택하지 않은 모든 주에서 통과되지 않도록 막을 필요도 있다. 이런 법은 혼동을 일으키는 식품 표시로부터 소비자를 보호하겠다는 타당한 의도로 제정되는 것이 아니라는 점을 확실히 하자. 용어가 타당하려면 수식어를 붙일 필요가 있지만, 이미 충분하다. '식물성 버터'나 '식물성 버거'라는 표시를 보고서 혼동할 사람은 아무도 없다. 이런 법안은 그저 기존 업계를 보호하려는 것에 불과하며, 우리는 의원들에게 거부하라고 목소리를 높일 필요가 있다.

우리에게는 토지 이용 측면에서도 잡아당길 수 있는 여러 레버들이 있다. 이번 장에서 우리는 '나무 형평성'을 이야기한 바 있다. 유색인종이 주로 사는 동네에 나무를 심어서 역사적으로 소외시켰던 과거를 일부 보상한다는 개념이다. 이 사업은 미국의 모든 도시에서 정치적 목표가 되어야 한다. 그러나 이 문제는 언뜻 보이는 것과 달리 단순하지가 않다. 단지 나무를 심는 것만으로는 부족하고, 심은 나무를 잘 관리해주어야 한다. 특히 미국 서부에서는 땅이 마를 때마다 물을 주어야 하는데, 가난한 동네라면 물을 주거나 유지하는 등의 비용을 대기 어려우므로 이 일은 공적 자금으로 해결되어야 할 것이다. 자신이 살고 있는 도시에 이런 요구를 촉구하는 것은 사회 정의와 기후 양쪽에 모두 혜택이 될 것이다.

궁극적으로 우리는 의회가 미국 전역에서 대규모로 나무심기 사업을 시행하고 예산을 지원하는 법을 제정하도록 할 필요가 있다. 또 불법으로 벌목된 목재의 수입에 훨씬 센 벌금을 매기는 것을 포함해서 열대림 보전을 장려하는 법안도 채택하도록 해야 한다. 앞서 말한 보존 유보 계획의 규모를 두 배로 확대하고 피복작물을 지원하는 기존 사업도 확대해야 한다. 국가 차원에서 야심적인 계획을 시행할지 여부를 놓고 정치인들이 의견을 모을 때까지, 주와 시는 자체 시범 사업을 실시함으로써 미리 준비를 해야 한다. 미국의 숲American Forests이라는 단체는 '나무 형평성' 사업을 비롯한 도시의 가난한 동네를 위한 현안들 중 상당수에 초점을 맞추어서 활동하고 있다. 우리는 여러분이 이런 일에 적극적으로 참여하기를 권하는 바다.

제 **7** 장

기후 위기에 대처하는 경제학적 생존 전략 6
: 저탄소 배출을 향한 청정 산업으로의 전환

THE BIG FIX

서부에 지어진 제철소는 멀리 로키산맥이 어른거리는 콜로라도주 동부의 메마른 평원에 솟아 있다. 19세기에 지어진 이 콜로라도퓨얼앤아이언Colorado Fuel and Iron은 수십 년 동안 미시시피강 서쪽의 가장 큰 제철소였고, 초창기에는 존 록펠러John Rockefeller와 제이 굴드Jay Gould 같은 거물들의 상속인들이 운영하기도 했다. 이 제철소는 미국 역사에서 전설이 되었다. 미국 서부에 철도가 깔릴 때 철로의 대부분을 공급함으로써 작은 농장들로 이루어진 국가를 산업 발전소로 변모시키는데 한몫했기 때문이다.

그러나 콜로라도주 푸에블로에 있는 이 거대한 제철소는 나름의 불행도 겪었다.[1] 전국에서 가장 큰 대규모 유혈 사태를 일으킨 노동 쟁의부터 수십 년에 걸친 경제적 어려움에 이르기까지 파란만장했다. 파산 신청을 했다가 팔리는 일이 되풀이되었다. 지금은 러시아 철강

대기업의 자회사인 미국 기업이 이 제철소를 소유하고 있으며, 소유한 기업은 운영 비용과 수익성을 꼼꼼히 따지고 있다. 최근 제철소의 경영진이 비용을 더 줄일 수 없다면 문을 닫을 수도 있다고 공공연히 말해왔다.

이때 가장 의외의 구원자가 등장했다. 2019년 회사는 제철소 옆에 넓은 태양광 단지를 짓도록 허가하는 협약을 맺었다. 완공되면 미국 최대의 태양광 단지 중 하나가 될 것이었다. 생산된 전기의 상당량은 제철소로 들어가고, 제철소는 그 전력으로 고철을 녹여서 새 제품을 만드는 거대한 전기로를 가동한다. 그러고도 남는 전력은 전력망으로 보내진다. 이 협약의 일환으로 제철소는 발전사인 엑셀에너지에 내는 전기 요금을 감면받았고, 러시아 기업은 이 성과를 접하고 시설 개선에 투자하기로 했다. 그 결과 1,000개에 가까운 일자리가 보존되었다. 미국 역사상 처음으로 값싼 태양광 발전이 거대한 산업 시설을 구하는 데 기여하고 있으며, 아마 이런 사례는 계속 나타날 것이다. 그리고 푸에블로의 제철소는 북아메리카에서 가장 환경 친화적으로 철강을 생산한다고 주장할 수 있을 것이다. 고철을 재활용할 뿐만 아니라 태양력으로 제품을 생산하기 때문이다.

아마 철강이나 인류 문명의 또 다른 위대한 건축 재료인 시멘트에 관해 많은 시간을 들여서 골똘히 생각하는 사람은 그리 많지 않을 것이다. 시멘트는 우리가 만드는 제품 중 가장 널리 퍼져 있으며, 우리가 만들어내는 모든 것의 기본 성분이다. 시멘트는 모래, 돌, 물과 섞어서 콘크리트를 만드는 접합제, 즉 사실상 풀이다. 시멘트를 만드는 방법은 고대 로마 공화국 때 처음 알려졌으며, 그 결과 '콘크리트 혁명'이라고 부르곤 하는 일이 일어남으로써 로마 건축을 영구히 바꾸었다. 로마인은 이 콘크리트로 오늘날까지도 쓰이고 있는 도로, 다리, 수도관을 건설했고, 지금까지 보강 공사를 하지 않은 상태로도 유지되는 세계에서 가장 큰 콘크리트 돔이 얹힌 건물인 판테온 신전도 지었다. 철강과 콘크리트는 19세기에 마침내 결합되었다. 콘크리트 안쪽에 든 강철 골조는 크고 무거운 콘크리트 구조물이 더 튼튼하게 버틸 수 있도록 했다. 이 결합 덕분에 현대 세계를 정의하는 엄청난 규모의 다리, 고층 건물, 도로, 철도를 짓는 일이 가능해졌다.

현재 가장 빠른 열차는 콘크리트 침목 위에 놓인 강철 선로를 달린다. 우리는 강철관으로 보강된 높이 솟은 콘크리트 다리 위로 차를 몬다. 또 강철로 보강된 콘크리트로 만든 고층 건물 꼭대기까지 강철로 된 승강기를 타고 올라간다. 우리의 집과 아파트는 콘크리트 토대 위에 얹혀 있고, 가로등 기둥도 점점 콘크리트로 제작되고 있고, 많은 도로도 콘크리트로 되어 있다. 세계는 해마다 380억 톤의 콘크리트를 생산한다. 지구의 남녀노소 한 명당 5톤이 넘는 몫의 콘크리트 제품이 만들어지는 것이다.

안타깝게도 콘크리트의 핵심 성분으로서 연간 40억 톤씩 생산되는 시멘트는 온실가스의 엄청난 배출원이다. 사실 이 하나의 산업 공정이 세계 이산화탄소 배출량의 약 7퍼센트를 차지하며, 철과 강철 생산은 두 활동이 소비하는 전력까지 포함할 때 이산화탄소 배출량의 약 10퍼센트를 차지한다.[2] 두 가지를 합하면 기후 변화에 맞서 싸우는 우리가 직면한 최대 문제 중 하나가 된다. 문제는 철, 강철, 시멘트 생산에 화석 연료를 태워서 얻는 많은 에너지가 들어간다는 것만이 아니다. 물론 그 점도 중요하긴 하나 더욱 큰 문제는 생산 과정에서 온실가스를 직접 방출하는 화학 반응이 수반된다는 것이다. 예를 들어, 시멘트 생산은 탄산 칼슘이 주성분인 석회암을 거대한 소성로에서 구워 산화 칼슘인 석회로 만드는 과정에서 시작된다. 이 화학 반응은 탄소를 떼어내서 산소와 결합시키는데, 이 과정에서 이산화탄소가 공기로 뿜어진다. 이는 우리가 매일 걷는 인도와 계단이 바로 기후 위기를 심화시키는 데 기여하고 있다는 뜻이다.

이번 장에서는 현대 문명이 의존하고 엄청난 양의 물질 흐름을 생산하는 경제 부문인 산업을 살펴보고자 한다. 우리의 생활은 세계의 제철소, 시멘트 공장, 정유 공장, 화학 공장, 제약 공장, 비료 공장으로부터 아주 멀리 떨어져 있는 양 느껴지지만 착각이다. 우리가 살 수 있는 모든 제품, 즉 식료품점에서 구매하는 식품, 아이폰, 차, 전구, 집, 집 **안**의 모든 것은 물질 흐름이 있어야만 생산된다. 현재는 이 모든 것이 본질적으로 화석 연료에 의존한다. 공장에서 쓰는 전기까지 포함한다면, 세계 산업은 세계 이산화탄소 배출량의 30퍼센트를 차지한다.

우리는 산업 생산 방법을 자세히 살펴보지 않고서는 기후 변화 문제를 해결하지 못할 것이다. 이는 우리가 직면한 가장 힘든 과제 중 하나로, 사업장의 규모가 워낙 커서 파악이 어렵기 때문이다. 길이가 1.5킬로미터 이상 뻗어 있는 공장도 있고, 우주에서 보일 만큼 경관에

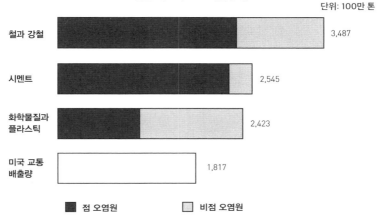

산업별 이산화탄소 배출량 규모

단위: 100만 톤

철과 강철	3,487
시멘트	2,545
화학물질과 플라스틱	2,423
미국 교통 배출량	1,817

■ 점 오염원   □ 비점 오염원

세계의 산업별 이산화탄소 배출량 규모를 보여주는 그래프로, 맨 아래 막대는 가장 배출량이 많은 나라인 미국의 교통 배출량을 나타낸다. 비교하기 위해서 그렸다. (점 오염원은 오염의 발생원을 특정할 수 있는 경우를 말하며, 반대로 비점 오염원은 발생원의 경로가 광범위해 원인을 특정할 수 없는 경우를 말한다.-편집자)

넓게 펼쳐진 광산도 있고, 1,000도가 넘는 온도로 철광석을 녹여서 철과 강철을 만드는 거대한 용광로도 있다. 태양 전지판 몇 개를 설치하거나 전기차를 구입하는 일은 파고 갈고 가열하고 녹이고 주조하고 정제하고 부품을 결합하는 이런 온갖 공정에 비하면 아주 사소해 보일 수 있다. 그리고 이산화탄소 배출량을 줄이면서 이 모든 일을 할 수 있는 대안을 찾으려는 노력은 분명히 시작되었지만, 여전히 유아기에 있다.

　다행히도 사업장은 기후와 전혀 상관없이 탄소 배출량을 줄이려는 동기를 오래전부터 지니고 있었다. 에너지가 주요 비용 항목인 만큼 에너지를 덜 쓰고자 애쓰기 때문이다. 그러면 배출량도 덩달아 줄어든다. 전 세계 경제는 효율이 점점 더 높아져 왔다. 기준이 달러든 위안이든 유로든 간에 원단위 생산량에 들어가는 에너지가 수십 년에 걸쳐서 줄어왔다는 의미에서다. 물론 전반적으로 경제와 인구가 성장함에 따라서 탄소 배출량은 계속 증가해왔지만, 효율 개선이 없었다면 문제는 훨씬 더 악화되었을 것이다.

이 에너지 원단위의 점진적인 감소는 칭찬할 만하지만 그것만으로는 부족하다. 우리는 기존 방법의 효율을 개선할 뿐만 아니라, 온실가스 배출을 없애거나 적어도 대폭 줄일 완전히 새로운 접근법으로 대체함으로써 기후 위기의 해결을 더욱 촉진해야 한다. 전 세계에서 선견지명을 지닌 경영자들은 새로운 산업 공정을 탐사하는 일을 이제 막 시작한 단계다. 그러나 이런 노력 중 상당수는 허약하고 머뭇거리는 양상을 띤다. 즉, 기후 위기를 해결하려는 다른 모든 시도와 똑같은 결함을 안고 있다. 바로 탄소 배출량 감소를 추진할 강력한 공공 정책의 지원을 받지 못하고 있다는 사실이다.

아마 경제의 다른 어떤 부문보다도 산업 부문에서 우리는 지금 당장 깨끗하면서도 새로운 방식이 시장에 안착할 것이라는 신호를 시급하게 보내야 할 것이다. 물론 대다수의 평범한 시민은 시멘트 공장이나 제철소를 운영하지 않으며, 우리는 휴대전화나 신발이나 인도가 어떻게 만들어지에 관해서는 그다지 잘 알지 못한다. 그렇다면 우리는 어떻게 기업이 올바른 방향으로 나아가는 동시에 탄소 배출량을 빠르게 줄일 수 있는 방안을 찾도록 자극할 수 있을까?

일하는 방식

산업 부문 전반의 이산화탄소 배출량을 줄이겠다고 약속하는 접근법에는 세 가지가 있으며, 우리에게는 모두 필요하다. 첫 번째는 공정의 효율을 높이는 것인데, 예전보다 빠른 속도로 해내야 한다. 두 번째는 다른 연료로 전력을 생산하는 것이고, 세 번째는 원료와 에너지의 사용량을 줄일 더 나은 설계와 기술을 채택하는 것이다. 이 접근법 중에는 재생 전기로부터 나온 수소를 써서 철강을 생산하는 것처럼 특정한 산업에만 적용될 가능성이 높은 것도 있지만 여러 산업에 폭넓게 적용되는 것도 있다.

앞서 말했듯이 효율을 높일 방법을 찾으라는 주문은 이미 모든 사업체가 줄곧 읊고 있는 것이다. 때로는 학습 곡선을 타고 몇 단계씩 빠르게 내려가면서 일이 신속하게 진행되기도 하고, 때로는 아주 느리게 조금씩 진행되기도 한다. 그래도 더 나은 방법을 찾으려는 것은 공학자의 탐욕이며 자유 시장 경제도 효율을 사랑하므로, 강력한 정책이 없다고 해도 효율성 엔진은 꾸준히 작동한다. 문제는 기업이 여전히 수익을 올리면서 탄소 배출량은 빠르게 줄이는 가속화가 가능한지 여부다.

효율성은 기기와 시스템이라는 두 가지 측면에서 나온다. 기기 측면은 이해하기 쉽다. 최적의 속도와 부하에서 작동하는 세계 최고의 전기 모터는 공급되는 전기 에너지를 100퍼센트에 가깝게 운동으로 바꾼다. 이 높은 효율로 작동하는 커다란 모터는 부품들이 서로 맞닿으며 마찰을 일으키고 에너지를 열로 낭비하는 값싼 모터에 비해 생애에 걸쳐서 전기 에너지 비용을 수백만 달러 절약할 수 있다. 그 값싼 모터는 효율이 80퍼센트에 불과할 수 있다.

전체적으로 모터는 세계 전기의 절반을 소비한다.[3] 놀라울 수도 있지만, 모터는 승강기에서 냉장고, 슬라이딩 도어에 이르기까지 온갖 장치에 들어가서 일하고 있다. 사무실 건물과 고층 건물의 공기도 순환시키고, 에어컨도 가동한다. 우리가 이용하는 모든 물과 하수를 퍼 나른다. 조립 라인을 움직이고, 냉각 장치를 가동하고, 그라인더와 분쇄기를 돌리고, 모든 유형의 물질 조작에 동력을 전달한다. 모든 인간 활동에서 힘을 증폭해 전달하는 역할을 한다.

모터를 잘 고르고, 보다 중요한 점인 더 나은 방법으로 가동한다면 에너지 소비를 줄일 수 있다. 모터가 물을 퍼올리는 단순한 시스템을 생각해보자. 전형적인 상황이라면 모터를 작동시켜서 펌프를 켠 다음 밸브를 조작해서 원하는 대로 물의 양을 조절한다. 그러나 이 접근법은 발로 양쪽 페달을 밟은 채 차를 운전하면서 에너지를 쓰는 것과 마찬가지다. 가속기를 끝까지 밟은 채 브레이크만으로 속도를 조절하는 것은 정말로 어리석은 짓이 아닐까? 그런데 모터의 80퍼센트 이상은 바로 이런 식으로 가동된다. 전력을 계속 완전히 공급하면서 기계를 조작해 출력을 조절한다. 공학적으로 보면 당혹스럽다.

밸브를 조절해서 흐름을 막는 대신에 전력을 제어해서 모터의 속도를 바꾸는 방식이 훨씬 낫다. 믿기 어렵겠지만 전 세계의 모든 모터에 이 방법을 적용한다면 이 변화만으로도 원자력 발전소 수백 곳의 출력과 맞먹는 에너지를 절약할 수 있을 것이다. 이런 방식이 충분한 수준까지 적용되지 못하는 한 가지 이유는 가변속 모터가 더 비싸서다. 그러나 에너지 문제의 다른 여러 측면들이 그렇듯이, 이 투자도 절약되는 에너지를 통해 몇 년이면 충분히 회수 가능하다.

'시스템 효율성system efficiency'은 이 모터 개념을 받아들여서 확장한다. 물을 퍼올리는 데 필요한 에너지는 '순수한 일pure work'의 양에 따라 달라진다. 물리학 용어로 말하자면, 중력을 이기고 공장에서 물을 몇 층 높이까지 끌어올리는 데 필요한 에너지의 양에 관의 마찰력 등 시스템이 지닌 항력 때문에 소비되는 에너지의 양을 더한 값이다. 이 사례에서는 에너지를 줄일 방법이 꽤 단순하다. 가늘고 길고 구부러진 곳이 많은 관을 쓰면 펌프를 작동하는 데 더 많은 힘이 든다. 굵고 구부러지는 각도가 적은 관을 쓸수록 에너지는 절약된다.[4] 설비들을 마구잡이로 배치할 때 추가로 드는 에너지는 잘 배치할 때의 몇 배에 달할 수도 있다. 이것이 바로 시스템 효율성이다. 그렇다면 시스템의 모든 요소를 어떻게 조정하면 효율을 더 높일 수 있을까?

문제는 시스템 효율성이 복잡하기 때문에 공학적으로 덜 활용된다는 점이다. 대다수 공학자는 모터 크기, 밸브 종류, 관 크기 등을 하나하나 정한 표준 편람을 참조해서 배치한다. 먼저 모든 기계를 배치한 뒤 관으로 연결한다. 그 결과 급하게 꺾이고 길게 뺀 관들이 여기저기 널려 있게 된다. 또 기계적으로 출력을 조절하는 방식을 쓴다. 그 편이 쉽고 표준적으로 널리 쓰이는 방법이기 때문이다. 이 모든 방식은 공장의 에너지 사용량을 대폭 늘릴 수 있으며, 그 결과 온실가스 배출량을 최대 네 배까지 늘어나게 한다.

정부가 공장 설계 같은 복잡한 공학적 결정에 관여하는 것을 꺼리는 것도 이해가 되지만 관여해야만 한다. 탄소 배출량을 더 빨리 줄이도록 산업체를 압박할 필요가 있다. 어떤 방법으로 가능할까? 한 가지 기본 전략은 산업 기기의 모든 주요 범주에 '최소 효율 기준'을 법규로 정하는 것이다. 모든 모터, 에어컨, 압축기, 펌프 등은 최고 수준의 효율로 가동되도록 만들어져야 한다. 그리고 이런 기준을 몇 년마다 강화해서 꾸준한 개선이 공학자들의 습관이 되도록 해야 한다. 이 기준 설정 접근법은 미국을 비롯한 대다수 산업 국가에서 수십 년 동안 활용되어 왔으며 상당한 성과를 냈다. 그러나 이런 기준을 정하고 갱신하는 과정은 괴로울 만큼 느리며, 정기적으로 갱신하는 나라들에서도 해야 할 수준보다 더 미미한 수준으로 이루어지곤 한다. 한 가지 더 중요한 이유는 우리가 이미 알고 있는 것으로, 산업 장비의 구매자가 차량 구매자와 마찬가지로 장기적으로 얼마나 절약할 수 있는지에는 아예 신경을 쓰지 않고 구입 당시의 가격에만 관심을 갖는다는 것이다. 따라서 기존에 장비를 만들어온 기업이 강화된 기준을 충족시키도록 해야 한다. 그렇게 하면 전체적으로 수십억 달러를 절감하고, 탄소 배출도 수십억 톤이나 줄일 수 있다는 의미다.

시멘트 산업이나 철강 산업 등 하나의 산업 부문 전체에 더욱 폭넓은 유형의 효율 기준을 적용할 수도 있다. 이 접근법은 법규로 콘크리트 톤당 최대 탄소 배출량을 정하고 몇 년마다 기준을 강화하는 정책을 펼치는 것이다. 공장주는 정부가 정한 기준이 너무 엄격하고, 그에 따라 비용이 많이 발생한다거나 혹은 기준이 임의적이라고 불만을 드러낼 가능성이 높다. 그 이유가 타당할 수도 있지만, 이런 불만을 회피할 마법 같은 방법이 있다. 정부는 최고 성능을 내는 **기존** 시멘트나 철강 공장을 찾아 살펴보고, 이를 예시로 들며 무엇이 가능한지를 알려주는 증거로 제시하고, 모든 공장의 새로운 최저 기준으로 삼는 것이다. 이런 과정을 4~5년마다 반복한다. 오늘의 최고 효율 기준은 내일의 최저 기준이 된다.

일본 정부가 처음 내놓은 이 개념을 '선두 주자top runner' 시스템이라고 한다. 일본은 소비재에서 중공업에 이르기까지 아주 다양한 제품에 이 방식을 적용하며, 이 시스템은 일본이 세계 최고 수준의 에너지 효율을 달성하는 데 기여해왔다.

생산량 톤당 탄소 배출 기준을 설정하는 방식의 한 가지 좋은 점은 공장 기술자들에게 구체적인 수치를 제시한다는 것이다. 공무원이 공장을 돌아다니면서 이래라저래라 할 필요 없이 세세한 사항들을 공장의 전문가들에게 맡길 수 있다. 기술자들은 그저 목표만 제시받으며, 목표를 달성하기 위해 온갖 방법을 채택할 것이다. 화로를 보강하고, 폐열을 포획하여 재사용하고, 펌프와 관망을 개선하고, 새로운 화학물질을 적용하고, 더 깨끗한 에너지원을 찾는 등의 조치를 취할 수 있다. 요점은 계속 강화되는 기준이 기술자들의 실력과 전문성을 자극해서 그들을 저항의 중심점이 아니라 더 깨끗한 산업의 옹호자로 바꿔놓는다는 것이다.

또 다른 방안은 정부가 산업 시설의 이산화탄소를 비롯한 온실가스 배출량에 따른 부담금을 매기는 것이다. 세금을 부과할 수도 있고, 오염물질 배출권을 시장에서 구입하도록 요구할 수도 있다. 이 책의 곳곳에서 우리는 이산화탄소를 비롯한 온실가스의 배출에 가격을 매긴다는 개념에 회의적인 견해를 드러냈다. 주된 이유는 실질적인 차이를 빚어낼 수 있을 만큼 높은 가격을 매기는 정책을 통과시키는 것이 정치적으로 어렵기 때문이다. 그러나 이런 정치적 문제들을 극복할 수 있다면, 탄소 가격제가 가장 효과를 발휘할 영역이 바로 산업 부문이라고 본다. 가격을 충분히 높게 설정한다면 대기업이 매주 해야 하는 경제성을 따지는 수천 가지 계산에 영향을 줄 것이 분명하다. 철강, 시멘트, 화학 산업 등 탄소 배출량이 많은 기업일수록 특히 그럴 것이다.

또 시간이 흐를수록 탄소 가격이 오른다는 점도 기업이 알도록 해야 할 것이다. 이런 경우라면 탄소 배출량을 줄이는 쪽으로 일찍 투자하는 편이 낫다. 캘리포니아주는 대기업이 온실가스를 배출하려면 주 당국으로부터 배출 허가권을 사도록 하는 '배출 총량 거래cap and trade' 제도라는 방법을 고안해 내놓기도 했다. 물론 소기업은 예외다. 주 당국은 사실상 배출권 가격의 상한과 하한을 정해서 기업의 불확실성을 줄이긴 하지만, 배출 총량을 점점 줄임으로써 배출 허용량을 점점 줄여나갈 예정이다. 즉, 시간이 흐를수록 배출권의 가격이 올라간다는 뜻으로, 기업에 청정 목표를 달성하기 위해 노력할 시간과 확실성을 부여하는 방식이다. 그리고 배출권의 거래가 허용되므로, 이 제도는 캘리포니아주 경제 전체에서 탄소 배출량을 줄일 가장 저렴한 방식을 찾아내는 데도 도움을 줄 수 있다.[5] 기업이 '과잉 순응-overcom-ply'을 통해서 탄소 배출량을 줄일 가장 저렴한 방법을 찾아내어 시장에서 배출량 감축에 어려움을 겪고 있는 다른 기업에 남는 배출권을 팔 수 있기 때문이다. 그러면 모든 기업의 비용이 낮아진다. 그러나 이런 유형의 제도가 결코 만병통치약이 아님을 명심하자. 여기에는 정교한 감시와 감사가 수반되어야 하며, 그렇지 않으면 기업은 속이려는 유혹에 빠질 것이다.

탄소 배출량에 세금을 매기는 힘거운 정책은 시행과 중단을 되풀이함으로써 사업을 엄청난 불확실성에 빠뜨릴 수도 있다. 한 예로 호주는 2012년 배출권 제도를 시행했다가 2년 뒤 정권이 바뀌면서 철회했다. 그 결과 기업은 정책이 장기적으로 이어질 것이라고 신뢰할 수 없게 되었다. 산업 설비는 수십 년, 때로는 반세기까지도 가동된다. 효율을 높이는 가장 좋은 시기는 처음에 들여놓을 때, 아니면 대폭 개보수를 할 때다. 공장의 생애 초기에 개보수를 하려면 비용이 많이 들지만, 그 뒤에는 비용을 적게 또는 전혀 들이지 않은 채 시설을 개보수할 수 있다. 북유럽 국가의 정부들만이 배출량 감축 관련 정책이 장기적으로 일관성을 띨 것이라는 신호를 보내오고 있다. 나머지 세계에서는 정치적 실패와 불확실성 때문에 청정 제조업을 위한 투자가 거의 이루어지지 않으면서 산업의 탄소 배출량이 여전히 필요한 수준보다 높게 유지되는 실정이다.

새로운 연료, 새로운 화학

산업을 청정화하는 또 한 가지 방법은 새로운 저탄소 연료를 쓰는 것이다. 이 전환은 어느 정도는 자동적으로 이루어지고 있다. 공장에서 쓰이는 에너지 중 상당수가 전기이므로, 전력망이 깨끗해질수록 공장 관리자들이 따로 조치를 취하지 않아도 공장의 탄소 배출량이 줄어들게 된다는 점을 떠올리자. 저탄소 자원으로 전력 시스템을 운영하면, 특히 산업을 포함한 모든 부문에서 많은 혜택을 본다. 유감스럽게도 산업 내 탄소 배출량 중 아주 많은 양은 전기 사용에서 나오는 것이 아니라 제품을 생산할 때 석탄, 석유, 천연가스를 직접 연소함으로써 발생한다.

시멘트를 예로 들어보자. 표준 생산 방법은 화석 연료, 그중에서도 석탄을 때서 석회암을 구워 시멘트의 주성분인 석회를 만드는 것이다. 그러나 탄소 배출량 중 화석 연료가 차지하는 양은 절반에 못 미친다. 나머지는 석회암을 석회로 전환하는 화학 반응에서 나온다. 이 과정에서 이산화탄소가 배출되기 때문이다. 이런 유형의 배출을 대체로 '공정 배출process emission'이라고 하며, 일부 산업에서는 전기 사용에서 나오는 탄소 배출량보다 훨씬 많다.

시멘트 생산 공정에서는 소성로를 개량함으로써 가열 단계의 효율을 높이는 것이 가능하다. 콘크리트를 만드는 과정에서도 원료들의 비율을 조정해서 시멘트의 사용을 줄일 수 있다. 그러나 탄소 배출량을 가장 많이 줄일 수 있는 기회는 시멘트 생산의 화학적 성질을 대폭 바꾸는 데 있다. 일부에서는 시멘트 산업을 청정화하는 데 집중하면 탄소 배출량도 절반으로 줄일 수 있다고 추정한다. 시멘트 산업이 전 세계 산업 탄소 배출량의 가장 큰 원천 중 하나임을 기억하자. 엄청난 기회인 만큼, 정부와 산업 양쪽이 더욱 강력하게 청정화를 추진해야 한다고 본다.

현재 저탄소 시멘트를 생산하는 기업들이 소수 있다. 뉴저지주에 서는 솔리디아Solidia라는 기업이 럿거스대학교에서 개발한 시멘트 생산 공정의 탄소 배출량을 절반 이상으로 줄이는 배합 공식을 상업화 하고 있다. 이 공정은 지금까지는 주로 공장 자체에서 제작할 수 있는 콘크리트에 적용되어 왔다. 집 안으로 이어지는 차도와 테라스, 가로 등, 철도 침목 등에 쓰이는 것들로, 이런 물품들은 시멘트 시장의 약 3분의 1을 차지한다. 현장에서 쏟아부어서 건물이나 도로, 다리를 건 설하는 데 쓰이는 시멘트 시장이 훨씬 큰 만큼 솔리디아는 이런 용도 로도 저탄소 시멘트를 공급하는 일을 시작했다. 캐나다의 카본큐 어CarbonCure라는 기업도 비슷한 접근법을 추구하고 있다. 좋은 소식 은 세계의 주요 시멘트 제조사들도 이런 방법에 관심을 보이고 있으 며, 지난 몇 년 사이 협상을 맺고 시도해보는 사례들이 나타나고 있다 는 점이다.

마찬가지로 철과 강철의 생산 분야에서도 탄소 배출량을 상당히 줄일 수 있는 유망한 새로운 접근법이 개발되고 있다. 바로 철광석을 정제할 때 화석 연료 대신 수소를 에너지원으로 삼아서 태우는 방식 이다. 수소는 재생 전기를 써서 물을 구성 원소인 수소와 산소로 쪼개서 얻어야 할 것이다. 이런 식으로 가동하는 시험 단계의 제철소가 스웨덴에서 운전을 시작했고, 독일도 이 방법을 적용하고자 추진 중이다. 미래 경제에서 수소가 어떤 역할을 하게 될지는 제8장에서 좀 더 살펴보기로 하자.

시멘트와 철강 산업 양쪽에서 이런 대안들은 받아들여지기까지 아주 오랜 시간이 걸린다. 이런 현상은 산업들이 보수적인 것뿐만 아니라, 저탄소 배출 제품에 가치를 더 부여하도록 시장에 신호를 주지 않았다는 점을 반영하는 것이기도 하다. 게다가 어떤 정부도 이에 따른 시장 실패를 보상하지 않았다. 물론 모든 일은 정부가 전반적으로 기후 변화를 위한 강력한 정책을 시행하지 못했다는 데서 비롯된다.

설계의 힘

앞서 우리는 특정한 수준의 경제적 생산을 이어가는 데 필요한 에너지의 양이 수십 년 동안 계속 줄어들어 왔으며, 경제 발전과 인구 증가에 따른 에너지 증가를 상쇄시켰다고 말했다. 이는 경제에서 체계적으로 낭비를 제거해왔다는 의미라고 상상할 수도 있다. 그렇지만 여전히 엄청난 많은 낭비가 남아 있다고 말하게 되어 안타깝다.

사회가 용광로와 소성로에서 흘러나오는 모든 물질을 사용하는 방식이 대표적 사례다. 콘크리트로 크고 부피 있는 직육면체 덩어리를 만들기란 쉽다. 나무 판자를 이어 붙여서 쉽게 만들 수 있는 네모

난 틀에 콘크리트를 부으면 되기 때문이다. 이는 콘크리트가 틀을 채울 만큼 필요하다는 의미는 아니다. 정반대다. 이런 커다란 직육면체 구조 내의 압력과 긴장은 결코 균일하지 않으며, 그 결과 많은 사용처에서 콘크리트는 대부분 그저 채움재 역할을 한다는 의미가 된다. 콘크리트를 필요한 곳에만 한 방울씩 떨구어서 집어넣는 것이 쉽다면, 엄청난 양의 콘트리트를 절약할 수 있을 것이다.

우리가 콘크리트를 비롯한 물질들을 사용하는 방식을 바꿀 수 있는 새로운 기술이 등장하고 있다. 바로 삼차원 프린팅이다. 자동으로 작동하는 로봇 프린터가 플라스틱을 녹여 작은 방울로 떨구어 쌓으면서 물건을 만드는 작은 3D 프린터를 본 적이 있을 것이다. 이 기술은 비슷한 규모에서는 이미 널리 쓰이고 있다. 건축 회사는 3D 프린터를 써서 설계한 건축물의 모형을 만든다. 기업은 필요한 플라스틱 부품을 소량으로 제작한다. 코로나바이러스 감염증의 대유행 때, 이탈리아 같은 나라들에서 불굴의 취미 활동가들은 3D 프린터를 활용해 공급되지 않는 플라스틱 의료 기기 부속품을 만들기도 했다.

그러나 우리는 이런 기술이 앞으로 무엇을 할 수 있는지를 발견하는 초기 단계에 있을 뿐이다. 재료를 방울방울 떨구어서 복잡한 설계도대로 건물을 지을 수 있는 매우 큰 3D 프린터가 시험적으로 운용되고 있다. 언젠가는 집과 사무실 전체가 이런 식으로 지어질지도 모르며, 자전거 다리, 차량 다리, 공중 화장실 같은 건축물을 건설하는 것은 예상보다 빨리 가능해질지도 모른다. 이미 시제품으로 인쇄된 건축물들도 나와 있다. 임시로 만든 거대한 틀에 젖은 콘크리트를 붓는 대신, 콘크리트를 방울이나 물줄기 형태로 흐르게 하면서 빙빙 돌아가며 층층이 쌓는다. 더 나아가 건축물의 구조를 지탱하는 데 꼭 필요한 곳에만 사용하는 것도 가능해질 것이다. 이런 유형의 프린팅은 콘크리트를 부피가 커 다루기 힘든 일반 재료에서 정밀한 재료로 변화시킬 수 있다. 이에 따라 공학자들은 3D 건축을 창의적인 사고와 결합함으로써 강력한 고체 소재를 정밀한 설계로 대체할 수 있을 것이다.

3D 프린팅의 진정한 장점은 복잡성을 쉽게 다룰 수 있도록 만들어준다는 것이다. 만드는 게 불가능해 보이거나 비용이 너무 많이 드는 모양이라도 프로그램만 잘 짜면 얼마든지 만들 수 있다. 물론 현재 시험적으로 만든 건축물과 전 세계에서 이 새로운 방식이 널리 쓰일 때의 완성품 사이에는 상당한 차이가 있다. 그리고 3D 프린팅 자체는 아주 많은 에너지를 소비할 가능성도 있다. 강철 덩어리를 녹여서 한 방울씩 떨군다고 할 때 얼마나 많은 열이 쓰일지 상상해보자. 따라서 기계의 동력을 청정 전기로 공급하는 것이 더욱 중요할 것이다.

종합적으로 평가할 때, 우리는 이 기술이 혜택을 줄 가능성이 높다고 본다. 크고 부피가 나가는 대상을 우아하고 섬세한 대상으로 바꾸는 것이 가능해진다면 탄소 배출량이 엄청나게 줄어들 가능성이 높다. 예를 들어, 전 세계에서 새로 짓는 모든 다리에 들어가는 콘크리트가 지금 설계하는 다리에 들어가는 양의 절반만 들어간다면, 시멘트 산업에서의 탄소 배출량이 얼마나 줄어들지 생각해보자. 이 기술이 실제로 무엇을 할 수 있는지를 알아내려면 우리는 정부와 산업이 이

기술의 발전을 더욱 강력하게 추진해야 한다고 본다.

기존 경제, 즉 낭비와 과잉, 과잉 설계와 과소비로 가득한 경제는 21세기에 물질과 에너지 이용에 관한 모든 결정을 세심하게 고려해서 내리는 새로운 경제로 바뀌어야 한다. 이는 주로 민간 산업이 진행하겠지만, 현시대의 가장 창의적인 이들의 관여를 요구하게끔 하는 공공 기준을 채택하지 않는다면 원하는 속도만큼 일은 빨리 진행되지 않을 것이다.

레버 당기기

앞서 말했듯이 우리는 깨끗하고 새로운 제품 생산 방식이 시장에서 훨씬 가치 있을 것이라는 신호를 산업이 받지 못하고 있다는 점을 시장의 가장 큰 문제라고 본다. 모든 신기술은 처음에는 비용이 많이 들기 마련이다. 사람들이 청정 제품을 구입하는 일에 관심이 없다면 새로운 생산 기술에 그다지 투자하지 않을 것이고, 그런 방법이 학습 곡선에 올라타서 비용 하락으로 이어지는 일은 일어나지 못할 것이다.

우리는 이 문제를 해결하기 위한 방법 하나를 제안하고자 한다. 바로 정부가 '청정 제품 구매Buy Clean'를 의무화하는 새로운 정책을 수립하는 것이다. 이는 곧 정부가 시장에서 인도를 깔고, 다리를 건설하고, 새로운 차량을 공급하는 등의 일을 하는 기업과 계약할 때 그들에게 탄소 배출을 줄이는 제품과 물질을 선호한다고 말해야 한다는 것을 의미한다. 깨끗한 제품을 공급할 의향이 있는 기업일수록 우대받을 것이다. 물론 한없이 비싸게 구매해줄 수는 없다. 10억 달러짜리 다리를 20억 달러를 들여서 건설하겠다고 납세자들을 설득할 정부는 없다. 그러나 정부는 기후를 위한 더욱 안전한 물품을 구매하기 위해서라면 기꺼이 몇 퍼센트 정도는 추가로 지불할 의향이 있어야 한다.

청정 제품 구매가 강력한 레버가 될 수 있는 이유는 단순하다. 정부는 철강과 콘크리트 같은 부피가 큰 제품의 대량 구매자이기 때문이다. 대개 정부는 도로, 다리, 철도, 하수도 등 규모가 큰 기반 시설을 건설하기 위해서 계약을 맺는다. 미국에서 생산되는 콘크리트와 철강의 40퍼센트는 이런 정부 주도 사업에 쓰인다.[6] 중앙 정부나 지방 정부는 이런 생산물들을 구매한다. 시 정부와 주 정부는 도로, 고속도로, 다리 건설 사업을 감독한다. 연방 정부는 주 정부의 중요한 사업 중 상당수에 예산을 지원한다. 또 자체 건축 사업에도 많은 예산을 쏟아붓는다.

따라서 우리의 정치적 표적은 명확하다. 우리는 청정 제품 구매 정책이 모든 정부에서 채택되도록 해야 한다. 이 개념은 아직 초기 단계에 불과하지만 이미 실행되고 있는 곳도 있다. 캘리포니아주는 2017년 처음으로 청정 제품 구매에 관한 법을 제정했고, 콜로라도주, 워싱턴주, 미네소타주도 최근에 그 뒤를 따르며 시범 사업을 시행해보곤 했다. 다른 주들도 법안을 검토 중이며, 지방 정부들도 이미 자체적으로 채택한 몇몇 청정 제품 구매 정책을 통해 문제를 살펴보고 있다. 2021년 영국 글래스고에서 열린 대규모 기후변화협약 당사국 총

회의에서 미국은 청정 제품 구매 정책을 시행하는 나라들에 국제 협력을 지원하기로 했다. 모든 나라의 국민은 정부에 정책을 충실히 시행하도록 촉구함으로써 국제 시장에 신호를 보낼 필요가 있다.

안타깝게도 캘리포니아주에서 처음 법을 제정할 때 시멘트 업계는 막판까지 로비를 벌여서 법의 적용 대상에서 빠져나갔다. 그러나 얼마 지나지 않아 주 정부는 시멘트도 청정 제품 구매 대상에 포함시키는 개정안을 통과시켰다. 청정 제품 구매법을 제정할 다른 주들은 처음부터 시멘트도 포함시켜야 한다.

독자인 여러분이 시민으로서 할 수 있는 일에는 무엇이 있을까? 당신의 표를 원하는 모든 정치인에게 청정 제품 구매법을 아는지 물어보자. 시 의회나 카운티 의회에서 주민 안건으로 제안하자. 아직 지역 수준에서는 이 법안이 제정된 곳이 많지 않을지라도, 우리는 머지않아 새로운 물결이 일어날 것이라고 본다. 그러니 그 물결이 더 일찍 밀려들도록 목소리를 내어 촉구하자.

여러분이 대기업에서 일한다면, 산업의 청정화를 앞당기는 데 도움을 줄 수 있는 방법이 하나 더 있다. 요즘 자신의 회사가 진지하게 기후 위기 대책에 나서도록 촉구하며 목소리를 높이는 직원들이 점점 늘고 있는 추세다. 어떤 기업이든 간에 기후 변화에 관한 대책을 세워야 한다. 산업 제품을 직접 생산하지 않는 기업이라고 해도 그들은 대부분 제품의 **구매자**다. 그런 기업들이 제조 사슬을 청정화하도록 압력을 가한다면 분명 차이를 만들어낼 것이다.

2019년 5월, 아마존Amazon 직원 7,600명은 회사에 더욱 진지하게 기후 행동 계획climate-action plan을 수립할 것을 요구하는 청원서에 서명했다. 이 문제로 몇 달 동안 사내에 긴장감이 흐른 뒤, 최고 경영 자인 제프 베이조스Jeff Bezos는 그해 말 몇 가지 혁신적인 조치를 취했다. 회사는 전기 트럭 10만 대를 몇 년에 걸쳐 받기로 하고 주문했다. 방대한 배송 업무에서의 탄소 배출량을 줄이려는 노력이었다. 또 아마존이 파리협정의 목표를 10년 더 일찍, 2040년까지 달성하겠다고 약속하고, 기후 서약climate pledge이라는 사업에 함께 하자면서 다른 대기업들도 끌어들였다. 그 뒤로 베스트바이Best Buy, 전자제품 대기업 필립스Philips, IBM, 프록터앤갬블Procter&Gamble 등 200곳이 넘는 대기업들이 참여를 약속했다. 베이조스는 이어서 2020년에 자기 재산 10억 달러를 출연해 기후 위기 해결을 위한 투자 자선 단체인 베이조스 지구 기금Bezos Earth Fund을 조성하기로 약속했다.

직원들의 압박은 다른 많은 기업, 특히 기술 산업 분야에서 변화를 촉진하는 핵심 요인이 되어왔다. 현재 이 산업 분야의 기업들은 대부분 재생에너지로부터 나오는 전기를 구입하며, 많은 기업은 자사의 공급 사슬을 청정화하고자 노력하고 있다. 이 움직임은 기술 산업 너머로 확산되고 있다. 기후목소리Climate Voice라는 단체는 회원들이 자신의 회사 내에서 행동을 조직하는 법에 관한 구체적인 요령과 조언을 제시한다. 또 대학생들과 폭넓게 연결망을 구축해서 구직 면접을 볼때 해당 기업이 기후 위기 해결을 위해 어떤 노력을 하는지 묻고, 일단 합격하면 계속 그 문제에 관해 발언하는 데 문제가 없다는 서약을 받도록 한다. 우리는 미국의 모든 대학생이 이런 서약에 동의하기를 촉구한다. 또 다른 기후 단체인 프로젝트드로다운Project Drawdown은 기업 내부에서 기후 행동을 취하는 법을 제시한 지침을 발표해왔다.

우리는 지금까지 이야기한 조치들이 더욱 깨끗한 생산 기술의 시장 진입을 촉진하고 나아가 학습 곡선을 타고 내려가도록 함으로써, 산업 부문에서의 발전을 촉발할 수 있다고 믿는다. 정부가 하루빨리 청정 제품 구매에 관한 정책을 시작할 필요가 있지만, 우리는 공급 사슬을 얼마나 빨리 청정화할 수 있는지를 명확히 이해하자마자 그 정책을 넘어설 도약도 준비하고 있어야 한다. 냉장고와 텔레비전 같은 소비재와 동일하게 시멘트, 철강, 화학물질, 비료, 기타 중공업 분야에도 효율 기준과 배출 목표를 법으로 규정할 필요가 있다.

우리는 청정화가 산업체들의 선량한 시민 의식에서 나온 약속 차원을 넘어선 세계로 들어가야 한다고 다시 한번 강조한다. 그리고 실제로 이것이 실현되려면 하루속히 법이 규정되어야만 한다.

제 8 장

기후 위기에 대처하는 경제학적 생존 전략 7
: 신기술을 통한 청정화와 새로운 도약

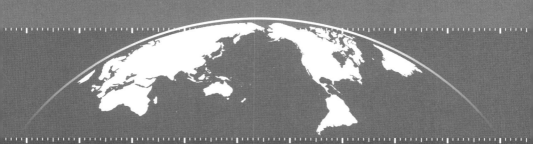

THE BIG FIX

Big
The
Fix

얼마 전 네덜란드의 큰 항구 도시인 로테르담의 한 동네에 낯선 파란 정육면체 세 개가 등장했다. 크기는 선박용 컨테이너만 하고 위에 관들이 놓여 있다는 것말고는 어디에 쓰는 것인지 아무런 단서도 없었다. 외계인이 어떤 기이한 새로운 기술의 산물을 경치 좋은 동네 로젠뷔르흐에 떨구고 간 것이 아닐까 상상한 사람도 있을 듯했다. 사실 이 파란 상자는 재생 전기를 써서 물을 구성 성분인 수소와 산소로 분해한 다음, 그렇게 얻은 '청정 수소green hydrogen'를 난방 보일러의 연료로서 몇 년 전까지 천연가스로 난방을 하던 인근 아파트로 보내는 설비다.

그곳에서 약 8,000킬로미터 떨어진 텍사스에는 훨씬 더 큰 산업 시설이 세워졌다. 가스를 때긴 하는데 연소로 배출되는 탄소를 지하에 묻을 수 있는 새로운 특이한 유형의 발전소다. 영국에서도 이 기술을 이용하는 훨씬 큰 시설이 건설되는 중이다. 배출되는 탄소를 북해

밑에 저장한다.

그리고 미국의 북서부 끝에서는 새로운 유형의 원자력 발전소가 완공 단계에 들어서고 있다. 기존 설계보다 안전하면서 훨씬 모듈화된 발전소다. 즉, 구성 요소들의 상당수를 공장에서 미리 제작할 수 있는 방식으로, 원자력 발전소를 건설할 때마다 골치를 썩이고 많은 비용을 잡아먹던 건설상의 난제들을 극복할 수 있었다. 오리건의 한 기업이 아이다호에서 진행하고 있는 이 사업은 미국의 원자력 산업을 부흥시키는 데 도움을 줄 수 있다는 기대감을 불러일으키고 있다.

이 세 가지 기술은 아직 널리 보급될 준비가 되어 있지는 않다. 이 가운데 어느 것이 앞으로 실용성이나 경제성을 띠게 될지 여부도 현재로서는 말하기 어렵다. 그러나 이 모든 시도는 사회가 2030~2040년대에 탄소 배출량을 줄이기 위해 대규모로 펼쳐야 할 기술들을 창안하려는, 미래를 위한 노력으로서 주목할 가치가 있다.

지금까지 이 책에서 우리는 이미 이용할 수 있는 기술들을 2020년대에 어떻게 활용해야 우리의 기후 목표를 달성하기 위한 기나긴 길을 나아갈 수 있지를 살펴보았다. 우리는 재생에너지, 전기 승용차와 버스, 건물의 완전한 전기화, 도시 재생을 위해 훨씬 더 노력해야 한다. 그러나 이런 노력 자체도 중요하긴 하지만, 기후 변화를 적절한 수준에서 억제하는 데는 역부족이다. 우리가 탄소 배출량을 0까지 줄여야만 기후 문제를 해결할 수 있다는 점을 명심하자. 그리고 화석 연료에 의존하는 몇몇 주요 경제 활동에서는 탄소 배출을 어떻게 해야 줄일 수 있는지 그 방법을 여전히 알아내지 못했다는 것도 기억하자.

예를 들어, 지금은 탄소 배출량이 꽤 적지만 빠르게 증가하고 있는 항공 산업은 어떻게 대처해야 할까? 단거리 노선에는 배터리로 추진되는 항공기를 쓸 수도 있으며 현재 개발 중이기도 하지만, 장거리 노선에는 액체 연료가 계속 필요할 것이다. 대량의 화석 연료를 쓰는 대형 선박의 운항은 어떻게 변화되어야 할까? 제7장에서 우리는 철강과 시멘트 같은 부피가 나가는 물질을 생산하는 과정에서 탄소가 얼마나 배출되는지, 그것을 줄이기 위해 어떤 노력들이 이루어지고 있는지를 논의했다. 그러나 그런 노력에도 불구하고 해당 산업에서의 전체 탄소 배출량 문제를 해결하려면 아직 갈 길이 멀다.

우리 사회가 직면한 위기는 태양력과 풍력 같은 기존 기술을 가능한 한 극한까지 밀어붙일 것을 요구하는 한편, 혁신도 필요로 한다. 우리는 탄소 배출을 줄이면서 사람들이 필요로 하는 상품과 서비스를 사회에 공급할 수 있는 신기술을 창안해야 한다. 전 세계에서 공학자와 대학과 기업은 이미 그런 노력을 하고 있다. 그러나 연구실 규모에서 이루어지는 연구는 진행 속도가 너무 느리다. 게다가 어떤 기술이 효과가 있음을 입증할 수 있는 초기의 시범 사업 역시 진행 속도가 아주 더디다. 물론 근본적인 문제는 돈이다. 에너지 기술은 규모 자체가 크기 때문에 시범 사업 하나를 진행하는 데도 10억 달러가 넘게 들어갈 수 있다. 민간 기업은 그런 일에 종종 많은 돈을 투자하곤 하지만, 사회의 목표를 달성하기 위해 큰 위험을 무릅쓰고서 검증되지 않은 기술을 시험할 때는 대개 정부에 지원을 요청하곤 한다.

미국에서는 최근까지도 정부가 에너지 연구에 매년 약 100억 달러를 지출해왔는데, 그중에 우리가 진정한 혁신을 이룰 가능성이 높다고 분류할 사업에 들어간 돈은 절반에 못 미쳤다. 정부로서는 당혹스러운 양상이었다. 지구를 구하려는 명분하에 에너지 혁신을 목표로 들어가는 돈이 미국인들이 해마다 핼러윈 파티를 하는 데 들어가는 돈보다도 적었다. 이런 상황은 2021년 말 조 바이든 대통령이 의회를 통해 주요 기반 시설 세출 법안을 제정함으로써 대폭 바뀌었다. 이 법에는 기후와 에너지 관련 연구에 수십억 달러를 지원하고, 새로운 에너지 관련 기술을 적용하면 세금을 대폭 감면한다는 내용이 담겨 있었다. 이 새로운 예산은 유망한 기술의 주요 시험으로 이어져야 할 것이다. 안타깝게도 법안은 공화당 쪽에서 최소한의 지지만 받았다. 워싱턴이 에너지 혁신에 새롭게 관심을 보이고는 있지만, 앞으로 다시 공화당 행정부가 들어서면 예산은 삭감될 수도 있다.

세계의 부유한 국가들이 혁신에 많은 투자를 하는 것은 도덕적 의무다. 가장 부유한 지역인 유럽과 미국은 산업 혁명 이후에 혁신의 원천이 되어왔다. 이런 지역들은 대체로 화석 연료를 태워서 부유해졌고, 오늘날 우리가 직면한 상황에 주된 책임이 있다. 이는 미국과 유럽 연합을 비롯한 일본, 캐나다, 호주 같은 부유한 국가들이 자신의 탄소 배출량을 감축해야 할 뿐만 아니라, 전 세계에 적용될 수 있는 신기술을 개발하는 일에도 참여해야 한다는 의미다. 그렇게 하는 데 필요한 기술력과 돈도 부유한 국가들에 있다.

바이든의 기반 시설법infrastructure bill은 우리가 진정으로 필요로 하는 것의 선금에 불과할 뿐이다. 미국 시민은 정부에 혁신적인 에너지 관련 연구에 투자를 세 배 또는 네 배까지 늘리라고 요구해야 하며, 미국이 다른 부자 나라들에도 같은 정책을 취하도록 촉구하라고 해야 한다. 이 계획에는 연구의 가장 초기 단계가 진행되는 대학 연구실에 지원할 연구비를 늘리는 것도 포함되어야 한다. 그러나 마찬가지로 중요한 점은 정부가 연구실에서 이루어진 혁신을 상업적인 규모로 확대하는 일에도 지원을 해야 한다는 것이다. 이는 새로운 유형의 발전소처럼 많은 비용이 드는 대규모 사업일지라도 많은 금융 지원을 해야 한다는 의미다. 납세자가 내는 돈은 귀한 만큼 당연히 현명하게 사용되어야 한다. 한편으로 이런 큰 사업들 중에 실패하는 사례가 전혀 나오지 않는다면, 정부와 혁신가가 충분히 대담하지 않았다는 의미가 될 것이다. 이런 사업 중에는 불가피하게 실패하는 사례가 **나올** 것이 분명한데, 이 부분이 바로 민간 산업이 스스로 나서기를 부담스러워하는 이유일 것이다. 자금이 부족한 기업은 최초의 시도에서 겪은 한 번의 실패만으로도 파산할 수 있다.

이런 혁신을 추진할 때, 정부는 기술 학습률이라는 개념을 지침으로 삼아야 한다. 급속한 발전의 이상적인 후보는 이제 막 가격이 떨어지기 시작한 청정 기술이며, 이를 적절한 비용으로 이용할 수 있을 때까지 가격 하락을 가속시키는 일이 목표가 될 것이다. 마찬가지로 최신 기술은 고가일 때 보조금을 비롯한 금융 지원을 받아야 할 뿐만 아니라, 비용이 대폭 하락할 가능성이 확인될 때까지만 지원되어야 한다. 실패한 기술은 일찍 포기해야 하며, 납세자의 돈은 성공할 가능성이 더 높은 기술을 개발하는 쪽에 투자되어야 한다. 당연히 정부의 지원 사업 담당자들은 우리가 이 책에서 신기술에 관해 반복해서 물었던 바로 그 질문을 해야만 한다. 과연 그 기술이 학습 곡선에 올라 탔는가?

개발할 필요가 있으면서 가능성도 높은 기술은 수천 가지에 달한다. 2020년대의 어느 누구도 2050년대나 2080년대에 사회가 무엇을 필요로 할지 예측할 수 없기 때문이다. 그러나 앞으로 5~10년 안에 적극적으로 추진할 필요가 있다고 여겨지는 기술이 이미 몇 가지 나와 있다. 그중에서도 풍력, 태양력, 수력의 변동 사이에 균형을 맞춤으로써 재생 전기를 보완할 수 있는 기술이 가장 핵심이 된다. 2040년대나 아마도 더 일찍 기후 목표를 달성하려면 적어도 이런 전력망을 뒷받침해 줄 기술들이 필요할 것이다. 이번 장에서는 이 분야의 가장 유망한 기술 네 가지를 살펴보기로 하자. 각각은 정부와 산업의 집중적인 협력을 필요로 할 것이다.

수소, 과대 광고에서 유망한 미래로

'수소 경제hydrogen economy'가 출현할 것이라는 생각은 마치 사막의 신기루처럼 수십 년 전부터 계속 멀리서 가물거려 왔다.¹ 우리가 화석 연료 대신 수소를 태우기 시작할 날이 온다는 기적 같은 미래를 내다보는 책들도 계속 나왔다. 1970년대 석유 파동 이후로 적어도 두 차례의 수소 열풍과 그에 따른 투자의 물결이 일어났다. 각국 정부는 수소 경제가 올 것이라는 전망에 이미 수십억 달러를 투자했으며, 특히 일본 정부가 미래 산업의 선두에 설 기회가 왔다고 여기고서 많은 투자를 했다. 수소를 사용하는 승용차, 트럭, 버스는 현재 출시되어 있으며, 대부분 일본이 개발한 것이다. 그러나 두 차례의 투자 물결은 과대 열풍만 불러일으켰을 뿐 수소 생산에는 거의 기여하지 못했다.

수소를 연료로 쓰려면 여러 문제들을 극복해야 했는데, 이는 지금도 마찬가지다. 수소 자동차는 그다지 팔리지 않고 있으며, 캘리포니아주처럼 몇몇 지역에서는 렌터카로 빌릴 수 있지만 막상 운전을 하다 보면 몇 안 되는 수소 충전소에서 길게 줄을 서야 하는 등 이동 측면에서 몇 가지 심각한 문제에 당면하곤 한다. 이런 차로 장거리 여행을 하다가는 연료가 떨어질 위험에 처할 것이다.

그간의 과대 광고에는 언제나 일말의 진실이 담겨 있었다. 수소는 어떤 기적 같은 특성을 지니며, 다른 방법으로는 줄이기 어려운 화석 연료 탄소 배출량을 감축하는 데 중요한 역할을 할 것이 거의 확실하다. 많은 정부와 경영자는 최근 들어서 이 점을 수긍해왔다. 그중에는 과거 수소에 회의적인 입장을 취했던 이들도 있다. 다양한 용도로 수소를 이용할 방안을 모색하고 시범 사업에 투자를 하려는 이들이 늘고 있다. 최근 국제에너지기구International Energy Agency는 17개국이 수소 전략을 개발했으며, 전략을 연구 중인 나라도 20개국에 달한다는 보고서를 냈다.[2]

이처럼 수소가 기적의 연료가 될 가능성을 지닌 이유는 무엇일까? 기본적으로 단순하기 때문이다. 수소는 우주에서 가장 가벼운 원소이며, 대부분의 수소는 양성자 하나와 그 주위를 도는 전자 하나로 이루어져 있다. 수소를 태울 때는 수소 원자 두 개가 공기 중의 산소 원자 한 개와 결합하면서 에너지를 분출하고, 일산화이수소dihydrogen monoxide라는 새로운 화합물을 형성한다. 이 물질이 바로 물이다. 수소라는 단순한 원자에서 시작하기에, 더 복잡한 연료를 태울 때 나오는 안 좋은 오염물질이 훨씬 덜 생긴다. 도시에 오로지 수소를 태우는 차와 발전소만 있다면, 대기 오염은 대폭 줄어들 것이다. 전 세계가 이런 행보를 보인다면 공기가 더 깨끗해짐으로써 해마다 수백만 명이 목숨을 구하게 될 것이다. 심지어 수소를 태울 필요조차 없을 수도 있다. 연료 전지는 실제로 수소를 태우지 않으면서 수소를 대기의 산소와 결합하여 전기와 열을 생산할 수 있다. 현재 나와 있는 수소 승용차와 트럭은 사실상 수소 연료 전지로 움직이는 전기차다. 배기구에서 나오는 수증기가 유일한 배출물이다.

수소의 문제점은 한 가지 중요한 의미에서 보자면 사실상 연료가 아니라는 데 있다. 이런 이유로 전문가들은 수소를 '에너지 운반체energy carrier'라고 부른다. 수소는 다른 원소와도 잘 반응하기에 지구에서 독립된 유리 상태로 존재하지 않으며, 하다못해 그 양도 많지 않다. 이는 석탄이나 석유처럼 채굴해서 팔 수 없다는 뜻이다. 수소를 쓰고 싶다면 화합물을 쪼개어 수소를 떼어내야 한다. 대개 물을 분해하는데, 이때 다른 원천에서 얻은 에너지를 투입해야 한다. 그 에너지를 화석 연료에서 얻는다면, 전체 탄소 배출량은 전혀 줄어들지 않을 수도 있다. 따라서 수소를 널리 이용하려면, 수소를 생산할 다른 방법을 찾

THE BIG FIX

아야 한다.

수소는 몇 가지 단점도 지니는데 특히 폭발성이 강하다. 그러나 한 가지 엄청난 장점도 있다. 저장이 가능하다. 현대의 아주 튼튼한 저장통과 관 덕분에 대개 수소는 안전하게 저장하고 운반할 수 있다. 그리고 수소를 저장하는 능력은 에너지 전환에서 수소가 중요한 역할을 할 가능성을 시사하는 핵심 특성 중 하나다. 재생에너지를 반대하는 데 쓰곤 하는 논리를 떠올려 보자. 태양은 언제나 떠 있는 것이 아니고 바람도 늘 부는 것이 아니라는 주장이다. 우리는 이미 이 논리가 과장된 것이며 이런 자원들을 가까운 미래에 더욱 널리 이용하는 것을 막을 실질적인 장벽은 전혀 없다는 것을 이미 밝힌 바 있다. 그러나 장기적으로 볼 때, 한 가지 문제가 있다는 점은 사실이다. 많은 연구는 전력 계통이 비용을 합리적인 수준으로 유지하면서 풍력 터빈과 태양전지판을 통해 전기를 70~80퍼센트까지 공급받을 수 있지만, 그 이상까지는 어려울 것이라고 주장한다. 이유는 전력 계통이 재생에너지 생산이 거의 또는 전혀 없는 상태에서 며칠 동안 가동되어야 할 수도 있기 때문이다. 그럴 때면 천연가스 발전소를 가동해서 단기적으로 부족분을 메우지만, 장기적으로는 다른 대안이 필요하다.

한 가지 가능성은 전기가 남아돌 때 이를 저장했다가 공급이 달릴 때 사용하는 것이다. 배터리를 쓰면 몇 시간 동안은 버틸 수 있겠지만, 우리는 며칠 혹은 몇 주 동안 전기가 필요할 수도 있다. 게다가 앞으로 수십 년 동안 쓴다고 할 때, 배터리는 초장기간 저장용으로 쓰기에 너무 비쌀 수 있다. 대신에 우리는 남는 전기를 물 분자를 분해하는 데 쓸 수도 있다. 그렇게 생긴 수소를 소금 동굴이나 다른 대형 저장고에 저장한다. 사람들은 이미 100여 년 전부터 전기 분해라는 방법을 써서 수소를 생산해왔다. 고등학교 화학 수업 시간에 직접 해봤을 수도 있다. 에너지를 써서 물 분자를 수소와 산소로 분해하는 전해조라는 장치에 재생에너지를 투입하는 방식으로 수소를 대규모로 생산한다면, 그 수소를 저장해두었다가 전기가 부족해지면 태워서 발전소를 가동할 수 있을 것이다.

이미 해마다 수백만 톤의 수소가 전 세계에서 생산되고 있다. 생산된 수소는 화학물질 생산과 정유 공정 등 다양한 산업에 널리 쓰인다. 그러나 산업 분야에서는 대개 수소를 전기 분해를 통해 생산하지 않는다. 대신 천연가스를 이용해서 만든다. 천연가스의 주성분은 메탄인데, 탄소 원자 한 개에 수소 원자 네 개가 결합된 화합물이다. 이 생산법은 사실상 탄소에서 수소를 떼어낸 뒤, 남은 탄소를 이산화탄소로 만들어서 대기로 내버리는 것이다. 따라서 지구 온난화 문제를 악화시키는 또 다른 요인이 된다. 생성되는 이산화탄소를 그냥 내버리는, 이 '회색 수소gray hydrogen'를 생산하는 방식은 전기 분해 방식보다 더 저렴하다. 산업체에 수소 생산 방식을 전기 분해로 하루아침에 전환하도록 한다면, 수소 생산 비용은 네 배까지도 뛸 것이다.

그러나 최근에 전기 분해에 쓰이는 장비 중 일부의 가격이 하락해왔다. 아직은 초창기에 해당하지만, 대학들과 신생 기업들이 더욱 저렴하면서 효율적인 공정을 개발하는 일에 매진하고 있다. 전해조electrolyzer는 학습 곡선에 올라탔다.[5] 장비의 누적 생산량이 두 배로 늘 때마다 가격은 약 16퍼센트씩 하락하고 있다. 이 퍼즐에서 또 하나 중요한 조각은 전해조를 가동하는 데 들어가는 전기가 저렴하고 풍부해야 한다는 것인데, 풍력과 태양력의 가격이 하락함에 따라서 전망은 꽤 밝다. 이런 식으로 만든 저렴한 수소, 즉 '녹색 수소green hydrogen'가 널리 보급 가능해진다면, 전기 저장의 가능성은 우리가 이를 통해 할 수 있는 일들의 시작에 불과하다.

예를 들어, 녹색 수소는 특정한 산업 분야의 탄소 배출량을 줄이는 유일하게 현실적인 방법일 수 있다. 제7장에서 우리는 이것이 철과 강철의 생산을 청정화하는 최선의 방법일 가능성이 높다고 말했다. 화학 산업은 천연가스에 의존하기 때문에 큰 탄소 배출원이다. 세계 인구를 먹여 살리는 데 중요한 질소 비료의 생산에도 엄청난 양의 천연가스가 쓰인다. 수소는 이런 산업에서 현재 화석 연료가 하는 것과 동일한 역할을 할 수 있으므로, 수소가 풍부하게 공급되면 이런 산업들을 기후 친화적으로 만들 수 있을 것이다.

게다가 수소 가스는 수소 기체 자체보다 운반과 취급이 훨씬 더 쉬운 액체 연료로도 화학적 전환이 가능하다. 그 예가 바로 암모니아다. 암모니아는 비료로도 쓰이지만 연료로 태울 수도 있다. 또 원리상 수소는 제트 연료나 디젤 연료와 아주 비슷한 액체 연료로 전환해서 항공기, 트럭, 선박에 그대로 쓸 수 있다. 여기에 필요한 핵심 기술은 1920년대에 개발되었으며, 제2차 세계대전 때 독일에 액체 연료를 공급하는 데 쓰였다. 여기에서도 중요한 것은 비용이다. 오늘날 연료를 이런 식으로 만든다면 화석 연료를 태우는 것보다 비용이 몇 배는 더

들 것이다. 이런 상황에서 비용을 떨어뜨리려면 정부의 집중적인 투자가 이루어져야 한다. 그리고 중요한 첫 단계는 재생에너지에 관한 좀 더 야심적인 목표를 설정함으로써, 수소 생산에 쓸 수 있는 공급망을 구축하는 것이다. 현재의 수소 과대 광고 중 일부는 실제로 수소를 대규모로 생산하고 사용하는 경제가 발견되면 사라질 것이 분명하지만, 청정 수소가 꼭 필요하다는 것을 입증하는 일부 목적으로서도 활용할 수 있다.

원자력이라는 난제

주간 근무조가 일하던 시간에 고장이 연쇄적으로 일어났다. 기술자들이 필터를 청소하다가 공기관을 막는 바람에 벌어진 일이었다. 그들은 자신들이 무엇을 촉발했는지 전혀 짐작도 못한 채 퇴근했다. 그런데 해가 뜨기 전 그 사소해 보였던 실수는 눈덩이처럼 불어나 원자력 발전소 역사상 가장 중요한 사건 중 하나를 일으켰다.

　1979년 3월 28일 새벽 4시, 펜실베이니아주 한가운데에 있는 스리마일섬 원자력 발전소의 가동 상황이 정말로 나빠지기 시작했다. 공기관이 막히는 바람에 펌프가 고장났고, 반응로의 한가운데에 있는 핵연료를 더 이상 식힐 수 없게 되었다. 안전 회로가 비정상 조건을 감지했고, 8초가 지나기 전에 '급정지'가 일어났다. 핵분열을 감소시키는 제어봉이 자동으로 노심에 삽입되면서 우라늄 원자를 쪼개어 열을 생산하는 핵분열 연쇄 반응이 즉시 멈추었다. 그러나 그때쯤 이미 더 이전에 생긴 오류들 때문에 냉각 장치 역시 제대로 작동하지 않았고, 노심 정지 이후에도 원자로 내부 온도는 계속 올라갔다. 이윽고 가스가 격납 용기 밖으로 새어나가면서 소량의 방사성 물질이 대기로 누출되었다. 며칠 사이에 14만 명이 공황 상태에 빠진 채로 펜실베이니아주 중심부에서 밖으로 피신했다.[4] 우연히도 불과 2주 전쯤 원자로가 손쓸 틈도 없이 녹아내릴 때 벌어지는 일을 다룬 〈차이나 신드롬〉이라는 영화가 극장에서 개봉되었다. 영화에서 본 끔찍한 장면이 눈앞에서 실제로 벌어지자, 미국인들은 원자력 발전소의 안전성을 극도로 의심하게 되었다. 정부의 원자력 산업 관리에도 비판이 쏟아졌다.

이 일련의 사건들이 일으킨 파장은 수십 년 동안 이어지게 된다. 아니, 지금까지도 이어지고 있다. 훨씬 뒤에 일어난, 당시 소련에 속했던 체르노빌과 일본 후쿠시마의 원자로 사고도 원자력 발전소가 안전하지 않다는 많은 이의 생각을 더욱 굳혔다. 이 세 사례에서 재앙은 훨씬 더 심각해질 수도 있었다. 예를 들어, 후쿠시마 사고는 세계에서 가장 큰 대도시권인 도쿄를 대피시킬 상황 직전까지 갔다. 그렇지만 사실 이런 원자력 발전소 사고로 사망한 사람들보다 화석 연료 연소로 사망한 사람들이 훨씬 많다.[5] 공기 오염만 해도 전 세계에서 연간 800만 명 이상에게 때이른 죽음을 가져온다는 계산 결과가 있으며, 원자력 사고로 인한 신뢰할 수 있는 사망자 추정값은 해당 기술의 역사 전체에서 5,000명을 넘지 않았다. 스리마일섬에서의 사고로 죽은 사람은 아무도 없다.

원칙적으로 원자력 발전소는 실질적인 문제들을 안고 있긴 해도 우리가 채굴하는 더럽고 치명적인 검은 연료를 대체할 방법 중 하나다. 그러나 실제로 가동되는 원자력 발전소는 말썽이 많고 계속 문제를 일으키는 기술이다. 에너지 전환에서 원자력이 어떤 역할을 해야 하는지를 파악하는 일은 앞으로 정부가 직면할 가장 힘든 문제 중 하나다.

스리마일섬에서 사고가 일어난 뒤로 수십 년 동안 미국에는 새로 건설된 원자력 발전소가 한 개도 없었다. 원자력 개발에 가장 많은 기여를 한 바로 그 나라에서 해당 기술은 쇠퇴하기 시작했다. 이윽고 서구 세계의 많은 나라에서도 같은 일이 벌어졌다. 원자력 발전소를 건설하는 데 필요한 공급 사슬은 악화되었고, 중요한 지식과 경험도 사라졌다.

지난 15년 동안 정부와 기업은 원자력 산업을 부활시키기 위해서 많은 노력을 해왔다. 이윽고 미국에서 테네시계곡개발청Tennessee Valley Authority의 지원으로 1970년대 설계도에 따라 새 발전소가 지어져서 가동을 시작했다. 그러나 사우스캐롤라이나주에 짓고 있던 발전소는 비용이 너무 많이 들어가는 바람에 계획이 취소되었고,[6] 해당 주의 전력 소비자들은 80억 달러의 비용을 떠안아야 했다. 조지아주에서도 두 기가 건설되고 있지만, 마찬가지로 비용이 수십억 달러나 불어났다. 유럽에서도 마찬가지다. 프랑스의 플라망빌과 핀란드의 올킬루오토가 그렇다. 건설이 여러 해 동안 지연되면서 비용이 수십억 달러씩 늘어났으며, 서양 국가에서 과연 이런 발전소를 원래 계획한 일정과 비용에 맞추어서 건설할 방법을 다시 터득할 수 있을지는 불확실한 상황이다.

설령 몇 기가 완공된다고 하더라도 현재 추정값에 따르면 발전에 드는 에너지가 재생에너지에 비해 4~5배 더 많을 것이고, 시간이 갈수록 더 커질 것이라고 예상된다. 원자력 발전소는 다른 재생에너지들보다 두 가지 큰 이점이 있다. 날씨에 상관없이 밤낮으로 가동할 수 있고, 비교적 작은 땅에서 대량의 전기를 생산할 수 있다는 점이다. 그러나 건설하는 사례마다 비용이 눈덩이처럼 불어나기에, 투자자들은 이런 발전소에 투자하는 것을 극도로 꺼리게 되었다. 현재 서양에서 지어지고 있는 소수의 원자력 발전소는 많은 담보 대출이나 정부 지원을 받아왔다. 그리고 재생에너지 지원금과 달리, 여기에서는 이런 지원금이 시간이 흐를수록 단가 하락으로 이어진다는 증거가 전혀 없다. 다시 말해, 원자력 발전소는 결코 학습 곡선에 올라탄 적이 없다.

핵심 문제는 현재의 원자력 발전소 건설 방법이 근본적으로 실패에 취약하다는 사실이다. 콘크리트와 강철로 만든 무거운 구조물들을 정확한 시방서에 따라 지어야 하는 거대하고 복잡한 기반 시설 사업이다. 게다가 안전을 위해 요구되는 사항들도 금방금방 바뀔 수 있다. 이는 후쿠시마 원전 사고 이후 세계의 많은 국가에서 실제로 벌어지고 있다. 또한 이 모든 복잡한 작업이 현장에서 이루어져야 하는데, 원자력 발전소를 지어본 적 없는 인부들이 그 일을 맡을 가능성이 높다.

이렇게 원자력 발전소를 원래의 일정과 예산에 맞춰 짓지 못하는 것은 주로 서양 세계의 문제인 양 보인다. 아시아의 상황은 좀 달라

기후 위기에 대처하는 경제학적 생존 전략 7

295

보인다. 한국, 중국, 러시아의 발전사들은 그럭저럭 큰 혼란 없이 적절한 속도로 원자력 발전소를 지어왔다. 핵심 이유는 건설업체들이 여러 발전소를 짓고 있기에, 한 현장에서 쌓은 경험을 다른 현장에도 적용할 수 있다는 것이다. 그래서 서양의 원자력 발전소보다 적은 비용으로 건설이 이루어진다. 그래도 여전히 재생에너지보다는 비싸다. 그리고 아시아에서조차 이런 시설은 늘어나는 전기 수요를 감당할 수 있을 만큼 빨리 건설되는 것이 아니다. 이는 원자력이 세계 전력 생산에서 차지하는 비중이 줄어들고 있다는 뜻이며, 1990년대 이후로 죽 그래왔다. 게다가 최근에 아시아 발전소들의 설계 안전성이 도마에 올랐다. 중국에서 후쿠시마의 재앙이 재연된다면 중국인들의 견해가 근본적으로 달라질지도 모르겠다. 그러나 현재는 건설이 계속 이루어지고 있다.

미국도 아마 한국과 중국이 하고 있는 일을 할 수 있을 것이다. 시설을 충분히 지어본다면 유능한 실력을 다시 갖추게 될 것이다. 그러나 업계가 최소한의 건설 능력을 다시 갖추는 데 필요한 500억 달러가 넘는 과다 비용을 납세자들이 과연 기꺼이 부담하려고 할지 의심스럽다. 물론 그저 추측일 뿐이다. 대규모 풍력 단지와 태양광 단지가 정해진 일정 내에 원래 예산보다 더 적게 몇 달 사이에 으레 건설되곤 하는데, 에너지 전환에 쓰일 500억 달러를 낡은 설계로 이런저런 문제에 시달리는 원자력 산업을 부활시키는 데 쓰는 것이 과연 최선의 방안인지도 물어야 한다.

원자력 발전소가 전기의 중요한 원천임에는 분명하다. 현재 전 세계의 450곳이 넘는 곳에서 원자력 발전소가 운영되고 있으며, 그중 4분의 1이 미국에 있다. 원자력 발전소는 세계 전기의 약 10퍼센트, 미국 전기의 약 20퍼센트를 공급한다. 따라서 미국 최대의 탄소 저배출 발전원이다. 설령 새로운 원자력 발전소를 어떻게 건설할지 아직 알아내지 못했다고 해도, 기존 발전소를 곧 폐쇄해도 좋을 만큼 여유롭지는 않다.

미국의 원자력 발전소 중 상당수는 스리마일섬 사고 이전에 짓기 시작해서 그 사고 이후 몇 년 사이에 완공되었다. 따라서 아주 낡았다. 평균 수명이 약 40년이지만, 가장 오래된 것은 50년이 넘었다. 방사선 물리학과 관련된 여러 가지 이유로, 이런 시설의 핵심 설비는 수명이 한정되어 있다. 강철로 된 반응 용기는 오랜 세월 방사선의 폭격을 받으면서 물러진다. 몇몇 발전사는 80년까지 계속 가동해보겠다고 공언했지만, 그러려면 어떤 수리가 필요할지, 아니 비용이 얼마나 들지도 불분명하다.

이런 낡은 발전소를 계속 가동하려면 많은 투자가 이루어져야 하는데, 지금 상황에서는 값싼 천연가스와 경쟁하기에도 힘이 부친다. 게다가 저렴한 재생에너지원과 경쟁하기에도 점점 힘겨워지고 있다. 경제적인 이유로 이미 문을 닫은 곳들도 있다. 몇몇 주는 보조금을 지원함으로써 폐쇄를 막는 조치를 취해왔지만, 본질적으로 이는 장기 전략을 세울 때까지 시간을 벌기 위한 땜질 조치에 불과하다. 2021년 말 의회는 마침내 원자력 발전소에 60억 달러를 지원한다는 법안을 통과시키면서 구원자로 나섰다. 이 예산으로 앞으로 몇 년은 충분히

전 세계 원자력 발전소 전력 총생산량

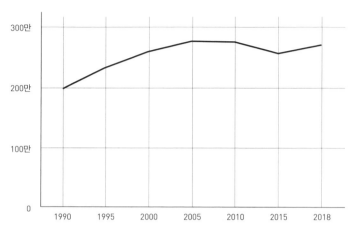

절대적인 수치로 보면 세계 전력 생산에서 최근 원자력 발전소가 차지하는 비중이 늘어났다.

전 세계 전력 총생산량 중 원자력 발전 비중

그러나 상대적인 관점에서 보면 원자력 발전의 비중은 줄어들고 있다.

버틸 수 있겠지만, 이 역시 영구적인 조치는 아니다.

　이런 모든 현안에 관한 논의가 이어지면서 미국 원자력 산업계에서는 20세기의 기존 설계에서 벗어나 새로운 원자로 설계로 나아가야 한다는 데 대체로 의견이 모아졌다. 현장에서 건설하는 것들을 줄이고, 현대 제조 방법과 품질 관리 방법을 적용할 수 있는 공장이 중요한 설비를 더 많이 만드는 방향으로 가야 한다는 견해다. 이론상 주요 설비를 공장에서 생산한다면, 건설 비용이 하염없이 늘어나는 것을 막을 수 있다. 실제로는 원래 계획한 비용보다 크게 절감하는 사례가 많을 것이 당연하다. 다시 말해, 원자력 산업은 학습 곡선의 힘을 활용하고 싶어 한다. 또 기술 발전에 힘입어서 이 신세대 원자력 발전소는 기존 시설보다 안전할 것이다. 설령 발전소의 모든 안전 장치가 어떤 식으로든 작동되지 않는다고 해도, 시설은 폭발하거나 방사선 누출 없이 자체적으로 가동이 중단될 것이다. 핵 연료 자체를 원자로 노심이 녹아내릴 만큼 뜨거워지는 일이 없도록 만드는 기술을 쓸 수도 있을 것이다.

　현재 많은 젊은 공학자와 기업가가 이 연구에 매진하고 있다. 대담한 계획을 내세운 기업을 창업하고 있으며, 실리콘밸리는 그들의 착상에 기꺼이 지원하려는 의지를 보여왔다. 핵분열이 아니라 핵융합을 통해 가동되는 원자로를 개발하려는 의지를 보이는 이들도 있다. 즉, 지금의 원자로가 하는 식으로 무거운 원소를 쪼개어 가벼운 원소를 만드는 대신에 수소를 융합하여 더 무거운 원소를 만들 때 나오는 열을 이용하는 발전 방식이다. 핵융합은 태양을 빛나게 하는 과정이지만, 지구에서 핵융합을 다스려 이용하는 일은 극도로 어렵다. 최근에 핵융합을 목표로 한 기업들이 잇달아 생겨남에 따라서, 마침내 그 연구가 제 궤도에 오를 수 있을 것이라는 희망을 안겨주고 있다.

우리가 필요로 하는 것이 신세대 원자로라면, 아직 우리는 먼 길을 가야할 듯하다. 미국 의회는 원자력 산업과 규제를 현대화하는 조치들을 취해왔지만, 수십 년 동안 개발을 위한 진지한 노력에 예산을 투입할 필요는 없다고 보았다. 이런 상황도 2021년 말 바이든 행정부의 요청으로 바뀌었다. 대통령의 기반 시설 법안에는 첨단 원자로 시범 사업에 30억 달러 이상을 투자한다는 내용이 담겨 있었다. 이는 실제로 필요한 변화를 이루기 위한 선급금에 해당한다.

원자력이 기후 위기를 해결하는 데 결코 큰 기여를 하지 못할 가능성도 있지만, 이런 평가가 잘못되었음이 드러난다면 더욱 놀라울 것이다. 이런 과정이 일어나기 위해서는 정치인들이 원자력에 관해 그저 듣기 좋은 말만 하는 대신 행동을 취해야 한다. 국가는 원자력을 현재 처한 난감한 상황에서 빼낼 수 있는 방법을 찾을 수 있는지, 아니면 포기하고 다른 길로 나아가야 할지를 알아낼 필요가 있다.

몇 가지 긍정적인 징후도 보인다. 뉴스케일파워NuScale Power라는 기업은 새로운 형태의 모듈식 원자로를 설계하는 연구를 오랫동안 해왔다. 모듈식은 원자로를 공장에서 기계 부품처럼 생산해 현장에서 조립한다는 뜻이다. 사실 앞에서 논의한 신세대 설계에 속한 것은 아니고, 기존 기술의 규모를 축소시킨 판에 더 가깝다. 그러나 원자로를 모듈화함으로써 이 기업은 기존 건설 문제들 중 일부를 해결할 수 있다. 커다란 발전소는 모듈 몇 개를 이어 붙여서 만들 수도 있을 것이다. 이 회사는 연방 정부의 지원을 받고 있으며, 첫 번째 원자로를 아이다호주에 지을 예정이다. 이 계획이 원만하게 진행된다면, 2020년대 말에는 뉴스케일파워의 원자로가 제대로 작동하는지, 대규모 추가 비용 없이 정말 건설이 가능한지를 확인하게 될 것이다. 성공한다면 뉴스케일파워는 더욱 현대적인 설계가 결실을 맺을 때까지 원자력의 과거와 미래를 잇는 다리 역할을 함으로써 에너지 전환에 기여할 수 있을 것이다. 이런 일이 일어나기 전까지 국가는 원자력이 기후 문제를 해결할 것이라고 보아서는 안 된다. 우리는 다른 기술들을 토대로 나아가야 한다.

돌려보내기

거대한 탄광들이 있는 호주 퀸즐랜드주의 정치인들은 흥분해서 야단법석을 떨어대고 있었다. 그들은 탄소 배출 문제의 영구적인 해결책이 곧 나올 것임을 보여주겠다고 결심한 상태였다. 그 개념은 이미 수십 년 전부터 논의되던 것으로 원리상으로는 아주 단순했다. 발전소와 공장에서 내뿜는 탄소를 포획해서 땅속에 주입한다는 것이었다. 자연이 수백만 년 동안 석탄, 석유, 천연가스의 형태로 땅속 저장고에 탄소를 쟁여두고 있었다면, 사람도 배출원에서 나오는 탄소를 곧바로 포획해서 땅속에 저장하지 말라는 법이 없지 않겠느냐는 생각이었다.

그 계획을 실행하는 데 필요한 모든 기술이 이미 상업적인 규모에서 시험과 검증을 거쳤다는 판단도 이 생각을 뒷받침했다. 사실 석유 기업들, 특히 미국의 회사들은 유전 내의 압력을 높여서 석유가 더 많이 밀려나올 수 있도록 땅속에 이산화탄소를 으레 주입하고 있었다. 또 노르웨이도 여러 해 전부터 빠져나오지 못할 만큼 땅속 깊은 곳에 이산화탄소를 주입하는 방법이 성공적임을 증명했다. 낙관주의자들은 이 모든 조각을 그저 하나로 합치기만 하면 된다고 믿었다.

실제로 화석 연료 산업계는 이 개념에 무척 흥분한 나머지 스스로 떠들고 다녔다. 그들은 마치 이미 다 해낸 양 '청정 석탄clean coal'이라는 광고 문구 아래 하나로 뭉쳤다. 그러나 21세기에 들어설 당시, 탄소 포획 저장carbon capture and storage이라는 이름이 붙은 그 접근법을 실용화하기까지는 아직 해결해야 할 커다란 문제들이 남아 있었다. 크리스 그레이그Chris Greig라는 사람은 호주 정부, 퀸즐랜드주, 호주 석탄 업계의 지원을 받아서 이런 문제들 중 가장 큰 것을 해결하려고 시도했다. 탄소를 전혀 배출하지 않으면서 석탄을 태울 수 있는 발전소를 건설하고 운영하려면 실제로 비용이 얼마나 들까?

현재의 발전 비용보다 조금 더 높은 수준에서 이런 발전소를 건설하고 운영할 수 있다고 주장하는 장밋빛 전망들이 쏟아졌다. 그러나 그레이그와 연구진은 10년 동안 1억 달러를 들여서 제로젠ZeroGen이라는 낙관적인 이름을 붙인 발전소를 연구하고 계획을 다듬은 끝에, 이 발전소가 운영 가능한 수준의 수익을 올리려면 호주와 퀸즐랜드주 정부가 이곳에서 생산하는 전기를 시장 가격의 네 배로 구입해

줄 것을 보장해야 한다고 판단했다.

그저 운이 나빠서 생긴 난제들도 있었다. 퀸즐랜드주는 석탄을 채굴하는 지역에 발전소를 지을 생각이었는데, 지층이 대량의 이산화탄소를 머금기에 부적합하다는 사실이 드러났다. 지층은 너무 치밀했다. 엄청난 양의 이산화탄소를 머금으려면 투과가 꽤 잘 되는 사암층이 필요했다. 시추 작업이 다 이루어질 즈음에야 이 사실이 명확히 드러났고, 결국 계획은 허약한 토대 위에 서 있음이 드러났다. 이론상 제로젠은 관을 설치해서 이산화탄소를 더 적합한 지층까지 주입할 수도 있었지만, 이미 가뜩이나 많은 비용이 들어간 상황에서 지출이 더 늘어나는 셈이었다. 결국 계획은 취소되었다.⁷

더 넓은 의미에서 보자면, 제로젠 계획은 세계가 안고 있는 한 가지 문제의 상징이 되었다. 발전 부문의 탄소 배출량을 줄이는 데 필요한 규모로 '청정 석탄' 발전소를 건설하는 일이 단순하지 않으리라는 사실이 점점 명확해졌기 때문이다. 그런 복잡한 발전소의 모든 구성 요소를 잘 조합해서 신뢰할 수 있게 가동한다는 것은 매우 복잡한 공학적 난제가 될 터였다. 발전소를 몇 기 건설할 즈음이면 비용 감소는 확실해지겠지만, 과연 해당 시설이 경쟁력 있는 저탄소 발전원이 될 만큼 충분한 비용 하락까지 보장하게 될까? 세계는 아직 이 질문에 관한 답을 갖고 있지 못하다.

2011년 제로젠 계획은 취소되었다. 그 무렵 미국도 자체 '청정 석탄' 계획을 추진하고 있었다. 퓨처젠FutureGen은 일리노이주 매툰에 건설될 예정이었다. 이 계획도 고비용 문제와 커다란 예산 투입 여부를 놓고 정부 내에서 의견 정리가 안 되는 등 순탄치 못했다. 퓨처젠은 취소되었다가 다시 시작되었다가 후보지를 옮겼다가 다시 취소되기를 반복하면서 2억 달러를 쓰고 나서야 2015년에 최종적으로 취소되었다.

화석 연료에 의존하는 산업이 탄소 포획 저장 기술을 개발하는 데 앞장서려는 동기가 아주 강할 것이라고 생각할지도 모르겠다. 실제로 일부 기업은 몇몇 계획을 진행하려고 시도했다. 그러나 이런 계획들도 정부의 지원을 받은 대규모 계획과 별 다를 바 없었다. 미국 남부의 상당 지역에 전기를 공급하는 자회사들을 둔 대형 지주회사인 서던컴퍼니Southern Company는 미시시피주에서 이 기술을 입증하려는 시도를 했다. 그러나 회사는 중대한 실수를 저질렀다. 호주인들이 기초 공학과 설계 쪽에 엄청난 노력을 쏟았던 반면, 이 부분을 소홀히 한 채 계획이 완성되기도 전에 건설을 시작했다. 결국 비용이 끝없이 치솟았고, 회사는 자사의 탄소 포획 기술을 작동시키는 데 어려움을 겪었으며, 결국은 포기 끝에 그 시설을 천연가스를 태우고 탄소를 대기로 뿜어내는 기존 발전소로 가동하기 시작했다. 2021년 회사는 결국 시설 중에서 이산화탄소를 포획하려는 용도로 만들었던 부분을 폭파했다.[8] 미국에서 가장 경제적 상황이 나쁜 주에 속한 미시시피주의 주민들은 앞으로 수십 년 동안 그 사업 비용 중 일부를 분담하는 상황에 놓일 것이다.[9]

이런 안타까운 역사적 사례들을 접했으니, 대다수 전문가들이 이 접근법으로 탄소 배출을 억제하려는 생각 자체에 몹시 회의적인 태도를 보일 것이라고 생각할지도 모르겠다. 그러나 이 생각은 일부만 옳다. 탄소 포획 저장은 지금도 여전히 유망하며, 사실 최근에 이런 계획을 내놓는 새로운 물결이 일어나고 있다. 이 기술은 특정한 유형의 배출 문제를 해결하는 데 꼭 필요하다고 밝혀질 수도 있다. 시멘트, 철강, 일부 화학물질을 만드는 새로운 생산법들이 성공하지 못한다면, 해당 산업을 청정화하는 유일한 방법은 배출되는 탄소를 포획하여 땅에 묻는 것일지도 모른다. 이는 정부가 과거의 실수로부터 배울 필요가 있으며, 또 기술의 미래에 계속 투자해야 한다는 의미다. 미국은 청정에너지 연구에 지원을 늘릴 때, 이 기술이 제공 가능한 것인지 여부를 알아내는 데도 많은 예산을 투입해야 한다.

현재 몇 가지 희망의 조짐이 보이고 있다. 세계적인 석유 에너지 기업 셸Shell은 캐나다 서스캐처원주에 자리한 바운더리댐에서 탄소 포획 시설을 시험 운영하고 있다. 처음에는 심각한 문제들을 겪었지만, 지금은 꽤 원활하게 가동되는 듯하다. 탄소 포획 시설은 텍사스주에서도 가동을 시작했다. 상업 발전소보다는 훨씬 규모가 작은 시험 시설이지만, 개념 증명 역할을 해보일 수도 있다. 이 시설은 매장할 순수 이산화탄소를 연속적으로 추출하는 색다른 기술에 토대를 두며, 다른 탄소 포획 발전소보다 비용이 적게 든다는 것을 입증할 수도 있다. 영국 역시 이런 유형의 시설을 더 크게 지을 계획을 발표했다.

최근 미국 의회는 탄소 포획 저장을 연구하는 기업에 특별 지원을 하겠다고 나섰다. 기업은 이산화탄소 1톤을 땅에 주입할 때마다 최대 85달러의 세액 공제를 받을 수 있다. 일부 사업을 경제적으로 유리하게 만들기에는 충분한 가격이다. 따라서 앞으로 10년에 걸쳐서 이 접근법을 진지하게 시험대에 올릴 수 있게 되었다. 하지만 우리가 화석 연료를 계속 사용하면서 단순히 배출되는 탄소를 포획하는 일에만 집중하고자 한다면, 우리 앞에 놓인 과제는 규모가 엄청나다. 세계의 기존 석유 기반 시설(세계의 모든 송유관, 펌프, 선박, 해상 시추 시설, 유정)을 이산화탄소를 지하에 묻는 용도로 쓴다면, 현재 전 세계 탄소 배출량 중 10퍼센트 미만을 처리하게 될 것이다. 그리고 발전소와 공장에서 나오는 이산화탄소가 포함된 배기가스를 포획하고, 순도가 충분히 높아질 때까지 정제하고, 수천 군데의 오염원에서 나오는 것을 모두 모아서 땅속에 주입할 수 있도록 압축하는 데 필요한 온갖 설비들은 여기에 포함되지 않았다. 이 모든 과정에도 돈과 에너지가 들 것이다.

탄소 포획 분야에서 일하는 이들은 대개 이런 문제들을 잘 인식하고 있다. 그럼에도 계속해서 추구해나가고자 노력하고 있다.

어디에나 있는 뜨거운 암석

그날 저녁, 막 퇴근할 무렵 쏟아지기 시작한 소나기에 사람들은 비를 피하며 집으로 향하거나 크리스마스 선물을 사러 상점으로 뛰어갔다. 바로 그때 땅이 뒤흔들리기 시작했다.[10]

그 도시의 주요 신문사 편집실에 있던, 지진에 익숙하지 않은 기자들은 재빨리 책상 밑으로 들어갔다. 그들은 편집장이 나오라고 할 때까지 기다렸다가 상황이 안정되자 나와서는 무슨 일인지 알아보러 나섰다. 아이젤 메르머Aysel Mermer라는 젊은 종업원은 폭탄이 터졌다고 생각했다. 이블린 마이어Eveline Meyer라는 접수대 직원은 흔들림이 시작되었을 때 집에 있었는데, 세탁기가 너무 오래되어 균형이 맞지 않아 마구 덜거덕거리는구나 하고 짐작했다. "나 지금 미친 거 맞지?" 그는 친구에게 전화를 걸어서 물었다.

사실 스위스의 우아한 도시 바젤은 진도 3.4의 지진에 흔들렸다. 지진치고는 꽤 약했지만 마지막으로 큰 지진이 일어났던 것이 650년 전이었기에 공포와 피해를 충분히 입히고도 남았다. 1356년에 일어난 지진은 자연적인 사건이었다. 그러나 2006년 12월 8일 바젤을 뒤흔들었던 지진은 결코 그렇지 않았다.

노이하우스가와 샤페르길이 만나는 모퉁이에서 이루어진 시추 작업이 바로 지진의 원인이었다. 그곳에서 시추 장비는 4.8킬로미터 깊이까지 구멍을 뚫었다. 여러 해 뒤에 그날 일을 재구성한 〈뉴욕 타임스〉의 기자 제임스 글랜츠James Glanz는 그 시추 작업이 "쥘 베른의 소설에서 곧장 튀어나온 듯한 방대하고 깨끗한 재생에너지원"에 접촉하려는 시도였다고 묘사했다. 바로 "지구의 모암층 내에서 이글거리는 열"이었다.

지진이 도시를 뒤흔든 직후, 경찰은 무슨 일이 일어났는지 설명을 듣기 위해서 시추 사업에 관련한 임원 한 명을 경찰차에 태워 도심으로 소환했다. 사업은 급하게 중단되었다. 그러나 이 일은 한 가지 의도하지 않은 결과를 낳았다. 지열을 동력원으로 이용하려고 시도할 때 수반될 크나큰 위험 중 하나를 명확히 드러내는 데 기여했다는 점이다.

이 새로운 청정에너지 개념의 입장에서 보자면 정말 불길한 시작이었다. 그러나 지금쯤이면 여러분도 알고 있겠지만, 모든 청정에너지원은 자신이 대체하려고 하는 화석 에너지원과 마찬가지로 나름의 위험과 난제를 안고 있다. 바젤 사건은 비슷한 사업들의 진행을 늦추었을 수도 있지만, 이 접근법을 향한 관심을 없애지는 못했다. 대신 문제를 올바로 직시하도록 도왔다. 지열 에너지를 주요 동력원으로 삼을 수 있도록 그에 따르는 위험까지 충분히 잘 관리할 수 있는가?

화산은 지구의 지각이 차갑고 거주할 만한 곳이라고 해도, 그 내부는 극도로 뜨겁다는 사실을 이따금 끔찍한 규모로 우리에게 상기시키곤 한다. 이 열이 지표면 가까이까지 올라오는 곳들이 있으며, 그런 지역에서는 이미 기존 기술로 열을 이용하여 발전을 해왔다.

최근까지 그 기술은 조건이 딱 들어맞는 곳에서만 쓰였다. 미국의 지열 발전소는 대부분 서부에 있다. 동부보다 지질학적 활동이 활발해서 열이 지표면 가까이까지 올라오는 곳들이다. 캘리포니아주는 전력의 약 6퍼센트를 지열 발전소에서 생산하며, 지열 발전소는 대부분 샌프란시스코 북부 가이저스geysers라는 지역에 있다. 대개 이런 발전소는 관정을 통해 물을 지하 깊숙이 뜨거운 암석층에 주입한 뒤, 여기에서 생산된 증기를 다른 관정을 통해 끌어올려서 발전기에 연결된 터빈을 돌린다. 일부 국가는 전통적으로 지열을 아주 잘 활용해왔다. 한 예로, 아이슬란드는 거의 모든 전기를 지열로 얻는다. 그러나 미국의 동부 해안 지역이나 세계의 대다수 지역에서는 지열 발전소를 찾을 수 없다. 뜨거운 암석층이 너무 깊숙한 곳에 묻혀 있기 때문이다.

지난 20년 사이에 과학자와 공학자는 이 한계를 극복할 수 있을 것이란 점을 깨달았다. 구멍을 충분히 깊이 뚫으면, 어디에서나 뜨거운 암석층에 다다를 수 있을 테니까. 아주 깊은 곳의 암석은 지하수와 접하지 않을 가능성이 높고, 불투수성인 화강암이나 다른 치밀한 암석으로 이루어졌을 수도 있다. 이런 경우 서부의 오래된 지열 발전소들보다 지열을 이용하기가 훨씬 어려울 수 있다. 그러나 2006년 매사추세츠공과대학교 연구진은 이런 한계들을 어떻게 극복할 수 있을지 설명하는 두꺼운 연구 보고서를 내놓았다.[**] 에너지 기업이 이전에 손을 댈 수 없었던 암석층에서 대량의 석유와 가스를 추출하는 데 썼던 바로 그 기술인 수압 파쇄법hydraulic fracturing을 쓰면 된다는 것이었다. 충분히 깊이 구멍을 뚫은 뒤, 암석을 파쇄하고, 물을 주입한 뒤, 생성된 증기를 뽑아내면 터빈을 가동할 수 있다. 보고서에는 이 방법을 쓰면 엄청난 양의 동력원을 확보할 것이라고 계산한 값도 함께 제시해 두었는데, 이론상으로는 미국 전체의 에너지 수요보다 2,000배 이상 많은 에너지를 얻을 수 있다는 결론이었다.

이 방법이 지닌 가장 큰 위험은 바로 바젤 시추 작업 때 발생한 '인공 지진induced seismicity'이다. 이는 지하 깊숙이 구멍을 뚫고 수압 파쇄를 할 때 일어날 수 있는 지진을 매우 순화시켜서 표현한 용어다. 얕은 깊이에서 운영되는 기존의 지질 에너지 이용 방식도 지진을 일으킬 수 있다. 대개 규모는 더 작긴 하지만 바젤 사건이 보여주었듯이 구멍을 깊이 뚫을수록 도시 전체를 혼란에 빠뜨릴 만큼 큰 지진이 일어날 수 있다.

지열 에너지가 훨씬 더 큰 동력원이 되려면, 과연 그 위험을 줄일 수 있는지도 알아야 한다. 지진이 발생할 가능성이 낮은 지역을 파악하는 것, 즉 시추에 아주 적합한 지역을 찾아내는 것이 가능할까? 반대로 아주 고위험 지역을 찾아내서 제외시키는 것은 가능할까? 위험을 최소화하도록 수압 파쇄법을 개량하는 것도 가능할까? 캐나다의 한 신생 기업은 수압 파쇄법을 쓰지 않으면서도 세계 어디에든 지열 발전소를 건설할 수 있을 것이라고 믿는다.[12] 지하 깊숙이 구멍을 뚫어서 열을 포집하는 관을 설치하는 방식을 쓰면 된다는 것이다.

안전 문제를 제외할 때 지열 발전 기술을 둘러싼 가장 큰 의문이 무엇인지는 뻔하다. 과연 얼마 만큼의 비용이 들까? 지열 관정에는 석유나 가스를 채굴할 때 쓰는 것과는 다른 파쇄 기법이 필요하다. 지열 발전은 암석을 덜 파쇄하고, 더 높은 온도에서 작업해야 한다. 또 석유가 들어 있는 셰일보다 훨씬 단단하고 강한 암석을 다루어야 한다. 설령 이런 지열 발전소를 짓는 것이 가능하다고 할지라도, 우리는 과연 그 비용이 적절한지도 아직은 알 수 없다. 공급되는 전력망의 수요 변화에 맞춰 유연하게 전기를 공급해야 하는 경쟁 구도 안에서 대량으로 전기를 공급하는 풍력 및 태양력 발전과 맞설 정도로 경제성을 확보할 수 있을까? 지열 에너지의 옹호자들은 저위험 발전소를 적절한 비용으로 건설할 수 있다는 것을 입증해야 할 것이다.

좋은 소식은 미국 정부가 아직 이 패를 완전히 버린 것은 아니라는 사실이다. 에너지부는 매사추세츠공과대학교의 보고서가 나온 2006년 이래로 이 기술에 관심을 보여왔다. 초기 시범 사업에 지원하고 있으며, 훨씬 최근에는 유타주의 한 지역에서 개선된 시추 기법을 상당한 규모로 실험함으로써 발전소를 건설할 방법을 알아볼 예정이다. 그러나 그 정도로는 부족하다. 이 유망한 기술은 지금보다 훨씬 더 강력하게 추진되어야 마땅하며, 이 기본 개념이 옳은지를 증명하는 연구에 더 많은 연방 예산이 지원되어야 한다. 다른 나라들도 훨씬 더 많은 지원을 뒷받침할 필요가 있다. 특히 중국은 지층을 파악하고 땅속 청정에너지를 이용 가능한지 알아보는 데만 해도 엄청난 양의 지질학 연구가 필요하다. 전기 구매자들도 나름의 역할을 할 수 있다. 최근 구글은 퍼보에너지Fervo Energy라는 회사가 개발 중인 유명한 사업에서 생산하는 전기를 구매하는 계약을 맺었다.

물론 이 동력원이 필요할지는 아직 확신할 수 없다. 그러나 첨단 원자력 발전소의 개발에 실패한다면, 또는 화석 연료 발전소에서 배출되는 탄소를 지하에 묻는 방식이 비실용적임이 드러난다면, 지열은 에너지 전환의 후반 단계에서 꼭 필요한 요소로 입증될 수도 있다. 정부와 기업은 궁극적으로 지열 발전이 세계를 구할 기술로서 증명될 가능성을 열어두고 투자해나가야 한다.

혁신의 문화

이번 장에서 살펴본 기술들은 개발하고 검사하고 실용적인지 알아볼 수 있도록 지원받아 마땅하다. 이 기술들은 대부분 전력망에 청정에너지를 제공할 수 있으며, '만물의 전기화'로 배출 문제에 접근하는 방식에 부합된다. 이는 휘발유차나 가스 화로 같은 화석 연료를 때는 방식에서 전기로 그 수요를 충족시키는 방식으로 옮겨가는 한편, 전력망을 청정화하는 접근법을 말한다. 그래서 우리의 이 목록은 장기가 아닌 중기에 초점이 맞추어져 있는데, 앞으로 10년 안에 성공할지 실패할지 판단할 수 있도록 밀어붙여야 할 기술들이다. 그러나 장기적으로 보면, 우리에게 필요한 혁신에 이런 유형의 발전 기술들만 있는 것은 아니다. 사회는 가능한 한 가장 깨끗하고 효율적으로 현대의 온갖 에너지와 물질 욕구를 충족시키는 법을 알아내야 한다.

아직 걸음마 단계에 있는 흥분되는 기술들도 많다. 대학 연구실에서 개발 중이거나 연구실에서 시장까지 나아가는 험난한 길 어딘가에 자리하고 있는 것들 말이다. 예를 들어, 지금보다 용량이 서너 배 더 많고 몇 분이면 충전 가능한 배터리를 연구하는 이들이 있다. 또 에너지 효율이 더 높은 건축 방식을 연구하는 이들도 있다. 전기를 극도로 적게 쓰면서 건물 냉난방을 하고, 모든 기기가 전력망과 긴밀하게 협력하면서 전기가 가장 풍부할 때 제일 저렴하게 이용되도록 하는 방법을 연구하는 이들도 있다. 또 우리에게는 기발한 새 화합물, 더욱 청정하게 리튬과 코발트 같은 금속을 채굴할 방법, 배터리와 태양 전지판과 풍력 터빈 날개를 재활용할 새로운 방법도 필요할 것이다.

그러나 우리에게 필요한 혁신이 새로운 물질과 기계만이 아니라는 점도 명심해야 한다. 심지어 그것들은 가장 중요하지 않을 수도 있다. 또한 저탄소 배출 기술이 적절하게 가치를 평가받을 수 있도록 시장도 혁신할 필요가 있다. 사회가 탄소 장기 배출 목표를 설정하고 법규로 정함으로써 우리가 어디로 나아가야 할지를 모두가 명확히 인식할 수 있도록 공공 정책도 혁신해야 한다. 앞서 언급한 육류에 세금을 매기는 것처럼, 행동을 바꿀 방법도 실험하고 혁신해야 한다. 많은 보수주의자와 경제학자는 우리가 정부가 아닌 시장에서 이루어져야 할 결정들을 이야기하고 있다고 주장할지도 모른다. 우리도 다음의 한 가지 점에는 동의한다. 어디에서든 간에 시장이 목표를 달성할 가장 저렴한 방법을 발견하는 역할을 할 수 있다면, 그때는 시장에 맡겨야 한다고 본다. 경쟁 시장은 인류가 지금까지 창안한 최고의 가격 탐색 기구다. 그렇다고 해서 **모든** 중요한 경제적 결정을 (윤리적 결정은 말할 것도 없고) 시장이 내릴 수 있다는 결론이 따라나오지 않는다는 점도 명확히 해둔다. 세계에는 공공 기준과 집단의 의사 결정을 통해서만 해결될 수 있는 문제들이 가득하다. 미래 세대를 위해 지구를 살아갈 수 있는 터전으로 보전할 수 있도록 탄소 배출량을 줄이라는 도덕적 명령은 시장의 작동만으로는 해결할 수 없고 해결되지도 않을 결정의 한 가지 예다.

유니버시티칼리지런던에서 혁신 정책을 연구하는 마리아나 마주카토Mariana Mazzucato 교수는 '시장'과 '정부'를 나누려는 태도 자체가 근본적으로 잘못되었다고 주장한다. 우리가 현재 당연시하는 많은 기술 혁신은 원래 정부 예산을 지원받아서 개발되었거나 정부가 처음에 적극적으로 구매한 덕분에 자리를 잡을 수 있었다. 인터넷이 가장 유명한 사례로, 혁신적이고 독특한 착상을 지지하는 국방부의 한 부서 덕분에 출현했다. 터치스크린, 무선 데이터, GPS 등 스마트폰에 중요한 많은 기술도 이런 식으로 시작되었다. 사실 컴퓨터 혁명 전체도 1950년대에 국방부의 계약을 통해 성장했다. 새로 발명된 반도체칩을 높은 가격으로 구매한 덕분이었다. 이렇게 실리콘밸리의 개척자들은 정부가 초기에 대량 구매를 한 덕분에 살아남을 수 있었다.

에너지 분야에서도 연방 정부의 연구비, 보조금, 제품 구매가 천연가스를 때서 발전하는 터빈의 개발을 자극했다. 미국의 석유와 천연가스 채굴 열풍을 일으킨 3D 지진 영상과 수압 파쇄법도 마찬가지다. 또 북서부 태평양 연안 지역의 거대한 보너빌댐, 농촌 전기화, 원자력 발전 개발에도 직접 지원했다. 대형 에너지 기술의 개발 쪽에서는 연방 정부의 지원을 받지 않은 사례를 찾기가 쉽지 않다.

어른거리는 기후 위기를 멈추기 위해서 정부와 기업은 화석 연료를 대체하는 데 필요한 신기술들에 훨씬 더 노력을 집중해야 한다. 이런 청정 기술을 개발하는 일뿐만 아니라, 그것들을 연구실 밖으로 끌어내어 확대 적용하는 쪽으로도 힘을 써야 한다. 이는 시범 사업과 해당 유형의 최초 발전소에 수십억 달러를 지원하라는 의미가 될 것이다. 또 특정 기술을 선호하는 태도에서 벗어나서 진정한 목표, 즉 탄소 배출량 감축에 초점을 맞추라는 의미이기도 하다.

이 문제는 에너지 전환에 어떤 기술이 필요한가 뿐만이 아니라, 최악의 피해를 막을 만한 속도와 규모로 기술들을 보급할 수 있는가에 관한 것이기도 하다. 이는 미국에서 특히 민감한 문제다. 발전소, 고속도로, 상하수도 등 공공 기반 시설 중 상당수가 20세기 중반에 건설되었고, 지금 빠르게 노후화되고 있기 때문이다. 최근에 미국의 정치 문화가 너무나 유독한 양상을 띠고 있기에 정부는 새로운 것을 건설하기는커녕 낡은 시설을 유지할 예산조차 마련할 수가 없다. 바이든은 임기 초에 전국의 기반 시설을 개보수하는 일에 대규모 투자를 요구했고, 의회는 대담한 첫 법안을 통과시켰다. 정치적 분열을 극복하고 대규모 국가 사업을 수행하는 법을 다시 배울 수 있느냐가 미국이 당면한 과제다.

기업도 중요한 역할을 한다. 이미 어느 정도는 나름의 역할을 수행하고 있다. 현재 미국 기업 수백 곳이 온실가스 배출을 줄일 목표를 세웠고, 그중 상당수는 전력 거래 시장에서 풍력과 태양력 단지에서 생산되는 재생에너지를 직접 구입한다. 하지만 이런 기업이 수천 곳으로 늘어나야 한다. 투자자들은 이미 화석 연료를 떠나서 청정에너지 쪽으로 투자를 늘리기 시작했다. 그러나 미약한 공공 정책과 기업의 근시안적 태도 등 기후 위기를 해결하는 쪽으로 투자하는 것을 막고 있는 많은 장애물부터 없애야 한다.

엄청난 과제처럼 들린다는 것을 안다. 그렇다면 세계가 청정 경제 cleaner economy에 적극적으로 투자하도록 도울 수 있는 방법에는 무엇이 있을까?

레버 당기기

우리는 제7장에서 이미 말한 바 있는 방법이 한 가지 방안이 될 수 있다고 생각한다. 기업에서 일하는 사람들은 목소리를 내어 자신의 회사가 기후 문제를 해결하기 위해 어떤 목표를 세우고 실천하고 있는지 물을 필요가 있다. 이런 질문 중에는 다음의 매우 기본적인 것도 포함되어야 한다. 자신의 회사는 배출하는 탄소에 책임을 져왔는가? 탄소 배출량을 줄이기 위해 노력하고 있는가? 하고 있다면 어떤 방식으로 실천하고 있는가? 공급 사슬 전체에서 탄소 배출에 관해 책임감 있는 태도를 보이고 있는가? 상장된 대기업에서 일한다면, 매년 지속 가능성 경영 보고서를 내놓는지, 그 보고서에 제시된 대로 목표를 달성해왔는지도 물어보자. 그렇다면 이런 목표들이 파리협정의 목표에는 부합하는지도 말이다.

기술에 투자하거나, 기반 시설 구축에 투자하는 기업에서 일한다면 여러분에게는 더 큰 기회가 있다. 앞서 우리가 개괄했던 것처럼 회사는 탄소 배출을 줄이기 위한 첨단 기술을 찾고 있는가? 해당 기술에 관한 투자를 결정할 위치에 있는가? 기후 위기에 진지하게 대응하기 위해 위험을 무릅쓸 만큼 자본을 투자하고 있는가? 투자 자산이 수십억 달러에 달하면서도 이 기술에 1000만 달러, 저 기술에 2000만 달러 등을 찔끔찔끔 투자하는 기업이 아주 많다. 이런 방식은 기후 문제에 진지하게 대처하는 자세가 아니다. 그저 그린워싱greenwashing에 불과하며, 사실 이런 작은 투자금 중에서도 일부는 기업 홍보 예산으로

나간다.

여러분이 다니는 기업의 경영진에게 기후 위기 대책은 민감한 사안일 수도 있지만 그래도 직시해야만 하는 문제다. 어떤 기업에 들어가고자 하는 젊은 구직자도 목소리를 낼 수 있어야 한다. 여러분이 제7장에서 말한 기후목소리라는 단체의 서약서에 서명했다면 (그리고 해야 한다면) 입사 전에 이런 현안들을 물어보기로 약속했을 것이다. 그러니 면접 자리에서 질문하자. 그리고 애매하게 얼버무리는 답이 나오면, 취직이 되더라도 다른 회사로 가자. 그리고 입사하지 못하는 이유를 명확히 말하자.

평범한 사람들이 기업의 행동에 영향을 줄 수 있는 또 한 가지 방법이 있다. 미국인 중 절반은 운 좋게도 투자할 자산이 있는 편에 속한다. 여러분이 여기에 속한다면, 자신의 포트폴리오에 어떤 주식이 있는지, 해당 회사가 여러분의 환경 가치에 들어맞는지를 꼼꼼이 따져보자. 투자한 돈 대부분이 뮤추얼 펀드에 들어 있다면 이 문제는 까다로울 수도 있다. 투자사가 적극적으로 관리하는 경우라면 주식 포트폴리오가 매일 바뀌기 때문이다. 다행히 월스트리트에서도 환경 목표와 사회적 목표를 고려하는 펀드가 늘어나고 있다. 이런 펀드의 관리자는 투자자들에게 특정한 업종의 주식은 피하겠다고 약속한다. 석유와 석탄 기업이 그렇다. 월스트리트에서는 이런 식으로 투자하는 펀드를 'ESG' 펀드라고 하며, 이는 환경environmental, 사회social, 좋은 지배 구조good-governance라는 기준에 따라서 투자할 기업을 고른다는 뜻이다. 수수료를 많이 떼어간다는 이유로 적극적으로 관리되는 뮤추얼 펀드를 피하는 이들도 있는데, 그럴 때는 좋은 환경 등급을 받은 기업의 주식들을 선정해서 등락을 따라가는 수동적인 지수 펀드에 투자할 수도 있다. 피델리티Fidelity와 뱅가드Vanguard 같은 대형 투자사들은 모두 이런 금융 상품을 제공한다. 여러분처럼 환경 기준을 고려하는 투자자들이 늘어날수록 그 효과도 더 커질 것이고, 기업들의 경제적 판단에도 영향을 미칠 것이다. 결국 신기술이 학습 곡선을 타고 내려가도록 촉진하는 결과에도 이르게 될 것이다.

그러나 투자 포트폴리오를 청정화해야 할 이유가 이것만은 아니다. 12년 전, 미국 전역의 대학생들은 자신이 다니는 대학에 화석 연료 기업에 관한 투자를 철회함으로써 기후 변화에 명확한 입장을 표명하라고 요구했다. 몇몇 작은 대학은 그 요구를 받아들였지만, 많은 큰 대학(하버드, 예일, 스탠퍼드 등)은 여러 해 동안 거부했다. 그 뒤로 10년 사이에 많은 화석 연료 기업의 주가는 폭락했다. 앞서 말했듯이, 미국의 대규모 석탄 회사들은 모두 파산하면서 주식 투자자들에게 큰 손해를 입혔고, 엑손모빌ExxonMobil 같은 대형 석유 기업도 저유가로 주가가 급락했다. 대학들이 기금을 어디에 투자했는지 공개를 거부했기에 우리는 확실하게 알 수 없지만, 대형 기금 펀드 중 일부가 화석 연료 기업 투자로 손실을 보았을 가능성이 매우 높다. 2012년에 학생들의 요구대로 했더라면, 아마 고통을 겪지 않았을지도 모른다. 2020년과 2021년에는 앞서 나열한 대학들도 슬그머니 화석 연료 기업에 관한 투자를 철회했다.

그들처럼 되지 말자. 여러분이 환경 친화적인 기업 쪽으로 돈을 옮기고 싶어 하는 것은 그저 이 행동이 옳기 때문만은 아니다. 물론 옳은 것도 맞지만 그와 동시에 화석 경제fossil economy와 관련된 지분을 지니는 것이 포트폴리오를 적극적으로 위험에 빠뜨리기 때문이다. 세계가 기후 변화를 해결하는 일에 진지하게 나선다면, 석유 회사들은 수십억 배럴의 석유를 생산하지 못한 채 그냥 깔고 앉아 있게 될 것이고, 석탄 회사들은 메가톤 단위의 검은 암석을 캐내어 태우지 못한 채 땅에 묻어두어야만 할 것이다.

이를 전문 용어로 '좌초 자산stranded asset'이라고 한다. 이런 자산은 현재 해당 기업의 주가를 과도하게 높게 평가하는 데 기여하고 있지만, 장기적으로는 무용지물이 되고 만다. 우리는 그러기를 바라며, 그럴 것이라고도 예상한다. 자신의 돈을 투자할 때 과거가 아닌 미래를 보고 판단하자. 투자 철회 운동을 출범시키는 데 큰 역할을 한 환경운동가 빌 매키벤Bill McKibben은 투자자들을 위해 단순한 경험 법칙 하나를 제시하기도 했다.

2018년 그는 이런 말을 남겼다. "지구를 파괴하는 것이 잘못된 일이라면, 그 파괴로부터 이익을 얻는 것도 잘못된 일이다."[13]

제 **9** 장

기후 위기에 대처하기 위한 모두의 노력
: '예'라고 말하기

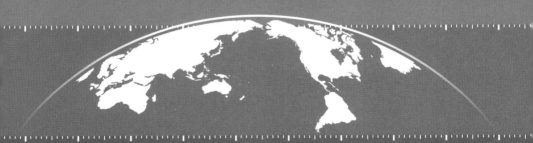

THE BIG FIX

"우리는 평소처럼 이른 아침을 먹고 새벽 6시쯤 나설 준비를 했다."¹ 제임스 애비James Abbey는 1850년 4월 30일 아침, 일기를 썼다. 그의 식구들은 현재의 와이오밍주 지역을 터벅터벅 걷고 있었다. "날은 춥고 바람이 너무 세서 서 있기조차 힘들었지만, 남자들은 우리가 캘리포니아주로 가야 하니까 바람 때문에 멈추어서는 안 된다고 했고, 그래서 우리는 터벅터벅 계속 걸었다."

애비 가족은 겨우 2년 전에 발견된 캘리포니아주의 한 금광에서 운을 시험하기 위해 서부로 향했다. 소를 끌고 유개 마차 대열을 이루어서 로키산맥을 넘고자 했던 그들 같은 정착민들은 넘기 좋은 지형으로 된 곳이 딱 한 군데 있다는 것을 알아냈다. 그 고개는 와이오밍주 남부에 있었고, 사우스패스south pass라고도 불렸다. 높이는 해발 약 2,286미터로 오르내리는 길은 비탈이 완만해서 마차로도 비교적 쉽게 오갈 수 있었다. 1840~1860년에 걸쳐 약 60만 명의 정착민이 이 고개를 넘어서 커져가는 미국 대륙의 서쪽 절반으로 퍼졌다.

고개로 향하는 이들은 누구나 와이오밍주 남부가 바람이 극심한 곳임을 알아차렸다. 애비는 일주일 뒤 이렇게 일기를 썼다. "밤새도록 바람이 너무나 심하게 불었기에, 한 동료는 돌풍이 부는 바다에 나왔다고 믿을 지경이었다."[2] 와이오밍주 남부가 바람이 심하게 부는 이유는 바로 정착민들을 그 고개로 향하게 만든 지형 때문이다. 사우스패스는 까마득히 치솟은 산들 사이에서 넓고 푹 꺼진 안장 모양으로, 그 폭이 40킬로미터쯤 된다. 북아메리카 원주민 쇼손 부족은 이곳을 "신이 다 쓴 산"이라고 부르기도 했다.[3]

지리적으로 볼 때 산계가 끊긴 모양의 이 고개는 앞서 말한 캘리포니아주 산들의 고개와 아주 비슷한 기능을 하지만 규모가 더 크다. 서부에서 동부로 흐르는 바람을 모으는 역할을 하는데, 주변에 나무가 거의 없어 공기는 저항을 크게 받지 않은 채 흐를 수 있다. 이런 이유로 와이오밍주 남부는 미국에서 바람이 가장 많이 부는 곳 중 하나다. 남쪽에 넓게 펼쳐진 이 지대를 지금은 와이오밍 바람 통로wyoming wind corridor라고 부른다.

19세기 후반에 와이오밍주 정착민들의 일기는 불평불만으로 가득했다. 겨울에는 눈이 바람에 밀려 15미터 높이로 쌓이면서 소나 양을 죽이고 집을 뒤덮기도 했다. 땅을 좀 아는 이들은 세찬 바람이 겉흙을 싹 쓸어버리는 바람에 너무 척박해서 경작이 힘들다는 점을 알아차렸다. 그들은 힘겨운 시행착오를 거친 끝에 소와 양을 방목하는 것이 땅을 가장 경제적으로 이용하는 방법임을 알아냈지만, 풀이 너무나 성기게 자라서 면적당 키울 수 있는 가축의 수가 적었다. 와이오밍주의 대형 소 목장은 넓이가 수천 헥타르에 달하기도 한다. 현재 와이오밍주의 경제는 목축, 채탄, 석유와 가스 채굴에 의존하며, 최근 늘어난 관광도 상당한 기여를 한다. 초기 정착민들은 작은 풍차를 써서 물을 퍼 올렸지만, 역사 전체를 보면 바람이 와이오밍주의 가장 가치 있는 자원이라고 상상한 사람은 아무도 없었을 것이다. 심지어 오늘날에도 바람은 골칫거리로 여겨질 때가 더 많다. 2017년에는 하루에만 콜로라도주 북부와 와이오밍주 남부의 25번 주간 고속도로에서 돌풍에 트레일러 트럭 14대가 뒤집혔고, 고속도로 중 32킬로미터가 폐쇄되었다.

그런데 얼마 전 작은 검은색 픽업 트럭을 몰던 빌 밀러Bill Miller는 와이오밍주의 바람을 저주가 아닌 기회라고 보게 된 이유를 이렇게 설명했다. 그는 미국 서부에서만 가능해 보이는 드넓은 땅을 소유한 오버랜드트레일캐틀컴퍼니Overland Trail Cattle Company라는 목장의 비포장 도로를 운전하고 있었다. 면적이 약 1,300제곱킬로미터에 달하는 돌이 많은 방목지였다. 마침 이 방목장은 와이오밍 바람 통로의 한가운데, 즉 산맥에 난 거대한 바람 깔대기의 동편에 있었다. 밀러는 한 언덕 꼭대기에 차를 세운 뒤 밖으로 나왔다. 바람이 그의 백발과 흰 염소수염을 세차게 흔들어댔다. 밀러는 지평선을 따라 팔을 죽 움직이면서 멀리 시선이 닿는 곳까지 펼쳐져 있는 돌투성이 언덕과 메마른 넓은 골짜기를 포함한 방목장이 얼마나 넓은지 가늠해보았다. 멀리서 검은 얼룩처럼 어슬렁거리며 돌아다니는 소 떼를 보면서 그는 미래를 구상했다. 오버랜드트레일캐틀컴퍼니는 머지않아 단순한 소방목장이 아니게 될 것이었다.

비록 이 목장을 운영하고 있긴 하지만, 밀러도 결코 단순한 목장주가 아니다. 다른 무엇보다도 석유 업계쪽 사람인 그는 미국 덴버 지역의 석유와 부동산 거물이자 억만장자인 필립 앤슈츠Philip Anschutz의 오른팔이다. 앤슈츠는 천연자원을 토대로 부를 쌓았으며, 현재 그 일부를 보수당 정책을 지지하는 데 쓰고 있다. 현재는 땅과 석유를 소유하고 있지만 머지않아 풍력도 포함될 것이다. 앤슈츠와 밀러는 이 목장에 북아메리카 최대의 풍력 단지를 건설하고, 산맥에서 불어오는 강력한 돌풍을 포획하는 풍력 터빈을 1,000대까지 설치할 생각이다. 그렇게 생산한 전기를 특수한 고압 송전선으로 드넓은 사막 건너 미국 서부에서 가장 큰 전력 시장인 인구 4000만 명이 사는 캘리포니아 주로 보낸다는 계획이다.

앤슈츠처럼 밀러도 정치적으로 우익계에 기울어져 있다. 목장의 울퉁불퉁한 비포장 도로를 달리면서 그는 그린 뉴딜Green New Deal 같은 정부 계획을 결코 좋아하지 않는다는 점을 애써 강조했다.[*] 엄청난 연방 예산을 들여서 미국의 에너지 문제를 해결하겠다는 계획 말이다. 2019년의 어느 날, 그는 포드 F-150 랩터로 비포장 도로 170킬로미터를 달리면서 이렇게 말했다. "절대 안 돼요. 말이 안 되는 짓이라고 생각해요. 하지만 사실 내가 뭘 믿는지는 중요하지 않아요. 이 지역의 정책 결정자와 유권자와 주민들은 이 방향으로, 청정에너지 쪽으로 나아가고 있어요. 우리 천연자원 산업체가 살아남으려면, 나서서

돕는 편이 더 낫죠."

　밀러와 앤슈츠는 약 15년 전에 풍력 단지를 건설하기로 결심했다. 그러나 이 책을 다 쓸 때까지도, 그들은 아직 터빈을 한 대도 세우지 못했다. 이렇게 오래 지체된 데는 연방법인 국가환경정책법National Environment Policy Act, NEPA도 한몫했다. 이 법에 걸린 것은 앤슈츠코퍼레이션Anschutz Corporation이 목장 전체를 소유한 것이 아니기 때문이다. 회사는 이 땅의 약 절반만을 소유하고 있고, 나머지는 연방 정부 소유다. 미국 서부의 목장주들이 대개 그렇듯이 밀러도 정부로부터 방목권을 임차했고, 목장에는 사유지와 그렇게 빌린 국유지가 바둑판처럼 흩어져 있다. 목장을 차로 달릴 때는 어디가 사유지고 국유지인지 전혀 알 수 없다. 그러나 법적으로는 아주 중요한 문제다.

　밀러는 처음 풍력 단지를 짓자는 착상을 떠올렸을 때, 국유지에도 건설하려면 특별 허가를 받아야 한다는 것을 알았다. 그때 누군가가 필요한 허가를 받기까지 5년이 걸릴 수도 있다고 경고했다. 그는 "무슨 헛소리야?"라고 생각했던 것을 떠올렸다. 그의 낙관론은 크게 어긋났다. 일을 진행하는 데 필요한 대부분의 법적 서류를 갖추고 허가를 받는 데 12년이란 시간이 걸렸지만, 여전히 진행 중이기 때문이다.

　국가환경정책법은 1969년에 제정되었는데, 환경에 중요한 영향을 미칠 수 있는 일을 하고자 할 때 연방 정부가 먼저 어떤 결과가 빚어질지를 연구하고 피해를 최소화할 방안까지 마련해야 한다고 규정하고 있다. 그 뒤로 수십 년 동안 이 법은 대규모 기반 시설을 새로 건설할 때마다 엄청난 장애물이 되어왔다. 환경보호 수단으로서 제정되었지만, 지금은 해로운 효과를 미치고 있다. 때로는 환경 황폐화로부터 지구를 구할 목적의 청정에너지 사업 계획조차 중단시키거나 지연시킨다.

이 법이 발효된 초기에는 필요한 분석을 담은 보고서의 분량이 20~30쪽 정도였다. 지금은 수만 쪽에 달하기도 한다. 이 법을 준수하면서 다양한 연방 정부 기관들의 요구까지 다 따르려면 생물학자, 공학자, 수문학자, 토양학자 등 많은 전문가를 고용해야 할 수도 있다. 이런 일 중 상당수는 방어용이다. 다양한 이유로 반대하는 사람들이 계획을 중단시키고자 소송을 걸 수도 있고, 실제로 걸어오기 때문이다. 연방 기관들은 이런 법적 다툼에 대비해서 온갖 서류를 쌓아둔다. 와이오밍 풍력 단지를 건설하기 위해서 지금까지 엄청난 노력을 쏟아부었을 뿐만 아니라, 생산된 전기를 세 개 주를 거쳐서 캘리포니아주와 연결된 네바다주의 전력 중심지까지 보낼 1,180킬로미터의 송전선을 깐다는 계획도 마찬가지였다. 밀러는 앤슈츠코퍼레이션이 착공하기 위해서 내야 할 산더미 같은 서류를 작성하는 데만 지금까지 약 2억 달러에 가까운 돈이 들어갔다고 추정한다. 게다가 문제는 아직 완전히 해결된 것도 아니라는 것이다. 이 책이 인쇄에 들어갈 무렵, 산쑥들꿩을 보호하기 위해 설정된 보전 구역에서 송전선 건설이 가로막히고 말았다. 목장 6,500헥타르 중에서 약 12헥타르에 해당하는 구간을 둘러싼 분쟁이지만, 앤슈츠의 사업 자체를 무산시킬 수도 있다.[5]

이런 기나긴 지연은 피해를 준다. 돈 낭비뿐만 아니라 우리가 필요로 하는 급속한 에너지 전환을 지체시킨다는 점에서도 마찬가지다.

미국이 파리협정의 목표를 달성하려면, 최근 해온 것보다 적어도 서너 배 더 빠른 속도로 풍력 단지와 태양광 단지의 건설을 촉진해야 한다. 풍력과 태양력으로 생산한 전기를 지금보다 훨씬 조밀한 고효율 송전선망을 통해서 전국으로 보내야 한다. 계획대로 하려면, 우리는 30년 이내에 미국의 에너지 계통 전체를 청정화해야 한다. 이 목표를 달성하는 데 필요한 모든 주요 계획이 서류 작업 때문에 10년 또는 15년까지도 지체된다면, 목표 달성은 불가능하다.

밀러는 풍력 단지를 건설할 도로를 내기 시작했지만, 터빈 설치는 전기를 캘리포니아주나 남서부의 다른 어떤 지역이 구매하겠다는 계약이 성사될 때까지는 이루어지지 않을 가능성이 높다. 계약 역시 그가 단지를 건설 가능하다는 것이 법적으로 명확해질 때까지는 이루어지지 않을 것이다. 그래도 그는 여전히 낙관적이다.

밀러는 차를 몰고 목장으로 향하며 말했다. "우리는 실패하지 않을 거예요. 어려운 일은 오늘 끝나요. 불가능한 일은 시간이 좀 더 걸릴 뿐인 거죠."

원대한 야심

이 책에서 우리는 미국의 주와 지역 수준에서 많은 기후 행동이 이루어져야 한다고 주장했다. 주 정부는 전력망을 관리할 권한을 지니며, 지방 정부는 신축 건물의 에너지 효율을 결정하는 건축 기준을 정한다. 우리는 워싱턴이 마비되어 있는 시기에도 지역과 주 수준에서 일이 계속 진행되도록 하는 것이 특히 중요하다고 생각한다. 최근 들어서 그런 마비 사태가 더 자주 벌어지는 듯하기 때문이다. 주 정부는 종종 민주주의의 실험실이라고 불리곤 한다. 연방 정부보다 시민들을 훨씬 가까이에서 접하며, 이 말은 시민들이 목소리를 내어서 주의 기후 정책을 올바른 방향으로 이끌 수 있다는 의미로 이어진다. 태양력에 투표를Vote Solar이라는 단체를 이끌었던 애덤 브라우닝Adam Browning은 직원들에게 이렇게 말하곤 했다. "의회에서 해결하겠다는 계획이라면, 그건 나쁜 계획입니다."

우리는 지역 차원에서의 활동이 대단히 중요하다고 굳게 믿지만, 한 가지 명확히 해둘 것이 있다. 바로 미국에 국가 차원의 기후법이 필요하다는 점이다. 2009년에 상정된 야심 찬 기후 법안이 상원에서 겨우 몇 표 차이로 부결된 것은 정말로 비극이다. 그 뒤로 정권이 세 번 바뀌는 동안 그런 규모의 법안은 통과된 적이 없다. 조 바이든 정부가 2021년 말에 밀어붙인 법안은 분명히 올바른 방향으로 큰 진전을 이루었다. 그러나 2009년의 것보다는 적용 범위가 좁다. 물론 의회를 통해서만 해결할 수 있는 문제들도 있다. 국가의 관심 대상인 새 송전선 건설을 가로막는 온갖 규제가 그렇다. 그런 문제는 의회만이 해결할 수 있다. 환경에 도움되리라는 것이 분명한 사업 계획을 가로막는 쪽으로 잘못 쓰이고 있는 환경 관련 연방 법령도 마찬가지다. 해결하려면 의회의 힘이 필요하다.

기후 변화라는 최악의 파괴로부터 지구를 구하려면, 우리는 다음과 같이 일이 진행되어야 한다고 생각한다. 중앙과 지방의 모든 정부가 에너지 전환을 훨씬 빨리 도모하도록 촉구하는 정치적 요구를 더욱 확대해야 한다. 전력망을 청정화하고, 건축 규정을 훨씬 엄격하게 하고, 철강과 시멘트 같은 주요 제품에 청정 구매 정책을 시행하자는 야심 찬 목표들처럼 우리가 이 책에서 개괄한 정책들은 앞으로 10년 안에 시행되어야 한다. 제2장에서 말한 주 차원의 청정 전기 기준처럼 이미 시행 중인 정책들도 강화할 필요가 있다. 새로운 가전제품에 에너지 효율 등급을 매기는 등 현재 미국에서 아주 흔히 접하는 구속력이 약한 약속은 이류 제품을 시장에서 축출시킬 정도의 의무 기준으로 변화되어야 한다. 이런 정책들이 자리를 잡을 때, 미국의 탄소 배출량 감소 속도도 가속화될 것이다.

우리는 미국의 상황이 이렇게 변하면 다른 나라들도 반응하여 에너지 전환을 촉진할 것이라고 본다. 미국보다 훨씬 일찍부터 기후 문제를 해결하기 위해 수십 년 동안 애써온 나라들도 있지만, 독일과 영국 같은 우등생들은 경제 규모 면에서 미국에 훨씬 못 미친다. 규모와 범위를 생각할 때 미국은 혁신적인 에너지와 교통 체계가 출현하도록 충분히 도울 수 있다. 그렇다고 해서 미국 혼자서 이 일을 해낼 수 있다는 의미는 아니다. 우리는 독일의 공학, 영국의 창의적인 정책, 중국의 제조 기술 등 여러 도움을 받아야 한다. 하지만 미국이 전면적으로 달려들기 전까지는 전 세계의 에너지 전환이 필요한 만큼 빨리 진행되지 않을 것이라고 본다.

공장, 발전소, 유전에서 온실가스를 대량으로 뿜어내는 나라는 약 20개국에 달한다. 이런 나라들이 솔선수범하여 일을 적극적으로 추진한다면 나머지 세계도 뒤따르는 데 도움이 될 것이다. 현재 이 20개국 중에서 온실가스를 가장 많이 배출하는 나라는 미국과 중국이며, 양쪽의 경제는 매우 밀접하게 얽혀 있다. 인권, 무역 등 다양한 현안들에서 이견을 보이지만 두 나라가 협력해서 공동의 탄소 배출량 목표를 달성하고 저탄소 기술을 개발하는 데 앞장선다면, 지구의 운명을 바꾸는 데 대단히 중요한 역할을 할 것이다.

세계에서 두 번째로 인구가 많은 나라인 인도는 아직 전기 공급이 제대로 되지 않는 지역에 사는 사람이 수천만 명에 달하지만, 이미 세계에서 세 번째 온실가스 배출국이다. 남아시아, 아프리카, 라틴아메리카에는 아직 전기 없이 사는 사람이 약 8억 명에 달하며, 전력 공급이 오락가락하는 지역에 사는 이들도 수백만 명에 이른다. 이 문제의 해결은 유엔의 공식 목표가 되어왔는데, 이는 우리가 변곡점에 있음을 의미한다. 이런 가난한 나라들은 도덕적으로 정당하다고 주장하면서 서양 국가들이 취한 고탄소 배출 경로를 따라갈 수도 있다. 가난에서 벗어나기 위해 대량의 석탄과 석유를 태워 경제를 발전시키는 경로 말이다. 서양은 다른 경로로 발전할 방안을 찾아내는 일을 돕겠다고 약속해왔다. 에너지가 몹시 부족한 상황에서도 더러운 단계를 건너뛰고서 청정에너지가 풍족한 단계로 곧장 도약할 수 있도록 도와야 한다.

그 일을 해낼 방법은 부자 나라들이 먼저 세계가 필요로 하는 청정에너지 해법들의 규모를 키우는 것밖에 없다. 학습 곡선의 마법을 떠올려 보자. 신기술에서 중요한 것은 규모를 키우는 일이며, 그러려면 기술이 아직 미성숙한 단계에 있을 때 '비싸게 구매'할 필요가 있다. 부자 나라는 여력이 되겠지만 가난한 나라는 불가능하다. 우리가 그렇게 하는 쪽을 택한다면, 현재 아주 비싸 보이는 기술도 내일이면 저렴해질 것이다. 우리는 포드의 자동차 조립 라인에서 전자 제품에 이르기까지 모든 것에서 이 양상을 보아왔다. 전력 생산 쪽에서는 이미 그런 일이 일어나고 있다. 태양력과 풍력은 현지 여러 지역에서 가장 저렴한 새로운 에너지원이며, 이 효과는 세계의 가장 가난한 지역들에까지 흘러들고 있다. 인도는 석탄 화력 발전소 건설 계획을 줄이는 대신에 대규모 태양광 단지를 건설해왔다. 대규모 건설 사업을 통해 세계에서 가장 태양광 발전 단가가 낮은 지역도 나타났다. 또 인도는 LED 조명 혁명도 적극적으로 받아들였고, 백열전구 수십억 개를 시장에서 몰아냄으로써 전력망의 전력 수요 예상 증가율을 떨어뜨렸다.[6] 아프리카에서도 더 작은 규모로 청정 발전 혁명이 일어나고 있다. 현재 수백만 명이 작은 태양 전지판으로 충전하는 단순한 배터리가 달린 손전등을 이용해서 밤에 돌아다닌다.[7]

그러나 앞서 논의했듯이, 현재 일어나고 있는 혁신들로는 부족할 것이다. 철강과 시멘트 생산 같은 중공업에서는 변화가 시작되지도 않았다. 전기차는 점점 저렴해지고 있지만 아직 시장을 장악하지 못했다. 세계의 많은 지역에서는 아직 형편 없는 건축 기준이 적용되고 있다. 나쁜 도시 설계는 수십억 명이 살아가는 도시를 고탄소와 자동차에 의존하게 하는 건강하지 못한 곳으로 만들 위험이 있다.

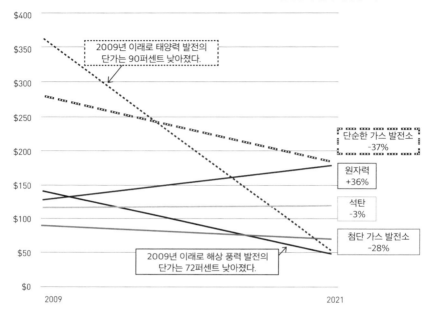

새 발전소의 발전 단가

발전 단가: 달러/메가와트시

- 2009년 이래로 태양력 발전의 단가는 90퍼센트 낮아졌다.
- 단순한 가스 발전소 -37%
- 원자력 +36%
- 석탄 -3%
- 첨단 가스 발전소 -28%
- 2009년 이래로 해상 풍력 발전의 단가는 72퍼센트 낮아졌다.

이 그래프는 기존 발전소와 비교해 재생에너지 발전소의 발전 단가가 지난 10년 동안 어떻게 변해왔는지를 보여준다.

기후 문제에 대처하는 미국의 목표는 삼중 의미를 지녀야 한다. 국내에서 기존의 더러운 에너지 경제를 청정화하고, 세계 어디에서든 곧 적절한 비용으로 이용할 수 있도록 출현하고 있는 청정 기술의 시장 규모를 확대하고, 스마트 설계를 통해서 다른 나라들이 본받을 사례를 제시하는 것이다. 많은 정치인과 경영자가 해왔던 것처럼 수십년 동안 달성하지 않아도 되는 배출 목표를 설정하는 것으로는 부족하다. 나중이 아닌 바로 지금, 국가는 탄소 배출량을 줄일 충격적이고 긴급한 정책을 시행해야 한다. 지금 당장 시작하지 않는다면 2050년까지 탄소 배출량을 0으로 줄이는 것은 불가능하다.

탄소 배출을 대폭 줄이겠다는 약속은 원대한 국가 계획이 되어야할 것이다. 우리는 미국이 행동한 전례가 있는 만큼 계획도 가능하다는 것을 알고 있다. 1930년대에 시골에 살던 미국인들은 거의 전기를 접하지 못했다. 농가에서는 여전히 양동이로 물을 길어 썼고, 밤에는 등유로 불을 밝혔다. 그러다가 대통령이 된 프랭클린 루스벨트는 모든 미국인에게 전기를 공급한다는 야심 찬 국가 계획을 시행했다. 이 업적은 대체로 10년 안에 이루어졌다. 농민들이 조직한 협동조합에 연방 정부가 대출을 해주는 방식을 통해서였다. 전기 기술자들이 전국으로 흩어져서 100만 곳의 농가에 전선을 깔았다.

1950년대에 미국은 다시금 더욱 큰 규모의 국가 계획에 착수했다. 제2차 세계대전 때 연합군 사령관이었던 드와이트 아이젠하워Dwight Eisenhower는 독일의 아우토반을 보고 감탄했고, 차량이 고속으로 달릴 수 있도록 쭉 뻗은 새 도로는 그의 눈에 아른거렸다. 대통령이 된 그는 미국 전역을 멈추지 않고 달릴 수 있는 총 길이 64,400킬로미터의 주간 고속도로 망을 건설하는 계획을 시행했다. 처음 5년 사이에 4분의 1을 완공했다. 앞서 우리는 고속도로가 어떻게 미국의 도시를 망치는 역할을 해왔는지 이야기했지만, 전국에 고속도로를 건설한 국가 사업이 정치와 공학의 위대한 성취라는 점은 결코 부정할 길이 없다.

안타깝게도 그 뒤로 반세기 동안 미국에서는 이런 규모의 사업이 진행된 적이 없다. 미국이 필요로 하는 속도와 규모로 기후 문제에 대처하려면 무엇이 필요할까?

어려운 선택

연방 정부가 대규모로 지원하는 자금이 청정에너지 열풍을 일으킬 열쇠라고 생각할지도 모르겠다. 조 바이든 대통령이 임기 초 대규모 지원 법안을 마련했을 때 전제된 것이기는 하나 돈은 해결책의 일부에 불과할 뿐, 의회가 배정한 막대한 연방 예산은 현명하게 사용되어야 한다. 과거에 되풀이되었듯, 소홀하게 관리되는 후한 연방 사업은 사기꾼들을 끌어들이는 자석과 같았다. 우리는 지원을 위한 새로운 계획이 필요하긴 하지만, 납세자의 돈을 보호할 수 있도록 세심하게 설계하고 엄격하게 관리해야 한다.

그러나 돈만 문제가 되는 것은 아니다. 와이오밍주의 풍력 단지 사업을 지체시킨 바로 그 법인 국가환경정책법은 오랫동안 주요 쟁점으로 인식되어 왔다. 조지 W. 부시, 버락 오바마, 도널드 트럼프 정부 모두 번잡한 관료주의 절차를 없애서 진행 속도를 높이려고 애썼지만, 어떤 대통령도 일방적으로 그 법을 개정할 권한을 갖고 있지는 않다. 이는 의회가 정말로 바로잡아야 할 문제다. 그렇다고 해서 환경 영향 평가의 강력한 기준을 완화하거나 폐지해야 한다고 보는 것도 아니다. 대신 우리는 영향 평가의 기간을 엄격하게 정하고 반대하는 측이 소송을 걸어올 수도 있는 기한을 줄임으로써, 모든 합당한 쟁점이 2~3년 안에 정리되도록 하면 어떨까 생각한다. 환경 영향 평가 속도를 높이는 법을 제정한 나라들이 있는 것을 참고한다면, 미국도 이런 유형의 개혁을 충분히 이뤄낼 수 있다.

연방 정부는 미국 땅의 약 28퍼센트를 소유하는데, 서부에 집중되어 있다. 그 결과 그 지역의 재생에너지 사업은 국가환경정책법과 충돌할 때가 많다. 동부는 덜하다. 남동부의 사유지에서는 상당한 규모의 태양광 단지 조성 사업이 빠르게 진행되곤 한다. 그러나 동부에서도 정부의 번잡한 절차와 법적 문제로 사업이 지체될 수 있다. 풍력 터빈이나 태양광 단지가 들어서는 것에 반대하고 주나 지역의 모든 계획 관련 법규를 들이대면서 물고 늘어지려는 이들도 있을 것이다. 북동부의 인구 밀도가 높은 땅에 풍력 단지를 조성하는 일은 극도로 어려워졌다. 이는 각 주가 대규모 해상 풍력 단지를 건설하는 쪽으로 관심을 돌리게 된 이유 중 하나다. 그러나 이런 해상 단지 조성 계획도 낚시나 보트 타기에 관심 있는 이들과의 이해관계를 조정해야만 가능하다.

여기에서 우리가 명확히 해두고 싶은 것이 있다. 미국에서 제안된 모든 재생에너지 계획이 진행되어야 한다는 말은 아니다. 여기엔 사막거북이나 검독수리 같은 보호종을 진정으로 위협하는 계획도 있다. 위치 선정이 잘못된 사업 계획이라면, 경관을 망치거나 문화유산의 가치를 떨어뜨리거나 중요한 생태 통로를 파괴하는 결과로 이어질 수 있다. 재생에너지 사업이 대체하려는 더러운 석탄이나 가스 발전소보다 깨끗하다는 것은 맞지만, 대체로 더 넓은 면적이 필요하기에 경관의 산업화가 이루어진다. 우리는 일부에서 그런 시설을 반대하는 이유를 이해하며, 그들의 말에도 귀를 기울일 필요가 있다. 하지만 현실적으로 우리는 국가 이익을 위해 많은 어려운 결정을 내려야 할 것이다. 가장 적합한 입지를 찾는 일도, 어디든 간에 조성해야 하는 일도 말이다.

다행히도 미국의 넓은 지역에서는 주민들이 재생에너지 개발을 환영해왔다. 주로 대평원 지대의 주들인데, 강풍 덕분에 풍력 터빈이 경제적으로 우위에 놓이는 지역들이다. 오클라호마주와 캔자스주의 일부 카운티에서는 현재 풍력 터빈에서 걷는 세금이 지방세의 상당한 비율을 차지하며, 그 세금은 지역 초등학생들의 교육에 보탬이 되고 있다. 노스캐롤라이나주의 카운티들도 대규모 태양광 단지로부터 세금이 들어오고 있다. 많은 자영농은 풍력 개발업자에게 받는 임대료 덕분에 경제 상황이 나아졌다. 풍력 터빈이 설치되어도 농민은 경작을 계속 이어갈 수 있다. 안타깝게도 풍력 발전이 활기를 띠는 주들 중 상당수는 미국에서 가장 인구가 적은 곳들에 속하므로, 생산된 전기를 대도시로 보내야 한다. 이 송전은 에너지 전환의 성공에 관여하는 핵심 문제 중 하나다. 전기를 보내려면 송전선이 필요한데, 여기에서 또 다른 골치 아픈 문제가 생긴다.

현재 미국에서는 장거리 송전선 건설이야말로 기반 시설 구축의 가장 어려운 측면일 수 있다. 새로운 송전선은 모든 단계에서 지독한 분쟁을 겪는다. 송전선이 보기 싫다는 점을 생각하면 당연히 주변 땅 주인들이 반대할 것이고, 좀 떨어진 곳에 사는 이들도 경관을 망친다면서 들고 일어설 수 있다. 주 정부도 반대한다. 특히 송전선이 지역에 별다른 혜택 없이 자기 지역을 단순히 통과만 해서 지나갈 때 더욱 그렇다. 송전선이 아무리 절실히 필요하다고 해도 이 모든 반대 때문에 건설이 좌절될 수도 있다. 주 사이의 전기 거래를 감독하는 연방 기관인 연방에너지규제위원회Federal Energy Regulatory Commission가 주의 편협한 태도를 무효로 하고 국가적으로 중요한 송전선 건설을 승인할 법적 권한까지는 지니고 있지 않다는 점도 이유다. 천연가스 수송관에는 권한을 갖고 있지만, 의회는 송전선에는 권한을 부여하지 않았다. 원칙적으로 대개 송유관을 땅에 묻듯이 송전선도 지중화할 수 있지만, 그러면 비용이 네 배까지 늘어날 수도 있기에 경제적으로 어렵다.

재생에너지로부터 얻는 전기의 비율을 절반 이상으로 높이려면, 미국은 전국에 걸쳐 새로운 고용량 송전선망을 건설해야 할 가능성이 높다. 중국은 이런 송전선로를 수천 킬로미터에 걸쳐서 건설하고 있다. 그에 비하면 미국은 미미한 수준이다. 민간 개발업자들이 그 원대한 계획을 실현하려고 시도해왔지만, 몇몇 기업은 정치적 분쟁에 휩싸이는 바람에 이미 실패했다.[8] 여기에서도 의회만이 이 문제를 해결할 가능성이 높다. 전력망의 현대화를 국가 과제의 최우선 순위로 올리고 일을 진행하도록 연방 기관에 법적으로 권한을 부여해야 한다. 2021년 의회를 통과한 한 조항이 그 일을 달성하는 데 도움이 될 수도 있지만, 예산안에 끼워 맞춰진 것인 만큼 우리는 궁극적으로 더욱 폭넓은 법이 필요하지 않을까 생각한다. 완강하게 반대하는 주도 저렴한 전기료 등 일부 혜택을 제공하겠다고 약속한다면 새로운 송전선로 건설을 지지하는 쪽으로 회유할 수 있을 것이다. 바람이 늘 부는 미국 중부 주들을 대변하는 상원의원들은 이런 거래를 추진하는 데 앞장서야 한다. 풍력 발전을 하고 생산된 전기를 해안 도시로 보내는 사업은 일자리 창출과 함께 개발이 절실한 농촌 지역에 수천억 달러를 투입하도록 할 것이다.

의회가 할 수 있는 가장 중요한 일은 금세기 중반까지 온실가스 순 배출량을 0으로 줄인다는 국가 목표인 '넷 제로net zero'를 명시하는 것이다. '순 배출 0'은 항공기나 시멘트 제조 같은 일부 산업 영역에서는 여전히 탄소 배출이 이루어질 여지가 있지만, 해당 산업의 배출량이 이산화탄소를 재흡수하는 다른 사업이나 땅의 흡수를 통해 완전히 상쇄된다는 의미다. 그러나 2050년의 탄소 배출 허용량은 극도로 작아야 할 것이다. 실질적으로 순 배출 0이라는 목표는 발전소와 공장 같은 주요 배출원이 탄소 배출을 완전히 없앨 방법을 알아내야 한다는 의미와 일맥상통이다.

의회는 전기 발전 분야에 국가 청정 전기 기준을 설정해야 한다. 즉, 2035~2040년까지 전기 발전 계통에서의 탄소 배출이 0에 다다르도록 시간이 흐름에 따라 배출 기준을 점차 강화해야 한다. 국가 전력의 약 40퍼센트는 이미 댐, 원자력 발전소, 풍력 및 태양광 단지 등 저배출원에서 나오고 있다. 나머지를 공급하는 석탄과 가스 발전소는 대체되어야 한다. 앞으로 10년 동안 우리가 해야 할 주된 과제는 풍력 및 태양광 단지 같은 재생에너지 발전소를 많이 짓는 것이다. 건설 속도를 지금보다 다섯 배 더 높이라는 요구는 정치적으로 부담되는 것이 사실이다. 그러나 물리적으로도 경제적으로도 국가가 충분히 감당할 수 있는 수준이라고 본다.

행동 요구

2020년 조 바이든의 대통령 선출은 미국 기후 논쟁에서 하나의 이정표가 되었다. 미국 역사상 처음으로 대통령 선거에서 기후 위기 논의가 활발하게 이루어졌고, 당선자는 앞으로 어떻게 하겠다는 상세한 계획까지 제시했다. 기후 변화가 상당수의 미국 대중에게 투표 시 고려할 문제가 되었음을 알리는 고무적인 발전이다. 그러나 바이든은 곧 자신의 계획을 의회에서 통과시키고자 할 때 정치적 어려움에 직면했다. 이 책이 인쇄에 들어간 현재 통과되고 있는 법안들은 바이든이 선거 때 약속한 것보다 그 규모가 상당히 축소되었다. 물론 우리는 바이든이 기후 변화 문제에서 가능한 한 많은 성과를 올리기를 바란다. 그러나 우리 모두가 이루어내야 할 일은 연방 법안 하나 또는 몇 개를 통과시키는 데서 해결되는 것도, 한두 번의 대통령 임기 내에 끝나는 것도 아니다. 그리고 연방 정부가 더러운 에너지에 관한 문제를 풀 수 있도록 의회가 전폭적인 힘을 실어준다면 엄청난 도움이 되겠지만, 세부 작업의 상당수는 워싱턴에서 멀리 떨어진 각 지방 정부의 정책과 의회가 해내야 한다.

기후 위기를 다루는 우리에게 필요한 전략은 두 갈래로 뻗어나간다. 이미 확보한 탄소 저배출 기술을 최대한 적극적으로 보급하고, 가능한 모든 곳에서 가능한 한 빨리 기존 배출 방식을 대체하고, 아직 저배출 해결책을 찾아내지 못한 모든 경제 부문 혁신을 촉진하는 것이다. 이렇게 기본 틀을 짜는 일이 쉬운 양 들릴지도 모르겠다. 하지만 현실은 물론 다르다. 화석 연료 산업과 근시안적인 이념을 고수하는 이들의 저항, 정치와 경제에 만연한 타성은 이 전략의 양쪽 측면 모두에 지장을 주어왔다.

양쪽 전선에서 일을 더 빨리 진행하려면 어떻게 해야 할까? 우리는 많은 사람이 미국 정치의 기능 장애에 진저리를 내고 있다는 것을 잘 알지만 달리 방법이 없다. 답은 정치가 기후 변화에 더 효과적으로 대응하는 데 달려 있다. 과열되는 지구에서 자신들의 미래를 담보하기 위해 전 세계에서 거리 행진을 하는 사람들, 특히 젊은 사람들을 보고 있으면 울컥한다. 이제 우리는 특정한 목표에 정치력을 집중하면서, 요구 사항을 더욱 구체적으로 제시하는 운동을 펼쳐야 한다고 생각한다. 행동하라는 요구는 가장 나은 결과를 가져올 구체적인 정책 변화를 이끌어낼 곳으로 향해야 한다. 이 점은 아무리 강조해도 지나치지 않다. 탄소 배출량이 가장 많은 경제 부문에서 변화를 이끌어낼 구체적인 결정을 내리도록 하는 데 정치력을 집중해야 한다.

여덟 장에 걸쳐 우리는 우리의 정치와 경제가 작동하는 양상을 결정하는 숨겨진 레버 여러 개를 보여주었다. 대부분은 정부의 통제를 받는 것들이었다. 이는 시민의 대변자로 선출된 이들에게 해당 문제에 관심을 가지라고 우리 모두가 촉구해야 한다는 의미이기도 했다. 중앙 정부뿐만 아니라 지방 정부의 정치인들까지 모두 포함한다. 애매한 선거 구호는 구체적인 계획과 확고한 추진 일정을 담으라는 시민들의 요구에 따라 바뀌어야 한다.

이제 경제의 각 부문에서 우리가 취해야 할 조치들 중 몇 가지를 다시 살펴보자. 이번에는 바로 정치적 영향력이라는 새로운 안경을 끼고 바라보자. 어떤 문제가 있을 때, 시 수준에서의 시민 행동은 그 문제를 해결하는 데 어떤 기여를 할 수 있을까? 카운티 수준과 주 수준에서 할 수 있는 일은 무엇일까? 연방 정부는 어떤 역할을 해야 할까? 만약 연방 정부가 거부한다면, 주나 시는 우회할 다른 방법을 찾을 수 있을까?

우리 앞에 가장 가까이 놓여 있는, 영향력을 발휘할 기회는 전력망의 청정화 쪽에 있다. 여기에는 풍력 터빈, 태양 전지판, 거대 배터리, 전력 부하의 디지털 관리라는 기존의 네 가지 기술을 훨씬 더 큰 규모로 확대하는 일이 포함된다. 또 노화하는 원자력 발전소를 **안전하게** 가동할 수 있는 한 계속 가동하는 것도 포함된다. 앞으로 10년이나 20년 동안 우리는 천연가스를 때는 기존 발전소 중 상당수를 계속 존속시킬 필요가 있지만, 재생에너지 발전소의 발전량이 늘어남에 따라 가스 발전소는 점점 덜 가동될 것이다. 또 가스 발전스와 가스 수송관을 신설하는 일은 당장 그만두어야 한다. 이미 미국 전력망의 약 40퍼센트가 깨끗해진 상태라는 점을 명심하자. 기존의 재생에너지 기술은 합리적인 비용으로 이 비율을 70퍼센트나 80퍼센트까지 올릴 수 있을 것이다. 그리고 그 수준에 다다를 즈음이면, 남은 부분까지 청정화할 수 있는 많은 방법이 창안되었을 것이라고 본다.

이런 기술을 얼마나 빨리 채택하는지는 대체로 주 정부에 달려 있다. 이를 제어하는 레버는 주로 제2장에서 논의한 기관들, 즉 공공 시설이나 공공 서비스를 관리하는 위원회가 쥐고 있다. 이런 기관은 해당 주의 모든 주요 공공 기반 시설의 사업 계획에 관한 청문회를 정기적으로 연다. 주민도 이런 청문회에 참석하여 발언할 수 있지만 많은 주에서 마련하는 이런 자리에 참석하는 주민이 사실상 없다. 창피한 일이 아닐 수 없다. 위원회 위원들은 시민이 마이크를 들고 발언하면 주의 깊게 듣겠다는 태도를 보이기 때문이다. 더 나은 기후 미래를 위해 싸우는 사람이라면 누구나 공공 기반 시설 문제를 다루는 기존 환경단체들과 협력해서 중요한 결정이 내려지는 모든 자리에 나서서 의사 표현을 해야 한다. 이런 위원회는 공공 기반 시설 사업자들이 청정에너지 관련 비용을 기존 화석 연료 시설을 운영하거나 신설하는 비용과 비교하도록 해야 한다. 다행히도 청정에너지가 전력 수요를 충족시키는 가장 저렴한 방법이 됨에 따라서 이 일은 점점 수월하게 진행되고 있다.

위원회는 주 의회로부터 기본 운영 지침을 받으며, 이는 청정에너지 계획도 주 의회 선거 투표 시 고려해야 하는 사항이 될 필요가 있다는 뜻이다. 자신이 거주하는 주가 2050년까지 에너지 경제를 청정화할 목표를 설정하지 않았다면, 편지나 전화로 그 목표를 정하라고 의원들에게 요구하자.

우리는 재생에너지의 비율을 훨씬 더 빨리 높일 수 있긴 하지만, 발전 부문의 탄소 배출량을 0으로 줄이는 이행 과정을 완결하려면 아마 현재 존재하지 않는 새로운 동력원도 필요할 것이다. 그런 기술들은 2040년대에 쏟아질 가능성이 가장 높다. 여기에는 지열 발전소(더 깊이 시추하는 새로운 방법이 완성된다면 어디에든 건설될 수도 있다)와 현재 가동되는 것보다 더 저렴하고 안전하면서 빨리 지을 수 있는 새로운 유형의 원자력 발전소도 포함될 가능성이 있다. 이산화탄소를 포획해서 지하에 저장하는 발전소도 건설될 가능성이 있다. 청정에너지로 수소를 생산해서 저장했다가 필요할 때 태우고 다시 전기를 생산하는 흥분되는 방안도 상용화될 가능성이 있다. 이런 대안들 중에 현재 경제성이 있는 것은 없지만, 진지하게 연구 개발이 계속되면 일부는 경제성을 갖추게 될 것이다. 이런 혁신 과제에 예산을 지원하는 일은 대체로 연방 정부의 관할이며, 연방 의회가 2021년에 채택한 조치들은 그 출발점 역할을 한다. 그러나 주도 실무적인 차원에서 도와야 한다. 특히 지열 발전에 적합할 만한 지점을 파악해야 하고, 이산화탄소를 지하에 저장할 수 있는 곳을 찾아내는 지질 조사도 시작해야 한다.

재생에너지를 우리에게 필요한 규모로 확대하려면 많은 땅이 필요할 것이므로, 우리는 환경 친화적인 구획 개발 계획을 짜기 시작해야 한다. 주지사는 발전에 적합한 지역과 부적합한 지역을 나누어서 용도 지정을 목표로 한, 주 차원의 꼼꼼한 계획 및 검토 사업을 시작함으로써 도움을 줄 수 있다. 지역 사회에 일찍부터 접촉해서 학교를 비롯한 지역 서비스에 쓸 세수를 확보할 수 있다는 점을 강조할 필요도 있다. 화석 연료 발전소가 문을 닫음에 따라서 일자리 감소와 세수 감소를 겪게 될 소도시는 특별한 도움이 필요할 것이며, 새로운 재생에너지를 개발할 때 최우선 지역으로 고려되어야 한다. 우리는 연방 의회가 화석 연료에 의존하던 지역 사회에 국가 차원의 보상안을 마련해주어야 한다고 보지만, 그 전까지 주지사와 주 의회 차원에서 이런 지역을 위해 할 수 있는 일이 많이 있다.

깨끗한 미래를 향해 더 빨리 나아가려면 전력 계통을 청정화하는 일이 가장 시급한 정치적 목표지만 이것만이 방법은 아니다. 제3장에서 개괄했듯이 지역 건축 법규는 신축 주택과 사무실 건물이 기후 부채climate liability와 기후 자산climate asset 중 무엇인지를 결정하는 중요한 요소다. 건축 법규를 주 차원에서 정하는 곳들도 있으며, 그런 지역에서는 그 법규를 강화하는 것이 주 차원에서의 정치적 목표가 되어야 한다. 하지만 그렇지 않은 주도 많다. 대개 시나 카운티가 자체적으로 어떤 규정을 적용할지를 결정한다. 바로 여기에 우리가 영향을 미칠 엄청난 기회가 있다는 점은 아무리 강조해도 지나치지 않다. 지역 내 건축 규정을 갱신해야 한다면, 열정과 지식으로 무장한 시민들은 관련 안건을 논의하는 시나 카운티 의회의 회의장에 여러 차례 찾아가서 의견을 관철시킬 필요도 있다. 물론 지역 건축업자들은 반발할 것이다. 많은 건축업자는 집주인에게 1달러를 더 들이면 장기적으로 50달러를 아낄 수 있다는 점을 설득하라는 모든 요구에 반대한다. 그러나 일부 '녹색 건축업자'는 시민단체와 연대하여 중요한 목소리를 내왔다. 시민들은 국제건축규정위원회International Codes Council의 최신 예시 규정에 들어맞도록 지역 건축 법규를 갱신하라고 요구하는 것을 최소한의 목표로 삼아야 한다. 그러나 여러분이 거주하는 지역의 시 당국이 미래에 좀 더 관심을 갖게 하고자 한다면, 더 엄격한 기준을 제시하는 '도달 기준'이나 '연장 규정'을 채택하라고 요구하자.

제3장에서 건물의 천연가스 이용을 더 일찍 중단시켜야 한다고 말한 바 있다. 지역의 건축 규정 개정이 바로 중요한 기회를 제공할 수도 있다. 설령 규정이 가스를 명시적으로 금지하지 않는다고 해도 건물에 가스관을 설치하는 대신 전기만 이용하도록 장려하는 방식으로 조항을 짤 수도 있다. 가스 회사가 신축 주택에 가스 기기를 설치하도록 부동산 개발업체에 지원하는 돈을 추적하는 것도 정치적 목표가 된다. 이런 사실상 합법적인 뇌물은 가스 이용을 수십 년 동안 지속시킨다는 것을 의미한다. 이와 같은 계획은 대개 주의 공공시설위원회가 맡는다. 가스 연결의 중단은 부동산 개발업체로서는 전기만을 쓰는 건축물을 짓는 쪽이 경제적으로도 유리해질 것이다.

기존 건물의 에너지 사용에 초점을 맞추는 것 역시 정치적으로 까다롭긴 해도 목표로 삼아야 한다. 에너지 낭비 면에서 봤을 때, 수십 년 된 건물은 20년쯤 된 건물보다 훨씬 더 큰 문제를 안고 있다. 제3장에서 우리는 소방 법규를 역사적 선례이자 모델로 삼아서 논의했다. 즉, 시 당국은 건물을 지을 때 소방 규정을 적용할 뿐만 아니라, 큰 건물일수록 규정이 잘 지켜지는지 정기적으로 점검도 해야 한다. 미국의 모든 시 당국은 에너지 낭비도 방치된 화재 위험 못지않게 큰 문제라고 볼 수 있도록 태도를 바꿀 필요가 있다.

먼저 시 당국은 단순히 건물의 에너지 사용 내역을 작성해서 시에 제출하도록 해야 한다. 상업용과 산업용 건물의 자료를 공개한다. 이 법규가 제정된 지 2년이 지난 시점부터는 점점 기준을 강화해야 한다. 시 당국은 연간 5퍼센트씩 건물의 에너지 사용량을 줄이도록 요구하고, 그 목표를 달성하지 못한 건물주에게는 과태료를 물려야 한다. 이 제안이 과격하게 들릴지도 모르지만, 뉴욕과 워싱턴을 비롯한 몇몇 도시는 이미 시행 중이다. 이 추세를 전국으로 확대해야 한다. 많은 시 당국은 이 법규를 주택이나 작은 아파트에는 적용하는 것을 꺼릴 수 있으므로, 먼저 큰 건물부터 적용하면서 문제점을 파악한 뒤 확대하는 편이 합리적일 수 있다. 이 정책의 효과는 전국에 널리 퍼져 있는 냉난방 시스템의 엉성한 설계 및 작동과 맞서 싸우는 일이 될 것이다. 해마다 기준이 점점 엄격해지는 만큼 건물주는 시스템을 정비할 수밖에 없다.

전국의 많은 지역에서 새로 집을 구하려는 이들은 사려는 집의 에너지 사용량에는 그다지 주의를 기울이지 않는다. 어느 정도는 이해할 수 있다. 소수의 지역을 제외하고, 부동산 중개인들은 집을 사려는 이들에게 공과금 내역을 공개하도록 하자는 모든 제안에 맞서 싸워왔다. 미친 짓이다! 모든 시 당국은 모든 부동산 매물을 등록하거나 매매 계약을 진행할 때 공과금 내역도 공개하도록 하는 법규를 채택해야 한다. 연방 의회가 국가 기준으로 이 문제를 다루는 것이 이상적이겠지만, 의회가 나서기 전까지는 주와 지방 정부가 나서서 해야 한다. 미국에는 단열재를 보강하고, 우레탄 폼으로 공기가 새는 틈새를 막고, 설비를 정비하는 등 개보수를 해야 할 건물이 수백만 채에 달한다. 그런 개보수에 보조금이나 세금 혜택을 주는 국가 차원의 사업을 한다면 이상적일 것이다. 연방 의회는 2021년에 통과시킨 기반 시설 법안에서 약 50억 달러를 배정했지만 훨씬 더 많은 지원이 필요하며, 주 정부도 이 문제에 적극적으로 나설 필요가 있다.

전기와 가스 사업자는 이미 신형 설비를 설치하는 고객에게 보조금을 주고 있다. 그런 사업은 더욱 확대되고 엄격해져야 한다. 예를 들어, 효율 등급이 가장 높은 설비를 설치하는 고객에게만 보조금을 지급하도록 해야 한다. 이는 일반적으로 열펌프가 전력망에서 오는 신호에 반응할 수 있음을 의미한다. 가스 기기는 보조금을 받을 수 없도록 해야 한다. 사실 가스 기기와 비효율적인 전자제품은 세금을 더 높게 매겨야 한다. 그렇게 거둔 세금은 더 효율적인 제품의 판매가를 떨어뜨리는 데 쓰여야 한다. 이런 일은 아마도 주 차원에서 해야겠지만, 지방 정부도 창의력을 발휘해서 열펌프가 빠른 시일 내에 시장에서 표준이 될 방법을 찾아야 한다.

제4장에서 말했듯이 캘리포니아주, 매사추세츠주, 뉴욕주는 유럽의 몇몇 나라가 세운 목표를 참고해서 2035년 이후로 휘발유차의 판매를 금지한다는 목표를 발표했다. 다른 주들도 이런 사례를 본받을 필요가 있다. 그런 한편으로 주와 시는 더욱 많은 전기차가 도로를 달릴 수 있도록 충전소를 설치하는 일에도 힘써야 한다. 지역 발전사에 그 일을 시키고서 고객에게 요금을 받도록 하는 방법도 있다. 콜로라

도주는 2019년에 이 방식을 채택했다. 자동차 제조사가 전기차 생산에 나서고 있는 이유 중 하나는 15개 주에서 탄소 배출량의 법적 기준을 점점 더 엄격하게 하고 있어서다. 자신의 주가 이 연대에 동참하지 않았다면, 주 의원들에게 동참하도록 요구하는 것은 좋은 정치적 목표가 된다. 시나 카운티 수준에서는 시 당국과 교육청도 휘발유차와 디젤 버스를 구입하는 대신 가능한 한 빨리 전기차로 교체해야 한다.

제5장에서 말한 새로운 도시주의 의제도 시민 행동을 요구한다. 코로나바이러스 감염증의 대유행은 우리에게 중요한 교훈을 안겨주었다. 사람들이 전적으로 자동차 전용 도로가 아닌 거리를 선호한다는 사실이다. 식당은 주차 공간까지 영업장을 확대했고, 그러자 SUV 운전자 한 명 대신 수십 명이 그 공간을 이용하게 되었다. 아이들은 쌈지 공원에서 신나게 에너지를 불태울 수 있었고, 부모들도 함께 어울릴 수 있었다. 자전거를 타는 이들도 전용 도로가 생기자 훨씬 안전하다고 느꼈다. 농산물 직거래 장터도 생기고, 작은 도서관도 생기고, 자전거 주차장도 생기면서 더 조용하고 훨씬 인간적인 거리의 삶이 돌아왔다. 우리는 도시의 공공 공간이 단지 한 가지 목적이 아니라 여러 목적에 쓰여야 한다고 주장해야 한다. 또 시민들은 혼잡 통행료를 걷는 것에도 찬성한다고 말해야 한다.

미국의 대중교통 체계를 개선하는 데도 새로운 투자를 해야 한다. 2021년 연방 의회는 코로나바이러스 감염증으로 극심한 경제적 손실을 입은 대중교통 체계를 구하기 위해서 예산을 배정했지만, 이 체계를 개선하려면 더욱 많은 투자가 필요하다. 바이든 대통령은 구상한 대로 추진하고 있지만, 연방 정부가 제대로 해내지 못한다면 주와 시, 카운티가 이 문제에 대처해야 한다. 0.5센트의 판매세나 기타 지방세 항목을 신설해서 거둔 돈을 대중교통 체계 구축에 쓰는 것도 한 방법일 수 있다. 로스앤젤레스를 비롯한 몇몇 도시는 이미 그렇게 하고 있으며, 그렇게 거둔 세금으로 채권을 발행해서 수백억 달러의 사업을 진행할 예정이다. 그러나 시와 시민은 반들거리는 새 열차나 전차가 과연 이 돈을 쓰는 최선의 방법인지를 진지하게 고민할 필요가 있다. 여러 지역에서는 앞서 말한 간선 급행 버스 시스템이라는 첨단 기술 버스 체계가 새 예산을 쓰는 더 나은 방법일 수 있다. 새로운 교통세 같은 방안들이 고려 중이거나 투표에 부쳐질 때, 기후 유권자들은 힘을 모아서 지지를 보내야 한다.

아마 도시가 다루어야 할 가장 힘든 문제는 단독 주택 지역을 대폭 줄이거나 아예 없애는 일일 것이다. 단독 주택 구획을 지정하는 관행은 미국에서 도시가 외곽으로 무분별하게 뻗어나가도록 만드는 데 큰 역할을 했고, 그 결과 주요 이동 수단이 자가용이 되면서 탄소 배출량이 크게 늘어났다. 자가용 이용을 제한하거나 없애는 도시 생활은 도시 밀도를 높이는 것이 불법인 지역에서는 아예 불가능하다. 용도 구획 규정을 개정하여 서서히 단독 주택들에 '별채'를 붙이거나, 두 가구나 세 가구 주택 또는 소형 아파트로 대체되면서 '채움infill' 개발이 가능하도록 하는 것이 해답 중 하나다. 이 조치는 오늘날 많은 주요 도시의 골칫거리인 고삐 풀린 주택 가격 상승을 억제하는 데도 중요하다.

중공업의 진정한 탈탄소화는 아직 멀었다. 가장 중요한 기술적 해결책이 무엇이 될지조차 아직 불분명하다. 그러나 몇 가지 가능성이 엿보이기 시작했으며, 제7장에서 논의했다시피 이 지점에서 바로 녹색시민의 또 다른 정치적 목표들이 나타난다. 현재 가장 중요한 활동은 시장에 신호를 보내는 것이다. 어떤 기업이 탄소 고배출 산업 생산물의 저배출 대체품을 개발한다면, 그 기업은 구매자를 찾아야 한다. 캘리포니아주를 비롯한 몇몇 주가 최근 채택한 청정 제품 구매 정책이 바로 그런 상황에 적용된다. 본질적으로 주는 자체 구매력을 써서 시장을 더 깨끗한 제품 쪽으로 끌어당긴다. 이런 녹색 산업 제품이 학습 곡선에 올라타도록 하는 것이 목표다. 즉, 시간이 흐를수록 점점 싸져서 이윽고 시장을 정복하도록 만드는 것이다. 연방 정부는 캘리포니아주의 사례를 따르기로 결정했다. 뒤따르는 주가 늘어날수록 진행도 빨라질 것이다.

땅과의 관계를 바로잡는 일을 돕기 위해서 시민은 지갑으로 투표할 수도 있다. 제6장에서 말했듯이 우리는 육식을 하는 사람들에게 식단에서 고기를 줄이고 새로운 육류 대체품을 먹어보라고 권한다. 자신이나 회사가 쓸 목재나 종이 제품을 사고자 한다면 열대림 파괴를 막기 위해 애쓰는 신뢰할 수 있는 단체인 삼림관리협의회Forest Stewardship Council의 인증을 받은 제품을 찾자. 연방 정부는 국경에서 불법적으로 베어낸 목재의 밀수를 막기 위해서 더 강한 조치를 취해야겠지만, 우리는 주 정부도 나서라고 압력을 가할 필요가 있다. 우리는 특히 열대성 경질 목재의 판매를 중단시키는 데 초점을 맞추어서, 몇몇 주가 자기 주에서 판매되는 목재에 유전자 검사를 하는 시범 사업을 시행했으면 한다.

이 불완전한 목록이 보여주듯이 시민이 기후 문제에 관여할 정치적 기회는 많으며, 그중 일부는 가까운 시청에서 찾아볼 수 있다. 물론 어느 한 사람이 이 목록에 실린 일들에 다 나선다고 기대할 수는 없다. 직업으로 삼지 않는 한 말이다. 그러나 우리는 모든 녹색시민이 기여할 힘을 갖고 있다고 믿는다. 투표를 통해서도 할 수 있고, 편지를 보내거나 전화를 걸어서도, 청문회에서 의견을 표명해서도, 자신의 거주 지역에서 하겠다고 제안된 재생에너지 사업 계획에 반대가 아닌 찬성을 표함으로써도 행동으로 나설 수 있다.

그러나 설령 여러분이 이 모든 일에 기꺼이 참여할 의지를 보인다고 해도, 한 가지 중요한 의문이 들기 마련이다. 이 일이 장기적인 투쟁이 되리라는 것을, 우리 중 상당수가 살아서는 보지 못할 먼 미래의 목표를 향해 일한다는 사실을 알고 있다면, 어떻게 해야 투쟁 의지를 계속 유지해나갈 수 있을까?

세상을 개선하기 위해서

포토맥강 상류의 강변에서 멀지 않은 웨스트버지니아주의 매혹적인 소도시 셰퍼즈타운에는 멋진 장로교회가 서 있다. 1836년 평원 위에 붉은 벽돌로 우아한 공회당 양식으로 지어진 이 교회는 세월이 흐르는 동안 웨스트버지니아주에서 가장 미래를 잘 내다보는 곳 중 하나로 변신해왔다. 지역 무슬림들과도 친목을 다지고, 도시의 다른 교회들과도 화합하고, 동성애자도 환영하는 곳이 되었다. 교인들은 자신이 지구에 찍는 탄소 발자국과 그 무게를 어떻게 하면 줄일지 고심하고 있다.

헤이즐이라는 예쁜 딸을 키우는 네이선 히트Nathan Hitt와 메리 앤 히트Mary Anne Hitt 부부도 교인이다. 이들은 환경 분야에서 영향력 있는 부부다. 댄이라는 별명으로 통하는 남편은 미국 정부의 한 연구소에서 일하는 어류생물학자다. 아내는 오랫동안 시에라클럽에서 전국적인 환경운동을 펼쳤고, 최근에 기후명령Climate Imperative이라는 새로운 재단에 합류하기도 했다.[9]

히트 부부가 그 도시로 이사한 후 장로교회에 나갈 즈음, 그곳에는 이미 한 가지 생각이 논의되고 있었다. 이 오래된 건물은 역사적 유산이지만, 최근에 지어진 별관이 있었다. 그곳 지붕을 태양 전지판으로 덮으면 어떨까? 히트 부부가 교회를 도와서 그 일을 해내기까지는 말도 많고 우여곡절이 많았지만, 2014년 마침내 일이 마무리되자 교회는 지역 언론의 주목을 받았다. 웨스트버지니아주에 한 세기 동안 열망해온 지역 사회를 위한 가장 큰 규모의 태양 전지판 설치 계획이 실현되었다는 소식에 열광한 군중들이 모여들었고, 목사 랜디 트렘바Randy Tremba는 교인들의 기분을 이렇게 전달했다.

"지구와 그 놀라운 생명의 그물은 결코 우리가 만들어낸 것이 아닙니다. 우리는 그것이 선물임을 압니다. 아니 알아야 합니다. 그것을 찬양하고, 그 경이를 사진으로 남기고, 지극히 감사하고 존경하는 마음으로 대하는 것이 바로 우리의 일입니다. 그것은 신성합니다. 우리는 걸음걸음마다 성지를 딛는 겁니다."

네이선 히트는 언론사와의 인터뷰에서 알고 있는 사실 자체는 물론이고 더 폭넓은 주장을 내세웠다. 그는 기후 위기에 관한 국가 차원의 논의가 종종 너무 임상적으로만 들린다고 봤다. 즉, 사실상 무언가가 빠져 있다는 것이다. 냉정한 과학적 사실만으로는 사람들의 행동을 자극하는 데 부족하다고 본 것이다. 사실이 너무나 섬뜩한 나머지 무력감을 느끼게 만들 수 있었다.

그는 한 인터뷰에서 이렇게 말하기도 했다. "과학은 아주 중요하지만 그것만으로는 부족해요. 과학은 나침반과 비슷합니다. 어디가 북쪽인지 알려줄 수는 있어도 우리가 북쪽으로 가고 싶은지 여부까지는 알려주지 못해요. 바로 우리의 도덕성이 개입하는 지점이 여기죠."[10]

미국의 많은 복음주의 교회가 보수적인 성향을 지니고 있지만, 미국의 기독교는 환경운동의 한 갈래를 낳았고, 이 운동은 '창조 돌봄creation care'이라는 이름 아래 펼쳐지곤 한다. 수천 곳의 교회가 환경 청지기가 되기 위한 사업을 시작했거나 준비하고 있으며, 태양 전지판을 설치하거나 교인들에게 에너지 보존 방법을 알려주는 곳도 수백 곳에 달한다. 히트 부부가 자기 집 지붕에 태양 전지판을 설치하자, 동네 주민 여섯 명도 그 뒤를 따랐다. 이 계획은 이윽고 셰퍼즈타운 너머까지 확장되었다. 첫 단추를 끊은 것은 솔라홀러Solar Holler라는 신생 기업이었다. 이 회사는 이윽고 애팔래치아 지역의 주요 태양광 개발업자가 되었고, 웨스트버지니아주의 노동조합 수십 곳에 일자리를 제공했다.

웨스트버지니아주에서 그 일이 일어난 지 1년 뒤, 기후 위기가 가장 심각한 양상을 보이던 한 시기에 프란체스코 교황은 그 위협에 직접적으로 대응하는 강력한 회칙을 발표했다. 가톨릭 교회가 처음으로 보인 행동이었다. 교황은 "하느님이 지구에 부여한 것들을 우리가 마구 사용하고 남용함으로써 지구에 해를 입혔고, 지구가 우리를 향해 소리치고 있는 것이다"라고 선언했다."

인류의 각 세대가 미래 세대의 이익을 돌볼 의무를 지닌다는 개념은 오래된 정서이며, 이는 세계 많은 종교에도 담겨 있다. 굳이 신자가 아니더라도 공감할 수 있다. 우리는 경제학자들이 최악의 기후 위기를 피하기 위해 몇 달러를 더 지불할 가치가 있는지 없는지를 놓고 열띤 논쟁을 펼치는 모습을 보고 있을 때면 짜증이 치솟기도 한다. 어느 유형의 발전소가 더 나은지를 놓고 공학자들이 목소리를 높여 언쟁하는 모습을 보고 있자면 고개를 절래절래 저을 수도 있다. 이런 논쟁이 무의미하다는 의미가 아니라, 요점을 놓치고 있다는 말이다. 기후 변화는 단지 물리적 비상사태가 아니다. **도덕적** 비상사태다.

원래 땅에서 석탄, 석유, 가스를 캐던 사람들은 어떤 결과가 빚어질지 이해하지 못했다. 20세기 중반에 이런 연료의 사용량이 급증할 때도, 1950년대에 대기에 이산화탄소가 증가한다는 사실이 처음 측정되었을 때도 여전히 알지 못했다. 그러나 **지금 우리 모두는 안다.** 과학자들은 우리가 어떤 위험을 일으키고 있는지 명확히 경고해왔다.

에덴 동산의 아담과 이브처럼 우리는 금지된 과일을 따먹고 있었다. 우리는 지식의 저주를 받았다.

이런 연료를 포기하지 못하고 계속 사용한다는 것, 즉 멀어지려고 최선을 다하지 않는다는 것은 미래 세대에게 해결할 방법이 아예 없을지도 모를 문제를 안겨주는 것이나 다름없다. 오늘 태어난 아이들은 그 최악의 결과를 맞닥뜨린 채로 살아가야 할지도 모른다. 우리는 끓어오르는 열기와 솟아오르는 바닷물을 피해 달아나는 난민 수억 명이 발생하는 갈등과 혼란의 세계로 그들을 내몰게 될 것이다. 우리는 세계의 대도시들을 물에 잠기게 하고 있는지도 모른다. 인류의 문화유산 상당수를 위험에 빠뜨리고 있다. 우리에게는 미래 세대가 쓸 행성을 망칠 권리가 전혀 없다. 우리에게 환경 정화가 그저 현명하거나 합리적이라는 의미에서의 행동 촉구가 아니라 의무임을 말하는 것이다.

특히 한 종교는 우리 앞에 놓인 길을 생각하는 데 도움이 되는 기본 틀을 제시하고 있다. 유대 전통에는 히브리어로 **티쿤 올람**tikkun olam이라는 일종의 의무감이 깊이 뿌리를 내리고 있다. 바로 세상을 개선할 의무로, 유대인들에게 자기 자신만이 아니라 더 넓게 사회를 돌보라는 의무를 부여한 것이다. 그들은 이 티쿤 올람을 추구하기 위해서 어느 세대든 간에 자선과 선행을 베풀어왔다. 1960년대에 젊은 유대인들이 인종 차별이 심한 남부에서 인권 투쟁을 하는 미국 흑인들을 지지하기 위해 위험을 무릅쓰고서 행진에 나선 것도 바로 이 의무감이 적잖은 역할을 했다. 그들 중 일부는 영원히 집에 돌아오지 못했다. 윤리적 가르침을 담은 책《탈무드》에는 미래를 생각하는 우리의 가슴에 직접 와닿는 말이 있다. 현자인 랍비 타르폰Rabbi Tarfon의 말을 인용한 구절이다. "세상을 완성하는 일을 끝내는 것은 당신의 책임이 아니지만, 그 시도를 포기해서는 안 된다."

최근 우리가 매우 존중하는 기자인 〈로스앤젤레스 타임스〉의 새미 로스Sammy Roth는 산불과 숨을 턱턱 막는 매연 같은 기후 변화로 야기된 재앙들에 시달리고 있는 캘리포니아주 주민들을 위로하고자 이 구절을 인용했다. "제가 기후 위기로 절망을 경험할 때, 아마 많은 독자도 저와 비슷하시겠지만, 이는 아무것도 할 수 없다거나 혹은 충분히 하고 있지 않다는 느낌에서 비롯됩니다. 그러나 현실적으로 우리는 그저 한 명의 개인일 뿐입니다. 나 자신에게 요구할 수 있는 것에는 한계가 있습니다. 내가 전능하지 않다고 해서 내가 무력하다는 의미는 결코 아닙니다."[12]

우리 시민들은 서로가 함께할 때 정치와 경제를 바꿀 힘을 지니게 된다는 것을 이제야 겨우 깨닫기 시작했다. 우리는 언제나 그 힘을 갖고 있었지만, 기후 문제를 이해하고, 우리가 무엇을 할 수 있고, 무엇을 해야 하는지를 파악하고, 그 문제의 긴박함을 납득하기까지 시간이 좀 걸렸다.

이제 명확히 이해하게 되었으니, 우리 모두에게는 해야 할 일이 있다.

감사의 말

이 책은 수백 명의 생각을 증류한 것이다. 지구를 황폐화시키려 하고 있는 탄소 배출에 시민들이 대처할 수 있는 온갖 방법들을 생각하려고 애쓸 때, 그들은 우리의 안내자이자 뮤즈이자 치어리더가 되어왔다. 이 책은 우리의 작품이 아니라 그들의 작품이다. 그러나 이 책에 오류와 누락이 있다면 전적으로 우리 탓이다.

몇몇 주요 후원자는 우리에게 정신적으로뿐만 아니라 금전적으로도 지원의 손길을 내밀어 주었다. 실리콘밸리 벤처 투자자인 존 도어John Doerr와 아내 앤 도어Ann Doerr는 우리가 이 책을 계획할 초기 당시에 지원해주었다. 핼 하비가 샌프란시스코에서 운영하는 분석 기업인 에너지이노베이션Energy Innovation은 세계의 가장 어려운 문제를 해결하려는 노력에 도움의 손길을 내미는 많은 기부자의 지원을 받고 있다. 우리는 특히 도어 부부와 다년간 에너지이노베이션에 지원해준

감사의 말

기부자들에게 감사드린다.

학습 곡선과 그것이 현대 에너지 기술의 발전에 기여해온 역할을 이해하고자 애쓸 때, 우리는 그 주제를 연구하는 세계 최고의 학자들과 논의함으로써 많은 도움을 받았다.

프린스턴대학교의 로버트 윌리엄스는 일찍부터 에너지 기술의 학습 곡선을 연구했고, 그 곡선을 적용할 것을 주장한 유능한 연구자이며, 수십 년 동안 핼 하비의 고문을 맡아왔다. 또 옥스퍼드대학교 신경제사고연구소의 J. 도인 파머와 연구소의 두 젊은 학자 프랑수아 라퐁François Lafond과 루퍼트 웨이Rupert Way에게도 감사 인사를 전한다. 옥스퍼드마틴스쿨의 관대함과 위대한 경제학자 캐머런 헵번Cameron Hepburn의 우아한 배려 아래, 저스틴 길리스는 2018년 성 미카엘 축일 기간에 옥스퍼드에서 머물 수 있었다. 방문객 프로그램을 열정적으로 지원한 자선 사업가 릴리언 마틴Lillian Martin에게도 감사드린다. 옥스퍼드에서 함께 도움이 되는 논의를 해준 헵번, 에릭 바인호커Eric Bein-hocker, 마일스 앨런Myles Allen, 레이먼드 피어험버트Raymond Pierrehumbert를 비롯한 많은 분에게도 감사하다. 또 영국 해안의 풍력 터빈 단지를 안내해준 줄리언 간시와 RWE 리뉴어블스에도 감사드린다. 로체스터공과대학교의 에릭 히틴저Eric Hittinger와 에릭 윌리엄스Eric Wil-liams는 기술 학습 곡선에 관한 중요한 연구를 하는데, 친절하게도 우리의 인터뷰에 응해주었다. 또 우리는 태양 전지판이 어떻게 학습 곡선을 타고 내려가는지를 연구한 위스콘신대학교의 그레그 네멧Greg Nemet으로부터 설명을 들을 수 있었다.

전력망 이야기는 에너지이노베이션에서 그 문제를 집중적으로 살펴보는 이들의 연구에 깊이 의존했다. 로비 오비스Robbie Orvis, 에릭 지먼Eric Gimon, 마이클 오보일Michael O'Boyle은 전력망을 어떻게 청정화할 수 있는지 알고 싶을 때 미국에서 조언을 구할 수 있는 가장 명석한 이들에 속한다. 소니아 애거월Sonia Aggarwal은 이 연구진의 책임자였고 이 책의 집필 초기에 큰 도움을 주었는데, 현재 그는 백악관으로 자리를 옮겼다. 또 우리는 미래의 전력망 모델을 연구하는 가장 명석한 두 학자의 연구로부터 도움을 받았다. 프린스턴대학교의 제시 젱킨스Jesse Jenkins와 바이브런트클린에너지Vibrant Clean Energy의 크리스토퍼 클랙Christopher Clack이다. 그리드랩GridLab의 릭 오코널Ric O'Connell과 테일러 맥네어Taylor McNair와의 논의도 유용했다. 우리는 곧 출간될 예정인 〈2035 보고서2035: The Report〉를 담당하고 있는 캘리포니아대학교의 골드먼공공정책학교의 연구진 애몰 퍼드케Amol Phadke, 데이비드 울리David Wooley의 연구도 참조했다. 전력망과 교통 체계를 어떻게 청정화할지 논의한 미래 지향적인 보고서다.

콜로라도주 하원의 대변인이었던 롤라 스프래들리는 흔쾌히 시간을 내어서 콜로라도주 주민들이 투표로 통과시킨 청정 발전 법규를 둘러싼 싸움을 우리에게 설명했다. 크레이그 콕스Craig Cox는 회고와 기록물을 통해서 우리가 사건들을 재구성하는 데 도움을 주었고, 맷 베이커Matt Baker도 몇 차례 인터뷰를 통해 당시 있었던 일들을 들려주었다. 아이오와주의 데이비드 오스터버그, 캘리포니아주의 낸시 레이더, 미네소타주의 마이클 노블Michael Noble도 자신들의 주에서 비슷한 법규를 통과시킨 과정을 들려주었다. 참여 과학자 모임Union of Con-cerned Scientists에서 오래 일한 앨런 노지Alan Nogee도 이 역사를 이해하는 데 도움을 주었다. 자사의 청정에너지 관련 계획을 설명한 벤 포크Ben Fowke와 엑셀에너지의 직원들, 시설을 돌아보도록 해준 콜린 머호니Colleen Mahoney에게도 감사드린다. 포틀랜드제너럴일렉트릭의 직원들도 흔쾌히 시간을 내어 자사의 전력 수요 대응 계획을 설명해주었다. 특히 스티븐 코슨Steven Corson, 데이브 로버트슨Dave Robertson, 브렛 심스Brett Sims, 래리 베커덜Larry Bekkedahl, 조시 킬링Josh Keeling, 앤드리아 플랫Andrea Platt, 리베카 브라이슨Rebecca Brisson에게도 감사드린다. 컨설팅 회사인 브래틀의 라이언 흘레딕Ryan Hledik은 수요 대응 방식이 전국적으로 시행될 때 어떤 결과가 나올지를 설명해주었다. 데이비드 포머랜츠David Pomerantz와 그가 이끄는 단체인 에너지와 정책 연구소Energy and Policy Institute는 전기 가스 산업의 주요 감시자 역할을 하고 있는데, 오하이오주와 일리노이주에서 벌어진 부패 사건의 상세한 이야기를 들려주었을 뿐만 아니라 악의적인 업체들이 주의 정치인들에게 어떤 영향을 미치는지도 설명했다. 영국의 상원의원이자 가장 영향력이 있는 환경운동가 중 한 명인 브라이어니 워딩턴Bryony Worthington은 영국의 기후 정책을 이해하는 데 도움을 주었다. 캘리포니아주에서 선견지명을 지닌 유능한 주지사로 일했던 제리 브라운은 대체 에너지를 확대하려고 애썼던 시절의 이야기를 들려주었다. 우리는 이런 전문가들 외에도 전기 및 가스 분야의 잡다하고 세세한 규제를 개혁하는 일을 하는 수백 명으로부터 지식과 영감을 얻었다. 대단히 중요한 일을 하는 분들이다.

　건축물과 개보수라는 주제는 HVAC 2.0의 네이트 애덤스에게 특히 많은 도움을 받았다. 그는 한 동료와 함께 미국 전역에서 탄소 배출량 감축 사업을 함께할 냉난방 설비업체들을 모으고 있다. 애덤스는 트위터에서 '집이 속삭이는 소리를 듣는 사람 네이트Nate the House Whisperer'라는 예명으로 유명하다. 인터뷰에 응하고 오하이오주의 자택에 있는 문제들을 개선하는 과정을 설명한 애덤스의 고객인 존과 샤론 포처 부부에게도 감사드린다. 건축물 효율 기준 논의는 시장혁신연구소Institute for Market Transformation의 클리프 메이저식Cliff Majersik, 건축 규정 준칙을 둘러싼 기이한 정치에 관한 논의는 에너지효율규정연대Energy-Efficient Codes Coalition의 빌 페이Bill Fay에게도 큰 빚을 졌다. 신축건물연구소New Buildings Institute의 랠프 디놀라Ralph DiNola, 킴 체슬랙Kim Cheslak, 짐 에덜슨Jim Edelson, 알렉시 밀러Alexi Miller 등은 미국이 어떻게 하면 21세기에 맞는 건축을 할 수 있는지 우리에게 이야기했다. 로키산맥연구소의 제이컵 코비데이Jacob Corvidae도 그 주제에 관한 자신의 생각을 들려주었다. 두에인 존린Duane Jonlin도 시애틀에서 자신이 하는 일과 전국적으로 펼치는 건축물 개선 활동에 관해 들려주었다. 데이비드 카이저먼David Kaiserman은 환경 친화적인 집을 짓는 건축 사업의 실상을 알려주었다. 가전제품기준인식제고계획Appliance Standards Awareness Project의 직원들, 특히 사무국장 앤드루 덜래스키Andrew deLaski는 가장 많은 도움을 주었다. 세계의 변압기를 청정화하는 연구를 하고 있는 로런스버클리국립연구소의 앨런 마이어에게도 도움을 받았다. 절약하면서 지불하기의 개념을 설명해준 클린에너지웍스Clean Energy Works의 홈스 허멀Holmes Hummel에게도 감사하다.

국제청정교통위원회International Council on Clean Transportation는 교통 체계의 선구적인 연구를 수행하고 있다. 우리는 여러 해에 걸쳐서 드루 코잭Drew Kodjak과 여러 직원들과 함께 유용한 논의를 해왔다. 그 기관의 존 저먼John German은 시간을 내어 인터뷰에 응했고, 토요타가 2018년 캠리에서 개선한 사항들을 분석한 내용도 설명해주었다. 또 메릴랜드주 몽고메리카운티 교육위원회Montgomery County School Board 가 전기 버스를 비롯한 기후 위기 대책들을 채택하기까지의 과정을 설명해준 활기 넘치는 로사 클레맨스포크와 엘리너 클레맨스코프 자매에게도 감사하다. 우리의 친구 엘리너 버킷은 욤 키푸르 전쟁 때 골다 메이어의 정신 상태를 다룬 자신의 기사 내용을 이해하는 데 도움을 주었다. 전기차 전문가이자 〈에너지 전환 쇼〉라는 훌륭한 팟캐스트의 사회자인 크리스 넬더는 충전 기반 시설 문제를 이해하는 데 가장 큰 도움을 주었다.

요나스 엘리아손은 스웨덴 최고의 교통 경제학자이자 도시 계획 분야의 세계에서 손꼽히는 사상가 중 한 명이다. 그는 흔쾌히 시간을 내어서 스톡홀름의 혼잡 통행료 제도와 그 추진 과정을 자세히 들려주었다. 또 우리를 대신해서 인터뷰를 진행한 탄자니아 다르에스살람의 의욕적인 기자 누줄라크 다우센과 인터뷰에 응해준 이매뉴얼 허먼, 로널드 르와카타르를 비롯한 분들에게도 감사하다. 앨릭스 버건Alix Burgun도 파리에서 우리를 대신해 인터뷰를 진행했고, 해당 도시의 교통량을 줄이는 도시 개혁 사업들을 우리가 이해하도록 도움을 주었다. 또 캐나다 밴쿠버의 도시 재생 역사를 이해하는 데 도움을 준 브렌트 하다드Brent Haddad에게도 감사드린다.

코네티컷대학교의 로빈 채즈던은 열대림과 토지 이용을 둘러싼 복잡하게 뒤얽힌 여러 현안들을 이해하는 데 도움을 주었다. 지구 보존 및 기후 환경 단체인 마이티 어스Mighty Earth의 글렌 휴러위츠Glenn Hurowitz와 지구혁신연구소Earth Innovation Institute의 댄 넵스태드Dan Nep-stad는 우리가 이 책을 쓸 때 인터뷰에 응했을 뿐만 아니라, 오래전부터 숲을 구하려는 우리 활동에 안내자 역할을 해왔다. 위대한 생물학자이자 보전 활동가인 톰 러브조이Tom Lovejoy는 열대림이 오랜 세월 동안 처해온 위험을 이해하는 데 도움을 주었는데, 이 책이 마무리되어 갈 즈음인 2021년 말에 안타깝게 세상을 떠났다. 세계는 거장 한 사람을 잃었다.

산업 부문의 배출과 그 해결 방법을 다루는 대목에서는 에너지 이노베이션의 제프리 리스먼Jeffrey Rissman의 연구에 많이 의존했다. 이 문제를 분석하는 쪽으로 미국 최고의 권위자 중 한 명이다. 또 클라이멋웍스ClimateWorks의 리베카 델Rebecca Dell에게도 고마움을 전한다. 기꺼이 시간을 내어서 산업 배출에 관해 깊이 있게 분석한 탁월한 자신의 보고서를 이해하도록 도움을 주었다. 푸에블로에 있는 자사의 대규모 철강소를 견학할 수 있도록 허락한 에브라즈스틸Evraaz Steel의 패트릭 월드런Patrick Waldron에게도 감사드린다. 콜로라도주 주지사 재러드 폴리스Jared Polis는 여러 차례의 인터뷰를 통해서 철강소와 관련

된 탄소 발전 배출을 청정화하는 데 도움을 줄 풍력 단지를 지원하는 것을 포함한 주의 청정에너지 경제 전망을 설명했다. 탄소 저배출 시멘트를 상용화한 뉴저지주의 기업 솔리디아를 견학할 수 있도록 돕고 인터뷰도 해준 엘런 유이Ellen Yui와 톰 슐러Tom Schuler에게도 감사하다. 천연자원수호위원회의 앨릭스 잭슨Alex Jackson도 산업 탄소 배출에 관한 해박한 지식을 우리에게 전해주었다.

위싱턴의 원자력연구소를 둘러볼 때 안내해준 매슈 월드Matthew Wald와 메리 러브Mary Love, 인터뷰를 해준 존 코텍John Kotek과 마크 니컬Marc Nichol에게도 감사드린다. 퀸즐랜드주의 실패한 제로젠 계획을 이해하는 데 도움을 준 프린스턴의 크리스 그레이그에게도 감사하다. 지열 에너지의 미래를 논의한 퍼보에너지의 팀 래티머Tim Latimer에게도 인사를 전한다. 또 우리는 그의 회사가 상업 발전에 성공을 거두는 행운을 얻기를 진심으로 바란다. 연방의 지원을 받아서 연구가 이루어지고 있는 유타주의 발전소 건설 예정지를 둘러보도록 도와주고 유용한 논의를 해준 유타대학교의 조지프 무어Joseph Moore와 동료들에게도 감사드린다.

앤슈츠코퍼레이션의 빌 밀러는 미국의 에너지 경관 전체를 바라보는 탁월한 시야를 지니고 있다. 그는 아낌없이 시간을 내어 우리와 여러 차례 인터뷰를 했고, 우리는 그의 안내로 미국 최대의 풍력 단지가 들어설 와이오밍주의 대목장인 오버랜드트레일캐틀컴퍼니도 둘러볼 수 있었다. 또 태양력에 투표를이란 단체에서 오래 일한 애덤 브라우닝은 도움이 되는 논의와 단체의 간결한 표어를 설명해주었다. "의회에서 해결하겠다는 계획이라면, 그건 나쁜 계획입니다." 태양력이 웨스트버지니아주의 한 소도시로 어떻게 침투했는지를 설명하는 한 편으로 기후 위기에서의 윤리적 문제를 폭넓게 이야기해준 네이션과 메리 앤 히트 부부에게도 감사를 전한다. 〈로스앤젤레스 타임스〉에 실린 자신의 기사가 랍비 타르폰의 말을 인용한 것임을 알려주고, 기후와 에너지에 관한 내용을 설명까지 해준 새미 로스에게도 인사를 전한다.

우리는 기꺼이 인터뷰에 응해주었지만, 인용하지 못한 전 세계의 300명이 넘는 분들에게 죄송스러운 마음을 금할 길이 없다. 지면의 제약 때문에 모두 실을 수 없어서 무척 괴롭다. 한 분 한 분의 이야기가 우리의 생각에 영향을 미쳤기 때문이다. 이 책을 읽는 독자 중에 혹시라도 계시다면, 비록 이름은 언급되지 않았다고 해도 당신의 생각은 실려 있다는 사실을 알게 될 것이라고 본다.

핼 하비와 저스틴 길리스, 우리는 둘 다 60대 초반이다. 이 말은 사회에서 과학이 어떤 역할을 하는지를 놓고 동료 및 친구들과 오랜 세월 이야기를 나누었다는 의미다. 그렇다 보니 우리는 이 책을 쓰면서 개인사를 도저히 빼놓을 수가 없었다. 긴 시간 동안 친구들은 우리의 지혜를 다듬어줌으로써 우리를 더 나은 사상가로 만들어주었다. 전문가인 동료들과 인터뷰에 응해준 이들도 그랬다. 때로는 마감 시한에 쫓겨 급박하게 인터뷰를 할 때도 있었지만 말이다.

2010년 〈뉴욕 타임스〉는 뛰어난 기자 앤디 레브킨Andy Revkin을 대신해 저스틴 길리스에게 기후 분야를 맡겼다. 그 일을 계기로 그는 기후 변화의 과학적 배경과 정책 현안들을 배우게 되었다. 길리스는 그런 기사들을 쓰는 데 도움을 준 〈뉴욕 타임스〉 편집자들에게 감사 인사를 전한다. 글렌 크레먼Glenn Kramon, 에리카 구드Erica Goode, 샌디 키넌Sandy Keenan, 애덤 브라이언트Adam Bryant, 셸리아 더거Celia Dugger, 메리 앤 조다노Mary Ann Giordano, 매트 퍼디Matt Purdy, 빌 켈러Bill Keller, 질 에이브럼슨Jill Abramson, 딘 바케이Dean Baquet 등이다. 2011년부터 2015년까지 과학 분야 담당 편집자였던 바버라 스트라우치Barbara Strauch는 기사의 논조에 깊은 영향을 미쳤다. 안타깝게도 그는 2015년에 유방암으로 세상을 떠났다.

저스틴 길리스는 오랜 세월 대화 상대이자 안내자 역할을 한 몇몇 친구들에게도 고마움을 표하고자 한다. 하버드대학교의 댄 슈래그Dan Schrag는 저스틴이 생물학에서 기후 변화를 다루는 쪽으로 방향을 전환하도록 자극했고, 여러 해가 지난 지금은 기후에 관한 과학 및 정책에 관한 백과사전적 지식을 함께 주고받는다. 길리스는 이 주제를 어떤 관점에서 다룰지 고민하던 초창기 시절, 동료 기자인 제프 톨러프슨Jeff Tollefson에게서 많은 도움을 받았다. 또 데이비드 본드렐David Von Drehle, 피터 슬레빈Peter Slevin, 엘리너 버킷, 필 쿤츠Phil Kuntz, 데버라 손태그Deborah Sontag, 매리앤 가드너Marianne Gardner, 마이클 피니Michael Finney, 집시 애총Gypsy Achong, 폴 크로킷Paul Crockett, 토머스 프리스틀리Thomas Priestly, 레너드 러구나Leonard Laguna, 로스 휘티어Ross Whittier, 니컬러스 존스턴Nicholas Johnston, 닐 어윈Neil Irwin, 스티브 골든버그Steve Goldenberg, 엘런 매카시Ellen McCarthy, 프랜 브레넌Fran

Brennan, 스콧 프라이스Scott Price, 랜들 모리스Randall Morris, 척 리스Chuck Reece, 톰 리Tom Lee도 수십 년 동안 지적인 안내자 역할을 해주었다. 모리스는 조지아의 농민이다. 그는 우리가 식량과 땅을 다룬 장에서 말한 내용에 전부 다 동의하지는 않지만, 식량 생산이 진정으로 어려운 문제임을 우리에게 인식시키는 데 기여했다. 나중에 사귄 친구들인 존 올리어리John O'Leary, 데이비드 스나이대커David Snydacker, 잭 피어스Zach Pierce, 타일러 노리스Tyler Norris는 에너지 전환 분야에서 일하는 이들로 정말로 필요한 조언들을 해주었다. 현재 미 해병대에서 복무 중인 잭 프라이스Jack Price는 가장 지적인 대화 상대 중 한 명으로 성장했다.

길리스는 이 책에 필요한 자료 수집을 위해 전국을 돌아다닐 때 신세를 진 친구들에게도 감사를 표한다. 조지아주 스태섬에 사는 데이비드 넬슨David Nelson과 베니타 넬슨Benita Nelson은 너그럽게 집을 제공해주었고, 뉴저지주 럼슨의 필 쿤츠 코호트Phil Kuntz Kohaut와 패티 코호트Patti Kohaut도 그랬다. 그들의 두 아들 리엄 코호트Liam Kohuat와 맥도너 코호트McDonagh Kohaut는 침입자가 몇 달 동안이나 집 안에 죽치고 있어도 참아주었다. 샌프란시스코의 피니와 애총은 더할 나위 없이 친절한 가족이었다. 그들은 집필이 시작될 무렵 지하실을 제공해주었는데, 결국 세계적 대유행병이 횡행하는 동안 그곳에 눌러앉게 되었다.

핼 하비는 기후 변화와 이를 둘러싼 문제를 어떻게 해결할지 이런저런 구상을 하던 초창기에 함께 논의했던 분들에게 감사를 전하고자 한다. 루스 애덤스Ruth Adams, 랠프 캐버너Ralph Cavanagh, 호세 골뎀버그José Goldemberg, 데니스 헤이스Denis Hayes, 프랭크 본히펠Frank von Hippel, 존 홀드런John Holdren, 아물랴 레디Amulya Reddy를 비롯한 많은 분이 그의 생각에 영향을 미치고 안내자가 되었다.

이 책이 나오기 위해서 많은 이가 한 팀을 이루어서 작업했다. 톰 슈로더Tom Shroder가 미국 최고의 프리랜서 책 편집자가 아니었다면 우리는 그가 누구인지 몰랐을 것이다. 어맨다 마이어스Amanda Myers와 마크 실버그Mark Silberg는 원고 내용이 사실에 들어맞는지 검토하고, 인터뷰할 사람을 고르고 일정을 정하는 등 영웅적인 노력을 했다. 그 뒤에 일어난 사건들이 보여주듯이, 그들의 능력에 비하면 너무나 하찮은 일이었다. 마이어스는 교통 전기화를 새로운 방향으로 추진하는 위브그리드WeaveGrid라는 신생 기업에 들어갔고, 실버그는 최근에 콜로라도주 주지사 재러드 폴리스Jared Polis의 수석 기후 고문이 되었다. 우리는 실버그가 정말로 필요했을 때 그를 보내준 로키산맥연구소의 줄스 코턴호스트Jules Kortenhorst와 리아 구치온Leia Guccione에게도 감사하며, 에너지 전환 문제를 수십 년 동안 연구해온 해당 연구소의 에이머리 러빈스Amory Lovins와 직원들에게도 고마움을 전한다.

저작권 대리인인 워싱턴의 로스윤 에이전시Ross Yoon Agency의 하워드 윤Howard Yoon은 강인한 편집자이자 탁월한 생각이 가득한 사람이기도 하다. 그의 노력이 없었다면 이 책은 나올 수 없었을 것이다. 깊이 감사를 표한다.

에너지이노베이션에는 운 좋게도 여기저기 문제가 생기기 쉬운 복잡하기 그지없는 일을 곡예를 부리듯이 원만하게 해결하는 지원팀이 있다. 특히 우리는 계약서를 관리하고 청구서를 처리하고 출장 일정을 짜는 등 온갖 일을 해준 크리스티나 페르난데스Christina Fernandes, 클라리사 로페스Clarissa Lopez, 기셀 스턴Giselle Stern에게 고맙다는 말을 하고 싶다. 그들은 미국 반대편까지 연구 도서관 전체를 옮기는 일까지 해냈다.

우리는 번뜩인 착상 하나를 현실로 바꿈으로써 이 책이 나오도록 한 미국 최고의 출판사인 사이먼앤슈스터에도 감사드린다. 미국의 탁월한 편집자인 조너선 카프Jonathan Karp는 시대의 흐름을 아주 잘 파악했다. 그는 이런 책이 나올 때가 되었음을 직감했고, 2017년 우리에게 접촉해서 제안서를 내보라고 졸라댔다. 프리실라 페인턴Priscilla Painton은 이 계획이 완결될 때까지 지휘를 맡았고, 담당 편집자인 메건 호건Megan Hogan은 여러 해 동안 그 누구도 따라올 수 없을 만큼 노련하고 현명하게 원고를 다듬었다. 예리한 눈으로 크고 작은 아주 많은 오류를 잡아준 교정자와 편집자인 캐스린 히구치Kathryn Higuchi, 릭 윌릿Rick Willett, 앤서니 뉴필드Anthony Newfield에게도 감사하다. 또 찾아보기를 작업한 찰스 뉴먼Charles Newman, 예리한 감각으로 이 책의 분위기를 살려준 책 디자이너 카일 캐블Kyle Kabel에게도 감사하다.

이 책은 우리의 개인 시간을 아주 많이 잡아먹었다. 핼 하비는 헤더 하비Heather Harvey와 아이들에게도 고맙다는 말을 전하려고 한다. 윤리적으로 자극을 줄 뿐 아니라, 현실적으로 오래 집을 떠나 있고 때때로 출장을 가고 기후 문제에 강박적으로 매달려 있는 모습에도 꾹

참아주었다. 저스틴 길리스는 형제인 제이슨 길리스Jason Gillis와 그의 가족들에게도 고맙다는 말을 전하고자 한다. 특히, 조카들에게는 최근 들어 삼촌이 들르는 날이 적어지고 왔다가도 금방 떠나는 바람에 속이 상할 텐데도 잘 참아주어서 고맙다는 말도 덧붙인다. 제이슨 길리스는 높은 환경 기준을 적용한 집을 짓는 일을 한다. 이 책에 등장한 건축물에 관한 상식적인 내용은 그에게서 나온 것일 가능성이 높다.

하비와 길리스, 우리 모두 운 좋게도 아직 건강하신 어머니께 이 책을 드릴 수 있어서 기쁘다. 애정과 인내심과 지성으로 우리를 대하고, 우리가 의미 있는 인생의 길을 걸을 수 있도록 키워준 코니 하비Connie Harvey와 레타 허던 프리산초Reta Herndon Frisancho에도 무한한 감사 인사를 드린다.

특히 평생에 걸쳐 야생 환경을 지키는 일에 앞장서 온 하비에게 더욱 감사한 마음을 전한다.

역자의 말

2000년대 초, 한 세계적인 석유 기업의 유럽 사무소를 견학한 일이 떠오른다. 석유 관련 자료와 전시물이 잔뜩 있을 것이라고 생각했는데 아니었다. 건물은 온통 태양 전지판으로 덮여 있었고, 들어서자마자 복도에는 원료를 추출해서 가공하는 과정을 시작으로 태양 전지판을 만드는 모든 과정을 담은 전시물들이 죽 놓여 있었다. 석유 기업이 미래를 내다보고 대전환을 모색하고 있다는 인상을 풍겼다.

물론 어떤 대비이든 예측이든 간에, 상황에 따라서 오락가락하는 양상을 보이게 마련이다. 위기란 말을 너무나 오래 계속해서 듣다보면 무뎌지기 마련이고, 그 위기 상황에서 태어나고 자라는 젊은 세대에게는 위기가 그냥 일상일 테니까. 기후 위기라는 말도 어느새 그렇게 된 듯한 인상을 풍긴다. 더욱 강력해진 태풍과 가뭄과 폭우, 변덕스러워진 날씨를 접하면서도 석유 기업은 여전히 석유 생산에 열을 올리고, 화석 연료를 때는 발전소는 계속 가동하기를 고집하고, 기후 위기를 부정하는 후보에게 표를 던지는 유권자들도 많다는 점을 생각하면 더욱 그렇다.

그런 와중에도 기후 위기는 점점 심각해지고 있다. 탄소 배출을 줄여야 한다는 말이 연일 쏟아지고 있지만, 기후 뉴스를 보고 있자면 인류가 견딜 수 있는 기온 증가의 상한선으로 잡은 1.5도를 넘어설 날이 머지않은 듯하다. 그리고 그다지 와닿지 않지만, 탄소 배출 감소의 목표 연도로 설정한 2050년까지 겨우 30년도 채 남지 않았다.

기후 위기를 널리 알리고 실천 전략을 제시하는 일에 앞장선 이 책의 저자들은 이렇게 위기가 점점 심해지고 있는 와중에도 우리의 위기의식이 무뎌지고 있는 이유 중 하나로, 실효성 없는 대책과 논의가 너무 많다는 점을 꼽는다. 저자들은 우리 각자가 재활용에 힘쓰고 환경에 도움이 되는 생활을 하는 것도 중요하긴 하지만, 이 위기가 지구 전체의 문제라는 점에 초점을 맞추어야 한다고 말한다. 즉, 지방 정부든 중앙 정부든 간에 정부 차원에서 조치를 취하도록 하는 쪽에 초점을 맞추는 일이 더욱 중요하다는 것이다. 그래야 기후 위기에 실질적으로 영향을 미칠 수 있는 규모로 환경 대책을 수립하고 시행할 수 있다고 본다. 즉, 자발적인 참여보다 정책과 법규를 통한 실효성 있는 대책이 시급한 시점이다.

그래서 저자들은 추상적인 이야기가 아니라, 충분히 실천할 수 있으면서 실질적으로 기후 위기를 막는 데 도움이 될 목표들을 고르고 실천 방안을 제시한다. 이 책에서 주로 든 사례는 미국의 상황을

THE BIG FIX

기반으로 한 것이지만, 어느 사회에든 충분히 적용할 수 있는 방안들이다. 급행 광역 대중 교통망이나 도심의 차로를 줄이고 보행자 친화적인 거리를 조성하는 등 우리에게 친숙한 방안들도 곳곳에 보인다.

《빅 픽스》는 시민이 정부 정책에 영향을 미치는 쪽으로 힘을 모아야 한다는 점을 역설한다. 즉, 녹색소비자로 살아가는 것도 중요하지만 환경과 기후를 생각하는 녹색의식을 지닌 유권자로 활동하는 것이 더욱 시급한 시점이라고 말한다. 게다가 이 책은 전력망, 발전소, 교통망, 도시 계획 등 구체적인 사례를 들어서 설득력 있게 논지를 펼친다. 그래서 녹색소비자로 살아가면서 미처 깨닫지 못했던 내용들도 많이 접할 수 있다.

기후 위기에 대처하려면 무엇이 가장 중요한지 그리고 어떤 목표와 대책과 실천 방식이 필요한지를 구체적으로 제시한 이 책은 기후 변화에 관심 있는 모든 개인, 사회, 정부가 기후 위기 해결을 위해 구체적으로 어떻게 행동해야 하는지를 보여주고, 많은 이에게 큰 도움과 가르침을 전해줄 것이라 믿어 의심치 않는다.

2024년 1월

이한음

미주

들어가는 말 우리에게는 아직 시간이 남아 있다

1. Tahir Husain, *Kuwaiti Oil Fires: Regional Environmental Perspectives*, 1st edition (Oxford: Pergamon, 1995), 67.

2. 당시 화재로 석유가 얼마나 탔을지는 추정값마다 크게 다르지만, 우리가 가장 믿을 만하다고 판단한 연구에서는 하루에만 약 400만 배럴이 사라졌다고 추정했다. 현재 세계 화석 연료 소비량의 2퍼센트에 조금 못 미치는 양이다.

제1장 기후 위기에 대처하기 위한 기본 경제 법칙: 학습 곡선

1. "Offshore Wind Outlook 2019: World Energy Outlook Special Report" (International Energy Agency, 2019), 98.

2. John Aldersey-Williams, Ian D. Broadbent, and Peter A. Strachan, "Better Estimates of LCOE from Audited Accounts-A New Methodology with Examples from United Kingdom Offshore Wind and CCGT," *Energy Policy* 128 (May 2019): 25−35, https://doi.org/10.1016/j.enpol.2018.12.044. Historic UK wholesale electricity market prices compiled from Elexon and National Grid by the Institution of Civil Engineers, April 2017.

3. Malte Jansen et al., "Offshore Wind Competitiveness in Mature Markets Without Subsidy," *Nature Energy* 5, no. 8 (August 2020): 614−22, https://doi.org/10.1038/s41560-202-0661-2.

4. Tifenn Brandily, "1H 2021 LCOE Update," *Bloomberg New Energy Finance*, June 23, 2021.

5. "Energy Savings Forecast of Solid-State Lighting in General Illumination Applications" (U.S. Department of Energy Office of Energy Efficiency and Renewable Energy, December 2019), 17, https://www.energy.gov/sites/prod/files/2019/12/f69/2019_ssl-energy-savings-forecast.pdf.

6. "UK Wind Energy Database (UKWED)," *RenewableUK*, accessed August 31, 2021, https://www.renewableuk.com/page/UKWEDhome/Wind-Energy-Statistics.htm.

7. Julian Garnsey, project director, RWE Renewables, personal interview, July 2019.

8. "The Offshore Array," *Triton Knoll*, accessed August 31, 2021, https://www.tritonknoll.co.uk/about-triton-knoll/the-offshore-array/.

9. "Vestas Launches the V236-15.0 MW to Set New Industry Benchmark and Take Next Step Towards Leadership in Offshore Wind," *Vestas Company News*, February 10, 2021, https://www.vestas.com/en/media/company news.

10. Jon Chesto, "R.I.P., Cape Wind," *Boston Globe*, accessed September 10, 2021.

11. T. P. Wright, *Articles and Addresses of Theodore P. Wright*, vol. 2 (Buffalo, N.Y.: Cornell Aeronautical Laboratory, Inc., 1961), 32.

12. T. P. Wright, *Articles and Addresses of Theodore P. Wright*, vol. 3 (Buffalo, N.Y.: Cornell Aeronautical Laboratory, Inc., 1961), 50.

13. T. P. Wright, "Factors Affecting the Cost of Airplanes," *Journal of the Aeronautical Sciences* 3, no. 4 (February 1936): 122 – 28, https://doi.org/10.2514/8.155.

14. Chris Brancaccio, "Encyclopedia," Model T Ford Club of America, accessed September 16, 2021, https://www.mtfca.com/encyclo/.

15. The Reminiscences of Mr. W. C. Klann, September 1955, Benson Ford Research Center, https://cdm15889.contentdm.oclc.org/digital/collection/p15889coll2/id/7804. 포드의 기술자 클란은 회고록 51쪽에서 조립 라인을 쓰자는 착상을 떠올리게 한 시카고 여행 때의 일을 묘사했다. 헨리 포드도 1922년 출간한 자서전《헨리 포드》에서 같은 말을 했다. "그 착상은 대체로 시카고 도축장 인부들이 소고기를 처리할 때 쓰는 머리 위쪽의 트롤리에서 나왔다." 헨리 포드, 공병호, 송은주 옮김, 《헨리 포드》(21세기북스, 2006).

16. T. P. Wright, *Articles and Addresses of Theodore P. Wright*, vol. 2 (Buffalo, N.Y.: Cornell Aeronautical Laboratory, Inc., 1961), 34.

17. "B-17 Production and Construction Analysis" (Air Materiel Command, May 29, 1946).

18. François Lafond, Diana Seave Greenwald, and J. Doyne Farmer, "Can Stimulating Demand Drive Costs Down? World War II as a Natural Experiment," *SSRN Electronic Journal* 2020, https://doi.org/10.2139/ssrn.3519913.

19. 옥스퍼드대학교 옥스퍼드마틴스쿨 신경제사고연구소의 복잡계 경제학과장인 J. 도인 파머와의 저자 인터뷰, 2018. 11.

20. 라이트의 법칙과 무어의 법칙의 비교. Béla Nagy et al., "Statistical Basis for Predicting Technological Progress," *PLOS ONE* 8, no. 2 (February 28, 2013): e52669, https://doi.org/10.1371/journal.pone.0052669.

21. Bruce D. Henderson, *Henderson on Corporate Strategy* (Cambridge, Mass: Abt Books, 1979),

12, 14, 18; Carl W. Stern, George Stalk, and Boston Consulting Group, eds., *Perspectives on Strategy: From the Boston Consulting Group* (New York: J. Wiley, 1998), 18, 22. 보스턴 자문그룹(Boston Consulting Group)의 브루스 헨더슨(Bruce Henderson)과 그의 연구진은 경험 곡선을 사업 전략의 여러 영역에 적용하려 시도했다.

22. 본질적으로 포드에서 일어난 일과 같다. 1920년대 중반에 앨프레드 P. 슬론(Alfred P. Sloan)이 이끄는 제너럴모터스가 더 뛰어난 차들을 시장에 내놓자 모델 T의 판매량은 떨어지기 시작했다. 헨리 포드는 아주 잘 나갈 때 경험했던 급속한 비용 하락 효과를 더 이상 누리지 못했고, 결국 적자에 빠졌다. 모델 T는 그의 대성공 사례였지만, 그는 성공에 너무나 취한 나머지 너무 오래 붙잡고 있었다. 포드는 제너럴모터스에 자동차 산업의 주도권을 넘겼고, 다시는 되찾지 못했다. William J. Abernathy and Kenneth Wayne, "Limits of the Learning Curve," *Harvard Business Review* (September 1, 1974), https://hbr.org/1974/09/limits-of-the-learning-curve.

23. Peter Asmus, *Reaping the Wind: How Mechanical Wizards, Visionaries, and Profiteers Helped Shape Our Energy Future* (Washington, D.C: Island Press, 2001), 111–114; Robert W. Righter, *Wind Energy in America: A History* (Norman, Okla: University of Oklahoma Press, 1996), 87–90; Steven Lech, "Back in the Day: Wind Machine Predated Iconic Desert Turbines," *Press-Enterprise* (Riverside, Calif.), April 12, 2015; Nicole C. Brambila, "Harnessing Local Wind for Energy Not a New Idea," *Desert Sun*, May 17, 2009; David S. Smith, "Pass Area Seen Ideal for Wind Energy Study," *Desert Sun*, June 16, 1976, https://www.newspapers.com/image/747668634/; Ralph Hinman, "Saga of the 'Wind Machine Man,'" *Press-Telegram* (Long Beach, Calif.), January 13, 1974, https://www.newspa-pers.com/image/706705859/.

24. 풍력 발전기가 상업용 제품으로 출시된 것은 1920년대였지만, 이 개념은 19세기부터 있었고, 여러 시제품도 만들어져 있었다. Robert W. Righter, *Wind Energy in America: A History* (Norman, Okla: University of Oklahoma Press, 1996).

25. Christopher H. Sterling and John M. Kittross, *Stay Tuned: A History of American Broadcasting*, 3rd ed., LEA's Communication Series (Mahwah, NJ: Lawrence Erlbaum Associates, 2002).

26. Ronald R. Kline, *Consumers in the Country: Technology and Social Change in Rural America*, *Revisiting Rural America* (Baltimore, Md.: Johns Hopkins University Press, 2000).

27. 대중이 받는 인상과 반대로, 미국에서 전기 접근성 문제는 아직 완전히 해결되지 않았다. 나바호 네이션의 15,000가구 중 3분의 1은 아직 전기가 연결되지 않았다. 현재 자원봉사자들이 나서서 이런 집들에 전기를 공급하는 일을 하고 있다.

28. Palmer Cosslett Putnam, *Power from the Wind* (New York: Van Nostrand Reinhold, 1974), xi.

29. Wilson Clark, *Energy for Survival: The Alternative to Extinction*, 1st edition (Garden City, NY: Anchor Press, 1974).

30. 마이크 로이코는 나중에 그 별명을 지은 것을 후회하며 청중에게 쓰지 말아달라고 부탁했다. Mike Royko, "Time to Eclipse 'Moonbeam' Label," *Chicago Tribune*, September 4, 1991.

31. 이 시대의 역사는 다음의 책 제10장에 실려 있다. Robert W. Righter, *Wind Energy in America: A History* (Norman, Okla: University of Oklahoma Press, 1996).

32. Arnulf Grubler, "The Costs of the French Nuclear Scale-Up: A Case of Negative Learning by Doing," *Energy Policy* 38, no. 9 (September 2010): 5174–88, https://doi.org/10.1016/

j.enpol.2010.05.003.

33. 날개가 3개인 회전자는 미국에서 만들어진 가장 성능 좋은 풍력 발전기인 제이컵스 풍력 발전 회사(Jacobs Wind Electric Company)의 표준 설계 형태였다. 마셀러스와 조지프 제이컵스는 날개가 2개짜리인 것도 만들어 시험했지만, 3개짜리가 진동이 가장 적었다. Robert W. Righter, *Wind Energy in America: A History* (Norman, Okla: University of Oklahoma Press, 1996), 90-99.

34. 세월이 흐른 뒤, 전혀 관계없는 이유로 티빈드의 지도자들은 덴마크 정부로부터 조세 포탈을 비롯한 여러 범죄 혐의로 기소되었고, 이 책이 인쇄에 들어가는 지금도 일부 지도자는 도피 생활 중이다.

35. Paul Gipe, *Wind Energy Comes of Age*, Wiley Series in Sustainable Design (New York: Wiley, 1995), 58.

36. "The Nobel Prize in Physics 1921," NobelPrize.org, accessed August 31, 2021, https://www.nobelprize.org/prizes/physics/1921/summary/.

37. Elbert Hubbard and Felix Shay, "The Open Road Afoot with the Fra-Thomas A. Edison," in *The Fra: A Journal of Affirmation* 5, no. 1 (East Aurora, N.Y.: Roycrofters, 1910): 1-8, https://digital.library.villanova.edu/Item/vudl:87792.

38. "Magic Plates Tap Sun for Power," *Popular Science Monthly*, June 1931, 41.

39. Gregory F. Nemet, *How Solar Energy Became Cheap: A Model for Low-Carbon Innovation* (London: Routledge/Taylor & Francis Group, 2019), 59.

40. "Vast Power of the Sun Is Tapped by Battery Using Sand Ingredient," *New York Times*, April 26, 1954.

41. Gregory F. Nemet, *How Solar Energy Became Cheap: A Model for Low-Carbon Innovation* (London: Routledge/Taylor & Francis Group, 2019), chaps. 5, 9, 10.

42. Philip Shabecoff, "Global Warming Has Begun, Expert Tells Senate," *New York Times*, June 24, 1988, sec. U.S., https://www.nytimes.com/1988/06/24/us/global-warming-has-begun-expert-tells-senate.html.

43. Robert H. Williams and Greg Terzian, "A Benefit/Cost Analysis for Accelerated Development of Photovoltaic Technology," *PU/CEES Report No. 281*, Center for Energy and Environmental Studies, Princeton University, October 1993.

44. "The Big Ask: How You Helped Make Climate Change History," *Friends of the Earth*, accessed September 16, 2021, https://friendsoftheearth.uk/climate/big-ask-how-you-helped-make-climate-change-history.

45. "The Big Ask | KOKO London," accessed September 30, 2021, http://koko.uk.com/listings/big-ask-01-05-2006.

46. Guardian Staff, "Full Text: David Cameron's Speech to the Conservative Conference 2005," *Guardian*, October 4, 2005.

47. Committee on Climate Change, *Building a Low-Carbon Economy: The UK's Contribution to Tackling Climate Change: The Report of the Committee on Climate Change*, December 2008 (London: TSO, 2008), 173.

48. 정치인들은 갈팡질팡한 뒤에야 마침내 해상 풍력을 지지하는 쪽으로 돌아섰다. Michael Grubb and David Newbery, "UK Electricity Market Reform and the Energy Transition: Emerging Lessons," *Energy Journal* 39, no. 1 (September 1, 2018), https://doi.org/10.5547/01956574.39. 6.mgru.

49. 우리가 이 책에서 배출 내역을 제시할 때는 대체로 이산화탄소 수치만을 이야기하는 것이다. 가장 중요한 온실가스이자 대기에서 수명이 아주 긴 기체다. 자료 출처에 따라서는 이산화탄소에 다른 온실가스들도 더해서 '이산화탄소 환산량(CO-equivalent)'을 제시하기도 하므로, 이 책에서 보는 값들이 좀 다를 수도 있다. 두 번째로 중요한 온실가스인 메탄은 이산화탄소보다 대기에서 수명이 훨씬 짧다. 메탄은 제6장에서 토지 이용과 식량 생산을 이야기할 때 좀 더 깊게 다룬다.

제2장 기후 위기에 대처하는 경제학적 생존 전략 1: 청정에너지를 통한 청정 전력으로의 전환

1. Lola Spradley, personal interview, June 2, 2019.
2. David Osterberg, personal interview, September 18, 2021.
3. 경제적 근거를 상세히 설명한 문헌. Nancy A. Rader and Richard B. Norgaard, "Efficiency and Sustainability in Restructured Electricity Markets: The Renewables Portfolio Standard," *Electricity Journal* 9, no. 6 (July 1996): 37 – 49, https://doi.org/10.1016/S1040-6190(96)80262-4.
4. "Colorado Renewable Energy Requirement," *Pub. L. No. Initiative 37* (2004), http://www.leg.state.co.us/lcs/ballothistory.nsf/835d2ada8de735e787256ffe0074333d/c29f58efb1bd ce268725702000731ec7?OpenDocument.
5. "Official Publication of the Abstract of Votes Cast for the 2003 Coordinated, 2004 Primary, 2004 General" (Colorado Secretary of State, 2004), 140, https://www.sos.state.co.us/pubs/elections/Results/Abstract/pdf/2000-2099/2004AbstractBook.pdf.
6. Galen Barbose, "U.S. Renewables Portfolio Standards, 2021 Status Update: Early Release" (Lawrence Berkeley National Laboratory, February 2021), https://eta-publications.lbl.gov/sites/default/files/rps_status_update-2021_early_release.pdf.
7. Martin Junginger et al., "Onshore Wind Energy," in *Technological Learning in the Transition to a Low-Carbon Energy System* (Amsterdam: Elsevier, 2020), 87 – 102, https://doi.org/10.1016/B978-0-12-818762-3.00006-6.
8. Eric Gimon et al., "The Coal Cost Crossover: Economic Viability of Existing Coal Compared to New Local Wind and Solar Resources" (*Energy Innovation and Vibrant Clean Energy*, March 2019), https://energyinnovation.org/wp-content/uploads/2019/04/Coal-Cost-Crossover_Energy-Innovation_VCE_FINAL2.pdf.
9. 로키산맥연구소의 분석에 따르면, 2030년에 농촌 지역 사회가 풍력과 태양력 발전 사업으로 연간 600억 달러가 넘는 소득을 올릴 수 있다고 한다. 지금의 상위 3대 농산물(옥수수, 콩, 소고기)의 예상 소득에 맞먹는다. 지금도 풍력과 태양력에서 얻는 연간 소득이 콩을 경작해서 얻는 소득과 거의 동일한 수준이다. Katie Siegner, Kevin Brehm, and Mark Dyson, "Seeds of Opportunity: How Rural America Is Reaping Economic Development Benefits from the Growth of Renewables," Rocky Mountain Institute, 2021, http://www.rmi.org/insight/seeds-of-opportunity.

10. Justin Gillis and Nadja Popovich, "In Trump Country, Renewable Energy Is Thriving," *New York Times*, June 7, 2017, sec. Climate, https://www.nytimes.com/2017/06/06/climate/renewable-energy-push-is-strongest-in-the-reddest-states.html.

11. Atse Louwen and Wilfried van Sark, "Photovoltaic Solar Energy," in *Technological Learning in the Transition to a Low-Carbon Energy System* (Elsevier, 2020), 65–86, https://doi.org/10.1016/B978-0-12-818762-3.00005-4.

12. 이 말을 한 데이비드 로버츠는 기후 문제를 해결하려면 우리가 무엇을 해야 하는지를 가장 명쾌하게 설명하는 미국 저술가 중 한 명일 것이다. 그는 웹사이트(www.volts.wtf)에서 자체 소식지를 발간하는데, 독자들에게 읽어보기를 권한다. "Utilities for Dummies: How They Work and Why That Needs to Change." *Grist*, May 21, 2013. https://grist.org/climate-energy/utilities-for-dummies-how-they-work-and-why-that-needs-to-change/.

13. 전기 없이 살아가는 인구수의 추정값. International Energy Agency, *World Energy Outlook 2020*, 40.

14. Karn Vohra et al., "Global Mortality from Outdoor Fine Particle Pollution Generated by Fossil Fuel Combustion: Results from GEOS-Chem," *Environmental Research* 195 (April 2021): 110754, https://doi.org/10.1016/j.envres.2021.110754.

15. Paul Denholm, Yinong Sun, and Trieu Mai., "An Introduction to Grid Services: Concepts, Technical Requirements, and Provision from Wind" (National Renewable Energy Laboratory, 2019), https://www.nrel.gov/docs/fy19osti/72578.pdf.

16. 문을 닫은 발전소의 수는 시에라클럽이 수집한 상용 데이터베이스를 토대로 집계한 것으로, 전자우편을 통해 전달받았다. September 27, 2021.

17. 카네기멜론대학교(Carnegie Mellon University) 연구진은 수명 전체를 고려할 때 천연가스 발전소가 메탄 누출이 5퍼센트까지 일어나긴 해도 석탄 발전소를 100년 운영하는 것보다 기후에 더 낫다는 연구 결과를 내놓았다. 20년 동안만 따지면 메탄 누출 수치가 4퍼센트인 천연가스 발전소는 석탄 발전소와 기후에 미치는 영향이 비슷하나 '석탄보다 나쁘지는 않다'. 미국에서 천연가스 계통 전체 시스템의 누출량이 4퍼센트를 초과할 가능성은 낮다. DeVynne Farquharson, Paulina Jaramillo, Greg Schivley, Kelly Klima, Derrick Carlson, and Constantine Samaras, "Beyond Global Warming Potential: A Comparative Application of Climate Impact Metrics for the Life Cycle Assessment of Coal and Natural Gas Based Electricity: Beyond Global Warming Potential." *Journal of Industrial Ecology* 21, no. 4 (August 2017): 857–73.

18. Form EIA-860 Data, U.S. Energy Information Administration, 2020, https://www.eia.gov/electricity/data/eia860/.

19. Ryan Hledik et al., "The National Potential for Load Flexibility: Value and Market Potential Through 2030" (The Brattle Group, June 2019).

20. Trieu Mai et al., "Renewable Electricity Futures Study," (Golden, CO: National Renewable Energy Laboratory, 2012.)

21. 2020년 버클리에 있는 캘리포니아대학교의 골드먼공공정책학교 연구진은 소비자에게 추가 비용을 부담시키지 않으면서, 또 새로운 화석 연료 발전소를 전혀 건설하지 않으면서도 2035년까지 탄소 배출 없는 발전의 비율을 90퍼센트까지 올릴 수 있다는 연구 결과를 내놓았다. Amol Phadke, Umed Paliwal, Nikit Abhyandkar, Taylor McNair, Ben Paulos,

David Wooley, and Ric O'Connell. "The 2035 Report: Plummeting Solar, Wind, and Battery Costs Can Accelerate Our Clean Energy Future." Goldman School of Public Policy, GridLab, PaulosAnalysis, June 2020, http://www.2035report.com/.

22. 청문회에 참석한 시민이 한 말이 실린 문헌. Harriet S. Weisenthal, "Proceeding No. 16A-0396E Public Comment Hearing," Public Utilities Commission of the State of Colorado (Denver, 2018).

23. "2020 Sustainability Report" (Xcel Energy, June 7, 2021), https://s25.q4cdn.com/680186029/files/doc_downloads/irw/Sustainability/2020-Sustainability-Report-Full.pdf.

24. 로키산맥연구소의 유틸리티전환허브(Utility Transition Hub)는 파리협정의 목표에 맞게 지구 온난화를 1.5도로 억제하는 탄소 배출 경로로 나아가기 위한 발전 분야의 청정에너지 약속들을 비교했다. 그 결과, 엑셀에너지의 탄소 배출량은 천명한 목표를 충족시킨다고 가정할 때, 2020~2030년에 요구되는 수준보다 3.2퍼센트 더 낮을 것이라는 분석 결과가 나왔다. 미국 전역에 있는 발전사들의 탄소 배출량 감축 약속과 그 노력은 다음 웹사이트에서 찾아볼 수 있다. utilitytransitionhub.rmi.org.

25. Claire Thompson, "Meet the Woman Who Shut own Chicago's Dirty Coal Plants," *Grist*, April 15, 2013, https://grist.org/climate-energy/interview-wkimberly-wasserman-nieto-goldman-prize-winner/.

26. Ibid.

제3장 기후 위기에 대처하는 경제학적 생존 전략 2: 건축 규정을 통한 청정 공간으로의 전환

1. "Hurricane Andrew | Flashback Miami," *Miami Herald* Photos & Archives, August 23, 2016, https://flashbackmiami.com/2016/08/23/hurricane-andrew/.

2. Don Van Natta, Jr, "Comfort Inn Hero: Fast-Thinking Clerk," *Miami Herald*, August 25, 1992, 4A, https://www.newspapers.com/image/637540434.

3. Ed Rappaport, "Hurricane Andrew Preliminary Report," National Hurricane Center, December 10, 1993, https://www.nhc.noaa.gov/1992andrew.html; Stanley K. Smith and Christopher McCarty, "Demographic Effects of Natural Disasters: A Case Study of Hurricane Andrew," *Demography* 33, no. 2 (May 1996): 265-75.

4. 이런 주장들은 허리케인 앤드루가 닥친 뒤에 발행된 〈마이애미 헤럴드〉의 특집 기사에 실려 있다. "What Went Wrong," *Miami Herald*, December 20, 1992, sec. Special Report.

5. Lynne McChristian, "Hurricane Andrew and Insurance: The Enduring Impact of an Historic Storm" (Tampa, Fla: Insurance Information Institute, August 2012), https://www.iii.org/sites/default/files/paper_HurricaneAndrew_final.pdf.

6. "2010 Florida Test Protocols for High Velocity Hurricane Zones" (International Code Council, October 2011), Preface, https://codes.iccsafe.org/content/FLTEST2010/preface.

7. "Inventory of U.S. Greenhouse Gas Emissions and Sinks: 1990-2019" (United States Environmental Protection Agency, 2021), ES-13.

8. Miranda Green and Sammy Roth, "They Fought for Clean Air. They Didn't Know They

Were Part of a Gas Industry Campaign," *Los Angeles Times*, August 16, 2021, https://www.latimes.com/business/story/2021-08-16/clean-air-gas-trucks-la-long-beach-ports.

9. Nate Adams, personal interview, April 2021.

10. Claire McKenna, Amar Shah, and Leah Louis-Prescott, "The New Economics of Electrifying Buildings" (RMI, 2020), https://rmi.org/download/26837/.

11. Appliance Standards Awareness Project, in correspondence with the authors, October 2021.

12. Dr. Alan Meier, personal interview, August 31, 2021.

13. "The Nobel Prize in Physics 2014," NobelPrize.org, accessed September 29, 2021, https://www.nobelprize.org/prizes/physics/2014/press-release/.

14. Brian F. Gerke, "Light-Emitting Diode Lighting Products," in *Technological Learning in the Transition to a Low-Carbon Energy System* (Elsevier, 2020), 233–56, https://doi.org/10.1016/B978-0-12-818762-3.00013-3.

15. Erica Myers, Steven Puller, and Jeremy West, "Effects of Mandatory Energy Efficiency Disclosure in Housing Markets" (Cambridge, MA: National Bureau of Eco-nomic Research, November 2019), https://doi.org/10.3386/w26436.

제4장 기후 위기에 대처하는 경제학적 생존 전략 3: 배럴 너머 청정 연료로의 전환

1. "The President's Daily Brief" (Central Intelligence Agency, October 5, 1973), 3.

2. "The President's Daily Brief" (Central Intelligence Agency, October 6, 1973), 3.

3. Elinor Burkett, *Golda*, 1st edition (New York: Harper, 2008), 324.

4. Linda W. Qaimmaqami, Adam M. Howard, and Edward C. Keefer, eds., "President's Meeting with His Foreign Intelligence Advisory Board" (United States Government Printing Office, June 5, 1970), 80, National Archives, Nixon Presidential Materials, NSC Files, Box 276, Agency Files, President's Foreign Intelligence Advisory Board, Vol. IV, https://2001-2009.state.gov/documents/organization/113361.pdf.

5. Meg Jacobs, *Panic at the Pump: The Energy Crisis and the Transformation of American Politics in the 1970s*, 1st edition (New York: Hill and Wang, a division of Farrar, Straus and Giroux, 2016), 37.

6. Joseph Mann, "A Reassessment of the 1967 Arab Oil Embargo," Israel Affairs 19, no. 4 (October 2013): 693–703, https://doi.org/10.1080/13537121.2013.829611.

7. Jacobs, *Panic at the Pump*, 59, 65, 79.

8. Ibid., 95.

9. Louise Cook, "Gas Line Violence: Weekends Are Worst," *The Central New Jersey Home News*, February 21, 1974.

10. Louise Cook, "Gas Shortage Stirs Violence at Stations," *Casa Grande Dispatch*, February 20, 1974.

11. Alan Quale, "Fuel Shortage Brings Changes: Long Lines, Frayed Tempers and Fights," *The Times* (San Mateo, California), February 16, 1974, 15-R.

12. Jacobs, Panic at the Pump, 93.

13. 연구자들은 지구 온난화를 1.5도로 억제하려면 알려진 석유 매장량의 58퍼센트, 천연가스 매장량의 59퍼센트, 석탄 매장량의 89퍼센트를 채굴 금지해야 한다고 본다. Dan Welsby et al., "Unextractable Fossil Fuels in a 1.5°C World," Nature 597, no. 7875 (September 9, 2021): 230 – 34, https://doi.org/10.1038/s41586-021-03821-8.

14. "Vision 2050: A Strategy to Decarbonize the Global Transport Sector by Mid–Century" (International Council on Clean Transportation, 2020), 11.

15. R. P. Siegel, "The Infinitely Expandable Resource," *Mechanical Engineering Magazine*, August 2020, 48.

16. "The 2020 EPA Automotive Trends Report" (United States Environmental Protection Agency, January 2021), 29, https://nepis.epa.gov/Exe/ZyPDF.cgi?Dockey=P1010U68.pdf.

17. John German, "How Things Work: OMEGA Modeling Case Study Based on the 2018 Toyota Camry" (International Council on Clean Transportation, February 27, 2018), https://theicct.org/sites/default/files/publications/Camry_OMEGA_Working Paper_20180227.pdf.

18. Kevin A. Wilson, "Worth the Watt: A Brief History of the Electric Car, 1830 to Present," *Car and Driver*, March 15, 2018, https://www.caranddriver.com/features/g15378765/worth-the-watt-a-brief-history-of-the-electric-car-1830-to-present.

19. Jon Henley and Elisabeth Ulven, "Norway and the *a*-ha Moment That Made Electric Cars the Answer," *Guardian*, April 19, 2020, sec. Environment, https://www.theguardian.com/environment/2020/apr/19/norway-and-the-a-ha-moment-that-made-electric-cars-the-answer.

20. 일론 머스크가 자신의 블로그에 올린 글. Elon Musk, The Secret Tesla Motors Master Plan (just between you and me), posted August 2, 2006, at tesla.com

21. 한 예로 일론 머스크는 팔로워가 2200만 명인 트위터 계정에 테슬라 주식을 주당 420달러에 매수해서 비상장 회사로 만들 수도 있다고 글을 올렸다가 증권 사기 혐의로 기소되었다. 420달러는 마리화나를 뜻하는 속어다. 이 사소한 농담으로 회사와 머스크는 총 4000만 달러의 벌금을 물었다. "Elon Musk Charged With Securities Fraud for Misleading Tweets," U.S. Securities and Exchange Commission, September 27, 2018, https://www.sec.gov/news/press-release/2018-219.

22. "Global EV Outlook 2021" (Paris: International Energy Agency, 2021), https://www.iea.org/reports/global-ev-outlook-2021.

23. Mengnan Li et al., "How Shenzhen, China, Pioneered the Widespread Adoption of Electric Vehicles in a Major City: Implications for Global Implementation," *WIREs Energy and Environment* 9, no. 4 (July 2020), https://doi.org/10.1002/wene.373.

24. Chris Nelder, personal interview, January 26, 2022.

25. 이 값은 미국 전국 평균값이며, 각 주별 정확한 수치는 다음 자료를 참조하면 된다. Department of Energy's "eGallon" Calculator online at https://www.energy.gov/maps/egallon.

26. Priscilla Totiyapungprasert, "These High School Runners Train in 'Nasty Air,' so They're Working to Clean It Up," *Arizona Republic*, July 29, 2019, https://www.azcentral.com/story/news/local/arizona-environment/2019/07/29/why-these-south-mountain-students-

fighting-electric-buses-pollution-clean-air/3104934002/.

27. Rosa Clemans-Cope, personal interview, November 4, 2021.

28. Steve Mufson and Sarah Kaplan, "A Lesson in Electric School Buses," *Washington Post*, February 24, 2021, https://www.washingtonpost.com/climate-solutions/2021/02/24/climate-solutions-electric-schoolbuses/.

29. 이 책이 인쇄에 들어갈 즈음, 중대형 차량의 배출가스 감축 협정에 서명한 주의 목록은 다음과 같다. 캘리포니아주, 콜로라도주, 코네티컷주, 하와이주, 메인주, 메릴랜드주, 매사추세츠주, 뉴저지주, 뉴욕주, 노스캐롤라이나주, 오리건주, 펜실베이니아주, 로드아일랜드주, 버몬트주, 워싱턴주 그리고 수도 워싱턴. "Multi-State Medium-and Heavy-Duty Zero Emission Vehicle Memorandum of Understanding" (2020), https://www.energy.ca.gov/sites/default/files/2020-08/Multistate-Truck-ZEV-Governors-MOU-20200714_ADA.pdf.

30. Rosa Clemans-Cope, personal interview, November 4, 2021.

제5장 기후 위기에 대처하는 경제학적 생존 전략 4: 지속 가능한 청정 도시로의 전환

1. Jonas Eliasson, personal interview, December 3, 2018.

2. Jonas Eliasson, "Lessons from the Stockholm Congestion Charging Trial," *Transport Policy* 15, no. 6 (November 2008): 11, https://doi.org/10.1016/j.tranpol.2008.12.004.

3. Emilia Simeonova et al., "Congestion Pricing, Air Pollution and Children's Health" (Cambridge, MA: National Bureau of Economic Research, March 2018), https://doi.org/10.3386/w24410.

4. 1인당 차량 이동 거리는 다음 자료에서 얻었다. "State & Urbanized Area Statistics—Our Nation's Highways" Federal Highway Administration, United States Department of Transportation, (March 29, 2018), https://www.fhwa.dot.gov/ohim/onh00/onh2p11.htm.

5. Kenneth T. Jackson, *Crabgrass Frontier: The Suburbanization of the United States* (New York: Oxford University Press, 1985), 249.

6. Richard Rothstein, *The Color of Law: A Forgotten History of How Our Government Segregated America*, 1st edition (New York: Liveright Publishing Corporation, a division of W. W. Norton & Company, 2017), 128. 리처드 로스스타인 지음, 김병순 옮김, 《부동산, 설계된 절망》(갈라파고스, 2022)

7. Clayton Nall, *The Road to Inequality: How the Federal Highway Program Polarized America and Undermined Cities* (Cambridge, UK: Cambridge University Press, 2018).

8. 패서디나의 자택에서 그리 멀지 않은 이 구멍까지 길리스를 안내해준 저명한 도시 계획가이자 사상가인 토머스 프리스틀리(Thomas Priestly)에게 감사드린다.

9. Michele Richmond, "The Etymology of Parking," *Arnoldia* (2015).

10. 코펜하겐이 어떻게 자전거 친화 도시가 되었는지를 상세히 다룬 문헌. Peter S. Goodman, "The City That Cycles With the Young, the Old, the Busy and the Dead," *New York Times*, November 9, 2019, sec. World, https://www.nytimes.com/2019/11/09/world/europe/biking-copenhagen.html.

11. Bicycle Parking Stationsplein Utrecht: Largest in the World," City of Utrecht, accessed September 26, 2021, https://www.utrecht.nl/city-of-utrecht/mobility/cycling/bicycle-parking/bicycle-parking-stationsplein/bicycle-parking-stationsplein-utrecht-largest-in-the-world/.

12. 다르에스살람의 교통 체계에 관한 상세한 자료 수집과 이매뉴얼 허먼, 찰스 마풀리, 로널드 르와카타르와의 인터뷰는 2020년 초 우리의 의뢰로 다르에스살람의 기자 누줄라크 다우센이 맡아서 했다.

13. 타임스퀘어를 비롯한 뉴욕의 모험적인 도시 계획 시도 사례들을 자세히 다룬 문헌으로 특히 제6장을 참조하자. Janette Sadik-Khan and Seth Solomonow, *Streetfight: Handbook for an Urban Revolution* (New York: Viking, 2016), especially chapter 6.

14. "Why Buses Represent Democracy in Action" (TEDCity2.0, Manhattan, NY, September 20, 2013), https://www.ted.com/talks/enrique_penalosa_why_buses_represent_democracy_in_action.

15. Lisa Gray, "Building a Better Block," *Houston Chronicle*, June 28, 2010, sec. Culture, https://www.chron.com/culture/main/article/Gray-Building-a-better-block-1711370.php.

16. 휴스턴의 사례를 비롯해서 전술적 도시론의 일화들을 더 상세히 다룬 문헌이다. Mike Lydon, Anthony Garcia, and Andres Duany, *Tactical Urbanism: Short-Term Action for Long-Term Change* (Washington, DC: Island Press, 2015).

17. Ibid., 92–101.

18. Ben Crowther, "Freeways Without Futures" (Congress for the New Urbanism, 2021), https://www.cnu.org/sites/default/files/FreewaysWithoutFutures_2021.pdf.

제6장 기후 위기에 대처하는 경제학적 생존 전략 5: 식량 체계 균형을 통한 청정 지대의 확보

1. Justin Gillis, "With Deaths of Forests, a Loss of Key Climate Protectors," *New York Times*, October 1, 2011, sec. Science, https://www.nytimes.com/2011/10/01/science/earth/01forest.html.

2. United Nations, Department of Economic and Social Affairs, Population Division, *World Population Prospects Highlights, 2019 Revision Highlights, 2019 Revision*, fig. 1, Population size and annual growth rate for the world: estimates, 1950–2020, and medium-variant projection with 95 per cent prediction intervals, 2020–2100."

3. Vaclav Smil, "Global Population and the Nitrogen Cycle," *Scientific American* 277, no. 1 (July 1997): 76–81, https://doi.org/10.1038/scientificamerican0797-76.

4. Elizabeth Kolbert, *The Sixth Extinction: An Unnatural History* (New York: Henry Holt and Company, 2014).

5. James Mulligan et al., "Carbonshot: Federal Policy Options for Carbon Removal in the United States" (Washington, DC: World Resources Institute, January 2020), www.wri.org/publication/carbonshot-federal-policy-options-for-carbon-removal-in-the-united-states.

6. Jan C. Semenza et al., "Heat-Related Deaths During the July 1995 Heat Wave in Chicago,"

New England Journal of Medicine 335, no. 2 (July 11, 1996): 84 – 90, https://doi.org/10.1056/NEJM199607113350203. Also see Eric Klinenberg, *Heat Wave: A Social Autopsy of Disaster in Chicago*, 2nd edition (Chicago: University of Chicago Press, 2015). 에릭 클라이넨버그 지음, 홍경탁 옮김, 《폭염 사회》(글항아리, 2018).

7. COWI, European Commission, and Climate Action DG. Study on EU Financing of REDD+ Related Activities, and Results-Based Payments Pre and Post 2020: Sources, Cost-Effectiveness and Fair Allocation of Incentives, 2018. http://dx.publications.europa.eu/10.2834/687514

8. Justin Gillis, "Restored Forests Breathe Life into Efforts Against Climate Change," *New York Times*, December 24, 2014, sec. Science, https://www.nytimes.com/2014/12/24/science/earth/restored-forests-are-making-inroads-against-climate-change-.html.

9. 유엔 식량농업기구의 〈2009년 세계 식량 안보 현황〉 보고서에는 2009년 영양 부족에 시달린 인구가 10억 2000만 명이라고 나와 있다. 1970년 이래로 가장 많았다.

10. 스탠퍼드대학교의 데이비드 로벨(David Lobell)과 연구진은 1980~2008년에 기후 변화로 세계 옥수수와 밀 생산량이 기후 변화가 없다고 가정했을 때보다 각각 3.8퍼센트와 5.5퍼센트 감소했다고 계산했다. David B. Lobell, Wolfram Schlenker, and Justin Costa-Roberts, "Climate Trends and Global Crop Production Since 1980," *Science* 333, no. 6042 (July 29, 2011): 616 – 20. https://doi.org/10.1126/science.1204531.

11. Justin Gillis, "A Warming Planet Struggles to Feed Itself," *New York Times*, June 4, 2011, https://www.nytimes.com/2011/06/05/science/earth/05harvest.html.

12. 세계 옥수수 생산량은 미국 농무부 자료에서 얻었다. 옥수수 재배 면적과 수확량을 적은 표4를 참조하라. "World Agricultural Production," Circular Series. United States Department of Agriculture, Foreign Agricultural Service, November 2021, https://apps.fas.usda.gov/psdonline/circulars/production.pdf.

13. "Gallup Poll Social Series: Consumption Habits" (Gallup News Service, July 2018), secs. 32, 33.

14. Gallup Inc, "Nearly One in Four in U.S. Have Cut Back on Eating Meat," Gallup.com, January 27, 2020, https://news.gallup.com/poll/282779/nearly-one-four-cut-back-eating-meat.aspx.

15. Herbert Hoover, "A Chicken in Every Pot" Political Ad and Rebuttal Article in *New York Times*, Series: Herbert Hoover Papers: Clippings File, 1913—1964, 1928.

16. "Food Availability (Per Capita) Data System: Red Meat, Poultry, and Fish" Economic Research Service, U.S. Department of Agriculture, January 5, 2021, https://www.ers.usda.gov/data-products/food-availability-per-capita-data-system/.

17. 다음 문헌의 표3을 토대로 계산한 값이다. Vaclav Smil, "Worldwide Transformation of Diets, Burdens of Meat Production and Opportunities for Novel Food Proteins," *Enzyme and Microbial Technology* 30, no. 3 (March 2002): 308, https://doi.org/10.1016/S0141-0229(01)00504-X.

18. Marco Springmann et al., "Health-Motivated Taxes on Red and Processed Meat: A Modelling Study on Optimal Tax Levels and Associated Health Impacts," *PLOS ONE* 13, no. 11 (November 6, 2018): e0204139, https://doi.org/10.1371/journal.pone.0204139.

제7장 기후 위기에 대처하는 경제학적 생존 전략 6: 저탄소 배출을 향한 청정 산업으로의 전환

1. Thomas G. Andrews, *Killing for Coal: America's Deadliest Labor War*, paperback edition (Cambridge, Mass.: Harvard University Press, 2010.)
2. Jeffrey Rissman et al., "Technologies and Policies to Decarbonize Global Industry: Review and Assessment of Mitigation Drivers through 2070," *Applied Energy* 266 (May 2020): 114848 fig. 2, https://doi.org/10.1016/j.apenergy.2020.
3. "World Energy Outlook 2016" (Paris: International Energy Agency, 2016), 298.
4. 에이머리 라빈스(Amory Lovins)는 시스템 효율성 개념의 선구자다. Paul Hawken, Amory Lovins, and L. Hunter Lovins, *Natural Capitalism: Creating the Next Industrial Revolution*, (New York: Little, Brown and Co, 2000).
5. 캘리포니아의 배출 총량 거래 제도가 장기적으로 어떤 효과를 낳을지는 아직 불분명하다는 점도 언급해둔다. 비판적인 견해는 다음 문헌을 참조하라. Danny Cullenward and David G. Victor, *Making Climate Policy Work* (Cambridge, UK: Polity Press, 2020).
6. Ali Hasanbeigi and Harshvardhan Khutal, "Scale of Government Procurement of Carbon-Intensive Materials in the U.S." (Tampa Bay Area, Fla.: Global Efficiency Intelligence, LLC, January 2021), 20.

제8장 기후 위기에 대처하는 경제학적 생존 전략 7: 신기술을 통한 청정화와 새로운 도약

1. 수소 과대 광고의 대표적인 사례는 다음 문헌 참조하라. Jeremy Rifkin, *The Hydrogen Economy: The Creation of the World-Wide Energy Web and the Redistribution of Power on Earth* (New York: J. P. Tarcher/Putnam, 2002). 제러미 리프킨 지음, 이진수 옮김, 《수소 혁명》(민음사, 2003).
2. International Energy Agency, "*Global Hydrogen Review* 2021."
3. Subramani Krishnan et al., "Power to Gas (H2): Alkaline Electrolysis," in *Technological Learning in the Transition to a Low-Carbon Energy System* (Amsterdam: Elsevier, 2020), 165 – 87, https://doi.org/10.1016/B978-0-12-818762-3.00010-8.
4. 스리마일섬 사고와 주변 지역에 미친 영향을 상세히 다룬 문헌. J. Samuel Walker, *Three Mile Island: A Nuclear Crisis in Historical Perspective*, (Berkeley: University of California Press, 2004).
5. 덴마크, 미국, 영국의 여러 대학교에 속한 연구자들은 1950~2014년 사이 원자로 사고로 인한 사망자가 총 4,803명이라고 계산했다. 연구진은 원자로 사고가 드물긴 하지만, 일어나면 비용이 엄청나다고 언급했다. Benjamin K. Sovacool, Rasmus Andersen, Steven Sorensen, Kenneth Sorensen, Victor Tienda, Arturas Vainorius, Oliver Marc Schirach, and Frans Bjørn-Thygesen, "Balancing Safety with Sustainability: Assessing the Risk of Accidents for Modern Low-Carbon Energy Systems," *Journal of Cleaner Production* 112 (January 2016): 3952 – 65. https://doi.org/10.1016/j.jclepro.2015.07.059.
6. Thad Moore, "How the US Government Wasted $8 Billion and Stranded Tons of Plutonium in South Carolina," *Post and Courier*, cccessed December 1, 2021, https://www.postandcourier.com/news/how-the-us-government-wasted-8-billion-and-

stranded-tons-of-plutonium-in-south-carolina/article_24bc000a-da1d-11e9-bb44-87644323c969.html.

7. 제로젠 계획과 그 계획이 겪은 문제들을 다룬 문헌. A. J. Garnett, C. R. Greig and M. Oettinger, "Zerogen IGCC with CCS: A Case History," the University of Queensland, 2014.

8. Kristi E. Swartz, "The Kemper Project Just Collapsed. What It Signifies for CCS," accessed December 1, 2021, https://www.eenews.net/articles/the-kemper-project-just-collapsed-what-it-signifies-for-ccs/.

9. Steve Wilson, "Two Years since Kemper Clean Coal Project Ended—Mississippi Center for Public Policy," accessed December 1, 2021, https://mspolicy.org/two-years-since-kemper-clean-coal-project-ended/.

10. 이 문단에서 언급한 바젤의 지진 이야기는 주로 다음 자료를 토대로 했다. James Glanz, "Deep in Bedrock, Clean Energy and Quake Fears," *New York Times*, June 23, 2009.

11. Massachusetts Institute of Technology, ed., *The Future of Geothermal Energy: Impact of Enhanced Geothermal Systems (EGS) on the United States in the 21st Century: An Assessment* (Cambridge, Mass.: Massachusetts Institute of Technology, 2006).

12. "Eavor Media Kit," accessed October 8, 2021, https://eavor.com/wp-content/uploads/2021/07/Eavor-Media-Kit-17.pdf.

13. Bill McKibben, "Hit Fossil Fuels Where It Hurts—the Bottom Line," *Rolling Stone* (blog), May 21, 2018, https://www.rollingstone.com/politics/politics-news/hit-fossil-fuels-where-it-hurts-the-bottom-line-627746/.

제9장 기후 위기에 대처하기 위한 모두의 노력: '예'라고 말하기

1. James Abbey, *California. A Trip Across the Plains, in the Spring of 1850, Being a Daily Record of Incidents of the Trip . . . and Containing Valuable Information to Emigrants* (Tarrytown, N.Y., reprinted, W. Abbatt, 1933; Library of Congress, 1850), 8, https://www.loc.gov/item/33009652.

2. Ibid., 10.

3. Will Bagley, *South Pass: Gateway to a Continent* (Norman: University of Oklahoma Press, 2014), 35.

4. 목장에 관한 묘사와 밀러의 말은 저자 중 한 명이 오버랜드트레일캐틀컴퍼니 목장을 둘러보며 얻은 자료다. September 25, 2019.

5. Sammy Roth, "How a Federal Agency is Blocking America's Largest Wind Farm," *Los Angeles Times*, August 5, 2021.

6. Ajinkya Shrish Kamat, Radhika Khosla, and Venkatesh Narayanamurti, "Illuminating Homes with LEDs in India: Rapid Market Creation Towards Low-Carbon Technology Transition in a Developing Country," *Energy Research & Social Science* 66 (August 2020): 101488, https://doi.org/10.1016/j.erss.2020.101488.

7. 라이팅아프리카(LightingAfrica.org)는 손전등처럼 전력망에 연결되지 않은 태양광 제품을

통해 기본 전기 욕구를 충족시키는 아프리카인이 3000만 명을 넘긴다고 본다.

8. 고용량 송전선망을 전국에 설치하려는 노력을 가장 잘 설명한 문헌. Russell Gold, *Superpower: One Man's Quest to Transform American Energy* (New York: Simon & Schuster, 2019).

9. 이 책의 저자인 핼 하비는 기후명령이라는 재단의 회장이다.

10. Justin Gillis, "For Faithful, Social Justice Goals Demand Action on Environment," *New York Times*, June 20, 2015.

11. Pope Francis, Laudato Si': On Care for our Common Home, Encyclical Letter, the Vatican, 2015.

12. Sammy Roth, "California Is Broiling and Burning. Here Are Ideas for Dealing with Climate Despair," *Los Angeles Times*, August 20, 2020, https://www.latimes.com/environment/newsletter/2020-08-20/boiling-point-california-broiling-burning-boiling-point.

참고문헌

Alley, Richard B. *Earth: The Operators' Manual.* 1st edition. New York: W. W. Norton, 2011.

Allwood, Julian, and Jonathan M. Cullen. *Sustainable Materials Without the Hot Air: Making Buildings, Vehicles and Products Efficiently and with Less New Material.* Cambridge, UK: UIT Cambridge Ltd., 2015.

Anadon, Laura Diaz. *Transforming U.S. Energy Innovation.* New York: Cambridge University Press, 2014.

Apt, Jay, and Paulina Jaramillo. *Variable Renewable Energy and the Electricity Grid.* Hilton Park, Abingon, Oxon; New York: RFF Press, 2014.

Archer, David, and Stefan Rahmstorf. *The Climate Crisis: An Introductory Guide to Climate Change.* New York: Cambridge University Press, 2010.

Asmus, Peter. *Reaping the Wind: How Mechanical Wizards, Visionaries, and Profiteers Helped Shape Our Energy Future.* Washington DC: Island Press, 2001. Bakke, Gretchen Anna. *The Grid: The Fraying Wires between Americans and Our Energy Future.* New York: Bloomsbury USA, 2016.

Bertaud, Alain. *Order without Design: How Markets Shape Cities.* Cambridge, MA: MIT Press, 2018.

Casten, Thomas R. *Turning off the Heat: Why America Must Double Energy Efficiency to Save Money and Reduce Global Warming.* Amherst, NY: Prometheus Books, 1998.

Chase, Jenny. *Solar Power Finance without the Jargon.* New Jersey: World Scientific, 2019.

Clark, Wilson, and David Howell. *Energy for Survival: The Alternative to Extinction.* Anchor Books. Garden City, NY: Anchor Press [u.a.], 1975.

Courland, Robert. *Concrete Planet: The Strange and Fascinating Story of the World's Most Common Man-Made Material.* Amherst, NY: Prometheus Books, 2011. Cullenward, Danny, and David G. Victor. *Making Climate Policy Work.* Cambridge, UK: Polity Press, 2020.

Dougherty, Conor. *Golden Gates: Fighting for Housing in America*. New York: Penguin Press, 2020.

Dunham-Jones, Ellen, and June Williamson. *Retrofitting Suburbia Case Studies: Urban Design Strategies for Urgent Challenges*. 1st edition. Hoboken, NJ: Wiley, 2020.

Elkind, Ethan N. *Railtown: The Fight for the Los Angeles Metro Rail and the Future of the City*. Berkeley: University of California Press, 2014.

Ewing, Jack. *Faster, Higher, Farther: The Volkswagen Scandal*. 1st edition. New York: W. W. Norton & Company, Independent Publishers Since 1923, 2017.

Fischel, William A and Lincoln Institute of Land Policy. *Zoning Rules!: The Economics of Land Use Regulation*. MA: Lincoln Institute of Land Policy, 2015. Flannery, Tim F. *Atmosphere of Hope: Searching for Solutions to the Climate Crisis*. New York: Atlantic Monthly Press, 2015.

Foer, Jonathan Safran. *We Are the Weather: Saving the Planet Begins at Breakfast*. 1st edition. New York: Farrar, Straus and Giroux, 2019.

Fogelson, Robert M. *Downtown: Its Rise and Fall*, 1880–1950. New Haven: Yale University Press, 2003.

Ford, Henry. *My Life and Work: An Autobiography of Henry Ford*. United States: Greenbook Publications, 2010.

Fox-Penner, Peter S. Smart Power: Climate Change, the Smart Grid, and the Future of Electric Utilities. Anniversary edition. Washington DC: Island Press, 2014.

———. *Power after Carbon: Building a Clean, Resilient Grid*. Cambridge, MA: Harvard University Press, 2020.

Fraker, Harrison. *The Hidden Potential of Sustainable Neighborhoods: Lessons from Low-Carbon Communities*. Wasington DC: Island Press, 2013.

Freeman, S. David. *Energy: The New Era*. New York: Walker, 1974.

Freeman, S. David, and Leah Y. Parks. *All-Electric America: A Climate Solution and the Hopeful Future*. Place of publication not identified: Solar Flare Press, 2016. Galbraith, Kate, and Asher Price. *The Great Texas Wind Rush: How George Bush, Ann Richards, and a Bunch of Tinkerers Helped the Oil and Gas State Win the Race to Wind Power*. 1st edition1. Peter T. Flawn Series in Natural Resources, no. 6. Austin: University of Texas Press, 2013.

Gallagher, Kelly Sims. *The Globalization of Clean Energy Technology: Lessons from China. Urban and Industrial Environments*. Cambridge, MA: MIT Press, 2014.

Gardiner, Stephen Mark. *A Perfect Moral Storm: The Ethical Tragedy of Climate Change*. Environmental Ethics and Science Policy Series. New York: Oxford University Press, 2011.

Gates, Bill. *How to Avoid a Climate Disaster: The Solutions We Have and the Breakthroughs We Need*. 1st edition. New York: Alfred A. Knopf, 2021.

Gipe, Paul. *Wind Energy Comes of Age*. Wiley Series in Sustainable Design. New York: Wiley, 1995.

Glaeser, Edward L. *Triumph of the City: How Our Greatest Invention Makes Us Richer, Smarter, Greener, Healthier, and Happier*. New York, NY: Penguin Books, 2012.

Goddard, Stephen B. *Getting There: The Epic Struggle between Road and Rail in the American Century*. New York: Basic Books, 1994.

Gold, Russell. The Boom: How Fracking Ignited the American Energy Revolution and Changed the World. New York: Simon & Schuster, 2014.

———. Gold, Russell. *Superpower: One Man's Quest to Transform American Energy*. First Simon & Schuster hardcover edition. New York: Simon & Schuster, 2019.

———. The Boom: How Fracking Ignited the American Energy Revolution and Changed the World. New York: Simon & Schuster, 2014.

Gore, Albert. *An Inconvenient Truth: The Planetary Emergency of Global Warming and What We Can Do about It*. Emmaus, PA: Rodale Press, 2006.

———. *Our Choice: A Plan to Solve the Climate Crisis*. Emmaus, PA: Rodale, 2009. Griffith, Saul. *Electrify: An Optimist's Playbook for Our Clean Energy Future*. Cambridge, MA: MIT Press, 2021.

Grubb, Michael, Jean Charles Hourcade, and Karsten Neuhoff. *Planetary Economics: Energy, Climate Change and the Three Domains of Sustainable Development*. New York: Routledge, 2013.

Grübler, Arnulf, and Charlie Wilson, eds. *Energy Technology Innovation: Learning from Historical Successes and Failures*. New York: Cambridge University Press, 2014.

Gullberg, Anders, and Jonas Eliasson, eds. *Congestion Taxes in City Traffic: Lessons Learnt from the Stockholm Trial*. Lund, Sweden: Nordic Academic Press, 2009.

Harvey, Hal, and Robbie Orvis. *Designing Climate Solutions: A Policy Guide for Low-Carbon Energy*. Wasington DC: Island Press, 2018.

Hawken, Paul, ed. *Drawdown: The Most Comprehensive Plan Ever Proposed to Reverse Global Warming*. New York: Penguin Books, 2017.

Heck, Stefan, Matt Rogers, and Paul Carroll. *Resource Revolution: How to Capture the Biggest Business Opportunity in a Century*. Boston: Houghton Mifflin Harcourt, 2014.

Helm, Dieter. *Burn Out: The Endgame for Fossil Fuels*. New Haven, CT: Yale University Press, 2017.

Hempling, Scott. *Regulating Public Utility Performance: The Law of Market Structure, Pricing and Jurisdiction*. Chicago: ABA, Section of Environment, Energy, and Resources, 2013.

Henson, Robert. *The Thinking Person's Guide to Climate Change*. Boston, MA: American Meteorological Society, 2014.

Herman, Arthur. *Freedom's Forge: How American Business Produced Victory in World War II*. 1st edition. New York: Random House, 2012.

Hirschmann, Kris. *The Kuwaiti Oil Fires. Facts on File Science Library*. New York: Facts on File, 2005.

Hirsh, Richard F. *Power Loss: The Origins of Deregulation and Restructuring in the American Electric Utility System*. Cambridge, MA.: MIT Press, 2001.

Hirt, Sonia. *Zoned in the USA: The Origins and Implications of American Land-Use Regulation*. Ithaca NY; London: Cornell University Press, 2014.

Hone, David. *Why Carbon Pricing Matters*. London: Whitefox, 2015.

Horowitz, Roger. *Putting Meat on the American Table: Taste, Technology, Transformation*. Baltimore, MD: The Johns Hopkins University Press, 2006.

Hughes, Sara. *Repowering Cities: Governing Climate Change Mitigation in New York City, Los Angeles, and Toronto*. Ithaca, NY: Cornell University Press, 2019. Husain, Tahir. *Kuwaiti Oil Fires: Regional Environmental Perspectives*. 1st edition. Oxford, UK; New York: Pergamon, 1995.

International Energy Agency. *World Energy Outlook 2018*. Paris: IEA, 2018.

Isser, Steve. *Electricity Restructuring in the United States: Markets and Policy from the 1978 Energy Act to*

참고문헌

the Present. New York: Cambridge University Press, 2019.

Jackson, Kenneth T. *Crabgrass Frontier: The Suburbanization of the United States*. 26. New York: Oxford University Press, 2006.

Jacobs, Meg. *Panic at the Pump: The Energy Crisis and the Transformation of American Politics in the 1970s*. 1st Edition. New York: Hill and Wang, 2016.

Jahren, Hope. *The Story of More: How We Got to Climate Change and Where to Go from Here*. New York: Vintage Books, 2020.

Johnson, Ayana Elizabeth, and Katharine K. Wilkinson, eds. *All We Can Save: Truth, Courage, & Solutions for the Climate Crisis*. 1st edition. New York: One World, 2020.

Jones, Christopher F. *Routes of Power: Energy and Modern America*. Cambridge, MA; London: Harvard University Press, 2016.

Junginger, Martin, Atse Louwen. *Technological Learning in the Transition to a Low-Carbon Energy System: Conceptual Issues, Empirical Findings, and Use in Energy Modeling*. London: Academic Press, 2020.

Kendall, Henry W., and Steven J. Nadis. *Energy Strategies: Toward a Solar Future: A Report of the Union of Concerned Scientists*. Cambridge, MA: Ballinger Publishing Co., 1980.

Kenworthy, Jeffrey R., Felix B. Laube, and Peter Newman. *An International Sourcebook of Automobile Dependence in Cities, 1960–1990*. Boulder, CO: University Press of Colorado, 1999.

Kiechel, Walter. *The Lords of Strategy: The Secret Intellectual History of the New Corporate World*. Boston, MA: Harvard Business Press, 2010.

Klein, Naomi. *This Changes Everything: Capitalism vs. the Climate*. First Simon & Schuster hardcover edition. New York: Simon & Schuster, 2014.

Kolbert, Elizabeth. *The Sixth Extinction: An Unnatural History*. 1st edition. New York: Henry Holt and Company, 2014.

———. Under a White Sky: *The Nature of the Future*. 1st edition. New York: Crown, 2021. Koomey, Jon. *Cold Cash, Cool Climate: Science-Based Advice for Ecological Entrepreneurs*. Burlingame, CA: Analytics Press, 2012.

Lamoreaux, Naomi R., Daniel M. G. Raff, and Peter Temin, eds. *Learning by Doing in Markets, Firms, and Countries*. National Bureau of Economic Research Conference Report. Chicago: University of Chicago Press, 1999.

Leonard, Christopher. *Kochland: The Secret History of Koch Industries and Corporate Power in America*. New York: Simon & Schuster, 2019.

Lester, Richard K., and David M. Hart. *Unlocking Energy Innovation: How America Can Build a Low-Cost, Low-Carbon Energy System*. Cambridge, MA: MIT Press, 2012.

Levi, Michael A. *Power Surge: Energy, Opportunity, and the Battle for America's Future*. Oxford, UK: Oxford University Press, 2013.

Levinson, David M., and Kevin J. Krizek. *Planning for Place and Plexus: Metropolitan Land Use and Transport*. New York: Routledge, 2008.

Levy, Barry S., and Jonathan Patz, eds. *Climate Change and Public Health*. Oxford: Oxford University Press, 2015.

Lewis, Tom. *Divided Highways: Building the Interstate Highways, Transforming American Life*. Updated edition. Ithaca, NY: Cornell University Press, 2013. Liotta, P. H., and James F. Miskel. *The Real Population Bomb: Megacities, Global Security & the Map of the Future*. 1st edition. Washington DC: Potomac Books, 2012.

Lloyd, Jason. *The Rightful Place of Science: Climate Pragmatism*. Consortium for Science, Policy, and Outcomes. Tempe, AZ, and Washington DC: 2017. Lovins, Amory. *Reinventing Fire: Bold Business Solutions for the New Energy E*ra. 1. print. White River Junction, VT: Chelsea Green Publishing, 2011. Lovins, Amory B., ed. *Least-Cost Energy: Solving the CO2 Problem*. Andover, MA: Brick House Publishing Co., 1982.

Lydon, Mike, Anthony Garcia, and Andres Duany. *Tactical Urbanism: Short-Term Action for Long-Term Change*. Washington DC: Island Press, 2015.

Lyskowski, Roman, and Steve Rice, eds. *The Big One: Hurricane Andrew*. Kansas City, MO: Andrews McMeel Publishing, 1992.

Maegaard, Preben, Anna Krenz, and Wolfgang Palz. *Wind Power for the World: The Rise of Modern Wind Energy*. Pan Stanford Series on Renewable Energy, vol. 2. Singapore: Pan Stanford Publishing, 2013.

Malm, Andreas. *Fossil Capital: The Rise of Steam-Power and the Roots of Global Warming*. London: Verso, 2016.

Mazzucato, Mariana. *The Entrepreneurial State: Debunking Public vs. Private Sector Myths*. New York: PublicAffairs, 2015.

McKibben, Bill. *Falter: Has the Human Game Begun to Play Itself Out?* 1st edition. New York: Henry Holt and Company, 2019.

McLean, Bethany. *Saudi America: The Truth about Fracking and How It's Changing the World*. New York: Columbia Global Reports, 2018.

McNally, Robert. C*rude Volatility: The History and Future of Boom-Bust Oil Prices*. Center on Global Energy Policy Series. New York: Columbia University Press, 2017. Meier, Richard L. *Planning for an Urban World: The Design of Resource-Conserving Cities*. Cambridge, MA: MIT Press, 1974.

Mendez, Michael Anthony. *Climate Change from the Streets: How Conflict and Collaboration Strengthen the Environmental Justice Movement*. New Haven, CT: Yale University Press, 2020.

Mildenberger, Matto. *Carbon Captured: How Business and Labor Control Climate Politics*. American and Comparative Environmental Policy. Cambridge, MA; London, UK: MIT Press, 2020.

Miller, Victoria, and Christopher Schreck. T*he Colorado Fuel and Iron Company. Images of America*. Charleston, SC: Arcadia Publishing, 2018.

Montgomery, Scott L., and Thomas Graham. *Seeing the Light: The Case for Nuclear Power in the 21st Century*. Cambridge, UK; New York: Cambridge University Press, 2017.

Naam, Ramez. T*he Infinite Resource: The Power of Ideas on a Finite Planet*. Hanover, NH: University Press of New England, 2013.

Nall, Clayton. *The Road to Inequality: How the Federal Highway Program Polarized America and Undermined Cities*. Cambridge,UK: Cambridge University Press, 2018.

Nordhaus, Ted, and Michael Shellenberger. *Breakthrough: From the Death of Environmentalism to the Politics*

참고문헌

of Possibility. Boston: Houghton Mifflin, 2007.

Nordhaus, William D. *The Climate Casino: Risk, Uncertainty, and Economics for a Warming World*. New Haven, CT: Yale University Press, 2013.

Norton, Peter D. *Fighting Traffic: The Dawn of the Motor Age in the American City*. Inside Technology. Cambridge, MA: MIT Press, 2011.

Orr, David W. *Dangerous Years: Climate Change, the Long Emergency, and the Way Forward*. New Haven, CT; London: Yale University Press, 2016.

Palley, Reese. *Concrete: A Seven-Thousand-Year History*. 1st edition. New York: The Quantuck Lane Press, 2010.

Palz, Wolfgang, ed. *Solar Power for the World: What You Wanted to Know about Photovoltaics*. Pan Stanford Series on Renewable Energy, vol. 4. Singapore: Pan Stanford Publishing, 2014.

———. *The Triumph of the Sun: The Energy of the New Century*. Pan Stanford Series on Renewable Energy, vol. 10. Singapore: Pan Stanford Publishing, 2018.

Partanen, Rauli, Janne M Korhonen, and Partanen, Rauli. *Climate Gamble: Is Anti-Nuclear Activism Endangering Our Future?*, 2017.

Pasqualetti, Martin J., Paul Gipe, and Robert W. Righter, eds. *Wind Power in View: Energy Landscapes in a Crowded World*. Sustainable World Series. San Diego: Academic Press, 2002.

Perlin, John. Let It Shine: The 6,000-Year Story of Solar Energy. Fully revised and Expanded. Novato, CA: New World Library, 2013.

Pollack, H. N. *A World Without Ice*. New York: Avery, 2009.

Pooley, Eric. *The Climate War: True Believers, Power Brokers, and the Fight to Save the Earth*. 1st edition. New York: Hyperion, 2010.

Putnam, Palmer Cosslett. *Power from the Wind*. New York: Van Nostrand Reinhold, 1974.

Rabe, Barry George. *Statehouse and Greenhouse: The Emerging Politics of American Climate Change Policy*. Washington DC: Brookings Institution Press, 2004.

Rhodes, Richard. E*nergy: A Human History*. First Simon & Schuster hardcover edition. New York: Simon & Schuster, 2018.

Righter, Robert W. *Wind Energy in America: A History*. Norman, OK: University of Oklahoma Press, 1996.

———. *Windfall: Wind Energy in America Today*. Norman, OK: University of Okla- homa Press, 2011.

Rothstein, Richard. *The Color of Law: A Forgotten History of How Our Government Segregated America*. 1st edition. New York; London: Liveright Publishing Corporation, a division of W. W. Norton & Company, 2017.

Sachs, Jeffrey. *The Age of Sustainable Development*. New York: Columbia University Press, 2015.

Sadik-Khan, Janette, and Seth Solomonow. *Streetfight: Handbook for an Urban Revolution*. New York: Viking, 2016.

Scamehorn, H. Lee. *Pioneer Steelmaker in the West: The Colorado Fuel and Iron Company, 1872–1903*. 1st edition. Boulder, CO: Pruett Publishing Co., 1976. Schlossberg, Tatiana. *Inconspicuous Consumption: The Environmental Impact You Don't Know You Have*. 1st edition. New York: Grand Central Publishing, 2019.

Shaw, Randy. *Generation Priced Out: Who Gets to Live in the New Urban America*. Oakland, CA: University of California Press, 2018.

Sheller, Mimi. *Mobility Justice: The Politics of Movement in the Age of Extremes*. London; Brooklyn, NY: Verso, 2018.

Shere, Jeremy. *Renewable: The World-Changing Power of Alternative Energy*. 1st edition. New York: St. Martin's Press, 2013.

Shoup, Donald C. *The High Cost of Free Parking*. Chicago: Planners Press, American Planning Association, 2005.

Sivaram, Varun. *Taming the Sun: Innovations to Harness Solar Energy and Power the Planet*. Cambridge, MA: MIT Press, 2018.

Smil, Vaclav. *Energy: A Beginner's Guide*. Beginner's Guides. Oxford, UK: One World, 2009.

———. *Energy in World History*. Essays in World History. Boulder, CO: Westview Press, 1994.

———. *Energy Transitions: History, Requirements, Prospects*. Santa Barbara, CA: Praeger, 2010.

———. *Power Density: A Key to Understanding Energy Sources and Uses*. Cambridge, MA: MIT Press, 2015.

Solar Energy Research Institute, ed. *A New Prosperity, Building a Sustainable Energy Future: The SERI Solar Conservation Study*. Andover, MA: Brick House Publishing, 1981.

Speck, Jeff. *Walkable City: How Downtown Can Save America, One Step at a Time*. First paperback edition. New York: North Point Press, 2013.

Sperling, Daniel, and Deborah Gordon. *Two Billion Cars: Driving Toward Sustainability*. Oxford, UK: Oxford University Press, 2009.

Spieler, Christof. *Trains, Buses, People: An Opinionated Atlas of US Transit*. Washington DC: Island Press, 2018.

Stephens, Mark. *Three Mile Island*. 1st edition. New York: Random House, 1980. Stern, N. H. *Why Are We Waiting? The Logic, Urgency, and Promise of Tackling Climate Change*. The Lionel Robbins Lectures. Cambridge, MA: MIT Press, 2015.

Stokes, Leah Cardamore. *Short Circuiting Policy: Interest Groups and the Battle over Clean Energy and Climate Policy in the American States*. Studies in Postwar American Political Development. New York: Oxford University Press, 2020.

Stoknes, Per Espen. *What We Think about When We Try Not to Think about Global Warming: Toward a New Psychology of Climate Action*. White River Junction, VT: Chelsea Green Publishing, 2015.

Taylor, Simon. *The Fall and Rise of Nuclear Power in Britain: A History*. Cambridge, UK: UIT Cambridge, 2016.

Teplitz, Charles J. *The Learning Curve Deskbook: A Reference Guide to Theory, Calculations, and Applications*. New York: Quorum Books, 1991.

Thomson, Ross, ed. *Learning and Technological Change*. New York: St. Martin's Press, 1993.

Thunberg, Greta. *No One Is Too Small to Make a Difference*. New York: Penguin Books, 2019.

Wagner, Gernot, and Martin L. Weitzman. *Climate Shock: The Economic Consequences of a Hotter Planet*. Princeton, NJ: Princeton University Press, 2015. Walker, J. Samuel. *Three Mile Island: A Nuclear Crisis in Historical Perspective*. Berkeley: University of California Press, 2004.

참고문헌

Walker, James Blaine. *Fifty Years of Rapid Transit, 1864–1917. The Rise of Urban America*. New York: Arno Press, 1970.

Webber, Michael E. *Power Trip: The Story of Energy*. 1st edition. New York: Basic Books/Hachette Book Group, 2019.

Wright, Theodore P. *Articles and Addresses of Theodore P. Wright*. In four volumes. Buffalo, NY: Cornell Aeronautical Laboratory, 1961, 1970.

Yergin, Daniel. *The New Map: Energy, Climate, and the Clash of Nations*. 1st edition. New York: Penguin Press, 2020.

1. **화석 연료 연소에 따른 부문별 이산화탄소 배출량 비율(18쪽)**

   "Inventory of U.S. Greenhouse Gas Emissions and Sinks: 1990 – 2019." United States Environmental Protection Agency, 2021, Table 2-1: Recent Trends in U.S. Greenhouse Gas Emissions and Sinks.

2. **모델 T의 학습 곡선(39쪽)**

   Model T Ford Club of America(www.mtfca.com)에서 가져온 것으로, 인플레이션을 감안해 1925년 미국 달러 기준으로 수치들을 조정했다. 수치는 모든 관련 자동차 트림 라인의 판매 가격과 생산량에 따라 가중치를 적용했다. 모델 T는 이런 트림 라인에 걸쳐 유사한 구성 요소를 사용했기 때문에 해당 표는 관련 연도의 전체 모델 T 차량의 학습률을 가장 잘 파악할 수 있는 자료다. 윌리엄 애버내시(William Abernathy)와 케네스 웨인(Kenneth Wayne)이 다음 자료에서 비슷한 결과를 발견하기도 했다. "Limits of the Learning Curve," *Harvard Business Review,* September 1974.

3. **화석 연료 연소에 따른 이산화탄소 배출량(72쪽)**

   "Inventory of U.S. Greenhouse Gas Emissions and Sinks: 1990 – 2019." United States Environmental Protection Agency, 2021, Table 2-1: Recent Trends in U.S. Greenhouse Gas Emissions and Sinks.

4. **태양 전지판의 학습 곡선(76쪽)**

   옥스퍼드대학교의 루퍼트 웨이가 OurWorldInData.org를 기반으로 하여 새로운 데이터를 추출하고 분석했다. The 1980 to 2020 data from: the *Fraunhofer Institute for Solar Energy Systems 2021 Photovoltaics Report* (page 46), published July 21, 2021. Fraunhofer's 1980 to

2010 estimation is derived from different sources including Strategies Unlimited, Navigant Consulting, EUPD, pvXchange; from 2011: IHS Markit; Graph: PSE 2021. Pre-1980 data: from The Performance Curve Database at the Santa Fe Institute (http://pcdb.santafe.edu/).

5. LED 전구의 가격 변화(128쪽)

The Home Depot에서 검색을 통해 찾은 2021년 데이터다. Historic price adapted from the U.S. Department of Energy, *The Future Arrives for Five Clean Energy Technologies–2016 Update*.

6. 미국 신차의 연비(156쪽)

2021년 9월 얻은 자료로, 2020년 자료는 예비 데이터다. US Environmental Protection Agency. *2021 EPA Automotive Trends Report*. Data available at www.epa.gov/automotive-trends/explore-automotive-trends-data.

7. 세계의 도시와 농어촌 인구(206쪽)

United Nations, Department of Economic and Social Affairs, Population Division (2018). *World Urbanization Prospects: The 2018 Revision*, Online Edition.

8. 사람이 이용하기 위한 토지의 전환(233쪽)

OurWorldInData.org. Forests data from: UN Food and Agriculture Organization (FAO); and Williams, M. (2003). Deforesting the earth: from prehistory to global crisis. Agriculture data post-1950 from UN FAO; pre-1950 data from The History Database of the Global Environment (HYDE).

9. 산업별 이산화탄소 배출량 규모(259쪽)

2014년 주요 산업별 이산화탄소 배출량 규모를 나타낸다. Jeffrey Rissman, Chris Bataille, Eric Masanet, Nate Aden, William R. Morrow, Nan Zhou, Neal Elliott, et al. "Technologies and policies to decarbonize global industry: Review and assessment of mitigation drivers through 2070." *Applied Energy* 266 (May 2020): 114848. https://doi.org/10.1016/j.apenergy.2020.114848. U.S. Transportation Emissions from U.S. EPA GHG Inventory 2020.

10. 전 세계 원자력 발전소 전력 총생산량 / 전 세계 전력 총생산량 중 원자력 발전 비중(298쪽)

International Energy Agency (IEA). *Electricity Information*, April 2020 edition.

11. 새 발전소의 발전 단가(334쪽)

Price data from Lazard Levelized Cost of Energy Analysis, Version 15.0 (October 2021), Page 8. *Levelized Cost of Energy Comparison—Historical Utility-Scale Generation Comparison*. Design inspired by OurWorldInData.org.

* 모든 그림은 라지크 마서드 브라운(Raaziq Masud Brown)이 그렸다.

찾아보기

빅 픽스

THE BIG FIX

빅 픽스

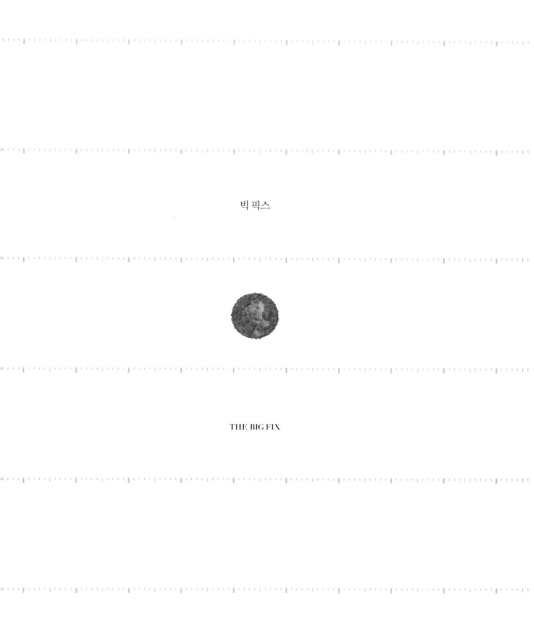

THE BIG FIX

빅 픽스

1판 1쇄 발행 2024년 1월 25일

지은이 저스틴 길리스, 핼 하비
옮긴이 이한음

발행인 정동훈
편집인 여영아
편집국장 최유성
책임편집 김지용
편집 양정희 김혜정
디자인 스튜디오 글리

발행처 (주)학산문화사
등록 1995년 7월 1일
등록번호 제3-632호
주소 서울특별시 동작구 상도로 282
전화 편집부 02-828-8833   마케팅 02-828-8832
인스타그램 @allez_pub

ISBN 979-11-411-2751-0 (03300)

값은 뒤표지에 있습니다.

알레는 (주)학산문화사의 단행본 임프린트 브랜드입니다.

알레는 독자 여러분의 소중한 아이디어와 원고를 기다리고 있습니다. 도서 출간을 원하실 경우 allez@haksanpub.co.kr로 간단한 개요와 취지, 연락처 등을 보내주세요.